象
鉴

Communicating

中西相遇　文明互鉴

象鉴
Communicating

文明互鉴

——世界著名汉学家访谈录

杨慧玲 编

中原出版传媒集团
中原传媒股份公司
大象出版社
·郑州·

图书在版编目(CIP)数据

文明互鉴：世界著名汉学家访谈录 / 杨慧玲编. —
郑州：大象出版社, 2021. 9
ISBN 978-7-5711-1080-2

Ⅰ. ①文… Ⅱ. ①杨… Ⅲ. ①汉学家-访问记-世界-
现代 Ⅳ. ①K815. 81

中国版本图书馆 CIP 数据核字(2021)第 116549 号

WENMING HUJIAN
文明互鉴
——世界著名汉学家访谈录
杨慧玲 编

出 版 人 汪林中
策 划 人 张前进
项目统筹 刘东蓬
责任编辑 李 爽
责任校对 牛志远 万冬辉 张绍纳 安德华
装帧设计 张 帆

出版发行 大象出版社(郑州市郑东新区祥盛街 27 号 邮政编码 450016)
发行科 0371-63863551 总编室 0371-65597936
网 址 www. daxiang. cn
印 刷 北京汇林印务有限公司
经 销 各地新华书店经销
开 本 890 mm×1240 mm 1/32
印 张 14. 875
字 数 334 千字
版 次 2021 年 9 月第 1 版 2021 年 9 月第 1 次印刷
定 价 89. 00 元
若发现印、装质量问题，影响阅读，请与承印厂联系调换。
印厂地址 北京市大兴区黄村镇南六环磁各庄立交桥南 200 米(中轴路东侧)
邮政编码 102600 电话 010-61264834

前　言

《文明互鉴——世界著名汉学家访谈录》的根底在《国际汉学》的《汉学访谈录》专栏，自创刊以来，每有知名汉学家来访，先是《国际汉学》编辑部亲自做访谈，后有在各国访学或治汉学的学人踊跃赐稿，这个专栏在 20 余年的时间里刊登了近 50 位国际知名汉学家的访谈。北京外国语大学是随着新中国的外交以及中国与世界的交流而日益精彩的世界知名学府，《国际汉学》亦是在国际范围内研究中国学术，致力于推动中国与世界的文化和学术交流，因其独特的学术研究领域蜚声海内外学界。为了更好地展示当代海外汉学家的风采，《国际汉学》主编张西平教授建议，精选部分访谈汇集成书。

钱锺书先生曾有一句名言广为人知，意思说如果你吃了鸡蛋觉得好，不必一定要去找那个生蛋的母鸡。钱先生道出了学者们的真实想法，学者们默默耕耘，最希望被人解读的是他们的著作和研究。然而，对于身在中国并在中国文化语境下的学人，仅拜读甚至研读海外汉学名家的著作，未必能做到知其所以然：海外汉学家在异域如何研习中国语言和文化？又如何以独特的视角和方法结出与国内学者迥异的果实？他们如何看待并总结自己的学术研究？诸如此类的疑问，若非熟悉海外汉学家其人，仅从著作中恐难获得答案。

海外汉学家访谈录是了解他们学术人生的捷径,仿佛置身于飘着咖啡香或茶香的书房,听知名汉学家娓娓道出自己的心路历程,那样生动地撩拨着听者的情绪和思绪。漫谈间重温了数十年的光阴,其间甘苦只在笑谈间轻轻滑过,访谈者以自己的方式在有限的文字中记录了汉学家的人生。虽然只是朴素的速写,但通过与被访者的近距离的访谈,读者得以跨越时空地了解国际知名汉学家的学术人生背后的故事,这样的访谈因其生命力而得以留存,被我们珍视。

从这些访谈录中,我们可以看到这些海外汉学家与中国的奇缘。法国巴斯蒂院士发现中国是经由母亲的中国学生——胡鸿烈,后来他转做教育,创办了香港第一家私立大学树仁大学。胡鸿烈与夫人钟期荣 1948 年至 1952 年在法国巴黎大学攻读法学博士学位,1952 年毕业那年的中国春节邀请巴斯蒂全家做客时,为其讲解汉字和中国文化,让巴斯蒂院士为之着迷,汉学竟成为了她毕生追寻的事业。德国郎宓榭教授学习汉语是因为汉语离西方语言文化很遥远,加之其他偶然因素而选择了相对冷门的汉语和中国文化研究。这一时期选择汉语这种"小众"的语言,并非出于日后职业生涯或其他功利的目的考虑,而是出于自己的兴趣走上了汉学道路。地域上离中国更近的日本和韩国,情况也未见更好。日本军国主义盛行、举国疯狂的年代,沟口雄三、村山吉广选择从事中国研究,是对日本侵华战争的反省,也是对日本追随欧美教育以及那个时代的叛逆。沟口雄三描述他被良知唤醒后,人生获得了重新开始的原点:"我就是这样理解自己的。但请大家不要误会,我并不是想说自己对侵华战争也有责任,所以就站在谢罪的立场上进行中国研究。我尤其反对在研究里包罗上政治动机等目的。我只是把它看作生活方式上的自觉性,并称之为‘原点’。”日本学人在二战后对战争的反思,体现在学术界,一部分学者的学术兴趣以及研究问题从欧美转移到了东方。韩国有长达35年被日本殖民的历史,当时日语同欧美语言一样受到重视,学习汉语是因为与中国台湾的往来需要。与他们相比,最为特殊的是波兰汉学家爱德华·卡伊丹斯基,他在中国哈尔滨出生并在中国接受了完整的初等、中等和高等教育,直到1951年从哈尔滨工业大学毕业后才回到波兰工作。

因家庭影响而对汉学感兴趣的著名汉学家不在少数。司马懿的父母都曾在SOAS(School of Oriental and African Studies,伦敦大学亚非学院)中文专业学习,父亲司马麟在英国杜伦大学担任汉学教授,对晚清中国哲学有深入研究。司马懿19岁就来到北京,一边工作一边学习汉语,说非常流利地道的汉语,在中国各地游历。回到英国后,她在剑桥大学接受了中文文史哲的系统学术训练,在哈佛大学东亚系读了硕士,在牛津大学攻读博士学位。现在在耶鲁大学任职的司马懿教授是中青年一代汉学家中的佼佼者。俄罗斯出生的白若思则是另一种典型,在俄罗斯、美国接受学术训练,毕业后在中国的大学工作。曾几何时,一些欧美汉学家难以来中国大陆,只能去台湾地区学汉语,现在,来中国留学交流都更加容易,国内大学也吸引了越来越多的国际青年汉学家来此研修和工作。

除了颇具戏剧性的人生,他们在汉学研究方面,因其根植的学术土壤的不同,学术观念的不同,即使采用了同样的中文文献,往往也会使用不同的方法,用不同的研究视角,得出很不一样的结论。然而,汉学的魅力也正在于此,通过东方中国或者海外汉学这个“他者”,海外汉学家们研究中国语言和文化,中国学者亦对海外同行的汉学研究有着浓厚的兴趣,在“汉学”这个独特的领域里,东西方文化在差异中求理解,在交流中互鉴,互鉴而后进行创新。

李福清院士分享他的治学心得时谈道:“我认为中国文论研究进行得最有意趣的地方是俄罗斯,我们用俄罗斯的文学理论对中国文学及其理论进行诠释,令中国的文学与文学理论生发出令人耳目一新的光芒。比如我们运用巴赫金的对话学说,以自身的俄罗斯文学修养与中国文学及其理论对话,这无疑会使其意义提升到一个新的层次。另外,在俄罗斯,用符号学理论研究中国文学及其理论也是一个独到的角度。”李福清院士的汉学研究方法与日本学者、美国学者或者其他西方学者又有不同。日本川原秀城教授在京都大学求学时就文理兼修,治学理念上也坚持文理兼跨的跨学科的方法,“也是我经常说的,我认为科学是哲学的一部分,近代以前尤其明显。欧洲中世纪的科学是哲学的一部分,耶稣会传教士艾儒略(Giulio Aleni,1582—1649)在《西学凡》中称,理学即哲学,包括逻辑学、物理学、形而上学、数学、伦理学。科学上的变化、变迁可以说和思想上的变化、变迁是并行甚至是合一的,如此,科学研究的结论完全有可能运用于思想研究上,而且这种可能性非常大。另一方面,思想的变迁和发展是很难把握的,和思想相比较而言,科学的发展则非常清晰。如此一来,对于科学发展的分析能够为思想研究提供极好的思路,所以我是将研究思想史或者哲学史作为最终目的进行科学史的学习和研究,意在将科学史研究的成果应用在思想史研究中。换句话说,我认为科学史研究是思想史研究的前提。虽然在研究中没有直接谈及这一点,但是这可以说是统领我研究的最重要的方针”。德国国家科学院院士郎宓榭教授用颇具德国学术特点的概念史的方法研究中国明清的思想史，也有独特的发现。

海内外对汉学的研究，既有各国学术传统的差异，也有个人治学方法和理念的不同，但也异中有同：都重视原始文献的收集和利用，无论是档案文献调查还是田野调查从民间收集资料，扎实的学术研究都必须基于一手全面的资料基础上展开，这是中外学者都极为重视的共同的治学路径。访谈录中海外汉学家们都肯定了在海内外汉学研究文献资源方面的合作已取得了很大进展，著名学者们既是合作受益者，也是积极促成跨国合作的推动者。

此外，本身就具有跨语言、跨文化属性的海外汉学研究领域，跨学科研究的特点和趋势也愈加明显。日本学者沟口雄三为了突破东京大学校内学科之间的界限，就颇为费心费力，“不能把各个领域的人综合起来，就无法把中国变成研究的对象。我们必须打破专业的障碍联合起来，本来这只是一个手段，但联合本身就很困难，所以就变成了目的”。在跨学科研究方面较为典型的是美国的汉学（中国学）研究，白若思在俄罗斯接受汉学训练时，历史和文学专业有明确的界限，“到美国后发现，文学研究者常常会参照历史学、人类学的研究方法，这是美国的研究特点”。司马懿教授在历史、哲学与神学多个领域间自如地穿梭游走。汉学作为研究对象的复杂性，切换视角和方法后的跨学科研究拓宽了探索方式，深化了认识，从而有利于学术创新，对这一点的认识在世界范围内都趋向一致。

对于汉学研究中存在的问题，黑塞的感慨颇有代表性：“不管是在东方，还是在西方，尚有一些人将全球化狭隘地理解为经济的全球化。他们大力宣扬促进经济与旅游业发展的全球化，却竭力回避东西方之间文化层面、精神层面的对话。东西方之间真正思想上的交流几乎没有发生过，或者仅仅停留在表面上。”中西之间由于文化和国情的巨大差异，导致中西交流中经常发生误读、误解，中西之间思想层面的交流仍不尽如人意。

世界各国的汉学家们都在为研究中国文化、传播中国语言文化做贡献，他们需要向国人阐释中国文化、帮助国人跨越中西文化之间的鸿沟，这既是他们的工作也是他们的使命。翻译中国典籍和当代作品，是海外汉学家除研究之外的重要工作。目前，被翻译到海外的中国典籍和当代作品的总数量相对较少。崔溶澈认为“最为突出的问题是，我们的翻译和研究总是集中在几部著名的小说上，重复的现象比较多，同一部作品有好几种不同的翻译本和研究著作。之所以如此，我认为或许有两方面的原因：其一，韩国的很多翻译者并非学者，而是作家，他们的中文水平十分有限。在此情况下，他们更乐意翻译较为知名的中国古代小说，因为翻译过程中可以参考日文的翻译本。其二，翻译中国古代小说的成果最终是由出版社出版的译本，而商业效益一直是出版社考虑的首要问题。因此，许多出版社只愿意出版如‘四大奇书’、《红楼梦》这样的名著，其他知名度较低的中国古代小说就算被翻译出来，也很少有出版社愿意将其出版。对此，我认为或许可以借鉴日本的做法，让学术界和出版界联手。首先选拔一批具备很强学术实力的学者，要求他们每人承担一部分中国古代小说的翻译工作，并有计划地进行。待翻译工作接近尾声时，再由政府和出版社出资，将这些成果作为文化项目进行出版。如此，便可以扩大中国古代小说的翻译范围”。法国何碧玉教授、保加利亚韩裴教授在访谈中也不谋而合地表达了同样的心愿。然而，美好愿景与海外汉学家们面临的另一个普遍性的问题构成了矛盾：海外学习汉语的学生们出于功利性目的，对当代汉语和当代中国更感兴趣，而对语言能力要求更高的、与需要阅读中国典籍相关的研究领域，在人才培养以及市场需求对接方面，却面临着时代危机。在新时代，史景迁之问仍然存在："我试图弄明白在我们这个时代，文化是更多的相似还是更多的不同。'谁向中国学习，什么时候？'再次成为一个重大历史问题。"

在与海外汉学家的跨时空的对话中，我们可以感受到他们强烈的探索精神，耕耘学术世界让他们保持着青春和激情，同时他们又像夸父般执着，数十年面临的各种困难和考验与他们挚爱的事业相比，那么渺小。这些站在职业生涯之巅的海外学者，对中西文化交流的问题有着清醒的认识，对文化交流的未来仍有疑虑：如何让我们的世界因文化交流而更美好？

本书汇集了《国际汉学》上刊发的对海外汉学家的31篇访谈，这些访谈主要有对欧洲本土汉学家的访谈及对亚洲、北美洲、大洋洲汉学家的访谈等。特别要感谢访谈者们和我们分享与世界著名汉学家思想交流的果实。在编辑过程中，《国际汉学》编辑部的同人边秀玲、库晓慧、王晓丹给予了大力支持，赵琬协助调整了格式。主编张西平教授、执行主编张朝意教授、副主编任大援教授对本书的支持与帮助，保障了本书的顺利出版。

秉承"兼容并蓄　博学笃行"的校训精神，谨以此书献礼北京外国语大学八十华诞。

杨慧玲

目　录

法国近代中国研究的巨擘

——巴斯蒂院士访谈录

访谈按语：巴斯蒂（Marianne Bastid-Bruguière，1940— ）院士，法国著名汉学家，研究领域集中于晚清以来的中国教育、政治制度及中法关系。1964 年毕业于巴黎高等师范学院（以下简称“巴黎高师”），同年，以第一名的成绩通过法国历史地理科中学教师资格考试，并成为中法建交后第一批赴华工作、学习的法国学者。1965 年初进入北大历史系学习，师承邵循正、陈庆华先生，1966 年 9 月归国。1968 年以《张謇的教育改革研究》获巴黎大学博士学位。常年在法国国家科学研究中心从事研究工作，并在多所大学任教。1988—1993 年，任巴黎高师副校长。1992—1996 年，任欧洲汉学家协会会长。2001 年，荣膺法国科学院人文及政治学院院士，2012 年为该学院轮值主席。因杰出的学术成就和贡献，巴斯蒂院士屡次获得多个国家的多种学术荣誉和表彰。法国政府于 2014 年 4 月 18 日颁授其荣誉军团十字勋章（Grand-Croix de la Légion d'honneur），这是法国公民所能获得的最高国家荣誉，巴斯蒂院士是法国历史上获取该殊荣的第 14 位杰出女性。值此中法建交 50 周年之际，这也是法国政府对其 50 年来孜孜汲汲致力于中法学术、文化交流的一个表彰。巴斯蒂院士退而不休，仍致力于学术研究，每年都抽出一定时间来华访学，在多个著名高校举行系列学术讲座，继续为中法学术及文化交流贡献心力。

2013年11月3日，笔者在上海采访了前来讲学的巴斯蒂院士。先生发髻纹丝不乱，身形消瘦，但精神矍铄，亲和又不失分寸，君子是也。整个谈话持续至下午4时30分，其间，当忆及一些有趣的细节，她不禁莞尔；但对一位73岁的老人来说，这样高密度的谈话仍是一种体力的考验，她偶尔停下来喝咖啡提神。

访谈主题大概可以归于两端：先生是如何走上中国研究之路的；她在中外学术交流上的"纽带"式角色。本文根据采访录音整理，并经巴斯蒂院士本人往复订正。

马骥（下文简称"马"）：您是著名的汉学家，但您的外祖父、父母都是著名法学家，您的姐姐是法官。如此看来，法学才是您的家学传统，但您为什么选择了汉学？

巴斯蒂（下文简称"巴"）：一切要回到我11岁那年。当时我是一名初中二年级的学生。那年，我有幸碰到了两个人，一定程度上开启了我今后的人生方向。第一个就是我的历史地理老师，她讲课生动有趣，既有丰富而引人入胜的细节，又能准确、敏锐地指出事件、体制的本质和意义，她特别要求我们熟记重要的事件、时间和地理要素。初二的历史课程是欧洲中世纪，有民族迁移、各民族之间的互动、文化变迁和各文化之间的交流，还有十字军东征，以及东方的民族、事件，蔚为大观。她令我的视野豁然开朗，我不敢说那时我已打下了良好的历史学基础，但我当时的确立志以后从事历史学研究。

第二个人则让我发现了中国。他叫胡鸿烈[1]，是我母亲的学生。母亲当时是巴黎大学法学教授，胡先生在她指导下攻读国际法的博士学位，撰写有关朝鲜战争的论文。胡先生现在还在世，生活在香港，他和他夫人靠个人的力量创办了香港树仁大学。他曾是国民政府的外交官，1948 年公费来法留学。他夫人是一位法官，也在巴黎学习。他们有一个小男孩。1952 年春节之际，胡先生邀请我们一家到他家做客，共进午餐。当时他们住在巴黎市郊，我母亲带我们三姐妹赴宴。胡先生的小孩在读小学，在家则学点儿中文。胡先生向我展示中文教材，讲解汉字的基本特征和构成方式，还教了我一些简单的汉字如日、月、山、水及从一到十的数字。他还向我讲了中国及中国的历史文化跟别的亚洲国家的区别。对这一切，我都觉得非常有趣。我发现中国人很有意思、很聪明，而汉字迥异于欧洲文字。中国文化、文字与我们的文化、文字的异同，成为最令我迷恋的问题。我开始在巴黎的市政图书馆里寻找关于中国的书，我几乎读完了当时能找到的所有相关的书。

中学毕业时，我得选择专业了。我很清楚我不想读法律。还有一点，比我年长三岁的姐姐就在读法律。我们家三姐妹，我居中。姐姐从小就学习很好，以致我每升到一个新的班，凡教过她的老师都会说：“啊，原来你是玛丽·艾梅（Marie Aimée）的妹妹，希望你能跟她一样出色。”我一直觉得我永远也比不上她，所以很烦别人拿我来跟她做比较。我的那些表兄妹也都挺出色，大多也都读法律。我要选一个不用跟他们比

---

〔1〕编者注：关于胡鸿烈的生平与事迹，参见陈恒：《百岁校监　香江传奇——访香港树仁大学校监兼校长胡鸿烈大律师记》，中央政府驻港联络办，2020-02-05。

来比去的专业。

马：我想插问一下，我印象中，端木正先生也是您母亲的学生？

巴：我母亲并没有指导他的论文，是他论文答辩时的评委。我在北大学习时，他写信来要我帮他寻找海外的资料，信的抬头是"师妹"。

马：您是在什么时候开始系统地学习汉语及中国的历史和文化的？当时的学习条件怎么样？有哪些师承？

巴：中学毕业后，我没有马上进大学学习中文，而是像我其他的好朋友一样，进入大学预备班学习。两年后，我考进了巴黎女子高等师范学校（以下简称"高师"）。高师的学生有薪酬，相当于见习公务员，这样我在经济上就独立了，不再依赖家庭，我的父母为此非常高兴。当然，我读的是历史。有很多课程是在索邦大学修读的，我除了高师的毕业文凭，还有索邦大学的硕士学位。我同时到东方语言学院学习中文。索邦大学有中文专业，但招收的是有中文根底的学生，而东方语言学院是唯一能从头开始学中文的学校。当时学习中文的人极少，而能坚持下去的更少。第一年注册的有 25 个人，过了三个月，仅剩 15 个学生在读，三年后仅有 8 人能够毕业。

我每天都骑着自行车穿行在高师、索邦大学和东方语言学院之间。我一个在索邦大学学习地理的同学奥古斯丁·贝尔克（Augustin Berque），也在东方语言学院学习中文和日文，他后来成了著名的日本学学者。我们分享彼此的课堂笔记。因为课程冲突，我缺了不少中文课，贝尔克就用复写纸记笔记，然后分一份给我。很多时候，因为字迹潦草而不可读。我通过了东方语言学院第一年和第二年的考试；第三年时，我必须花大量的时间准备史地科的中学教师资格考试，我在七月份通过这个考试，八月就启程到中国，所以没能参加这一年的考试，自然也没有获得东方语言学院的学位。我一直没有中文或中国学方面的学位，我有的是历史学位，只是（因为）我的专业是中国历史。

当时东方语言学院的中文师资比较缺乏。有一位巴黎高师毕业的于儒伯（Robert Ruhlmann）先生，1945 年到 1949 年间旅居北京，并娶了个中国夫人。他很风趣，爱讲故事，能唱京戏，但讲课比较没有条理。我很喜欢这位老师，但说实话，就语言方面，他教得并不好。最糟糕的是，我们没有好的课本，当时用的是北京外文书店出版的教材，都是政治口号，不讲语法，不讲常识。当时还有几位华侨在教书。其中一位梁小姐，燕京大学毕业的，很友善，但不够严格。我从来都没掌握好中文的声调——四声，到现在也是这样，发音也学得不好。但我们掌握了基本的阅读以及简单的写作，算哑巴汉语吧。我当时还在考试中碰到过戴密微（Paul Demiéville）先生，但我跟汉学家们还没有任何联系。

对我比较有影响的导师，是巴黎大学国际关系专业的勒努万（Pierre Renouvin）教授，他指导我的硕士论文《法国人眼里的辛亥革命》。多亏了他，我才能够接触到当时尚未开放的外交档案，他为我争取到了特许阅读权。他和别的一些教授、一些中世纪史权威，在研究方法上对我影响很大。我跟汉学家的接触是在 1964 年 7 月，当时我行将赴华，需要尽快确定我博士论文的方向和了解中国的情况。我当时在索邦大学注册了博士课程，导师是外交史权威迪罗赛尔（J. B. Durosell）。我想研究中华民国的内政问题，但迪罗赛尔不是中国问题专家，他建议我向谢诺（Jean Chesneaux）先生请教，他当时是高等实验学院第六部（高等社会科学研究院前身）的教员。我去见了谢诺，还去见了戴密微，征求他们的意见。我还见到了在巴黎从事中共党史研究的专家施拉姆（Stuart Schram），但他说，除了毛泽东，他对中国所知甚少。这就是我赴华前的大概情况。

马：随着 1964 年中法外交关系的建立，中法之间出现了一些文化和学术上的交流。您是最早一批被派遣到中国的法国留学生，在北大学习了将近两年的时间。

巴：对。1964 年，中法外交关系刚一建立，我便迫不及待地去外交部寻求到中国学习的机会。我跟一位负责文化交流事务的年轻官员说，我亟欲获得到中国从事教书或任何文化交流事务的机会，一则为了提高我的中文能力，二则寻求当地历史档案材料，因为我正在写中国现代史的博士论文。他听完就发笑，说我操之过急了，我们刚跟一个社会主义国家建立外交关系，情况非常复杂，还需要很长的时间才能建立一种比较正常的文化交流关系。不过他还是答应替我留意这种机会。7 月份的一天，这位先生在电话里通知我，中国大使馆正在私下招聘到中国去的法语老师，我不妨去争取。驻法大使馆主要是通过在东方语言学院任教的李治华（按：旅法学者，《红楼梦》法译者）先生代为招聘，应聘者主要是在校学习汉语的大一、大二的学生。相较于他们，我无论学历、岁数还是社会经验，都更合乎要求；于是我幸运地成了中国政府聘用的法语教师，并于 8 月中下旬启程。从法国到中国最便捷的线路，应该是经由莫斯科到北京，但受阻于当时处于低谷的中苏关系，大使馆安排了南线路程，从巴黎乘飞机到柬埔寨金边，再转到广州，继而进京。因为候机，我们在金边停留了四天，我们利用这些时间，不但参观了吴哥窟，还流连观察金边的市容，当时的柬埔寨，和平、祥和、富庶，给我们留下了极好的印象。整个旅程花了一个多星期，我们于 8 月 29 日或 30 日抵达北京。我们一行共 14 人，大概是因为我的学历和经历较为突出，只有我被安排在北京大学上课。每周 21 节课，有大四毕业班的学生，有要前往非洲从事援助工作的专家，也有年轻的老师。

马：当时给您的报酬是多少？

巴：天文数字，跟当时的中国教授比起来：650 元。

马：月收入？

巴：月收入。比毛泽东还多，他才 450 元。当然，我当时已经考取了公务员资格，我在法国的收入相对要高点，但在中国，这实在是个很吓人的数目。我存了不少钱。后来我转为研究生时，每月收入是 120 元，也很丰厚，跟副教授一样。

马：您在一些学术和回忆性文章里一再充满感情地提到您在北大的导师邵循正先生。您能在这里向我们的读者回顾一下您眼中的邵先生吗？

巴：因为我的身份是法语教师，我的学习要求迟迟没有落实，平时就是自己看书，查字典，试着收听广播，我为此而焦虑，担心无法达成来华求学的目的。1965 年春天，情况有所改观。我母亲有一位学生，曾经跟随她的法共党员丈夫到中国工作、生活了一段时间。我在来华前跟她见过面，她给了我一些她在北京的朋友的联系方式，其中有张芝联先生。我给张先生去了封信，他于 1965 年 3 月来看我。他当时是翦伯赞先生的助手，也负责外事工作。我跟他说了我的情况，提出想到历史系进修，需要指导老师的要求。张先生于是出面跟系主任兼党委书记翦伯赞先生沟通，征得他的首肯后，又去请邵循正先生做我的导师。张先生大概强调我有比较好的学业基础，而邵先生大概也想为中法文化交流出点力，欣然同意指导我。当然，邵先生曾经留学法国，受过伯希和（Paul Pelliot）的指导和帮助，但法国只是他众多学术背景中的一小部分。他愿意指导我学习，无论如何是慷慨之举，因为他根本无从知道一个年轻的法国女学生的真实水平和学习能力。周一良先生当时是历史系的副书记，他来通知我可以作为旁听生跟随邵循正先生上课，每周一次。当时邵先生给北大的外国留学生上课，学生分别来自越南、黎巴嫩、蒙古，还有一个瑞士人和一两个中国学生。邵先生给我们讲郑观应，我有他的讲义，所以还能听下去，他的普通话带着很浓重的福建口音。大概是外事纪律的原因，班里的中国同学从来不跟我们打招呼，很多年以后，在一次学术会议上，蔡少卿教授走过来跟我说："我们很多年前是同学，你还记得吗？我们一块儿在邵循正先生的班里上课。"

每次课后，我都可以留堂和邵先生交流：我提出一些问题，我在阅读和翻译文献上遇到的困难、我的一些困惑、论文选题等等。邵先生非常乐意帮我，他很高兴能抛开政治，跟我谈论专门的学术问题。当我听不懂时，他便用法文和英文的单词再加以说明。邵先生慷慨地允许我每星期额外见他一次，大概两到三个小时，做专门的辅导。要知道，他完全没有这个义务。

马：您在北大时确定了您博士论文的选题：关于张謇的实业救国和教育救国。为什么选这个选题？

巴：我当时为找不到一个好的博士论文选题而苦恼，我本想写 1949 年前的中国政治问题。但邵先生告诉我无法接触到必要的档案、史料。他要我写辛亥革命以前的历史，否则我接触不到相应的材料。而且他告诫我政治史是禁区，也不要做经济史，因材料不足以支撑。他建议我写教育问题。我问那么能否写北京大学的历史，它的起源，它的发展，能不能接触到相关材料。他断然否定。邵先生因为在西方留过学，完全了解我们的体系，知道一篇历史学的博士论文必须建立在坚实的第一手材料上。他最后建议我研究张謇在南通的教育试验。他说，张謇早在中国政府进行教育改革之前便已经在南通加以探索，并且留下了文集《张季子九录》和《张謇日记》，都是前人几乎不曾利用过的史料。我于是跑到北大图书馆借阅，被告知我无权借阅，而《张謇日记》甚至没出现在目录上。我把经过告诉了邵先生，于是他把自己私藏的《张季子九录》和因工作需要留在手里的《张謇日记》悉数借我。他实际上帮我确定了论文选题，并且提供了必要的史料。我通过邮件向巴黎的教授们汇报了这个选题，他们一致通过。而正在这时，消息灵通的张芝联先生跑来告诉我，美国已经有人写了一本关于张謇的书，我大吃一惊。我后来趁暑假的时候去香港，想办法找到了这本书，顿时放下心头的大石。该书对张謇仅仅是泛泛而论，而且很少触及他的教育改革问题，更没引用尚未出版的《张謇日记》，对我的论文选题不构成任何冲击。

我阅读《张季子九录》和《张謇日记》，选择我要翻译的章节。当时的论文体例是，我翻译一些选文并做相应评论，最后写一个导论和综述。问题是，我必须挑选出最重要和最有代表性的章节。我找出了所有有关教育的章节，和邵先生逐一讨论，为什么是这些片段，说明了什么问题，与主题的关联，等等。最困难的是那些影射或暗示的部分，邵先生帮助我一一澄清。

1965 年 7 月，中法两国达成了一个文化合作项目，两国之间可以互派研究生，由接纳国家支付费用和提供奖学金。我提出放弃教职、转为研究生的申请。西语系同意我的请求，他们已经不难找到别的法语教师。当时有三个法国研究生，桀溺（Jean-Pierre Diény）在中文系，还有一个是谢诺的学生，写了关于吴佩孚的博士论文。当时谢和耐（Jacques Gernet）也在北大工作，我借此结识了他。1965 年 9 月，我正式成为北大历史系的研究生，住进了学生宿舍，27 楼。这栋建筑现在还在。很快，邵先生便被派去搞“四清”运动，他交代陈庆华先生指导我。陈先生很年轻，性格外向，有脾气，跟邵先生风格完全不一样。但他知识面很宽，对史料非常熟悉。《张季子九录》和《张謇日记》里的任何一个人，他都如数家珍。他出身世家，跟张謇书里的某些人物有渊源。他有时会说，这人是我的外祖父，这人是我家的谁谁谁。每星期三的课从九点半上到十一点半，课后陈先生还会留我再谈上一两个小时的话，当时所有人都去吃饭了，很安静，可以畅所欲言。每次辅导结束，我都饥肠辘辘。

1966 年的新年，邵循正先生回北京。张芝联先生打电话给我，要我和他一起去看邵先生。我说新年时候，不要去打扰邵先生。张先生说，中国的礼俗不是这样，他于是带着我去拜访邵先生，就这样我认识了邵先生的夫人，她是郑孝胥的女儿，很瘦弱的夫人。

邵先生对我的指导意义非凡，他提醒我注意张謇，认识到像张謇这样的人在中国的现代化进程中的推动作用。他们既非洋务派，又非革命派，更非共产党。要注意到社会发展，对历史人物不要轻易做出划分，也不要排除特定人群。要知道在1965年、1966年，社会上有严格的好人、坏人之分，在图书馆的卡片上，有汉奸、卖国贼这样的标签，如李鸿章等，但不包括左宗棠，他是平定新疆的民族英雄。邵循正认为这些对历史太狭隘太武断的判断，以及排除或者故意忘掉一些重要史料的态度都是不妥的，他私底下的批评相当尖锐。另外，他还教会了我“考证”，对中文史料进行真伪辨识和互参。陈庆华对史料的态度更为精细、更为看重，也走得更远，他给外国学生上课时，往往携带大量的史料到课堂。但陈庆华并不执迷于材料本身，往往能从中看出新意。邵先生提醒我关注张謇，陈先生则让我关注翁同龢。他们都是我研究生涯重要的引路人。

马：您1966年回国，中止了在北大的留学。这是既定的计划，还是一个与当时中国国内时局相关的临时的决定？

巴：新年过后，邵先生继续去搞“四清”，很快，历史系各个教研室的老师都被派到长城边的一个乡村去搞教育革命。但陈庆华先生因为糖尿病，留在了学校。我可以继续接受他的指导。但是，到了6月份的第一个星期三，陈先生告诉我，他再不能见我和指导我了，这太危险了。当时，“文化大革命”开始了。

1966 年 6 月份，北大的“文革”已经如火如荼，到处是大字报。邵先生受到了攻击。翦伯赞更是饱受冲击。迫于形势，陈庆华不能辅导我了。图书馆也关门了。我只能在宿舍自学，看书和翻译相关史料，并做评注。我当时还不能很流畅地阅读中文资料，但有些中文程度比我更好的同学，有时候能帮助我。7 月份时，我到外面旅游了一圈。我去了南京、无锡、苏州、上海、广州，继而到香港。在香港时，我住胡鸿烈先生家，并买了很多书和一部意大利产的打字机，很奢侈。但我没办法把书带过海关，因为关员发现上面印有国民党党徽，留置在关口。一个多月后，9 月 17 日，我再经由罗湖海关出境香港时，问他们我的书是否还在，他们像扔烫手山芋一样把我的书如数还我。那时候，这些书都是定时炸弹，对海关来说，保留这些书，太危险了。

六七月份前后，我得到法国国家科学研究中心的通知，考取了该中心现代历史研究部的研究助理岗位，国家科学研究中心同意我继续在中国进行研究的要求，但我必须先回去办理相关行政手续。而我一年期的研究生奖学金也到期了，得另行申请。另外，我必须回去见我的博士导师们，商讨论文的写作问题。与此同时，大量关注中国问题的专家要求见我。我于是跟历史系商量暂时回国两个月，然后回来继续学业。按照当时的政策，期满回国的普通留学生，得在间隔半年以后才能再度获得签证来华，但我的身份是研究生，他们答复不在此列，我可以回来。但就在我启程的次日，9 月 17 日，法国大使馆接到教育部的通知，我还是必须间隔半年以上才能再度申请来华。6 个月的期限将届，我去中国驻法大使馆咨询，他们答复再等 6 个月。如此这般又推延了两个半年。到了 1968 年，迫于当时中国国内的形势，回中国留学已经不再现实。驻华使馆也就派人跟北大当局交涉，把我留在宿舍的大量的书和行李打包寄回法国。当时北大当局大概也为我的宿舍能够腾空而松了一口气：第一，可以回收宿舍；第二，这些书中相当一部分，在当时是“四旧”，是毒草，是有遗祸的。

马：在中国留学的这段经历对你之后的工作有什么助益？

巴：第一，当然是我的论文，并且奠定了我的学术根底。邵循正和陈庆华两位先生对我的影响上面已经提到。第二，这段在特定年代的经历，有一定特殊性，要知道，当时西方世界和中国已经隔离了 15 年以上。很多学者急切想要通过我了解中国，甚至有些想要通过我了解他们所关心的学者的状况。我回国后，会见了大量的汉学家，经常被邀请去介绍中国的情况。这一定程度上也扩大了我的学术交往圈子，对我以后的发展有一定帮助。我刚回到法国，确认短时间内不能赴华时，便接受了费正清的邀请，带着三个月的研究基金前往哈佛做研究。费正清亲自开车到机场接我。他的助手告诉我，这是从来没有发生过的事情。当时汇聚在费正清身旁的年轻人，很多日后成为重要的汉学家，比如孔飞力（Alden Kuhn）。我们互相交流、切磋，彼此激励，也建立了友谊。我还见到了刘广京，他称我为“同学”，向我打听邵先生的情况。刘广京曾于 1946 年在清华受业于邵先生。20 世纪 80 年代，他和费正清主编《剑桥中国晚清史》，我负责“清末中国社会变迁”这一章。更重要的是，费正清研究中心以及哈佛的东亚图书馆有大量的档案史料，让我的论文不再受困于史料的匮乏。1968 年初，我通过博士论文答辩。1967 年夏天，费正清携我参加由美国亚洲学会（AAS）举办的研讨会，郭廷以先生也率中国台湾“中央研究院”近代史研究所代表团赴会。郭先生和邵先生是老同事、老朋友，他满怀关切地向我打听后者的情况，并请我一旦有机会再见邵先生，一定要把他的问候带到。我跟中国台湾学术界的交往开始于这个时候，但因为我在中国大陆的这段经历，直到 1986 年才有机会赴台参加学术会议。而如果去了台湾地区，则又去不了中国大陆。因此，我的口语一直得不到很好的提高。这是我最为遗憾的一件事情。当时又误以为香港是个过度商业化的地方，讲的又不是普通话，所以也没有寻求到香港做研究的机会，这是个错误的决定，我错失了提升汉语的好时光。

马：“文革”刚一结束，您马上就恢复了跟中国的学术交往？

巴：对。我有太多的理由在第一时间来到中国，并与中国学术界往来。第一，是探访我的老师、朋友们。邵循正先生已经去世，但陈先生还在，还有其他许多的师友，他们都令我很牵挂。第二，我想看看经过“文革”后的中国变得怎么样了。作为一个研究中国现当代历史的学者，能够身临其境，在研究上的意义显而易见。第三，我急切希望与中国同行交流，不但在学术上充分对话、交相促进，还希望能对中国同行和中国的学术出点力，比如寻找资料、帮助建立与外部学界的对话机制和交流平台等等，我想提供力所能及的帮助。我经常想，邵循正和陈庆华先生就是这么帮助我的。中国学者跟外部交流是比较困难和不通畅的，无论是语言上、制度上，还是方法的对接上、资料的掌握上，有太多的不同。当然，现在情况改善很多了。我们作为熟悉中国情况的汉学家，有义务也有责任在自己力所能及的范围内帮助他们。这就是我为什么在情况许可的条件下，尽可能地提供帮助的原因。我能做的，无非是帮助他们在法国进行史料访求，安排对话和交流，组织学术会议，对一些到访学者提供接待或者出行的便利。根本的目的，就是在我的专业领域内，促进中外特别是中法间学术的合作和交流。

马：您最为中国学术界称道的贡献之一是为中国近代史学界续编《中法战争档案》搜求法方原始资料。多达一万多页的法文材料，都是您一页页从浩如烟海的原始档案里摘录并复制出来的。可以说，没有您的贡献，这套多达 7 卷本的文献巨著无法面世。而您投入的时间和精力，是无法想象的。是什么样的决心驱使您做出如此大的牺牲？

巴：的确是花了不少的时间。邵循正先生参与主编“中国近代史资料丛刊”中法战争部分，限于条件，有很多的档案和史料他接触不到，特别是法国方面的史料。丛书中的法方资料，大部分采录自战争期间及稍后法国外交部公开刊行的黄皮书，这些资料，是带有目的性并经筛选后的披露，不能反映事实的真相或全貌。广西社会科学院的庾裕良先生通过我的朋友、中国社会科学院近代史研究所的张振鹍先生找到我，想要搜求法方档案史料补编中法战争档案史料，我认为这是个很好的提议，哪怕这些资料最后没能出版，能在中国研究者的手里保留一份完整的备份，以待不时之需，也是非常有意义的。我因为对这段历史做过研究，熟悉相关档案史料，对比过中方已经出版的史料，深切知道法国方面的史料不仅能在研究上补充中方的史料不足，有助于学术上的突破，而且，这还跟现实有关。20 世纪 80 年代中越两国存在边界争议，我所提供的资料，未必有助于解决现实问题，但起码能够部分澄清 100 多年前中法越南战争时期中越边境纠纷的某些真相，我一度希望有关人员能够从这些史料里注意到一些有用的信息。现在中越陆路边界问题已经解决，但海上边界问题还没完全解决。历史研究的部分意义正在这里，对现实问题可能会提供某些线索或思考的角度。

马：您一直积极参与、组织各国汉学家的交流，并且在 1992 年继马悦然（Goran Malmqvist）先生之后任欧洲汉学协会会长。您能介绍一下这个协会吗？

巴：这要从青年汉学家联盟说起。1950 年，一批相识于中国的欧洲青年汉学家组织了这个联谊和学术性质的协会。有别于以往保守的东方学家协会，这个协会专注于中国研究，并且对新生的中华人民共和国抱有好感。这个协会每两年举行一次会议，其成员来自欧洲所有国家，包括人民民主政体的国家（东欧），可能是冷战时期唯一一个包括东西方国家的社会科学工作者的学术协会。1968 年在捷克举行年会时，我当时在美国做研究，谢和耐建议我参加，我因为自己的研究积累不够而没有参加。该年 8 月，苏联出兵捷克，许多捷克的汉学家被关了起来。苏维埃国家的汉学家和其他国家的汉学家的对话此后不再可能了。于是这个协会慢慢就涣散了。

1975 年，施舟人（Kristofer Schipper）联合吴德明（Yves Hervouet）、汪德迈（Léon Vandermeersch）及其他汉学家，寻求组织一个全欧范围的新的汉学学会：欧洲汉学学会。学会的第一次大会定于 1976 年 9 月在巴黎举行。施舟人要求我参与会议的筹备和组织工作。他负责组织古代中国研究部分，而我则负责现当代中国部分。当时还向欧洲科学基金会申请了资助。这次会议学术成果斐然。我可以说是该协会的创始成员之一，并于1992年起担任了四年会长。这个协会每两年举行一次大会，成了欧洲汉学家的学术同人交流平台，促进各国汉学家的合作及汉学研究的发展。其宗旨就是尽一切可能促进和巩固欧洲所有学者参与汉学研究的相关活动，而这也是我参与这个协会的活动、为这个协会尽一份力的动机所在。我参加了至今为止的所有大会，也希望尽可能不缺席以后的大会。

马：您于2003年当选为法兰西道德与政治科学院的院士，这是对您的学术成就和学术贡献实至名归的承认。我注意到的一个现象是，此后，您多次在科学院频道（Canal Académie）的网络电台做演讲或接受采访。您的主题生动、丰富且经常紧扣时事，为法国听众打开了一扇了解中国的窗口。我的问题是，这是您作为院士的职业行为，还是另有动机？比如说，增进法国人民了解中国的一个使命。

巴：这是个很好的问题。这不是职务行为，但的确跟我的专业身份有联系。科学院频道是一个资深院士让·克鲁泽勒（Jean Cluzel）建立的。我觉得这个举措很有意义、很有价值，它让资深专业学者有一个面对普通大众发言的平台，能够破除一些通过公众舆论平台传播的偏见。我们知道现在有很多学生收听这个电台，并且引用其中的信息、资料去完成他们的功课，这很好。我自己作为研究中国问题的学者，也经常受各种媒体之邀发表对中国问题的看法或介绍。我对记者的采访要求是合作和开放的，我们有义务让对中国感兴趣的法国人民了解真实的中国。但是，无论我出现在左派报纸如《解放报》（*La Libération*），还是右派报纸如《费加罗报》（*Le Figaro*），或者其他的媒体上的言论，即便引用或采访我的记者不加以歪曲地如实报道，由于媒体的派系问题，还是会给打上或左或右的标签。普通的读者、听众或是观众无法判断我的言论的客观性。但在这个网络电台，则没有这种标签，我情愿在不被贴标签的情形下发言。我自己多次通过这个平台，就法国听众所关心的中国问题，或接受采访，或发表专题演讲。我很乐意从事这个工作，这有助于让普通民众了解中国，而这也是我作为中国问题研究者的责任。

马：最后一个问题。中国和法国，在历史和文化上，是两个异质的国家。作为一个常年研究中国问题的法国汉学家，这种关注和研究是否对您的思维形式或思维习惯带来某种影响？如果有，表现在什么地方？

巴：这是一个“他者”的视角。是的，这让我对所有的问题，首先是从疑问的角度切入，从另外的视角来看待。有一个故事，我想起来就发笑。那是我初到北大教书，讲解“vérité”（真相，真理）这个词。我说：“春天从 3 月 21 日开始，这是个真相。”有一个学生说：“不是的，这得看是哪一年。有时候从一月份开始，有时候是二月。”我说：“你当然有道理，但这是中国历法的春天、春节。我说的是公历。”无论如何，这个故事让我看到，我们不能把一些事情或者概念轻易混用，要回归到它的本源，要带差异性地看待问题，要尝试理解不同文化间的区别。

采访者：马骥（宁波大学人文与传媒学院）

何碧玉教授访谈录

访谈按语：2008 年 1 月，笔者采访了应邀来北京外国语大学海外汉学中心演讲的法国著名汉学家、法国国立东方语言文化学院中文系主任何碧玉（Isabelle Rabut）教授。由于何教授停留的时间较短，笔者后来又通过电子邮件的方式与何教授进行了沟通。以下访谈录据此整理而成。

何碧玉教授供职于法国国立东方语言文化学院，她在中国现当代文学、台湾文学、翻译研究等领域开展研究。何碧玉教授夫妇共同将《兄弟》《十个词汇里的中国》《第七天》等余华名作译成法语，还译有沈从文、巴金、池莉、张爱玲、毕飞宇、莫言等中国现当代作家的文学作品，也翻译了部分京派和海派小说及部分散文体裁作品。

唐利群（下文简称“唐”）：您的汉语名字很美，也很中国，请问，有什么来历吗？

何碧玉（下文简称“何”）：这个名字是一个中国朋友给我取的。我的法国姓 Rabut 的第一个音节 Ra 变成“何”，第二个音节 bu 变成“碧玉”，我很喜欢这个名字！

唐：您是怎样对中国产生兴趣，并选择了中国现代文学作为您的研究对象的呢？

何：我跟中国的关系好像有点命中注定的意味。我的祖父是法国海军陆战队（当时叫 infanterie coloniale，也就是殖民部队）的军官，他在越南服役了一段时间，我父亲的一部分童年是在越南度过的（20 世纪 30 年代初），这给他留下了很深刻的印象。我祖父本来要离开越南去中国（天津）任职，但因为生病去世没有成行。所以我后来来中国好像是为了完成某种心愿似的，或者可以说与中国有缘。

我来北京是在 1980 年，当时我刚刚获得了索邦大学（Sorbonne université）的古希腊文学博士学位（我是法国高等师范大学毕业的，原来的专业是古典文学），也获得了法国国立东方语言文化学院（Institut national des langues et civilisations orientales）的汉语文凭。当时我通过中国驻法大使馆找到了在中国的大学教法语的工作，一开始是在北京第二外国语学院当老师，第二年（也就是 1981 年）秋天我到了北京外国语学院，就是你们的大学。我在这里给法语系学生上法国语言和文学课，还有文学评论课和拉丁文课，在中国工作六年才回国。

我以前在美国学过一年汉语，然后在法国国立东方语言文化学院读了两年，拿到文凭，到中国以后汉语就基本上是自学了。刚开始我无意换专业，可是时间长了我发现自己对中国文化和文学的兴趣越来越浓厚。虽然我以前学过古典文学，但我更喜欢现代世界，所以决定研究中国现代文学。

唐：在法国做中国现当代文学研究的人很少吧？

何：只有五六个人。我是指能够当导师带学生的。

唐：请您简单介绍一下中国现当代文学研究在法国的历史

和现状。

何：先是一些在华的法国和比利时传教士在上个世纪（20世纪）40年代对现代文学进行了研究（你们研究中心的《国际汉学》杂志已经发表了我和我丈夫安必诺［Angel Pino］写的关于这些方面的研究文章）。在上世纪五六十年代，因为法国汉学家极少，他们又缺乏资料，所以没有多少研究成果。在“文化大革命”的时候，大部分的法国汉学家是“毛派”，他们的研究集中在鲁迅和一些左派作家身上。现当代文学研究到了上世纪80年代才开始活跃起来，可是翻译工作比研究工作要多一些。这个时候法国学者转向关注上世纪八九十年代的文学现象，主要对现当代文学的两个方面感兴趣，一个是乡土文学，还有一个是新文学的现代主义倾向。

唐：上世纪八九十年代法国学者对寻根文学感兴趣的原因是什么？是因为它们具有比较鲜明的中国乡土特色和民族特征吗？这里面有没有东方主义的问题？

何：上世纪80年代寻根文学在中国兴起，这是一个很突出的、影响很大的潮流，我想应该是汉学家注意到了这个现象，所以介绍到法国。与其说是东方主义，不如说是对地道的、多样化的中国文化现象的兴趣。

唐：您自己的博士论文做的是沈从文，吸引您的是否也是沈从文作品里的那种田园牧歌式的乡土的存在？

何：我觉得沈从文表现的不是乡土，他描写的是人，普遍意义上的人。在我看来，沈从文是一个对抽象的事物很有兴趣的人，上世纪40年代他写了很多抽象的东西，要是他的创作后来不是被打断的话，他会越来越抽象。另外，沈从文使我最入迷的是他写了很多很残忍、野蛮的事物，然而其中却有某种很温柔的东西。这个特别能打动我。在人生里、在人性里同时有极端的恶与极端的善，沈从文的作品就能帮我们理解与接受这一切。

唐：所以说研究者的选择背后有很多具体的、复杂的原因，并不是东方主义的一个概念可以涵盖的。那么您的博士论文都论述了沈从文的哪些方面？

何：我主要论述了沈从文对人类的起源、对历史、对进步与退化辩证的看法。

我在后来的文章中进一步研究了他作为京派作家的美学观念及他怎样把文学创作看作控制现实和控制自己的工具。

唐：您这次来中国是应邀到北京大学等学校做讲座，我看了海报，有很多题目，像《中法互译问题》《沈从文与寻根派》《张爱玲：上海—香港，杂交与感伤》《余华作品中的空间》《朱天文与城市文学》……我觉得您的兴趣相当广泛，从翻译到研究，从沈从文、寻根派，到新感觉派、张爱玲；您最初是做现代文学研究的，后来又做到当代文学；最近又开始了港台文学的翻译和研究。促使您个人学术兴趣发展和转移的原因是什么？

何：我从现代文学转到当代文学的主要原因是 1997 年阿克特·苏德（Actes Sud）出版社聘请我做他们的中国文学丛书主持人。因为他们主要出版当代作家的作品，所以我开始读上世纪 80 年代和 90 年代的小说。至于台湾文学，我其实是受了我丈夫安必诺的影响，他对台湾作家的兴趣比我早多了。

唐： 他做中国现当代文学研究？

何： 是。他的主要研究论题是巴金。他在《巴金研究集刊》上发表了一篇文章——《巴金在法国的接受》。现在正在写一本介绍巴金与法国传教士明兴礼（Jean Monsterleet）往来的书，还在编一个巴金译文目录。

唐： 经常看见一些报道说，法国翻译中国当代作家的作品，比如翻译韩寒、卫慧、棉棉……这种翻译的兴趣是依据什么？是依据他们在中国作为某种热点吗？

何： 我们生活在一个媒体至上的社会里。一旦某作品在中国引起轰动或者变成热门，法国出版社就会争先恐后地翻译、出版，好像怕错过什么大事似的。最近有一个出版社翻译出版了《狼图腾》。他们认为这本书能够吸引读者的主要论据只不过是：这本书在中国卖了几百万册。当然，汉学家的标准肯定有所不同。

唐： 前一段时间德国汉学家顾彬曾经提到中国当代文学有一些是垃圾，在转述和报道中被夸大并引起了激烈的反弹，这个问题您怎么看？其实中国人对自己的当代文学也不满意，您觉得中国当代文学的危机主要表现在什么方面？

何： 我没有认真地考虑过这个问题。我想当代文学还处在一个过渡时期，一个对旧传统的挑战、颠覆的时期，因此不免有一些竞赛与夸张的现象。另外，中国社会变化太快（比如城市化的节奏非常快），作家可能还没有找到能够适当表现这个新环境的艺术概念和手段。还有文学市场化的影响，作者很难在这个环境中保持学者的态度。其实，我们面对一个更普遍的现象，就是文学以前是一个比较精英的活动，只有极少数人被看作名副其实的作家，可是现在好像每个人都有资格当作家，只要他经历过一些事情并能把它们写出来。

唐：所以就难免粗制滥造，品格不高。您在您的一个报告中提到中国“当前的一些作品总是表现了极其丑陋的东西”，对此有所批评。其实文学是可以表现丑的，现代作家如鲁迅、闻一多、萧红、张爱玲、李金发……西方作家如卡夫卡、波德莱尔……都对人们不愿正视的现实和人性中的丑陋进行过揭露，但是当下文学中的所谓“污秽叙事” “垃圾写作”之类……我个人觉得其中的某些审丑就不太容易让人接受了。您认为文学以什么方式、如何表现丑陋才是有效和卓越的？

何：一个文学作品当然不能不正视丑陋，要不它容易变成假的。可是无论现实多么可怕，人对美、对爱、对幸福的向往还是存在的，一个不表现这个向往的作品也是假的。我之所以欣赏余华的小说，就是由于这个美与丑的紧张关系。

唐：我感觉您比较欣赏艺术性较高的、注重文学技巧的一类作家和作品，是吗？

何：还不仅仅是文学技巧的问题，文学作品也应该有力量，应该能强烈地表现人生的不同状态。我觉得上世纪 30 年代的京派作品（像沈从文、萧乾、林徽因或者凌叔华的小说）能够接近这个美学理想，虽然它们表面上非常平静。

唐：海外学者对中国现当代文学的研究，对中国国内的学术界有较大的影响，国内学术界对海外汉学的接受有“一边倒”的倾向，就是比较容易受美国汉学的影响，而相对忽略了欧洲汉学，包括前社会主义国家如东欧、苏联汉学家的研究，以及日本汉学的存在，您觉得呢？

何：这个很明显。无论是在大陆还是在台湾地区，学术话语紧靠美国学者的话语。这当然与美国的地位有关，与华裔美国学者的作用也有关。此外，年轻的中国学者非常迷信理论，怕在理论方面显得落后，而美国就代表最时髦的理论倾向。

唐：其实欧洲，包括法国的中国现当代文学研究，在批评方法、理论方面有很多值得国内学术界借鉴的地方，比方说，在听您的报告《法国传教士对中国现当代文学的研究》时，我就觉得您对原始资料的重视与发掘，以及在此基础上做出的思考和结论，特别具有启发性。作为一名法国的中国现当代文学的研究者，您觉得自己的优势在什么地方？

何：作为法国汉学家，我觉得法国学术传统的一个主要优势在于你提到的那个处理资料的严密方法。每个断言都得有证据，都得注明出处。

唐：您在海外做研究时，也会参考中国国内学者的研究和理论吗？您觉得中国现当代文学批评和理论界存在什么应该注意和改进的地方？您对中国国内的研究者有什么建议？

何：我觉得有些国内学者在注明出处时还不够具体和严密。也有人太重视理论，以至于理论反倒成了异化的力量。在我看来，理论就是一个工具，用着合适就用，不合适就放下。

我个人的一点感受是：现在一些年轻学者的文章很不好懂，其实连中国老一辈的学者也嫌看不明白。记得有一次我怎么也看不懂一位学者论文中的一句话，只好请教北大严家炎教授，严家炎教授把那个句子删了几个字，又添了几个字，给我看，结果我马上就懂了……当然，我只是举一个例子。

唐：这是很有意味的一个例子。学者做研究是为了沟通和交流，希望经过不断的努力，我们的沟通和交流会越来越顺畅！非常感谢您接受我的采访。

采访者：唐利群（北京外国语大学中文学院）

中国古代文学在法国

——法国彼埃·卡赛教授访谈录

访谈按语：彼埃·卡赛（Pierre Kaser）教授，现为法国马赛大学（Aix-Marseille University）中国文学系副教授，亚洲研究院（IrAsia）中国文学翻译数据库项目负责人，学术期刊《远东印象》（*Impressions d'Extrême-Orient*）主编。主要学术研究方向为17—18世纪中国古典通俗文学、中国古典小说和戏剧在法国的翻译和接受情况。主要翻译作品有李渔的《无声戏》，以及2013年出版的《扬州十日记》。

2012年，笔者对彼埃·卡赛先生进行了采访。本次访谈分为两部分：第一部分主要内容为彼埃·卡赛先生个人在汉学领域的研究经历与思考，第二部分主要是其对法国汉学发展现状的看法与评价。

刘婷（下文简称“刘”）：您知道，汉学是指外国人对中国的方方面面进行研究的学科，是几百年来中西文化交流所催生的一个重要的学术领域。而汉学家们不仅仅是普通的西方人文学者，还是中国形象的传递者。首先，想问您的第一个问题是：您为什么学汉语，又是怎样走上汉学研究的道路的呢？

彼埃·卡赛（下文简称“卡赛”）：我最开始在波尔多学心理学，后来发现对心理学的兴趣一般，又转而学英语，英语专业的同学必须选第三外语，我就选择了汉语，在学习的过程中我发现我对汉语非常感兴趣，于是开始主修汉语。我在波尔多读书时遇到了雷威安（André Lévy）先生，他是法国研究17世纪中国文学的专家。受雷威安先生的影响，我对中国文学，特别是中国17、18世纪的小说产生了浓厚的兴趣。并且我其实一直都很喜欢17世纪法国和英国文学。

刘：我注意到您的博士论文和研究方向是关于明末清初文学家、戏曲家李渔的。那么您是怎样选择有着“东方莎士比亚”之称的李渔为研究对象的呢？

卡赛：雷威安先生的作品和建议指引我开始关注李渔。20世纪80年代中期，西方对李渔的研究尚且不多，而后随着韩南（Patrick Hanan，1927—2014）教授的译介，在中国、日本以及美国，人们又重新开始关注李渔。我试图复原、理解这位作家引人入胜、别出心裁的小说作品。我的研究开始于北京大学，在北大的这两年我扩大了阅读量，又进一步激发了我对李渔以及其他同时代作家的热情。回到法国后，我在巴黎七大（即巴黎狄德罗大学-巴黎第七大学）完成了这项研究工作。我一直都很关注李渔的一部作品，我认为这部作品也应当被介绍到法国来，为广大法国人所熟知。这部作品就是《十二楼》，我现在正在翻译它的高潮部分。

刘：的确，李渔的作品值得重新被关注，其作品的中文版本很早就传入西方。中国作家郑振铎曾于1927年在巴黎国立图书馆发现国内未见的《十二楼》最早刻本《觉世名言第一种》（封面上题为《醒世恒言十二楼》）。法国学院汉学的创始人雷慕沙（Abel Rémusat，1788—1832）曾在1826年出版的《亚洲杂纂》（*Mélanges Asiatiques*）第二卷中介绍了《合影楼》（*L' ombre dans l' eau*）、《夺锦楼》（*Les Deux Jumelles*）两部李渔的作品。1827年，他出版了《中国故事》（*Contes Chinois*），其中收入了他自译的《合影楼》《夺锦楼》以及《三与楼》（*San-iu-leau；ou les Trois Etages Consacrées*）的全译本。您也曾经翻译过一些中国戏剧和古典小说，以及现在正在翻译的《十二楼》等。在翻译过程中，您所遇到的最大的困难是什么？

卡赛：我所遇到的最大的困难，并不在于如何读懂中文文本，而是怎样还原作者的风格，这是一个没有标准答案的问题。译者是自由的，这种自由却是最难把握的。我认为李渔的风格和法国作家狄德罗（Denis Diderot，1713—1784）比较相似，为了翻译李渔的作品，我读了许多狄德罗的作品，以再现法语语境下李渔的行文风格与感觉。

刘：李渔与狄德罗生活的年代相差不到一个世纪，他们分别是中西方戏剧美学理论的主要代表。中西方戏剧理论有相对也有相契合之处。那么您认为中西方文化之间最大的差别是什么？来自不同文化的人怎样进行交流和对话？

卡赛：我觉得从根本上来讲，没有太大的区别，我们都是人。中西方在交流中可以形成“第三种”文化。我的夫人是中国人，我从事汉学研究，但我永远也不会彻底成为中国人，她也不可能彻底成为法国人。于是，这就形成了另外一种交融的文化。来自东西方文化的人很难懂得彼此的全部，我们只能尽力去了解，通过文学作品的译介、通过学习对方的语言，或是到对方国家旅行等手段，可以更好地了解对方。如果法国的中国人再多一些，会更有助于法国人了解中国。

刘：您刚才提到了您的导师雷威安先生，他是法国研究中国古典文学的知名学者和翻译家，也深深地影响了您的汉学研究工作，可以说是您在汉学研究领域的引路人。您能否介绍一下他的学术成就？

卡赛：当然可以，但是这个话题比较大，我可能会说得不够全面。

雷威安 1925 年出生，是二战后在戴密微（Paul Demiéville, 1894—1979）的栽培下成长起来的那一批汉学家之一。这批汉学家用传统的方法研究中国古典文学，并以牢固掌握中文原著而著称。雷威安更是如此，他不仅在中文方面有所建树，还对梵语、日语以及其他许多语言和文化有所研究。在最近拍摄的一个纪录片中，雷威安先生讲述了他在越南、日本以及中国香港的“法国远东学校”教书的经历。回到法国后，他在波尔多第三大学授课直至退休，其间也曾在巴黎七大工作过一段时间。最后，他又回到了波尔多第三大学担任亚洲学系主任。他退休后居住在这座法国西南部城市的近郊，因为他喜欢城市附近阿卡雄盆地的秀丽风景。

他在汉学领域有诸多的成就。首先值得一提的是，他的学术涉及了汉学所有领域。可以说在他接近半个世纪的研究生涯中，他的学术研究几乎覆盖了中国文学的所有方面，他还向法国民众介绍了中国文学的几部经典之作。

雷威安先生晚年翻译了《论语》（*Confucius, entretien avec ses diciples*, 1994），使得这部早已被法国人民视为中国文化经典代表的文学作品重新焕发了生机。随后，他又翻译了《孟子》（*Mencius*，2003），这部作品已半个世纪没有人翻译。不过，同谭霞客（Jacques Dars，1941—2010）先生一样，雷威安先生最著名并且最让人称道的还是他对所谓“消遣文学”的探索，特别是中国的通俗文学作品以及古典文学作品，比如明代戏曲。

我还想提一下他的一些“非典型”作品，比如2000年在皮克耶出版社（Editions Philippe Picquier）出版的性学指南《素女妙论》（*Le subline discours de la fine candide*）的译本，以及1997年在同一家出版社出版的抒情诗选集。

雷威安先生高效且高质量地译出许多中国古典小说，还对话本小说做了深入细致的研究。在1976年完成的博士论文《通俗话本小说》（*Le conte en langue vulgaire du XVIIe siècle*）中，他介绍了话本小说在明末清初的兴起、衰落以及代表人物。同时，他还主持编纂了影响深远的《话本总目提要》（*l' Inventaire analytique et critique du conte chinois en langue vulgaire*），1978年至2006年已经出版了五卷。此外，雷威安先生还在各类著名汉学杂志上发表数百篇关于话本小说的论文，成为话本小说领域的国际专家。

雷威安先生不仅是一位让人敬仰的汉学家，还是一位优秀的翻译家。他的作品广受欢迎，读者不仅有专家和学生，还有广大的法国群众。他的翻译风格直接、巧妙，对作品的语言把握得当。当然更重要的是，他翻译的作品数量众多，涉及面广，其中最著名的是对“四大奇书”中两部的译介，分别是《金瓶梅词话》和《西游记》，均被选入伽利玛出版社（Editions Gallimard）享誉盛名的“七星文库”（Bibliothèque de la Pléiade）系列译著中。他所有的译著，包括这两部作品，都能够在让读者领略作品整体魅力的同时，通过标注帮助读者抓住作品的重要信息。除翻译这两部巨著外，雷威安先生还翻译了大量的传奇小说，比如冯梦龙的“三言”和凌濛初的“二拍”。这些作品生动地描述了明朝末年的社会风俗。还有皮克耶出版社出版的《欢喜冤家》《一片情》及《弁而钗》选段。

雷威安先生不仅是古典通俗小说方面的专家，在文言小说方面也有颇深的造诣。比如，他翻译了 20 篇唐传奇小说，不论是翻译的准确性还是小说的筛选，都为人称道。他还将蒲松龄的著作《聊斋志异》全书 500 多个故事译介至法国。虽然此书多次被翻译成法语，但是都只是节译，雷威安先生的作品是第一个全译本。通过阅读他的作品，你会发现，不管是文言小说，还是语言生动灵活的通俗小说，他都把握得十分到位。

此外，雷威安先生的翻译范围还涉及汤显祖的两部戏曲作品。当时恰逢《牡丹亭》在巴黎上演，雷威安先生只用了几个月的时间，就将《牡丹亭》全篇译完。第二部戏曲译作是《邯郸记》，我认为这是目前为止中国古典戏曲中最优秀的法语译本。

除了古典文学与戏曲的译介，雷威安先生还翻译了台湾作家李昂、白先勇的作品。在 40 年的翻译生涯中，他出版了诸多高质量译作，而雷威安先生 40 年的汉学研究本身就如同一部伟大的作品。我对成为他的学生并在他的指导下开展学术工作感到非常荣幸。

刘：谢谢您的介绍。法国一直是汉学研究重镇，19 世纪西方汉学肇始阶段便有雷慕沙、儒莲（Stanislas Julien,

1797—1873）等汉学先驱，20 世纪前半叶又先后培养出沙畹（Édouard Émmannuel Chavannes，1865—1918）、伯希和（Paul Pelliot，1878—1945）、考狄（Henri Cordier，1849—1925）等汉学家。然而美国的汉学研究在二战后异军突起，与法国汉学所侧重的对中国古代文化的研究有所不同，美国汉学更侧重于研究现当代中国。20 世纪后期，美国成为世界头号强国，在汉学研究方面，其“现代汉学”的研究领域与研究方法也对欧洲传统汉学造成了冲击。您是怎样看待这种冲击的呢？

卡赛：我一般都会尽量避免对各国汉学的发展进行优劣的评价。我感觉欧洲人和美国人都分别在为探索中国文化出力，我们的共同努力使得世界更了解中国古代以及现代文学。单单说到中国古代文学，我想在大西洋另一岸的同事们的优势在于，他们所使用的语言在知识界更加流通，他们所做的翻译与研究，比我们拥有更多的读者。至于出版方面的区别，美国人更倾向于出版学术论文，而在法国，人们更偏爱翻译作品。这就是为什么在 20 世纪末法国已经拥有一系列中国经典文学的译本的原因。当然这要归功于那些为数不多的翻译家。

刘：有许多中国明清小说在 19 世纪就已经传入法国，例如《红楼梦》，汉学家巴赞（Antoine-Pierre-Louis Bazin，1799—1865）与鲍狄埃（Jean-Pierre-Guillaume Pauthier，1801—1873）合著的《现代中国》（*La Grande Encyclopédie*）[1] 中就提到了《红楼梦》，然而由于翻译难度过大，《红楼梦》的第一个法语

〔1〕 F. Camille Dreyfus, *La Grande Encyclopédie*, tome XI. Paris: H. Lamirault et Cie, 1971 [1885-1902], pp. 114-115.

全译本——由翻译家李治华及其法国妻子雅歌历时 27 年翻译完成——直到 1981 年才得以付梓出版，与法国读者见面。那么《红楼梦》《水浒传》等中国文学作品在法国民众中的接受度如何？什么类型的中国书籍在法国比较受大众欢迎？

卡赛：法国有 6500 万人口，或许只有几千人会关注中国文学，知道中国文学的存在。最近我们都在谈论莫言，之前可能大家还知道高行健，这两人的作品在法语世界的译介工作都是由我的同事杜特莱（Noël Dutrait）完成的。大家对中国文学的了解仅此而已。至于说什么类型的书籍最受欢迎，可能还是现当代文学比较受欢迎吧。在法国，中国古典文学处于比较边缘的位置。倘若还有人对此略知一二，那要感谢译者们的共同努力，以及私立出版社所做的工作，比如伽利玛出版社半个世纪来所持续出版的一套名为“认识东方”（Connaissance de l'Orient）的丛书。这套丛书 1956 年由艾田蒲（René Etiemble，1909—2002）创立，1991 年起由谭霞客接手直至 2010 年末他去世。另外值得一提的是皮克耶出版社，这 20 多年来，大约出版了 15 本中国文学著作。尽管译者们和出版社做了大量的努力，法国也有一些中国文学迷，但是总体来讲，中国文学的读者仍比较少，主要以汉学家和学生为主。一些名著的译本，比如《金瓶梅》，以及谭霞客 1978 年翻译的《水浒传》，在近些年收获了一定数量的读者。这些大部头起初以“七星文库”的精装书形式出版，而后人们又重新排版，出版了口袋书，价格更加便宜，受众面也扩大了不少。比起中国古代文学，广大的法国民众还是更喜爱中国的现当代文学。在中国古代文学中，在法国拥有读者最多的是李渔的《肉蒲团》。已经有两个《肉蒲团》的法语译本，尽管都不尽如人意。

刘：汉学家对中国的研究，比如对中国哲学的研究，或是对中国俗文学的研究，是否会随着中国国力的变化而变化呢？比如说在18世纪中国国力强盛时，欧洲许多思想家在著作中都提到中国，一些中国戏剧也被译介到欧洲并产生一定反响，欧洲一度形成一股“中国热”，而进入19世纪，鸦片战争之后，中国被扣上了“东亚病夫”的帽子，而这种国力的起落，是否影响到了汉学家对中国的研究？

卡赛：中国文化的确影响到了法国的学术界以及艺术，虽然并不算影响巨大。比如18世纪的“中国热”以及中国风格古玩的流行，到了19世纪，一些中国的才子佳人小说传入欧洲并被译介、改编，对欧洲的文学也产生了一定影响。诚然，中国发生的一系列政治事件的确或多或少影响了汉学家对中国的看法。但是，我感觉那些真正的汉学家——而非那些机会主义者——专注的是如何成为中国文化某一领域的专家，以及如何传道授业。此外，汉学是由汉学家们的研究决定的，汉学家的研究，应本着客观精神，而不应受中国政治或经济实力的影响。一个显著的例子就是美文出版社（Editions Les Belles Lettres）近期一套新的丛书——“中国书房”（Bibliothèque chinoise）的创立。这套主要出版中国古代经典作品的丛书，由程艾蓝（Anne Cheng）和马克（Marc Kalinowski）负责编纂。它的出现绝不是受到中国现今国力增强的直接影响，而是法国汉学自雷慕沙始，一直不断发展、不断完善的成果。出版社和研究机构没有理由只因如今中国经济的腾飞就将精力都放于现代中国国情以及文学上。

刘：那么目前在法国汉学界，研究员们对中国古代文学的关注度如何？您能否从翻译和研究两个方面举例说明？

卡赛：中国古代文学是一个宽广的研究领域，这个问题不是很好回答。其实，随着谭霞客的去世，以及雷威安、桀溺（Jean-Pierre Diény）、侯思孟（Donald Holzman）的相继退休，关注纯古典文学的法国汉学家越来越少了。很多研究者都是通过研究中国文学来研究中国的思想、文化、宗教、科技以及历史的。

从事汉学研究的人员主要分为两部分：法国国家科学研究中心（Centre National de la Recherche Scientifique）的科研人员，以及在各大学及附属研究机构从事相关研究的教师。后者用于研究的时间较短，因为他们还要花费一定的时间来备课、授课。不论是研究员还是教师，均隶属于小的研究组或项目组，这些项目组也可能会包括其他邻近文化（日本、韩国、越南，甚至印度）的研究员。汉学方面的研究中心数量不多，并且基本都设在巴黎。巴黎集众多优秀图书馆于一地：除法国国家图书馆、大学语言文化图书馆、法国远东学校图书馆，还有法兰西学院法国汉学研究所图书馆、集美国立亚洲艺术博物馆图书馆。同时，巴黎还有许多汉学研究重点单位，比如巴黎七大汉学系、国立东方语言文化学院汉学系、法兰西学院汉学讲席等。两个汉学讲席分别由魏丕信（Pierre-Etienne Will）和程艾蓝执掌。

开展中国古典文学研究的研究所有：东亚文明研究中心（East Asian Civilisations Research Center）、索邦大学远东研究中心（Centre de Recherche sur l'Extrême-Orient de Paris-Sorbonne）、现当代中国学中心（Centre d'Etudes sur la Chine Moderne et Contemporaine）、法国远东学校（École Française d'Extrême-Orient)。在巴黎之外，还有我供职的研究所——亚洲研究院。我所领导的研究小组名为“远东文学，文本与翻译”(Leo2t)，我们的志向之一就是通过研究学习中国古典文学，尤其通过翻译的方式为此扬名。我的研究小组获得了同在我校东亚系工作的道教文学专家——葛洪作品的译者车益国(Philippe Che) 的支持。此外，还有许多年轻的研究人员正在成长起来，这些研究员大部分来自中国，主要研究中国小说在西方尤其是法国的接受情况。

我们再回到巴黎。供职于东亚文明研究中心，致力于研究古典小说的蓝齐先生 (Rainier Lanselle) 翻译了《今古奇观》(伽利玛出版社) 以及《照世杯》(皮克耶出版社) 等作品，即将在美文出版社出版《西厢记》的译本。巴黎东方语言学校的戴斯特 (Vincent Durand-Dastès) 先生，曾在比利时发表其关于《东度记》的博士论文，他对中国的志怪小说有极大的热情。蒙彼利埃大学的克里维耶 (Solange Cruveillé) 女士也是我们项目的参与者，她曾为我们的项目写过一篇优秀的博士论文，探讨中国古代文学中的“狐狸精”形象。她还准备出版译作《太平广记》的节选。供职于法国国家科学研究中心的马蒂厄 (Rémi Mathieu) 致力于研究不朽的巨著《山海经》和《搜神记》。同时，曾经在 2003 年翻译出版《淮南子》的他还与蒙特利尔大学的勒布朗 (Charles Le Blanc) 合作翻译了反映儒家思想的基础作品。他还兢兢业业地翻译了《楚辞》，并在 2004 年被收入“认识东方”系列丛书中。他负责编纂的一部关于中国古代诗歌史的著作即将于 2014 年在伽利玛出版社出版，并被收入“七星文库”系列。

中国古诗的研究工作要归功于马如丹 (François Martin)，

同时，费飚（Stéphane Feuillas）曾将苏东坡的部分作品翻译为法文，在美文出版社出版。

进入新世纪以来，法国汉学界最重大的事件莫过于前面提到的“中国书房”的创立，它为中青年汉学家提供了一个发表译作以及研究成果的良好平台。仅三年来，出版著作达十几本之多，其中包括：罗逸东（Béatrice L'Haridon）翻译的扬雄所作《法言》，高万桑（Vincent Goossaert）所译《善书八种》，曾译出许多《庄子》相关作品的葛浩南（Romain Graziani）所译的《管子》。左飞（Nicolas Zufferey）曾于1997年翻译过的王充《论衡》又得到了马克的重新诠释。罗逸东和费飚重新翻译了陆贾的《新语》。乐唯（Jean Lévi）翻译了《文子》《孙子兵法》，以及法家经典《韩非子》《商君书》。同时，他还是翻译和研究道家经典的专家，与日内瓦大学的毕来德（Jean-François Billeter）意见不一。

“中国书房”系列的另一个特点就是，通过再次出版，使那些已经被研究透的内容重新焕发生机。比如桀溺所译的《古诗十九首》以及乐唯所译的《盐铁论》。这套书系还包括戴鹤白（Roger Darrobers）所译朱熹的文章，还有历史学家戴仁（Jean-Pierre Drège）所译法显和尚的文集，戴仁现在主要研究的是中国古代游记。

我的这番举例只展示了每个人研究领域的一部分，肯定无法保证全面。在此，我还是想再提在世纪之交的汉学领域承前启后的两个人物。第一位是班文干（Jacques Pimpaneau），他在东方语言学院从事教学与翻译工作多年。已步入晚年的班文干先生，继续着前人沙畹的事业——对其所翻译的《史记》进行补充。另一位是陈庆浩先生，他倾其一生为汉学研究人员提供小说文学方面的文章，例如《思无邪汇宝》的词语库，以及《型世言》话本系列。

在上面的回顾中，我们提到了过去、现在、未来为法国汉学出力的汉学家们。相信会有更多的人为法国汉学的未来而努力。有许多博士阶段的学生都渴望成为21世纪的新汉学家。我们可以把法国的汉学家群体比作“小国寡民”，但是他们却有“愚公移山”般的精神。

刘：那么，近期“移山”的进展如何？

卡赛：我可以顺着刚才的问题继续谈。要想了解法国汉学翻译和研究之间的关系，就必须要知道，在法国，汉学家们一般都同时从事翻译和研究工作。这些汉学家一般都在大学或研究所等机构工作，这些机构有自己的出版系统，然而却远远不能满足出版需求，学者们的研究性论文要等待许多年才能出版。同时，诸如《汉学研究》（*Etudes chinoises*）等汉学杂志只留很少的位置给文学方面的论文，并且不会刊载翻译作品。

综上所述，我们寄全部希望于网络在线出版物。我们创办了一个电子杂志，名为《远东印象》（*Impressions d'Extrême-Orient*），主要刊载以前从未发表过的短文译作。第四期将于今年秋季上线，这期主要内容为纪念已故汉学家谭霞客，他曾经翻译了多部中国古典文学作品，比如《徐霞客游记》以及李渔《闲情偶寄》节选。

至于文学译作，主要是私立出版社负责出版，然而近年来由于资金紧张，出版社并不愿意出版古典文学译作。当然，译者们也可以申请法国文化部国家图书中心（Centre National du Livre）的资助，但不是所有的项目都可以有幸申请到这项资助。提到曾出版过中国古典文学译作的出版社，首先要想到伽利玛出版社。在艾田蒲的倡导下，该出版社于1978年将中国古典小说纳入“七星文库”系列，比如我们今天可以看到的雷威安所译《金瓶梅》《西游记》，蓝齐所译《今古奇观》，谭霞客所译《水浒传》，以及引起很多争议的李治华所译《红楼梦》。以上这些书籍同世界著名作家的作品和孔子以及老子的文章一起，同属“七星文库”系列。此外还有刚才提到的“认识东方”系列，随着谭霞客先生的去世，这套系列于2010年暂停出版。我们都希望它能重振旗鼓，然而目前仍旧前途未卜。前面还提到了皮克耶出版社，这家位于法国南部阿尔勒（Arles）的出版社只关注亚洲图书，然而，现在它的主要出版物均为明末清初艳情小说。此外，还有一些出版社出版过零星几本中国古典文学作品。比如，巴黎的友丰出版社（Paris Editions You Feng），它出版过戴鹤白的优秀文章，但也出版过非常糟糕的翻译作品，比如《西游补》和《三国演义》的法译版。巴黎的加尔杜什出版社（Editions Cartouche）出版了我们系曾经的一位学生伯谷（Thomas Pogu）的译作《石点头》，这证明学生的作品质量也是很高的，并且在毕业论文后还可以延续学术生命。我有幸在安纳夏斯出版社（Editions Anacharsis）出版了我的《扬州十日记》。

我觉得，中国应该积极资助国外汉学家的研究与翻译事业，这对于宣传中国文化非常有好处，并且这一定会是一件双赢的事情。

采访者：刘婷（北京外国语大学中国语言与文学学院）

17—18 世纪来华传教士汉学研究
——法国著名汉学家蓝莉研究员专访

访谈按语：自 2015 年 3 月起，笔者在法国社会科学高等研究学院近现代中国研究中心（CECMC，EHESS）从事博士后研修工作。承蒙中心研究员蓝莉（Isabelle Landry-Deron）女士惠赠新近出版的《请中国作证：杜赫德的〈中华帝国全志〉》（*La preuve par la Chine. La "Description" de J.-B. Du Halde, jésuite, 1735*）[1] 中文版著作，令我产生了做一个学术访谈录的想法。6 月初，蓝莉女士在其中心办公室里欣然接受了我的法文访谈。此后一月间，我又针对一些感兴趣的问题多次进行了补充采访。访谈内容经翻译、整理形成此文。

蓝莉女士是法国著名汉学家，法国社会科学高等研究学院近现代中国研究中心负责人，主要研究领域是 17—18 世纪西方在华传教士文学。蓝莉的研究专著《请中国作证：杜赫德的〈中华帝国全志〉》（2002）一书，已被中国学者许明龙翻译成中文，2015 年 1 月由商务印书馆出版。蓝莉还在 2004 年与陈庆浩合编出版了《巴黎乘差会所藏汉喃书籍目录》（*Inventaire des ouvrages en Han Nôm conservés aux missions étrangères / Muc luc thu tai Hoi thua sai Ba-Lê*），2013 年负责主编了国际汉学研讨会

[1] 采访中涉及的外文文献仅标注初版年份，下同。——采访人注

文集《明朝与利玛窦笔下的中国》（*La Chine des Ming et de Matteo Ricci（1552—1610）*）等。

阮洁卿（下文简称“阮”）：蓝莉女士，您是法国著名的汉学家和在华传教士文学研究专家。最近您的专著《请中国作证：杜赫德的〈中华帝国全志〉》被译成中文在中国出版，并引起了中国学者的高度关注。这次很感谢您接受我的采访。首先我很想了解，在汉学领域您为何对传教士文学产生了如此特别的兴趣？

蓝莉（下文简称“蓝”）：我研究中国的经历比较特殊。1977年，我丈夫被派往中国工作，我就随同他一起来到中国，并生活了较长一段时间。当时正值中国改革开放之初，我不无惊奇地观察到，中国知识界正有一股对宗教信仰研究的回归潮流，学者们对17—18世纪中学西传的历史感到好奇，人们又重新关注起西方在华传教士、耶稣会士的这段史料。我与许多其他法国学者不同，他们是经由汉学教育而对某个具体领域产生兴趣，我是在中国实地受到中国学者研究热潮的影响，开始关注起西方在华传教士的历史。此种关注经过一段时间的酝酿，令我产生要做一个相关研究的博士论文的想法，并促使我找到贾永吉（Michel Cartier）教授并跟随他学习。贾永吉教授长期担任耶稣会尚蒂伊（Chantilly，法国城市名）图书馆汉学研讨会的主持人，是法国极少数对传教士汉学感兴趣的学者。不过我的博士论文《耶稣会对礼仪之争所持立场在杜赫德编纂的〈中华帝国全志〉中的体现——对法兰西学院汉学高等研究所、欧洲宗教人类学研究所、法国社会科学高等研究学院近现代中国研究中心等单位所收藏的中法文资料的研究》则完全是我自己的想法和选择，这篇博士论文经过补正，付梓出版，即《请中国作证：杜赫德的〈中华帝国全志〉》。我是受到中国学者的影响而对传教士汉学产生兴趣的，通过研究回溯了一本西方人如何接受中国知识的书。我热衷以史家的角度解读中国经典西传的过程，进一步考察当时欧洲人眼中的中国形象，并从历史学的“长时段”重新审视当时传教士在中西方文化交流上所扮演的角色。

阮：耶稣会士是早期西方传教士汉学家中的佼佼者，他们撰写完成的《耶稣会士中国书简集》（*Lettres édifiantes et curieuses écrites des missions étrangères par quelques missionnaires de la compagnie de Jésus*, 1702—1776）、《中华帝国全志》、《北京耶稣会士中国研究文集》（又名《中国杂纂》，*Mémoires concernant l'histoire, les sciences, les arts, les moeurs, les usages, etc., des Chinois, Par les missionnaires de Pékin*, 1776—1791）等多部大部头著作奠定了西方汉学研究的传统。我们很想了解，您为什么会选择杜赫德的《中华帝国全志》作为您研究的切入点？这部著作在西方汉学界的学术地位又是如何？

蓝：杜赫德是《中华帝国全志》的编著者，他一生没到过中国，《中华帝国全志》是他根据 27 位长期在中国生活的耶稣会士的手稿编撰而成。这 27 位供稿人中有 22 人是法籍，因此他著作的大部分内容都是法国传教士“灌溉”产生的，这些档案大都藏在法国境内。《中华帝国全志》在西方发行量很大，受众很广、影响极大。该书在反映当时中国形象的独特性的同时，也反映了西方依据其特性所建构的向外部世界揭示的中国形象。这对于我们研究 18 世纪欧洲人对中国情况的消息来源和认知有重大意义。研究《中华帝国全志》是因为我想考察“整个传教士阶层通过集体文学刻画中国形象的方式”，这是我研究的核心目的，并贯穿我的研究历程。我希望尽量根据时间顺序梳理西方在华传教士们的学术思想，试图了解西方人观念里的中国形象的产生和演变过程。

鸦片战争以前，传教士几乎是唯一得以在中国长期生活的西方人群，尤其是耶稣会士，他们以博学广闻出名，也正是得益于早期他们传回西方的有关中国文献，欧洲人才产生了对中国形象的最初印象。事实上，我也曾考虑过研究耶稣会士的第一套巨著，就是基歇尔（Athanasius Kircher，1602—1680）所编纂的《中国图说》（*China illustrata*，1667，也有译成《中国图志》）。该书有 1667 年拉丁文和 1670 年法文两个版本。这套书比杜赫德的书早一个甲子左右时间出版。基歇尔同杜赫德一样，也没有去过中国，也是通过汇集明朝时在华传教士寄回去的材料成书，他同样是一个编著者。但他的稿源情况更复杂，供稿人主要包括意大利、葡萄牙、西班牙等籍的早期来华神父。研究《中国图说》难度很大，至少需要语言能力和文献档案两种储备：研究者不但要通晓拉丁文，还需通晓意大利文、葡萄牙文、西班牙文等多门西语。另外，这些文献档案散于欧洲各地，法国境内基本找不到相关资料和档案，需奔赴罗马、里斯本等处探访。我觉得无论是对单个研究者还是未来的研究团队而言，目前研究《中国图说》的条件还不成熟。于是我就把 1735 年初版的杜赫德《中华帝国全志》作为研究对象。

阮：您为什么会将研究《中华帝国全志》的这本著作起

名为“请中国作证”？您的研究又是如何展开的？

蓝：《中华帝国全志》在某种意义上是一部带有论战性质的著作。当时正值欧洲“礼仪之争”等待罗马教廷裁决的重要时刻，杜赫德和他的供稿人试图捍卫耶稣会士在“礼仪之争”中的观点，这点非常明确。我认为，这也是促使传教士们翻译中文文献的重要内因，编著者杜赫德又依据“礼仪之争”所需对这些汉典摘译进行了取舍选择。当时在华耶稣会传教团已具备多年在中国生活和社交的经验，杜赫德本人也在教会长期担任《耶稣会士中国书简集》的主编，有近 30 年阅读中国文献的经验。鉴于这种知识储备和经验累积，耶稣会传教士们就想编写一部巨著，正如书名《中华帝国全志》所示，他们希望以百科全书的方式尽可能完整地描绘中国，以更好地展示他们的观点，加深人们心中耶稣会士才是各传教团里中国方面专家的普遍共识，并寄望借此对罗马教廷在“礼仪之争”中所做的决定产生影响。

我还原了杜赫德《中华帝国全志》出版前后那段复杂的成书历史，通过对中欧两地不同历史背景下《中华帝国全志》涉及的中欧文献进行比较研究，印证了适应中国文化后的耶稣会士通过《中华帝国全志》透露或传达的中国信息，有其内在的逻辑，即捍卫基督教与中国文化是彼此相容的。这也是杜赫德他们在“礼仪之争”论战中所持的基本观点。

我从事的研究，就是寻找这一特殊历史背景下的中国形象，把耶稣会士看作那个时期历史的见证人。通过中法两国文献，就耶稣会士对中国评价的书写进行“历史还原”，以做更精确、更详细的比较研究。

在研究耶稣会士文献的时候，我会去了解这些 17 世纪末到 18 世纪初传教士的身份、传教士从欧洲出发是以什么为目的，了解他们到达中国前的学习经历、具备了哪些知识，这样才能够更好地理解他们到达中国后将会如何去了解这个国家和文化；我也会去了解他们在中国做了些什么、他们的中文造诣和对中国文化的理解程度、他们理解中国的方法、他们在中国的社交情况、他们的中文文献阅读和接受情况、他们翻译写作的过程、他们为了展现中国形象而采用的写作手法、他们作为中国知识的传播者是如何把有关中国的情况传播到法国的……所有这些就组成了“耶稣会士适应他们所认识的中国的过程”，通俗地讲就是“这些传教士是如何理解中国”的问题。我就想把这个过程放置到历史进程中衡量，我把它归纳为“知识的流通”，而且是一种互动的流通。这也是我寻求了解的核心问题。

需要指出的是，鸦片战争前后，由于在华传教士的历史背景迥异，西方人眼中的中国形象不是一成不变的，它随着历史的变化也在变化。如 18 世纪欧洲人比较推崇中国文明，对中国的形象较多的是赞美性描述。而 19 世纪的情况就不一样了，批评指责的居多。由此，针对在华传教士的研究必须在具体的时段语境下开展。落实到具体研究，我认为可以从传教士的个人志、单篇汉学文献的接受和研究等细处着手，关注一个微型的历史，精述不同的历史背景，还原当时的台前幕后情况，避免大而化之的一概而论。只有这样追本溯源，在我们评价传教士成果的时候，才能有理有据，不至流于武断或谬误。总之，研究西方传教士书写中国方式的演变，需要将问题放在一个“长时段”中去探讨。

阮： 您花了大量精力和篇幅对杜赫德《中华帝国全志》的典籍源流进行文献学考证。您是如何考证的？又获得了哪些关键性结论？

蓝： 我研究《中华帝国全志》之初，人们普遍认为该书内似乎没有汉籍译文，即便有译文，也不过是只字片语或者个别段落，是杜赫德把这些文字碎片“安排”进书里去了。我想证明这种认识是错误的，这也是我论文的一个关键性结论。事实上，《中华帝国全志》中许多文稿是直接摘译自中文原著。如果我们要从事耶稣会士文献翻译的历史研究，杜赫德的这本书就是一个丰富的宝藏，而且这是我们所能找到的较早的一本集体性著作，是阶段性的标志物。人们之所以对《中华帝国全志》文献使用问题的理解有误，是因为该卷成书年代较早，杜赫德作为编著者没有像我们现代人撰写论文那样标注材料来源。当然，杜赫德那个时代没有世俗汉学，也不存在有体系的汉学教育，受众读者普遍不懂汉语。杜赫德没有注明文献来源并不意味着他是刻意隐匿文献出处，他和供稿人或许根本不可能想到有人会刻意去追踪他们文字书写的源头。

我们或许可以批判一些译文的质量或者谬误，但我们必须承认译文是以中文文献为基础的。我研究的一个很重要目的就是想复原《中华帝国全志》使用的原中文文献的确切内容。在我的书中根据《中华帝国全志》章节的顺序，依次列出了我辨识出的中文译文题录。这份题录尚不完整，还有待进一步补充。我当时的研究尚未对辨识出的汉法文献进行一一比对，并就结果进行述评。但题录的研究潜力巨大，值得深入挖掘，如殷弘绪（François Xavier Dentrecolles，1664—1741）和赫苍壁（Jul-Placidus Hervieu，1671—1745）神父所读汉籍的研究，又如《御制古文渊鉴》的接受研究等。

阮：最后，我很想聆听您对未来 17—18 世纪来华传教士汉学研究的希望和建议。

蓝：我目前关注的时间段略有拓展，总体上立足于对鸦片战争之前的时期进行研究。鸦片战争后，清政府的行政权力被大幅削弱，传教士在殖民性质背景下，伴随着军队和战争重返中国进行传教。而在此之前，尤其是康熙年间，中国国力强盛，是当时的中国政府给予西方传教士传教权利，传教士才能够在中国国土上进行传教活动，清廷是可以控制传教的。当时上至中央的皇帝下至地方的官员文人，当他们对西方文明产生好奇时，也更喜欢和传教士交流，而不是和西方商人与旅行家对话。因为他们觉得在华传教士是有文化学识的精英。而西方的传教士为了传教和深入交往的需要，也会学习中文和阅读当时中国文人在读的中国文书。这些传教士是中国同时期的见证人，他们的书写是中国此段历史文献书写的见证。

这一时期的研究如果被轻忽，那将是个错误。我认为中国在明末清初的对外交往上，比大众想象的更为开放，这个事实被低估了。

西方传教士，尤其是以杜赫德等为代表的耶稣会士认为，要了解中国最佳的方法就是阅读中文文献，他们翻译了许多中国的文献典籍，加之他们的评论与文献的出版，由此成为西方最早介绍有关中国内容的书籍。重新审视传教士的著作，了解他们如何在中国扎根，研究他们当时的传教生活、他们所受中华文明的教育，研究他们与中国文人的交往，追溯他们的阅读书目、解读作品的方法，研究他们的著作是在怎样的情境下向西方寄送传递的、目的为何等问题，都应该逐一去解密。这就是我们世俗史家的责任。

值得一提的是，欧洲藏有来华传教士研究所需的丰富档案文献。以法国为例，主要有三大类馆藏：一是以法国国家图书馆为代表的公共图书馆馆藏；二是某些传教修会的私立馆藏，如巴黎乘差会的档案；三是法国的耶稣会士档案，主要就是指位于旺沃（Vanves，法国城市名）的耶稣会档案馆（Archives Jésuites de Vanves）。

在未来的研究中，我特别希望中国学者能根据我在《中华帝国全志》中辨识出的译文题录，交叉比较法国档案与中文文献，在兼顾传教士个体传志的同时，求证置身于历史语境下的耶稣会士著作，并关注与分析耶稣会士群体是如何接受中国的知识的。这项研究的大方向就是亚欧之间的文献交流研究，这是中西方文化交流史中的重要内容和组成部分。

阮：再一次对您接受我的采访表示感谢！

蓝：谢谢您，我也很高兴！

采访者：阮洁卿（上海师范大学法语系）

超越传统的看法

——德国汉学家郎宓榭访谈录

访谈按语：郎宓榭（Michael Lackner），德国埃尔朗根-纽伦堡大学讲座教授，中东远东语言文化学院院长，汉学系系主任，现阶段负责主持德国教育部研究项目“命运、能动性及预测：东亚文化和欧洲文化中的应对策略”。

郎宓榭教授先后任瑞士日内瓦大学汉学系助理教授、德国哥廷根大学汉学系教授、日内瓦大学汉学系讲座教授、德国埃尔朗根-纽伦堡大学汉学系讲座教授暨系主任。2009年创建了埃尔朗根-纽伦堡大学人文研究院并担任院长，2013年当选为德国国家科学院院士。郎宓榭教授的主要研究领域为宋明理学、中西文化交流史、中国政治思想史等，被译成中文的有《新词语新概念——西学译介与晚清汉语词汇之变迁》《郎宓榭汉学文集》《小道有理：中西比较新视阈》等著作。

罗莹（下文简称“罗”）：郎教授您好！首先请您介绍一下：您是如何走上汉学研究道路的。

郎宓榭（下文简称“郎”）：好的。我最早在德国海德堡大学学习，但学了两年阿拉伯文后，觉得阿拉伯文化离我们西方文化还是比较近，甚至可以说是我们的影子，因为阿拉伯文化和西方文化本来就是密不可分的，而这并不是我想寻找的，它离我们还是不够遥远。假如说在月球上存在某个文化的话，那么这个文化将是我想要研究的。当时我想要研究的文化，在我看来，应该具备这样的前提条件，即是一个有文字记载的文化（Schriftkultur），具备国家形态、官僚行政系统等，因为我上大学时选的副专业是人类学，人类学关注的恰恰是没有文字、文献的文化。而我最终发现，不管是阿拉伯文化还是人类学都不是我想要学习的，最后选择了中文。除了日本，中国距离我们西方文化最为遥远，而且也完全符合我的各种要求。就是这样，基于这些奇怪的理由我开始学习汉学。当然，当时我做梦也没想到今天的中国会是现在的样子，20 世纪 80 年代的中国还是一个比较贫穷的国家，那时才刚刚开始改革开放，我自己当时也没多考虑日后这个研究方向究竟会有多大的前途。

罗：也就是说，您当时完全是因为自己的学术热情才选择了汉学。

郎：对，是这样的，完全是基于学术的动机，没有太多考虑经济方面的因素。而且当时我们学习汉学，都是以学习古代汉语、古代哲学这些中国古代文化为主，基本不超过宋代，明代有时也会涉及一些，关于当代中国的教学一点儿都没有。现在人们学习汉学则是完全相反的过程。

罗：您的博士论文是关于什么的？

郎：主要涉及明代的一些关于解梦的书，现在我又回到了这个研究方向。另外，我也把张载的《正蒙》翻译成了德文。此后，我又对清末思想尤其是西学东渐的过程产生兴趣。而我第四个研究方向则是耶稣会传教士，我把利玛窦的《西国记法》翻译成了德文。

罗： 是，我在汉学系看到了您的这本书。

郎： 是一本薄薄的小册子，我在翻译的基础上添加了自己的一些注释说明。

罗： 您觉得"西国记法"真的是一种能提高人的记忆力的有效方法吗？美国汉学家史景迁也围绕这一记忆法写过《利玛窦的记忆宫殿》这本书。

郎： 就在我的译著出版的同一年，史景迁也出版了他的书。但他对《西国记法》这一文本本身并不感兴趣，他感兴趣的是利玛窦的个人生平。他仅仅是提到了"西国记法"，但更多的是用来渲染他的这本利玛窦传记的文学色彩。至于说"西国记法"是否有效，这很难说清楚。当时的中国人根本没有接受"西国记法"，"西国记法"在中国基本上没有什么影响；相反，利玛窦的另一本书《交友论》在中国的影响却很大，甚至《四库全书》都收录了《交友论》。《西国记法》在当时不受重视，这可能也与"西国记法"本身有关。

罗： 您掌握了如此多的语言，在实践中您自己使用过"西国记法"吗？

郎： 没有。我们现在知道的是作为中世纪欧洲的一种记忆术，"西国记法"在当时影响广泛，可是到了耶稣会传教士的时候，已经没有人在具体使用"西国记法"了，但它仍然与其他许多中世纪的知识一起流传了下来。至于它有没有用，我不太清楚。有一点很有意思：当《西国记法》这本书传到中国的一个总督手中时，他说道：这种方法固然很有意思，但首先为了掌握这种记忆法，人们就已经需要有很好的记忆力。

罗： 对对，我也读到了这一段，非常具有讽刺意味。

郎： 没错，非常有讽刺性。总督用这种讽刺拉开了他与“西国记法”的距离。但西方历史上确实有人使用过这种记忆术，它是一种属于古代欧洲、属于古希腊罗马文化的知识，但是，我们也知道，知识的传播并不一定和是否有用直接联系在一起。利玛窦曾为儒家经典，比如《中庸》，绘制了一些图片来帮助记忆，比如他为了加深学习者对这些儒家经典的记忆，专门绘制了一些暴力图片，而这显然并不适合当时士大夫的审美趣味。

罗： 古代中国人的审美趣味更为含蓄。

郎： 是，古代的中国学者一定不会拿《中庸》来开玩笑。由此也可以推测为什么《西国记法》无法被当时的中国人接受。最近也有一些美国的学者，比如玛丽·卡拉瑟斯（Mary Carruthers），他们又重新开始研究“西国记法”的作用，但我本人没有继续这方面的研究。

罗： 我对“概念史”也很感兴趣。您认为，概念史作为德国特有的一种方法论，它对于西方学术研究的特别意义在哪里？中国的学术研究如何借鉴这一方法？

郎： 概念史可以说是德国学术界的一个特点，像奥托·布伦纳（Otto Brunner）、维尔纳·孔策（Werner Conze）、赖因哈特·科泽勒克（Reinhart Koselleck）他们编撰的那本著名的

《历史基本概念》大辞典。概念史主要强调：每一个概念蕴含着它自身的活力，因此研究“概念的历史”是一件有意思的事情。比如说 Philosophie 这个词，首先艾儒略把它翻译成“斐渌所斐亚”，后来日本学者西周又把它翻译成“哲学”，因为他在《诗经》中看到了“哲人”这样类似的概念，从而受到了启发。如果只是一词对应一词地翻译，我对此不会有太大兴趣；但因为每一个概念都有自己在历史上活动发展的路径，有一个独立的存在，是具有力量的。比如说“革命”这个概念的力量就很大，“哲学”这个概念也是。但中国学者首先会有这样的一个问题，那就是在中国古代是否存在对应西方“哲学”这样的知识活动。欧阳竟无等人，包括熊十力，他们首先是在佛教中找到了这个概念。当然后来熊十力的个人研究兴趣转到了《易经》及儒家。但这些人在中国文化中寻找对应于西方“哲学”的现象，最终他们也找到了中国自身的“哲学”活动，这一系列活动本身就证明了概念是具有活力的。

樊炳清早在 1926 年就编写了一本《哲学字典》，里面收录的全部都是西方的概念，所有词汇都是关于西方哲学的，比如像“主义”这样的词，它完全排除了中国自身也可能会有对应西方“哲学”这样的词的可能性。这是中国最早的哲学字典，后来又慢慢地对这本字典进行改动，这才把中国“哲学”吸纳到世界哲学活动之中。这个过程是很复杂的，而这只是其中的一个例子。像“意识形态”这样的词，也是有它自身的活力及活动的，当然有些词也自生自灭了。

另外，像“主义”也是非常有意思的一个概念，汉语中常常会说“××主义”，包括鲁迅也提出了“拿来主义”。现在我的想法是用“文化”来代替“主义”，我正在写一篇与之相关的文章。原来有一些词，它们的影响很大而且它们的后缀都包括了“主义”，现在的中国又出现了很多带有“文化”这一后缀的词，比如“筷子文化”，慢慢取代了原来“主义”这一后缀。

罗：“文化”给人的感觉更为中性，一般我们也不会用好或坏去评判一种文化，而“主义”似乎更多的是一种思想的教条化。

郎：不一定，“主义”也可以有好有坏。比如在我看来，“唯物主义”是好的，“虚无主义”就不太好；“无政府主义”在某些人的看法里是好的，在某些人那里又成了负面的。“主义”是一个充满力量的概念，有时候它也包含了暴力的因素。这也是我为什么会喜欢“概念史”研究的原因，因为每个概念都有它自己的生命，概念通过人不断向外扩展其所具有的力量，最终它的社会影响力会远远大于概念本身具有的力量。

罗：就我自己的经验而言，清末民初这些经由日本人译介，继而传入中国的概念翻译，给今天中国的学术研究带来了一些麻烦。这些新词，它们的外壳是来自西方，但传入中国后，中国人按照自己的理解或者是翻译过程中的误解，又赋予了它们新的内涵，而这与它们在西方传统中原有的内涵不完全一样。因此现在中西方对话中，如果运用这些词进行讨论，有时会出现问题。我在进行翻译时，常常会发现对同一概念的“名”和“实”，在中西方其实有不同的理解，翻译过程中时常觉得很痛苦。

郎：这种痛苦也跟反思有关系。经过反思，我们会发现有些概念的翻译很成问题，有些概念其实从一开始就没有翻译好，像“革命”这个词。另外，“民间”这个词也是一个很好的例子。现在中文里的“民间”一方面有“非官方”的意思，比如用于 NGO（Non-Governmental Organizations，非政府机构、民间组织）；另外它还包括“大众的”“通俗的”的意思，比如用于“民间文学”，在这层含义中它与“精英”这一概念是相对的。像这样的词，已经无法简单地用一个西方词来直接对应它，“民间”已经成为一个具有中国特色的词语。这就是一个概念自身意义变迁的复杂过程。

罗：或许是与概念史这一研究方法传入中国有关，大概从六七年前开始，中国学术界开始就概念翻译问题进行反思和讨论，比如哲学界就有学者提出“反向格义”，这无疑起到了一种反思及启蒙的作用。但现在的问题是，如果这些“新词”在一开始输入时就翻译得不好，比如“封建”一词，但它已经在今天的研究及讨论中使用甚广，要废除或者替换它都变得极为困难。

郎：确实。另外，很多人说这些“新词”都是通过日本传入中国的。其实在 19 世纪下半叶有一些外国传教士，像罗存德（Wilhelm Lobscheid）这一批人，他们长期生活在中国并创造出了许多新词，但是在当时的中国并没有被接受。后来有一些日本学者无意中找到了这些字典，发现了其中有许多很好的翻译。所以说有些新词是在中国土地上被创造出来的，但却一直没有被中国人所吸收。这也跟亚里士多德有关逻辑学的那本书《名理探》一样，它是由傅泛际和李之藻翻译成中文，但它的下场跟《西国记法》一样，在当时并没有被太多人接受，也没有太大的影响，一直到 19 世纪后期才有人重新发现了这本书的价值，因为“逻辑”一直都是西方人思考问题最重要的工具。此后，像胡适也曾经写过 *The Development of the Logic Method in Ancient China*（《先秦名学史》）这本书。

罗：但胡适、冯友兰等人，他们当时借鉴西方的术语名称来创立或者说重新进行中国术语命名的做法，现在也在不断受到反思和质疑。我们现在身处困境，但又不可能重新回到古代汉语中去。

郎：当然。比如“启蒙”这个词也很有意思。我在三四个星期前发现了一本有意思的书，叫作《中国古代解梦书》，里面还包括有《三字经》。如果我们提到“启蒙”，那一定会想到 18、19 世纪以伏尔泰、康德等人为主的活动。但像《三字经》这样的著作，我们是决不会将它看成是跟“启蒙”有关的著作。可是，“蒙”这个字本身就包含了年少的、尚未受到教育这种状态的意思，像张载的《正蒙》就是针对那些刚开始学习、还没有深刻了解的学生的。所以“启蒙”这个词也有多层不同的含义。从长远来看，我认为概念史研究是很有前景的。在 10 年前，欧洲进行概念史研究的人基本不关心中国、日本乃至整个东亚的发展情况，所以我们可能是最早针对东亚进行概念史研究的人。

罗：另外我还想问问，在德国有概念史研究，而在法国则是“话语分析”。这两种研究方法有没有什么相同之处？不同之处又在哪里？

郎：我觉得话语分析所处时代的关系，科塞雷克本人提出过一个重要观念："Epochenschwelle"（时代门槛），也就是新旧时代的交界处，他就认为启蒙时期是一个"Epochenschwelle"，他也不同意在讨论时将概念与具体的时代相脱离。

罗：也有人批评概念史研究是一种从上到下的研究，往往只重视一个时代重要思想家文本中对这一概念的阐释和运用，而忽视这个概念在当时普通人生活中的作用。

郎：确实，但是概念史研究不可能无限制地扩大它的范围，不可能囊括所有的层面。有人批评概念史研究过于表面，只是在为概念做注解，只关注概念本身的发展，而且确实有些学者在进行概念史研究时，他们只是关注概念本身而忽视了概念所处的环境，这样的做法也确实太机械了，我不同意。当然，最理想的办法可能是把概念史和话语分析两种方法结合起来。一方面，看到概念在历史、社会乃至政治等情境中的上下文；另一方面，对于概念自身的生命也要给予足够的尊重。话语分析对概念本身不够尊重。

罗：这点我同意。能请您再说一说：现阶段您的学术兴趣和学术活动有哪些？

郎：我们现在研究院的主题是"命运、自由和预测"，主要关注东亚和欧洲在预测及应对未来的战略上有什么样的共性及特性，我们也办了专门的网站介绍我们最新的学术活动和研究成果。之前我已经提到过我的博士论文是研究明代关于解梦的书，像我手边的这本书，它是一本类书，叫《梦林玄解》，明末有很多这样的书籍出版。我可能是在西方最早提出并研究这一问题的人，后来中国国内的学者像刘文英等人也进行了相关的研究，但他们并不知道我在此之前已经研究过这个问题了，或许是因为他们不懂德文。现在关于中国的“梦文化”这样的话题已经变得相当普遍。

在研究了宋明理学、概念史之后，我最终又回到了当年的出发点——中国人的命运观，中国人对未来的看法、如何应对及其态度，这一研究方向也包括了算命和迷信这样的内容。这样庞博的课题当然不是我一个人能够完成的，所以我们建立了现在的研究院，邀请来自德国本土、法国、荷兰等欧洲国家，以色列，美国以及中国的学者一起来进行研究。

罗：您进行这个项目的动机是什么？您最终是想解决或者证明什么问题？

郎：首先，我想现在大家都认识到了一个问题，西方自启蒙运动以来所制定的传统预测方法现在已经不管用了。我们在政治、经济、环境保护等方面出现了很多的问题，而这些问题都无法通过传统的方法来进行预测。我们传统的预测方法是这样的：人们首先制定好线性的发展方向，然后在此基础上不断地借助数据进行推测，试图预测未来会是怎样。在我看来，中国传统中有各种不同的预测方法，从《易经》开始，中国人对未来的预测和应对远比我们西方人更为灵活多样，甚至更为公开直接。另外一种西方传统的预测方法是先知，在犹太教、基督教、伊斯兰教里都有先知这样的人物，比如在古希腊我们就有皮提亚（Pythia）这样的先知。中国的情况不太一样，虽然你们在历史上也有“巫”，但更重要的方法是“算”，中国的算命文化非常发达。当然西方也有占星术，但在术数方面，最发达的文化还是在中国。因此我觉得在这方面我们可以向传统的中国文化进行学习。

罗：您不觉得用术数来应对未来，这是一种非理性的行为吗？

郎：当然你可以这么说，但像“非理性”这一说法其本身的定义就是有问题的。究竟什么是理性，什么是非理性，我们西方目前面临的许多问题都是无法预测的，都可以说是非理性的问题，比如现在日本的原子能问题、利比亚的战乱，这样的问题都是非理性的问题。或许，非理性的现象就需要用非理性的方法才能预测和应对。而且我们应该明确一点，既有内在的理性也有外在的理性，而内在的理性存在于中国传统的算命术数之中，比如《周易》，或者八字算命，它们都有其内在理性，这是不可否定的。假如一定要从外在理性的层面来判断，当然可以说术数算命是不可信的，但我还是认为它是一种精密而老练的智慧，有其内在逻辑。研究这种内在逻辑，其实也是在研究人类的古代知识史，它不是科学史、科技史，而是知识史，对我个人而言这是更重要的。我们不可以否定知识史，正如我们不可以说奴隶社会的存在是没有价值的，更何况这方面的知识在中国是如此之发达。

罗：“内在理性”是一个很有意思的话题。香港的陈方正在他的《继承与叛逆——现代科学为何出现于西方》一书中就批驳了李约瑟的说法，李约瑟提出了“为什么在中国没有产生现代科学”这样的难题，陈方正认为这是个伪命题，他强调中西方的“科学”在本质上的不同。比如数学在中国古代就被用于算命，而西方则发展出了纯粹的逻辑演算和命题证明。

郎：是这样的。我在宾夕法尼亚大学有一个朋友席文(Nathan Sivin)，他说："China has sciences, but no science."(中国有许多科学门类，但是没有科学) 就像内外丹的炼制其实离科学并不遥远一样，算命也是一种包含着内在逻辑的知识，为什么我们就要否定和轻视这样的知识呢？表面上看这样的知识似乎在现代社会没有太大的实际用处，但长期来看它是一种对于未来的灵活态度和感知，而我们现在做的就是用理性的方法来分析这些现象。尽管对于术数算命我们不能全部相信，但也不可以全部否定，更何况这是中国和西方传统中都很重要的部分。直至现在，研究这方面问题的学者还是比较少。他们或者是害怕"迷信"这样的大帽子，或者认为迷信行为不值得研究。但要知道"迷信"这样的词也是19世纪末才出现的，这也属于概念史研究的一部分。像乾隆时代出现了"密教"，它属于邪教，但邪教并不等于迷信；"迷信"这个词是伴随着基督教入华才出现的，迷信并不是一个孕育于传统中国的概念，而是在西方，由教会或者某些政治势力来界定什么属于宗教、什么属于迷信。国民党政府在1928年才开始采取一些措施反对迷信，比如他们就把算命先生和《周易》都划入迷信的范畴。当然，《周易》现在已经在全球产生了影响，没有人认为是迷信。或许五六年后这些算命的技巧也跟《周易》一样，不再属于迷信的范畴，这些都是我们无法预想的。1949年新中国成立时，《周易》同样也被列为迷信的范畴，直到50年代它的地位才得到提高。这些都是很有意思的转变。

罗：有意思的是，似乎这些曾经被列为迷信范畴的事物，其活力和存在价值反而是恒久的；而那些否定它们并将它们列为迷信的政策，其效力反而是短暂而多变的。

郎：是，这让我们更期望能够看看未来会是什么样子。我们在德国能成功地申请这个项目，当然是跟我们西方传统预测方法的危机有关系，所以德国教育部才会接受这样的项目。

罗：我还想再问问您，在中国历史上您比较欣赏哪一个文人或思想家？现代中国您有没有比较欣赏的文人或思想家？

郎：我喜欢的有很多。现在我正在研究曾国藩的一本书，他写了一本关于面相的书，叫《冰鉴》，是关于如何通过观察人的面相来举贤、选择幕友。一方面这代表了中国晚清的改革精神，但同时它也代表了中国的传统精神，这是我很感兴趣的现象。作为当时改革派的代表，曾国藩本质上是一个相当理性的人，但他却写了这样的著作。另一个很好的例子是严复。他一方面翻译了穆勒的逻辑学著作，另一方面也将《天演论》介绍到中国。他是一位具有代表性的改革家，但同时他自己每个星期都会卜卦、读《易经》，预测自己的命运，他也抽鸦片。从现代的角度来看，人们会说这里面体现了理性与非理性之间的矛盾，但事实上在这样的人物身上，在他们的内心深处，理性与非理性之间的矛盾并没有后来的人们所想象的那样大，反而是到了现代，这两者之间才出现了大的矛盾。我们这里的研究专家也正在翻译《命谱》这本书，书中记载了孔子、汉高祖、文天祥、朱熹、康有为等总计 62 位中国历史上名人的命理图。比如康有为，我们知道他出生的时间地点，以此绘制出他出生时的八字图、命盘，继而用这样的八字图来解释他的生平，这有点类似西方文艺复兴时用人出生时的星盘来解释人的一生。这本书写于1940年，它的作者袁树珊是民国三大名卜之一。我希望将来我的一个学生去撰写袁树珊的生平，我也请了一位算命方面的专家来解释其中的原委。尽管我自己并不完全相信这些，但我对这一知识史的现象很感兴趣，尤其是其中的思考方法，它所包含的内在逻辑及内在合理性。

罗：中国民间一直说朱熹生下来右眼旁边长了七颗痣，而且排列成北斗形状，在注重“天人感应”的中国传统里，这被视为未来此人将会不同凡响的预示。

郎：但这是面相，袁树珊的这本书注重的是八字算命的角度。从八字我们可以看到一个人一辈子的生命历程及其发展，而面相主要是看一个人的性格及其可能导致的各种结果。

罗：我对您刚刚说的曾国藩的那个例子很感兴趣，它体现了传统与现代是如何在一个个体身上实现融合的，而且这两者之间的张力或者说矛盾，并没有我们现代人想象的那么大。

郎：他们自己并没有去强调，甚至都没有意识到会有这样的矛盾，这些都是我们现代人反观他们过去的生平和经历后总结出来的，因为今天我们对理性和非理性有了比较现代的定义。但这样的定义是否就是合理的，我对此也有怀疑。严复也是这样的例子。他跟他的朋友吴汝伦一辈子都保持通信和对话，在很多封信中他都提到了自己刚刚卜卦并查对《易经》；信中也提及如果他第二天需要在上海广方言馆做报告，他会提前进行占卜以预示吉凶。他和曾国藩都是处于中国“时代门槛”的人，我个人认为19世纪下半叶是中国的“时代门槛”，西方的“时代门槛”则是像启蒙运动这样的时期。虽然我对术数算命的内容也不完全相信，但是现在的我们应该允许自己更开放地去面对、思考这些问题，中医也是一个类似的例子。20年前如果你问一个西方的医生，他对中医的看法如何，他会认为其中大部分的内容是不科学的甚至是迷信，不但不起作用反而对人体有害。但现在许多医院里都至少会有一两名医生采用中医的治疗方法。

再比如，你看看冯友兰、侯外庐、任继愈他们的哲学著作，他们描述朱熹时，主要是谈及他的哲学思想，但同时朱熹也有很多个人的宗教态度。研究作为宗教人物的朱熹也是一个有意思的题目。很长时间以来我一直在研究儒学中的图表。中国的古代汉语长期以来一直被视为是一种没有明确语法规则的语言，当然每种语言都会有自己的语法，但相对而言，古代汉语在语法学分析方面不太发达。但其实宋代从朱熹开始，他自己制作了两张图表，特别到了朱熹的弟子们，他们常常通过很多图表来表现对《大学》《中庸》这些著作的分析过程和理解，其中也表露出他们对语法的了解。他们并不是用字，用主语谓语、主句从句这样的现代语法学名称来表示汉语的语法，这样的分析方法是到马建忠的《马氏文通》才出现的。而宋代的这些图表，它们不借助现代语法学的方法也同样能表现主语、宾语、谓语这样的句子成分。我在自己的研究结果中已经证明了这一点：这是一种视觉上的理解（visuelle verständnis），不是通过使用术语、词汇来进行分析，而是通过视觉经验来表现和分析句子、文本，有些图表则用于个人的默念修身。这方面也可以跟佛教的一些科文进行比较。

罗：我想他们是想通过这些图表来表现个人的思考过程，展现他们的思想脉络，这比单独展示各个知识点更有意义。同时，这也是图像记忆的表现方式。

郎：对，时至今日中国在图表使用上，包括在经济管理学这样的方面，一直都比西方更为发达。比如在一张关于《西铭》的图表里，图中就清楚地分别标示出“主题”（topic）及“评论”（comment），而这是西方到了20世纪才开始使用的语法学术语，而中国人早在13世纪已经有这方面的理解和相关的表示方法。长期以来，西方一直都在说中国没有语法、没有逻辑，这种对于中国传统文化的否定性态度是我一直以来希望克服的。

罗：您的研究兴趣确实相当广泛，而且对很多问题也有自己独特的视角。英国的哲学家伊赛亚·伯林（Isaiah Berlin）在他的书中曾划分出两种学者：一种是狐狸型的，一种是刺猬型的。您认为您自己是哪一种类型？

郎：我对很多的现象、很多人物都非常感兴趣，也常常改变我研究的方向，但基本上，我想我是刺猬型的。[1]

采访者：罗莹（北京外国语大学国际中国文化研究院）

---

〔1〕 此处存疑。“狐狸型学者”和“刺猬型学者”源于古希腊的一则寓言《刺猬与狐狸》。在这则寓言里，“狐狸知道很多事情，但是刺猬知道一件大事”。在此基础上伯林写了一篇同名的文章《刺猬与狐狸》，提出了“刺猬型思想家”与“狐狸型思想家”这一妙喻。“狐狸型思想家”代表多元论思想家，用不同的方法应对世界上不同的问题，他们不相信有什么放之四海而皆准的不变真理；而“刺猬型思想家”代表一元论思想家，他们相信世间存在而且只存在一个绝对真理，并为此不顾路漫漫而一直上下求索。据此，结合郎宓榭先生所表达的意思，他应该是狐狸型的学者。——编者按

“他者文化”与“我者文化”的“黑塞式”融合

——访国际黑塞协会会长卡尔·约瑟夫·库施尔教授

访谈按语：2017年5月，笔者受国际黑塞协会（Internationale Hermann Hesse Gesellschaft）的邀请，参加了“赫尔曼·黑塞奖”（Preis der Internationale Hermann Hesse Gesellschaft）的颁奖仪式。该奖由国际黑塞协会设立，每两年颁发一次。2017年的颁奖仪式在风光秀丽的黑森林小城——黑塞的家乡卡尔夫（Calw）举行。颁奖仪式结束后，笔者有幸采访了国际黑塞协会会长卡尔·约瑟夫·库施尔（Karl Josef Kuschel）教授。库施尔教授自2015年起担任国际黑塞协会会长，是德国图宾根大学（Eberhard Karls Universität Tübingen）资深神学教授，著有许多有关黑塞研究的专著及论文。这篇访谈稿是2017年5月15日笔者与库施尔教授交流的情况记录。库施尔教授对访谈稿提出了修订意见并同意笔者将其翻译成中文发表。

庞娜娜（下文简称“庞”）：库施尔教授，非常感谢您接受我的访谈。今年是黑塞（Hermann Hesse，1877—1962）诞辰140周年。他的作品多关注内心，旨在追求理想与自由的灵魂；他的作品发人深省，受到全世界读者的喜爱。时至今日，在他逝世后的半个多世纪，他的作品仍广受欢迎，并以其丰富的精神世界影响了许多人。研究黑塞的学者们[1]多从东西方文化对比的角度出发，研究其作品中丰富精神世界的思想来源。中国学者[2]多认为，中国文化对黑塞的文学创作产生了深远影响。您作为国际黑塞学会会长、资深的黑塞研究专家，您同意中国学者这一观点吗？如果同意，您又是如何看待这一现象的？

卡尔·约瑟夫·库施尔（下文简称"库施尔"）：黑塞曾多次表示，他的创作深受中国文化的影响，这是毋庸置疑的。但是，在他的创作初期并非如此。黑塞出生在黑森林小城卡尔夫，幼年时期，他最先接触到的是印度文化，这源于他特殊的家庭背景：他的外祖父赫尔曼·贡德特（Hermann Gundert，1814—1893）和他的父亲约翰内斯·黑塞（Johannes Hesse，1847—1916）都曾经在印度做过传教士，他们将一些带有印度文化印记的物品带回了德国。黑塞的母亲玛丽·贡德特（Marie Gundert，1842—1902）就出生在印度小镇塔拉斯塞尔伊（Thalassery），并在那里长大。虽然黑塞家的信仰以基督教为主，但是小黑塞还是从家人那里接触到了湿婆（Shiva）[3]和佛（Buddha）。这让他从压抑的基督教教育中解放出来，得

---

[1] 相关专著有：Rudolf Pannwitz, *Hermann Hesses West-östliche Dichtung*. Frankfurt am Main：Suhrkamp Press, 1957；Kyung Yang Cheong, *Mystische Elemente aus West und Ost im Werk Hermann Hesses*. P. Lang Press, 1991；Bergold Stephanie, *Das West-östliche Lebensprinzip in Hermann Hesses Werk：eine Antwort auf Existenzielle Fragen*. Mont Aurum Press, 2004；Jürgen Weber, *Indien Gesucht, China Gefunden. Chinesische Spuren in Leben und Werk des Dichters Hermann Hesse*. Norderstedt：Books on Demand Press, 2011.

[2] 相关专著有：Adrian Hsia, *Hermann Hesse und China：Darstellung, Materialien, und Interpretation*. Frankfurt am Main：Suhrkamp Press, 2002.

[3] 湿婆，印度教三大主神之一，与梵天、毗湿奴并称三主神。湿婆是毁灭之神，也担当创造（转化）的职能，是印度民众最为敬畏的神，由吠陀时代的天神楼陀罗演变而成。

以追寻自己的艺术家梦。黑塞30岁时，即1907年，他的一些作品中开始出现《奥义书》（*Upanishaden*）[1]、《法句经》（*Dharmapada*）[2]和佛的一些教义。黑塞不懂梵文（在接受中国文化时也不懂中文），他对印度文化的接受主要依赖翻译。黑塞是幸运的，因为大约在1900年，印度教和佛教的一些核心著作就被翻译成了德语，比如保罗·德森（Paul Deussen，1845—1919）翻译的《奥义书》，卡尔·欧根·纳曼（Karl Eugen Neumann，1865—1915）翻译的《法句经》（*Reden des Buddha*）以及赫尔曼·奥尔登堡（Hermann Oldenberg，1854—1920）开创性的著作《佛陀传记》（*Buddha Biographie*）等。黑塞在《薄伽梵歌》（*Bhagavad-Gita*）[3]中提到，印度文化对他影响最深的是不二论（Advaita-Vedanta）[4]和佛。黑塞从不二论中吸收了梵（Brahman）[5]

---

〔1〕《奥义书》是古印度一类哲学文献的总称，是广义的吠陀文献之一。它是一种哲学论文或对话录，讨论哲学、冥想以及世界的本质。大多数《奥义书》成了研究神秘主义哲学的著作。关于《奥义书》的秘传性质，在它们的行文中常有所反映。

〔2〕《法句经》，又译为《昙钵偈》，为佛教重要典籍。根据传统，这些都是佛陀在不同场合中说的偈颂，当中大部分跟戒律有关，其后经佛教僧侣编辑而成。

〔3〕《薄伽梵歌》，字面意思是“至尊神之歌”，学术界认为它成书于公元前5世纪到公元前2世纪，是印度教的重要经典，叙述了印度两大史诗之一的《摩诃婆罗多》中的一段对话，也简称为“神之歌”。它是唯一一本记录神而不是神的代言人或者先知的言论的经典。《薄伽梵歌》被多数印度教徒视为神圣，虽然是诗史的一部分，却也被视为《奥义书》之一，总共有700句，分成18章。黑塞于1914年9月创作了同名诗作《薄伽梵歌》，他将自己对这部伟大作品的感悟写到了这首诗中。

〔4〕不二论是印度哲学中最为突出的吠檀多（Vedanta），吠檀多字面意思是吠陀（Veda）的终极结论，也就是吠陀经典（Veda）的后结论。Advaita，字面理解是非二元或不二，是一种一元思想体系。

〔5〕梵，印度宗教概念，源于祭祀仪式所得的神秘力量，指宇宙的超越本体和终极实在，现世相对来说则只是不真的现象。

与我（Atman）[1]、个人灵魂（Einzelseele）与宇宙灵魂（Weltseele）等核心思想，接受了神（das Göttliche）存在于每个人的心中的观点，并认为通过冥想的方式可以找到通往内心之路（Weg nach Innen）。在对佛的接受过程中，黑塞还认识到，通过身体修行可以使自己从内心的慌乱与不安中解脱出来，达到灵魂的宁静（Seelenruhe）。黑塞曾谈到，他有一段时间过着佛教徒式的生活。他于 1907 年到 1908 年间撰写的短篇小说《朋友们》（*Freunde*）是他这段经历的有力证据。此外，他于 1905 年在瑞士小镇阿斯科纳（Ascona）参与了一个由隐士们（Aussteiger）组成的协会，他们奉行佛教教义，从事辛苦的体力劳动。黑塞希望通过这种方式，能够像佛教徒一样脱离尘世，回到摩耶（Maya）[2] 状态。佛教徒们认为，通过苦行、素食和冥想可以达到内心的宁静，而这正是黑塞所苦苦追寻的。但是这种苦行僧式的体验并没有给他带来真正的宁静，对中国文化的发现与喜爱使黑塞从佛教这种否定尘世的艰辛试验中解脱出来。1919 年，黑塞回忆这段经历时写道：“从少年时代起，我就崇尚佛教和印度文化。后来我接触了老子和一些其他的中国哲人。”[3]我们可以这样说，中国文化对黑塞的影响是巨大的，但这一影响要晚于印度文化。

---

〔1〕 我，佛教术语，通常指作为轮回主体的“自我”。这是古代印度很重视的一个哲学术语，许多不同教派都提出自己的见解，佛教也承袭了这个术语，做出自己的解说。古代汉译典籍中就将其译为“我”，不与普通的人称指代加以区别，现代常译为“梵我”以示区别，也有意译为主体，或俗称的灵魂。

〔2〕 摩耶，源自梵文，有多重意思，最主要的意思是幻影，是印度宗教与哲学的重要概念，可以译为错觉。

〔3〕 黑塞在给朋友的妻子的信中这样写道。请参见：Hermann Hesse, *Materialien zu Hermann Hesses Siddhartha*. Vol. 1, Ed. Volker Michels. Frankfurt am Main: Suhrkamp Press, 1975, p. 83。

庞： 依您之见，黑塞后来出于对佛教的失望才转向中国文化，那么仅仅是出于这个原因吗？是否还有其他方面的原因？

库施尔： 要回答您这个问题，首先要了解黑塞第一次真正接触中国文化的经历。黑塞于1911年前往亚洲旅行，这次旅行对黑塞接受中国文化起了重要作用。黑塞本想通过这次旅行了解他的外祖父、父亲曾经传教的地方——印度。他乘船经过斯里兰卡、马来西亚、新加坡、苏门答腊，再回到斯里兰卡。就在他要前往印度时，却因为健康问题不得不中断旅途。黑塞为此非常失望，但这次旅行却给了他一个未曾预料到的惊喜。他在亚洲的很多城市邂逅了中国人，切身体验了丰富的中国文化，如中国的杂技、布袋戏和传统戏剧之一——京剧。中国拥有几千年的历史与古老的文化，这个民族展现出的团结与高效令他印象深刻。虽然黑塞知道当时的中国正深处危机与战乱，经历着从帝国走向共和的艰难之路，但他在回忆录中仍然这样写道，“中国是我见过的亚洲民族中第一个真正有文化的民族”[1]。

在这次旅行之前，黑塞已经阅读过一些中国经典的德译作品，对中国文化有一定的了解。我们知道，黑塞也通过为书籍撰写书评的方式来赚取一定的费用。黑塞对德译的中国书籍非常感兴趣。早在1907年，他就通过阅读一些德译的中国诗选，了解到中国唐代伟大的诗人李白和杜甫。同年，他阅读了《道德经》的德译本。1910年，他接触到了儒家经典《论语》的德译本，这本书是由当时尚在中国青岛传教的卫礼贤

[1] Hermann Hesse, *Aus dem Traurigen etwas Schönes machen Briefe 1905－1915*. Ed. Volker Michels. Berlin: Suhrkamp Press, 2013, p. 274.

(Richard Wilhelm, 1873—1930)翻译的。卫礼贤是中西文化交流的重要使者，后来成了德国著名的汉学家。黑塞对中国文化的接受要归功于卫礼贤对中国经典的翻译。大约在 1911 年，黑塞意识到，道家与儒家文化代表了中国文化的两极。但是我认为，当时黑塞还没有能力将这些中国文化融会贯通到他的艺术创作之中。1911 年的亚洲之旅无疑加速了黑塞对中国文化的接受进程。1914 年的第一次世界大战也为黑塞提供了转向中国文化的契机。这场战争撕裂了欧洲各国，让基督教颜面尽失，也让欧洲陷入了前所未有的危机。这一切让黑塞等敏感的知识分子倍加痛苦，他们不得不从尚未被破坏、尚未堕落的其他文化中寻找精神的依托。

庞：您觉得中国哪种文化流派或者宗教流派对黑塞影响较深？这种影响体现在他的哪些作品中？

库施尔：为重建几近崩塌的精神世界，也为使欧洲能在残酷的“一战”后获得精神上的重生，黑塞越来越多地转向了道家思想。1911 年，卫礼贤将《道德经》翻译成德语，黑塞第一时间就拿到了该译本。一时间，道家思想突然在德国知识分子群体中变得极具吸引力。阿尔弗雷德·德布林（Alfred Döblin，1878—1957）就是深受道家思想影响的作家之一。1916 年，他以中国为题材将道家思想融合到他的作品中，出版了著名小说《王伦三跳》（*Die Drei Sprünge des Wang-lun: Chinesischer Roman*）。犹太裔哲学家马丁·布伯（Martin

Buber, 1878—1965)[1] 也深受道家的影响，翻译并出版了《庄子》（*Reden und Gleichnisse des Tschuang-Tse*, 1910）一书。对黑塞而言，道家思想具有双重含义：一方面，道家思想帮助他从否定尘世的佛教中解脱出来。老子和道家不讲“摩耶”和“涅槃”，而是讲“道”，即在阴阳两极中变换的世间万物。道家思想给了黑塞一种与佛教截然不同的处理自我与尘世之间关系的可能性，即认可不同维度的世间万物，而不是完全拒绝尘世。道是对立的统一，是物我的统一。

另一方面，道家的“无为”思想与当时欧洲正经历的经济、军事崇拜与幻想截然对立。这种对经济与军事的盲目崇拜导致了“一战”的爆发，造成了大量的伤亡。黑塞和其他一些有识之士，如法国作家罗曼·罗兰（Romain Rolland, 1866—1944）看到了道家著作中关于强弱、软硬的辩证法思想。他们认为，这种辩证的思想也许能为深处困境的欧洲提供一种新的解决方案，为欧洲未来的伦理指明方向。正如《道德经》第 36 章：

> 将欲歙之，必固张之；将欲弱之，必固强之；将欲废之，必固兴之；将欲取之，必固与之。是谓微明，柔弱胜刚强。

道家学说这一古老的智慧给处于幻灭状态的欧洲人以新的精神希望。1922 年，黑塞将道家思想对欧洲的影响写在了小说《悉达多》（*Siddhartha*, 1922）中。在这部小说中，虽然出现了佛，但是小说的主人公却没有走佛的道路，而是走了

---

[1] 马丁·布伯是一位奥地利犹太裔哲学家、翻译家和教育家。他的研究工作集中于宗教有神论、人际关系和团体。他的影响遍及整个人文学科，特别是在社会心理学、社会哲学和宗教存在主义等领域。

“黑塞式”的道路，这也是黑塞小说的典型特征。小说主人公最后归于道，达到了物我的绝对统一。黑塞曾经谈到，《悉达多》这部小说标志着他从佛教中解脱出来，准确地说是从佛的教条主义中解脱出来。佛对黑塞而言，虽然依旧是人类宗教史上的伟人，但并不是唯一的智者，而是众多能给人指引方向的智者中的一位。这些智者还包括老子、耶稣等。道家的思想元素也体现在黑塞“一战”后的一些作品中，我举几个例子，比如1919年的作品《克莱因和瓦格纳》（*Klein und Wagner*）与《克林索尔的最后夏天》（*Klingsorsletzter Sommer*）、1930年的小说《纳尔齐斯与歌尔德蒙》（*Narziss und Goldmund*）与1943年的小说《玻璃珠游戏》（*Das Glasperlenspiel*）等。我认为，黑塞对老子和道家经典（比如《庄子》）的爱一直持续到生命的最后。对儒家思想，黑塞则在很长一段时间里持怀疑态度。正如他自己所说，他的作品多表现个人主义，与儒家宣扬的国家秩序、教育伦理等思想关联不大。[1] 直到晚年，黑塞的大作《玻璃珠游戏》才开始较多地涉及儒家思想。对禅宗，黑塞则是“迟来的爱”，因为直到晚年，他才通过表兄威廉·贡德特（Wilhelm Gundert，1880—1971）真正接触到禅宗。贡德特是著名的日本语言文学研究者，他把《碧岩录》翻译成了德语并于1960年出版，这部大部头巨著记录着禅宗的经典思想，书中的小故事虽晦涩难懂，但蕴含着深刻的哲理。这引发了黑塞极大的兴趣，他甚至尝试自己写一些禅宗小故事。

---

〔1〕 Hermann Hesse, *Sämtliche Werke*, *Die Welt im Buch I. Rezensionen und Aufsätze aus den Jahren 1900–1910*. Vol. 16, Ed. Volker Michels. Frankfurt am Main: Suhrkamp Press, 2002, p. 466.

庞：正如您刚才提到的那样，黑塞从孩童时期起就与东西方文化产生了不解之缘，他的作品也多包含东西方文化。当“他者文化”与“我者文化”相遇时，它们经常会不可避免地产生碰撞与摩擦。东西方文化在黑塞的作品中是否也会有矛盾与冲突？这些矛盾与冲突体现在哪些方面？

库施尔：我认为黑塞作品中典型的并不是您所说的文化冲突，而是文化间的互补与融合，黑塞在其作品中通过这种互补与融合形成了一种生动的组合。黑塞曾经写道，他一生都在寻找一种宗教，靠着它，他能独自宁静地生活。今天，在我们生活的现代社会，宗教、社会等相关学科一直在谈论宗教的主观性与个性化。但是在黑塞所处的时代，这些观点尚未成型，黑塞不得不独自奋斗，找寻一条独立于传统的宗教体系的自我之路。如今，这种方法已经非常普遍，想找到这样一条道路，就要拒绝神的唯一性。中国文化经典正如基督教、印度教和佛教对黑塞一样，不是唯一的，而是他找寻自己道路的多种途径之一，当然是非常重要的途径之一。我认为，我们这样评价黑塞是合理的：黑塞在基督教、佛教和道家之间努力找寻着自己的道路，可以说，这三大体系是对黑塞影响最大的思想体系。他从这三大体系中吸取某些对他有吸引力的教义或思想，并融合在一起，形成自己的体系。从基督教中，他吸收了布道的思想；从道家思想中，他吸收了阴阳的思想；从佛教中，他吸收了修行的思想。对黑塞而言，重要的是哪些思想可以帮助他度过危机，获得心灵的宁静与完善。在度过了很长一段时间的精神危机后，黑塞曾说：“生命中所有的一切都是伟大的、神性的统一。没有什么是必须分裂和消散的，万物都可以在其最深处或终点处得到肯定。印度把这称为阿特曼（Atman），基督教把这叫作恩典，道家称之为道。”[1]

庞：正如您所说，黑塞在其作品中实现了“黑塞式”的文化融合，那么您认为这种融合达到了怎样的程度？

库施尔：对于您的这个问题，我想用黑塞的一句话来回答。78 岁高龄的黑塞，在历经近乎毕生的思考与写作的训练后，对翻译他作品的日本学者说道：“当代东西方之间的沟通是严肃的、富有成果的。这种交流不仅应体现在政治和社会层面，也应体现在精神层面。如今问题不在于日本人变成基督徒，欧洲人成为佛教徒或者皈依道家思想，而在于我们都打开了思想的新世界，扩宽了思想的维度。我们认识到东西方智慧不是敌对的两面，而是变换的两极，在这两极中生命可以自由游走。”[2]

庞：黑塞通过文学创作实践了东西方文化的整合，您认为，这种整合在日益深入的全球化背景下有何现实意义？

库施尔：全球化并不是一种新现象。早在 1911 年，黑塞就已经能够乘船去亚洲旅行了。“一战”之前，促进全球化的一些基础交通设施就已经存在，这使世界旅行成为可能。今天，因为来自经济、生态、交流方面的挑战，我们正经历着更加深入的全球化。互联网的出现使全球化极速发展，来自世界各地的人们交流更加频繁。我们应该好好利用这些推动全球化

---

〔1〕 Hermann Hesse, *Sämtliche Werke*, *Die Welt im Buch I. Rezensionen und Aufsätze aus den Jahren 1900–1910*. Vol 11, Ed. Volker Michels, Frankfurt am Main: Suhrkamp Press, 2002.

〔2〕 Hermann Hesse, *Gesammelte Briefe*. Vol. 4, Ed. Volker Michels. Frankfurt am Main: Suhrkamp Press, 1986, p. 235.

的新发明。但是，不管是在东方，还是在西方，尚有一些人将全球化狭隘地理解为经济的全球化。他们大力宣扬促进经济与旅游业发展的全球化，却竭力回避东西方之间文化层面、精神层面的对话。东西方之间真正思想上的交流几乎没有发生过，或者仅仅停留在表面上。经济、科技交流的重要性毋庸置疑，但思想层面、精神层面呢？可以说，哲学层面、精神层面或宗教层面上的交流是缺失的。黑塞的作品《玻璃珠游戏》就是反对这种片面全球化的最好作品。在这部作品中，黑塞要求人们学习一种精神层面的“世界语”（Weltsprache）。这个要求很高，它要求建立与之相关的专业学科，要求与来自不同文化的人对话并愿意去学习对方的文化。但是，在我看来，《玻璃珠游戏》中“世界语”层面上的文化对话，即使到第三个千年也实现不了，但是这一“乌托邦”式的设想给我们提供了一种前进的可能。

庞：您的著作《黑塞、布莱希特与佛、老子及禅宗的对话》（*Im Fluss der Dinge*：*Hermann Hesse und Bertolt Brecht im Dialog mit Buddha*, *Laotse und Zen*）将于明年出版，您能否简要介绍一下这本书？此外，您认为黑塞与布莱希特（Bertolt Brecht，1898—1956）对中国文化接受的异同分别体现在哪些方面？

库施尔：我的新书尝试在两个层面做一些创新：第一个层面，我把20世纪德国文学中截然不同的两个作家——黑塞与布莱希特放到了一个话语层面上进行研究。黑塞在远离大城市的瑞士提契诺州（Tessin）的一个小镇上进行文学创作，他的作品包括诗歌与小说。布莱希特则在柏林这样的大都市进行创作，他的作品多为革命性的、城市化的戏剧。虽然此后布莱希特在 1933 年到 1945 年间被迫走上流亡之路，但他流亡的地点也多为巴黎、苏黎世、纽约这样的大城市。两位作家对政治的态度也完全不一样：黑塞是强烈的社会批判者，但他更多从人道主义出发，不归属于任何一种意识形态。他的作品多为个体心灵服务。布莱希特在 20 世纪 20 年代末开始信仰马克思主义，他的作品主要服务于共产主义的世界革命。但是两位作家有一个相似点，那就是他们在进行创作时都不约而同地将目光对准了中国古典文化。黑塞刚才我已经谈过了，现在我想谈一下布莱希特。布莱希特以自己的方式接受道家思想，并借由道家元素进行自己的创作。他于 1938 年创作的诗歌《老子流亡路上著〈道德经〉的传奇》（*Legende von der Entstehung des Buches Taoteking auf dem Weg des Laotse in die Emigration*，1939）就是典型代表。布莱希特将中国传统戏曲的很多元素吸收到他的“叙事戏剧”（episches theater）理论中。他也非常欣赏中国诗人李白、杜甫与白居易。布莱希特在很长一段时间里积极研究儒家思想，甚至计划创作一部关于孔子生平的剧目。除了孔子，他也阅读了墨子关于社会伦理的言论。布莱希特在墨子身上看到了理论与实践的统一、生活智慧与社会批判的统一，这也是布莱希特一直追求的。这也是我为什么会把布莱希特与黑塞放在同一主题的第一个原因。

另一个原因，在全球化带来的新挑战下，我尝试构建一种适用于当下的跨文化的对话模式。在没有放弃欧洲视角的前提下，黑塞与布莱希特都以各自独特的方式与“他者”进行了建设性的对话。进行文化间的对话并不意味着放弃自己的立场，而在于打开“他者”的世界，询问“他者”的知识、智慧与生活经历，以此来丰富、补充或者改变自己的状态与想法。布莱希特曾经写道，“所有的艺术都为生活的最高艺术服务”[1]，黑塞也这样认为。出于我刚刚提到的这两个原因，我写了这本书。我认为，20世纪上半叶，在所有涉及中国的德国作家中，黑塞与布莱希特是对中国文化最具构建性和创造性的作家。他们鞭策着我们在今天也做一些相似的事情。

庞：非常感谢您接受采访，我对您及国际黑塞协会表达最诚挚的谢意！

采访者：庞娜娜（南京大学外国语学院）

〔1〕 Bertolt Brecht, *Schriften 3: Große Kommentierte Berliner und Frankfurter Ausgabe*. Vol. 23. Berlin: Aufbau Press, 1993, p. 290.

德国红学今昔谈

——与顾彬谈《红楼梦》的德译及其在德国的接受

访谈按语：采访顾彬（Wolfgang Kubin）是一种考验。采访前做足了功课，信心满满，可采访完，心里却充满了郁悒。他特有的客观、真实，让人感到一些“残酷”：“德国没有真正的《红楼梦》研究”“不敢说自己真正理解了《红楼梦》”的说法，真实得不带一点“粉饰”，让人无从落笔。他的回答总是那么出人意料，不仅是答案，还包括答案的长度，有时出乎意料地长，有时又出乎意料地短，让人在惊喜和失落中起伏，这是一种考验。

在中国，有不少人认为顾彬是一个“狂妄”的人。可在我看来，这种“狂妄”，包括更多的勤奋和客观在里面。有“狂”，可不见得有“妄”。他的“狂妄”是因为太客观、太真实。

顾彬的官方称谓是“当今德国最负盛名的汉学家、翻译家及诗人，波恩大学汉学系主任”。顾彬也是德国汉学界和《红楼梦》渊源颇深的汉学家。顾彬本人曾“狂妄”地说“或许我是德国唯一为《红楼梦》做过些什么的人”。他与《红楼梦》的渊源至少表现在以下三个方面：

1. 组织并参加了1992年4月21—23日在德国波恩召开的“《红楼梦》200年”（“200 Jahre *Traum der roten Kammer*”）学

术研讨会——德国历史上唯一的一次关于《红楼梦》的学术研讨会。在会后，他作为出版人出版了德国历史上唯一的一部关于《红楼梦》的论文集——《〈红楼梦〉研究》(*Studien zum "Traum der Roten Kammer"*)，并为该书写了长达13页的序言。

2. 由顾彬主持编写的《中国文学史》(*Geschichte der Chinesischen Literatur*)中，相对其他在德国已经出版的关于中国的文学史，对《红楼梦》做了较为详细的介绍。

3. 2006年指导一名博士生完成了题为《文学的多样性》(*Die Vielfältigkeit der Literatur*)的博士论文。论文把《红楼梦》和歌德的小说进行了比较。

2008年4月2日，在北京师范大学的兰惠公寓，笔者和顾彬一起回顾了德国《红楼梦》研究的历史轨迹。

姚军玲（下文简称"姚"）：请简单介绍一下德国《红楼梦》研究的情况。

顾彬（下文简称"顾"）：在中国，红学是和敦煌学、甲骨学并列的三大显学之一。与中国红学的兴盛相比，可以说"德国没有真正的《红楼梦》研究"。1992年，我曾十分诧异地听一位德国非常有名的中国古典文学家说"我从来没有看过《红楼梦》"。大部分德国汉学家对《红楼梦》是陌生的，根本不知道该怎么办。在德国，汉学家们也很少跟别人谈起《红楼梦》。《红楼梦》的书名对许多德国人来讲就是不可思议的，"红楼"对德国人来讲并不是一个适合做梦的地方，这个名字是想说明"一个关于红楼的梦"还是"在红楼里做的梦"？由于文化背景和世界观的不同，理解《红楼梦》这部中国古典巨著，对德国人来讲实非易事。

可《红楼梦》的魅力吸引着德国汉学家们，现在《红楼梦》的德文全译本已经出版了，相信这会促进德国的《红楼梦》研究。

姚：请谈谈您是怎么和《红楼梦》结缘的。

顾：我多年来一直在努力走进《红楼梦》，我不敢说了解《红楼梦》，可一直都在尝试着去了解《红楼梦》。

在我还是一名汉学系的学生时，我就读了库恩（Franz Kuhn）1932 年出版的《红楼梦》德文节译本，可当时这部小说并没有引起我太多的共鸣。20 世纪 70 年代，我在波鸿大学学习时，参加过一个《红楼梦》的阅读课，可对小说的感觉也是似懂非懂。可能是我当时还年轻，实在无法理解历尽沧桑的曹雪芹对人生的感悟。在这之后，我一直在努力尝试以各种方式来理解《红楼梦》。作为波恩大学汉学系的主任，我在波恩大学开设过《红楼梦》的阅读课，和学生们一起来读《红楼梦》中文原著的一些章节。直到今天，我还是无法完全理解曹雪芹“满纸荒唐言，一把辛酸泪！都云作者痴，谁解其中味”的真正含义，不敢说自己真正理解了《红楼梦》，但我会继续努力来理解曹雪芹的“其中味”。

姚：“《红楼梦》200 年”学术研讨会是德国唯一的一次关于《红楼梦》的专题研讨会，请您介绍一下您当时主持召开这次研讨会的动机，以及研讨会的基本情况。

顾：研讨会是在 1992 年召开的，我当时组织召开研讨会的动机主要有两个：一是希望在德国建立红学，二是希望通过研讨会进一步了解这部中国最重要的古典小说之一。因为当时在德国研究中国文学的学者本来就不多，对《红楼梦》感兴趣的学者也不算多，《红楼梦》德文翻译也只有库恩的德文节译本，几乎没有专门研究《红楼梦》的汉学家。

考虑到《红楼梦》对德国人来讲是一本很复杂的小说，为了这次研讨会，我在 1989 年 6 月 5 日就开始发研讨会邀请，希望有兴趣参加研讨会的学者早点动手准备。实际情况也是这样，许多对《红楼梦》有兴趣的学者都接受了邀请，可由于种种原因，最后不得不放弃了。1992 年，20 多个来自德国各地的汉学家参加了研讨会。他们从中医、中国小说、语言、版本等不同的角度来谈《红楼梦》，研讨涉及面很广。从会后出版的论文集也可以看出，与会者的学术水平还是非常高的。

我清楚地记得，当时与会者对《红楼梦》得出两点结论：一是曹雪芹的《红楼梦》是符合现代文学标准的优秀小说；二是全书 120 回是一个统一的整体，虽然后 40 回是高鹗写的，但符合曹雪芹的精神。

通过这次研讨会，德国汉学家对《红楼梦》有了进一步的认识，打破了多年来德国《红楼梦》研究的沉寂局面。

姚：您觉得翻译对《红楼梦》在德国的传播重要吗？请简单评价一下《红楼梦》的德文译本。您怎样看待翻译和原著的关系？您认为存在统一的评价翻译的标准吗？

顾：一本好的《红楼梦》的德文译本对德国的《红楼梦》研究当然是十分重要的。早在 1992 年，我就说过，“德国《红楼梦》研究需要一个新的、完整的德文译本，仅仅有库恩的节译本是不够的”。因为知道当时史华慈（Rainer Schwarz）

已经完成了《红楼梦》德文全译本的翻译，只是由于种种原因尚未出版，我还特意邀请史华慈参加研讨会，可惜他婉言谢绝了。

从翻译的角度来讲，我觉得库恩掌握了《红楼梦》的精要，是从整体性来翻译《红楼梦》的。他的节译本是一个不错的翻译。

库恩翻译《红楼梦》时中国刚刚开始有红学，德国关于《红楼梦》的参考文献极少，在这种情况下，库恩以他有限的能力出版节译本已经相当不错了。节译本语言优美，符合德国人的阅读习惯，又基本保持了《红楼梦》的德文特色，所以才会一版再版，并被转译成多国语言。

可仅仅有节译本，对德国的《红楼梦》研究当然是不够的，所以时代呼唤一个新的全译本。我很高兴史华慈的《红楼梦》德文全译本 2006 年终于出版了。可由于出版这本书的出版社不大，书的印数也少，我估计这本书只有专家会看，普通的德国读者恐怕连知道这本书的机会也没有。

这本书，我刚刚开始看，目前不想过多评价。

关于翻译和原著的问题，我认为，如果有可能当然要看原文，如果看译本，也要尽量和原文相结合，应该知道语言是什么，尝试比较两种语言。就像我现在可以用汉语来思考和写文章，因为用德语思考和用汉语思考是不一样的，不仅是指语言的差异，思路也完全不一样，所以，为了保持学术的严谨，我的研究成果还是会用母语来写。

我认为翻译家应该从整体、全部和精神上来翻译作品，翻译的语言也很重要，一部语言不美的译作，不能算是一部好的翻译作品。

姚：请您介绍一下德国唯一的一部关于《红楼梦》的学术论文集《红楼梦研究》（*Studien zum "Traum der Roten Kammer"*）的情况。

顾：由于经费等原因，研讨会是在 1992 年召开的，1999 年论文集才正式出版。当时我是该书的出版人，为论文集写了序言，序言涉及会议情况、论文内容以及当时《红楼梦》研究的最新问题。

文集一共收录了 14 篇论文，我按照四部分对它们做了分类，其中关于《红楼梦》文学描写方面的有 5 篇，涉及《红楼梦》语言和风格、文化历史、接受历史的分别有 2 篇、3 篇、4 篇。这些学术论文各具特色，学术价值还是很高的。

姚：请讲一讲您是怎样走上汉学之路的。

顾：我在学习神学时，无意间读到了一首用英文和德文两种语言翻译的李白的《黄鹤楼送孟浩然之广陵》，当时就被诗中“故人西辞黄鹤楼，烟花三月下扬州。孤帆远影碧空尽，唯见长江天际流”的意境“引诱”了，自此开始和汉语结缘。我的中文名字“顾彬”，就是我的第一位汉语老师给我起的，为了表示对老师的尊重，多年来我一直使用这个非常“中国化”的名字。

1974 年至 1975 年，我在当时的北京语言学院（今北京语言大学）进修汉语。当时来中国学习的外国人很少，我们班上只有 6 个人，老师也非常负责。我每天从早上 6 点到晚上 11 点都在如饥似渴地学习汉语。学习班结束之后，我又坚持每天复习学过的词汇，并大量阅读关于中国文学、诗歌和绘画的文章，慢慢走上了汉学之路。1991 年之后，我有机会经常来中国；2000 年之后，我经常用汉语上课；我有一个中国太太，我们家一周 7 天都讲汉语。这一切都是我汉语流利的原因。

姚：许多人都认为诗词是中译德的难点，您本人是诗人，写诗，也翻译中国诗歌，请您谈谈您翻译中文诗歌的经验，并对《红楼梦》的诗歌翻译提些建议。

顾：我偶尔也会以《红楼梦》为题材来写诗。我认为诗歌是一种独特的题材，不能用正常的逻辑来判断一首诗歌的好坏。比如，我写诗时，90%的内容是清楚的，10%的内容连我自己也不清楚，我也不想弄清楚。

在翻译中国诗歌时，如果我和诗人的背景差不多，我会很容易把诗歌译成很好的德文，比如北岛的诗歌。可我经常不知道翟永明在说什么，如果不能问诗人本人，我在翻译翟永明的诗歌时，就会依靠自己的灵感，考虑德文的创造，但我不能说真正懂得原诗。

中国的诗歌有自己的特色，《红楼梦》里的诗歌和唐诗有些相似的地方，完全按照字面来翻译诗歌不是好的翻译，可以创造另外一种德文翻译的方法。我个人认为德博（Günther Debon）是世界上最好的唐诗宋词德文翻译家。他有时为了保留唐诗的押韵和语调而翻译，有时又会创作出一首德文诗，而不是完全按照字面的意思来翻译唐诗。或许《红楼梦》的诗词翻译可以借鉴一下德博的做法。

姚：请您谈谈对德国红学的希望。

顾：我希望红学在德国蓬勃发展。期望有一天，不仅是德国汉学家们真正了解《红楼梦》，广大的德国读者也了解和喜欢《红楼梦》——这部中国最重要的小说之一。

姚：谢谢您接受我的采访，预祝您为中德文化交流做出更大贡献。

采访者：姚军玲（河南理工大学文法学院）

意大利汉学家马西尼访谈录

访谈按语：马西尼（Federico Masini），1960年出生于罗马。本科毕业于罗马大学哲学系，1980年在美国加州伯克利大学学习汉语，1983年至1985年先后在北京语言大学和北京大学中文系公费进修汉语两年。1987年至1990年任意大利驻北京大使馆新闻专员。1993年获意大利那不勒斯东方学院东方学博士学位，1994年开始在罗马大学东方学院任教，1997年起任罗马大学东方学院中国语言文学教授。2001年起担任罗马大学东方学院院长，2006年起任职罗马大学孔子学院外方院长，2009年起任世界汉语教学学会副会长。2010年11月至2014年10月，担任罗马大学学术事务副校长。2017年12月1日起，任罗马大学（Sapienza University of Rome）语言中心主任（CLA）。2010年荣获温家宝总理颁发的中意友谊奖。在国内外发表了有关普通语言学、中西关系交流史、意大利传教士在华活动等文章120余篇，著有《现代汉语词汇的形成——十九世纪汉语外来词研究》（*The Formation of Modern Chinese Lexicon and its Evolution toward a National Language: the Period from 1840 to 1898*, Berkeley, USA, 1993）等著作，主编《意大利人学汉语》（*Il cinese Per gli italiani*, Hoeply, Milano, 2006）、《卫匡国全集》卷四（*Martino Martini Opera Omnia*, Vol. 4, Università degli Studi di Treno, Trento, 2010）等。

张西平（下文简称“张”）：作为意大利著名的汉学家，首先请您谈一下，您是什么时候开始学习汉语、进入汉语系，又为什么要选择学汉语呢？

马西尼（下文简称“马”）：第一个问题比较好回答。我在 1978 年进入意大利的罗马大学开始学习汉语。对这个问题我比较有把握。至于为什么学汉语，这个问题我也一直在问自己。可能是因为我从小看了一些书，就对欧洲以外的文化开始有兴趣，欧洲以外当然主要就是中国，所以上高中时就开始对中国和汉语感兴趣，而且很早就发现了解中国的第一把钥匙就是汉语。

张：这很有意思。您读博士时的导师是谁呢？

马：读博士时的情况是这样的，我 1978 年上大学，1982 年毕业获得了国家奖学金、中国政府颁发的奖学金，于是到语言学院（即现在的北京语言大学）学习了半年，又到北京大学学习一年半，回罗马后开始读博士，1985 年结束。因为参加外交部的考试，就在那里耽搁了一段时间，后来因到意大利驻中国大使馆工作才有机会回到北京。我在那里工作的三年半时间里，就利用业余时间收集论文资料，主要是到图书馆看书。因为我在北大的时候，和那里的几个老师也很熟悉，所以也得到了他们的指导。我博士论文的指导老师是白佐良教授。

张：他当时年纪已经很大了吧？

马：是的，他当时已经七十多岁了。

张：他在中国影响很大，老一代的学者都知道他。

马：对。他解放前在南京读过 3 年书，对中国古代文化很了解，古文特别好。他在中国期间收集了很多书，他家里的图书馆可能是全欧洲最大的私人图书馆。他在东亚做了多年的外交官。在南京、东京和香港工作过，还当过驻韩国、越南和菲律宾大使，所以对东亚一些国家很了解，会说日语和韩语。

张：这在西方汉学家中是很少见的，因为研究中国的人很多，了解日本和韩国的也有，但是对整个东亚都有所了解的就非常少了。

马：他收集了各国有关与中国关系的书，比如菲律宾与中国关系史的书等，数量是很多的，也比较全面。

张：当初您选择这个论文题目的动机是什么呢？

马：这个题目的确定是很难的。我原来想研究中国现代汉语词汇，认为应该从五四运动开始，但是发现这并不是真正的源头，就慢慢地一步步往前推。到康有为的时候又往前推了一步，就是 19 世纪初，以为到了鸦片战争就到头了，可是发现在这之前的一些书里还是有新词：大概在 19 世纪初的时候，一些外国传教士来中国后编写了一些有关自己国家的书，那里面还有新词。于是我就顺着这个思路把原题又往前推了一个世纪。

张：我在 1998 年才看到您的论文，是徐文勘先生推荐给我的，当时我们正在杭州参加一个有关中西文化交流的会议，也在对耶稣会进行研究。看了以后觉得很有意思，因为研究中国现代词汇“日源说”的论文不少，但是像您这样往前推得比较好的还是不多见的。虽然有学者对您的论文提出了不同意见，但它毕竟在学术界引起了很大反响，这是很有意义的。这个问题同时也说明汉学研究对中国学术界影响也是很大的。我觉得这门学科无论是从资料还是方法上来讲，都应该是我们共同来完成的一项工作，我们应该取长补短。您的研究是很有开创性的，受到了中国学术界的较高评价。那么在研究期间您与中国学者是否有一定的互动呢？

马：我在准备写论文期间与一些中国老师打过交道，受到了他们的启发。做这项工作，第一步是了解 19 世纪的情况：那时中国人怎样看待西方人？比方说，你想，在 19 世纪初，中国人会对外国人产生什么看法，他们会看什么书来了解国外的情况，所以我开始收集当时中国人写的有关外国的书。我在研究中发现，《海国图志》这本书中大部分内容都是林则徐在广州收集的资料，也有一部分是一些外国人在广东写的有关西方的书。我就从外国人的角度来评价这些资料。另外还有一个机会，我于 1991 年在莱顿大学认识了几个俄国汉学家，跟他们讨论了这个问题，发现在俄国也有人在做这方面的研究，尤其是汉语构词法，于是也受到了他们的启发。

张：这真是一个很有意思的问题。以前这个领域高名凯等先生也做过一些研究，但我认为您把它大大推进了一步。据我的学生调查，您的书引用率比较高，在相关的 19 世纪的新词研究中基本已经成为必读书，我觉得作为一个汉学家能取得这样的成就是很不容易的。这是一个很大的贡献。我觉得现在如果让我们来研究这个问题，可能时间还可以继续往前推。

马：对。我在北大开会的时候，也提到了这个思路，就是我们可以考虑，在 19 世纪初，中国人了解西方还是依靠前一辈耶稣会士所写的资料，所以《职方外纪》在当时是最有用的一本书。我还知道 19 世纪末，1893 年一个有名的中国外交官叫薛福成，他访问罗马时说："我访问罗马有个非常好的旅游手册。"他指的就是这本书。所以这本书在 300 年之后还有人在用。相反，早期的用拉丁文写的有关中国的地理书、历史书，还有卫匡国写的书，它们在西方影响特别持久。所以可能到了 17、18 世纪，还有人用卫匡国地图集来研究中国地理。所以从这两个方面来看，鸦片战争不一定完全是文化交流上的一个断裂，文化的交流和相互了解在各国还是有一点延续的。

张：关于宗教的作用也是很有意思的，当时林则徐搜集的一些资料主要靠梁发，而梁发翻译的资料都是从西方人的角度来介绍西方。现在河北省天主教的教友念的《玫瑰经》（正式名称为《圣母圣咏》）还是艾儒略写的，说明它们的语言生命力很强。从另一方面来说，40 年以后中国天主教的本色化没有那时候做得好，那时候用的都是老百姓熟悉的语言，现在用起来就是文言了。天主教新的神职人员文化水平比较低，不会断句，但是还在用它。我觉得往前推的价值能引起我们共同的兴趣，这是很有意义的，里面包含很多宗教的东西。另一方面，我认为意大利和中国两个国家很有意思，在欧洲任何一个国家都很难像这两个国家在文化上这样互相羡慕、互相友好；我们和法国的关系也很好，但不及与意大利这么悠久，而且也没有任何一个人物可以超过马可・波罗，还有利玛窦、郎士宁和列威・卡罗。您对意大利的汉学历史怎么看？

马：您刚才说得很对。准确地说，意大利人与中国人来往时间最长。意大利人观念比较先进，古代罗马人就是意大利人，所以，从《后汉书》有关大秦的记载起，我们两国之间的关系就是其他国家比不了的。所以我们在耶稣会士时代，也就是相当于明末清初的时候汉学就很发达，意大利或者说罗马可以算是汉学的起点，不过在 18、19 世纪就衰落了。在 19 世纪末就开始有一些意大利人写过这方面的文章，其中有一个叫米达勒[1]，当过外交官，胡适也提到过他的名字，用英语写了一本书，胡适给他写了一个书评，说他是第一个（无论是中国人还是外国人）注意到普通老百姓的民歌的学者。他收集了很多这方面的资料，所以他算是汉学在意大利重新兴起的一个良好开端。到 20 世纪初，比较著名的是德礼贤。不过他本来是个神父，所以不了解中国。他虽然了解中国的传教活动，但是对中国人民和正在变化的中国社会不是很了解，以致有一段时间有一定的消极影响。这是从汉学的角度来讲，当然他写的书，尤其是有关利玛窦的介绍还是非常好的。罗马大学大概从 19 世纪末才有汉语班，有一个传统一直保持到 20 世纪，到了白佐良更加突出，就是不仅仅把汉语当作一门语言来学习，还把它当作一把钥匙，通过它可以了解一个世界。所以从这个角度来讲，我不只给学生解释“偏正结构”是怎么回事，还通过教他们汉语，给他们一个工具，帮助他们了解一个与我们西方完全不同的世界，这就是中国。

张：您跟白佐良先生合著的《意大利与中国》非常好，

---

〔1〕 编者注：此处指意大利驻华外交官威达雷（Guido Amedeo Vitale，1872—1918）。1896 年北堂出版了其用英文写的《北京儿歌》（*Pekinese Rhymes*：*First Collected and Edited with Notes and Translation*）。

这样的著作在中国，据我所知还是第一本。过去有过这方面的论文，但是没有这么翔实，它给中方和意方都提供了非常好的资料。我认为它是近几十年来中意关系研究中的重要成果，让人们对中意关系有了全面的认识。那么现代意大利的汉学研究是什么样的呢？

马：原来，除了罗马大学，还有那不勒斯东方研究院也开设汉语课，这在西方可能是最早的了，它在 1988 年成为国家教育机构。原来他们的讲授对象是中国人，内容是拉丁文和宗教知识，到 1988 年就成了国家培养了解有关外国知识人才的机构。除此之外还有威尼斯大学。这三所大学都是比较有传统的，其中威尼斯大学是最年轻的，还不到 30 年。虽然它历史很短，但是发展很快，到 90 年代初已成为三所大学中学生最多的，每年大概有几百人。罗马大学排在第二位。现在情况有所变化。因为 90 年代初，很多意大利的大学都开了汉语班，像米兰大学、都灵大学和佛罗伦萨大学等。因此，三所大学的学生就减少了。目前从总数来说，罗马大学是最多的。这主要跟地理有关，因为原来米兰大学和都灵大学的学生要到威尼斯大学学习，目前在本地就可以了。意大利目前学习汉语的有几千人，不过其中的一部分还得被淘汰，不会学到底。

张：看来意大利汉学发展势头不错，很有发展前景。我们与美国利玛窦研究所合作，很快可能就会出版《利玛窦文集》，主要是翻译了德礼贤的意文本。我们今后的合作，一方面是翻译和研究汉语近代词汇变化的情况，另一方面在于中意关系史和明清传教士研究，空间是很广阔的。请问：您在学术上今后有什么打算呢？

马：我有两个希望。第一个是了解有关耶稣会与中国的资料。虽然我们档案里的资料很多，但它还是一个难点，因为主要是拉丁文写的手稿。我的拉丁文当然不如我的老师，只有一点儿基础，所以搞这个有一点儿费劲。不过在这里面我看到了很多值得研究的东西，比如，量词就是一个很好的题目。因为“量词”这个词是在 20 世纪初才产生的。而据我所知，中国语法学者确定这个概念还要更晚一些。我们翻译的卫匡国的汉语语法书和一些传教士编写的语法书有量词详细的用法。这方面的研究不仅有历史意义，而且对研究当时的汉语白话、早期官话都很有价值。比如，书中详细介绍“个”“双”“位”都有什么用法，不能说“一条鱼”，要说“一尾鱼”。可是倒退 10 年，有的传教士却说两种说法都可以。确定哪个量词可以用，确定其使用的年代，这样的资料会很有用。所以我希望有机会把这个资料分享给中国汉学家和语言学家，为他们提供一点儿资料。另外，您刚才提到的《意大利与中国》这本书是从古罗马写到民国初期，而 20 世纪的中意关系还是要写的。这原来是我老师的打算。在这方面其实有很多有趣的事情，比如早期法西斯与中国政府的关系、中华人民共和国成立后两国共产党的关系等。那个时期意大利人和中国人的交流就是从意大利共产党与中国共产党的交流开始的。这个世纪有不少事情值得研究，它已经过去了，我们可以静下来思考这一段历史了。

张：您的两个计划我都很感兴趣，我期待着您新成果的诞生。我们这个汉学中心是一个以研究国外汉学为目标的机构。我们的目的是了解汉学家的学术成果并把他们介绍给中国学术界，促进中国学者与他们的对话。在这个领域我们还会有更多的合作，进一步开展交流与研究工作。

采访者：张西平（北京外国语大学中国海外汉学研究中心）

见微知著，以情鉴史

——意大利汉学家史华罗的汉学研究之路

访谈按语：史华罗（Paolo Santangelo，1943—　），意大利汉学家，曾任欧洲研究中国理事，意大利汉学学会理事。现任罗马大学东方研究系亚洲史教授、《明清研究》主编、“明清时期中国社会群体想象及情感表达”国际科研项目负责人。

史华罗教授于1966年获罗马大学博士学位，曾为那不勒斯大学东方学院中国历史专业教授。热爱中国文化的他长期致力于中国历史，尤其是中国明清史的研究，其研究领域从早年的明清社会经济史逐步转入明清文学史，着眼从“情感”变化研究入手，探究更为深层的核心“文化”意识，并力求论证明清时期中国社会意识的变化及其在中国社会发展中的地位和意义。其代表作主要有《生态主义与道德主义：明清文学中的自然观》（1995）、《明清文学作品中的情感、心境词语研究》（2000）等。2011年，史华罗教授来北京参加由中国人民大学主办的第三届世界汉学大会。参会之余，史华罗教授欣然接受了笔者的采访。

李婧敬（下文简称“李”）：您对汉学的兴趣源于何时？是通过学习汉语开始的吗？

史华罗（下文简称“史”）：我在中学时期就对中国文化

的很多方面感兴趣。在我看来，中国文化与我们的文化传统有着很大的差别，正是这种差异深深吸引了我。

上大学之后，我曾在意大利中远东研究院（Istituto Italiano per il Medio ed Estremo Oriente）上汉语课。那是一个研究汉语和中国文化的机构，虽说现在已经不存在了，但在当时的汉学界却有十分重要的地位。可以说，我对汉语和中国文化的研究就是从那时开始的。

随后，我继续关注着汉学，并前往香港进修过一段时间。那时，我的导师是研究中国哲学的，他是康有为（1858—1927）的崇拜者，称赞他对历史发展趋势的前瞻性眼光。随后，我的兴趣主要集中在中国社会发展史和思想演变史这两方面。这也成为我研究汉学的起点。

李：中国文化中有哪些元素最吸引您？您是如何确定和调整自己的研究方向的？

史：我对明清时期尤为感兴趣。首先，这一时期的史料最为丰富，当然，更重要的原因在于此时的中华帝国已高度成熟，却尚未受到西方思潮的影响——直到清朝中期，中国与西方的交流都十分有限，且零星传入的西方思想并未占据主流地位。所以说，如果想了解西方思想涌入中国以前中华文明发展到何种程度，就要了解这一时期的历史状况。

此外，明朝时期的中国取得了多方面的发展，也经历了多种社会变革，人们的思想发生了巨大变化，有人甚至把这一时期称为“中国的文艺复兴”。

很可惜的是，这种变化却在清朝戛然而止。满人统治下的清朝在思想控制方面比汉人还要讲求正统。在这样的政治环境下，该时期的中国文人也有一定程度的回归，认为明朝时期王阳明（1472—1529）所倡导的新理学正是导致明王朝灭亡的罪魁祸首。例如顾炎武（1613—1682）就曾产生过疑问：与汉人相比，满族人的数量并不占优势，这些蛮夷是如何颠覆汉人王朝的呢？随后，他将根源归咎于王阳明，认为他所宣扬的个人主义导致了明朝的瓦解。

不过，即使是在正统思想统治下的清朝，还是有许多文人关注“情感”这一要素。“情”这个字眼有多种含义，例如“情况”“情势”，但也可以指人的情感、情欲和爱。这些要素往往为正统的主流思想家所忽略。在他们看来，对于情欲的追求是有悖于社会道德准则的。因此，这种要素虽然曾在元明时期得到一部分文人们的重视，但在清朝又再次被压抑。

通过对“情”的关注，我逐渐将研究重点从社会领域转到了人文领域，在接下来的 20 年里，我更加关注中国人的思维，从“情感”变化研究入手，进而研究更为丰富而深刻的核心文化意识，由小见大，以情鉴史，通过情感表达的变化来观察社会价值系统的历史演变进程。

李：您在研究中国文化的过程中，遇到的最大困难是什么？

史：东西方文化有着完全不同的根基和发展进程，导致国情大相径庭。这种思想上的差异对我们来说是一种无关乎语言的障碍。正因为这些差异的存在，东西方交流中每每发生误读和误解。

举个例子，你看到“宗教”这个词，能在字典里找到对应的意大利语译文“religione”。你以为意思已经翻译明白了，但其实不然。因为当你想到“宗教”这个概念时，跟我脑子里所想的“religione”的概念是完全不同的。这很好理解，因为我们的历史传统告诉我们，“religione”是一个独一神系统（无论是犹太教还是基督教），但你们中国人的理解则完全不同。从这个例子就可以看出，我们的确可以在两种语言中找到相对应的字眼，但对于概念，每个人都有不同的理解。我想，这是东西方文化在深层交流中最大的难点。

然而，对我来说，如何克服这个困难也是汉学研究中最有趣的部分。这些差异究竟源于哪里？我很好奇。后来我发现，这些差异并不在词汇之中。事实上，我们可以翻译几乎所有的词汇，但当我们翻译的时候，却无法指明译文中的词汇所指的概念到底是什么。于是，看过译文的我们以为已经互相了解，但其实却在各想各的，根本没有相互理解。

我曾写过一本书，名叫《中华帝国的罪恶观》（*Il Peccato in Cina*），由意大利拉特尔扎出版社（Laterza）出版。我在书中提出了“peccato”和“male”[1]的概念以及它们在中国人眼中的角色。当然，“peccato”一词在中文里是有对应词汇的——“罪”，可意义完全不同，跟西方人所说的“对神的冒犯”毫不相干，而具有其他的含义。

再打个比方，我曾在《世界汉学》上发表过一篇关于“纯洁”与“不纯”（清与浊）的文章。这个概念在东西方文化中也有很大差异，包括在哪里使用、如何使用、使用之后有什么后果等。这与如何翻译这个词无关，核心问题在于如何把两个概念相关联。从个人层面上来看，每个人的观念不同，经

---

[1] 两个词均为意大利语，意为“罪”和“恶”。

历不同，想法自然不同。但从文化层面上来看，不同的文化背景显然也会造成差异。

因此，在接下来的20来年里，我一直在尝试解决这一类的问题。这本书也代表了我的研究领域从社会发展史转向了思想发展史。

李：多次听您提起中国文学作品中的“情感因素”，您为何如此关心这一因素？您又是通过哪些手段研究这一领域的呢？

史：情感不是自发产生的，无论是高兴还是愤怒都有其原因，都是我们在长期的社会生活中逐渐习得的。从幼儿园时代与同学相处开始，我们都在学习情感表达。比如我们在读一本小说时，会把自己想象成其中的人物，随着他们学习爱与恨、欢乐与痛苦。在这一过程中，你学会了一系列情感表达，你以为是自然产生的，但其实却不是。例如，你在葬礼上不会笑，这一貌似自然的行为却是你在社会实践中学会的。因此，我们是从我们所处的文明中学会了自己的为人处世的方式。假如我们研究人们的行为和情感，就能够了解构成这些行为背景和结构的社会文化。当然，这样的一些描写我们是很难在官方的史学作品中找到的，因为他们不屑提及，相反，一些市井的，甚至是边缘的文学作品（如《山歌》和《子不语》）倒为我们提供了极其丰富的素材。通过对这些世俗文学作品的研究，我们能够探寻到那个年代的思维方式、群体想象和社会价值体系。这也是我所从事的研究工作的意义，最近几年出版的作品也都是这一领域的研究成果。

说到研究手段，首要的工作就是收集和翻译许多文学文本。当然，这一工作是与许多汉语专家合作完成的，他们帮助我完成了许多文本的翻译工作。例如冯梦龙（1574—1646）的《山歌》，合作者是日本的中国文学专家大木康（Oki Yasushi）教授，他将《山歌》翻译成日语并出版。在他的帮助下，我又将《山歌》翻译成英语并进行了研究。后来，我又在中国社科院《外国文学评论》编辑严蓓雯女士的帮助下，将《子不语》翻译成英文，该书目前正在出版过程中。

接下来的工作就是收集所有表达情感的（如喜、怒、哀、乐），以及与情感相关（如哭、叹气）的语料。研究团队会通过一系列的设定进行分析，去挖掘这些词汇背后所体现的社会价值体系变化。事实上，这些变化一定可以在历史文本中找到记载。通过对文学作品进行分析并与其所在的社会历史环境进行对比，我们就能更深刻地认识和理解当时社会的价值、理念以及文人群体的思想状态。因此，这是一种从词汇出发，去研究社会、研究历史的手段。

当然，语料的选择并非随机进行的，必须参考相应的科学标准，整个研究过程涉及语料学、心理学、文学批评学、社会学等多种学科。今后，随着研究人员的不断充实和更多的资金支持，我们还可对语料库进行更深层的研究。

李：您认为，明清时期中国社会中的“情感因素”有哪些特点？

史：自古以来，中国人一直用正统的道德观念约束个人的私欲，明朝初期也是如此。一切都在王权控制之下，就连生活在农村的人们也都要受到当地官府的管束。也就是说，个人行为不仅时刻受到官府的监视，还受到普遍道德标准的束缚。

然而，明朝后期的社会变革却在很大程度上改变了这种情况。随着商人群体的不断扩大，社会状况开始发生变化。商人是流动的群体，他们从原来的生活核心中脱离出来，也就不再受到固定道德体系的监控。当时的苏、杭都是世界性的大都市。来自中亚的玉石到达苏州，在当地被加工，又被运到别处出售。这种流动性削弱了社会的道德控制。

今天我在会上谈到了冯梦龙编的市井歌谣集《山歌》，在这本作品中，我们已经看不见儒家道德的束缚，人们唯一害怕的只是旁人的闲言碎语，只要不被人看见，就可以为所欲为。所以说这部作品十分有趣，因为这样不受道德约束的露骨描写绝对称得上“非主流”。在中国，大多数作品都摆脱不了传统的道德准则，谁敢有所违背，必定受到惩罚。哪怕情色小说《金瓶梅》也不例外。书中的描写纵然露骨，但在故事的末尾，西门庆和潘金莲都受到了惩罚。有所不同的是，在《山歌》中我们看不到人们对于道德惩罚的担心，除了旁人的非议，没有任何顾忌。从这一点上说，这部作品与《十日谈》(*The Decameron*) 有些类似。但两者的思想基础是不一样的，《十日谈》是文艺复兴时期的作品，当时的人们早已将世俗的男女之爱置于道德和宗教原则之上，而明朝的中国并没有这样的思想解放铺垫。无论如何，这部作品显然反映了苏州的经济发展使人们的思想道德体系发生了改变。道德体系是会随着社会状况以及人们需求的改变而改变的。

李：随着孔子学院的建立，全世界范围内掀起了“中国热”，您怎么看待这一现象？

史：现在意大利有许多年轻人希望学习汉语，光是罗马的学生就有五百多名，这说明中国正得到越来越多的关注。但目前在意大利存在这样一种趋势，重视汉语教学甚于中国文化的教学。坦率地说，对于这一趋势，我是有看法的。语言教学的确重要，但也不能忽视文化元素的注入。对意大利学生来说，学习中文与学习法语及英语是不一样的。无论是法语还是英语，其背后的文化价值体系与意大利基本相似。例如法国大革命所倡导的“自由、平等、博爱”，对于意大利人来说很好理解。但中国文化就与意大利文化相去甚远。不了解这些，所谓的翻译就只是逐字逐句地生硬翻译，无法解读其背后的含义，译文也一定是莫名其妙的，这是从翻译的层面上来看的。从更深层的研究角度来看，真正的汉学家会去研究每一个词背后所体现的历史文化背景。例如这个词在我们的文化中意味着什么，而在另一个文化中，又有怎样的不同。这是人类学家所该承担的工作。所以我说，学习语言的学生一定要具备最基本的文化背景常识。

由于意大利大学普遍缺乏资金增设专门教授中国文化和历史的教师岗位，我建议孔子学院能够辟出专项资金聘请专家开设中国历史课，这对于学习汉语的意大利学生将产生莫大的裨益。

李：您认为本次世界汉学大会有何重要意义？

史：我认为本次世界汉学大会具有十分重要的现实意义，大会的组织者亦是高瞻远瞩的学者。本届大会的主题是“因势而变，与时随行”。关于这一主题，我也曾在某些文章中提到过。社会的变革会引起思想的变革。人们要么寻找主流体系之外的新价值体系，去迎合人们的新需求，要么就与之抗争。

当然，妥协是多种多样的，矛盾也是多种多样的。

本届大会的主题体现了中国对待外部世界的一种态度。这是一种倾听的、理解外部意见的能力，它体现了中国社会最为开放的侧面。第一届世界汉学大会的主题是“文明对话与和谐世界”，它反映了中国社会的一种理想理念——求同存异，在争议中求得和谐，即欢迎外来的人士提出不同的意见。这是一种非常智慧的态度，一种对于儒家思想的新解。

本届大会的主题体现了中国社会与时俱进的愿望，有着十分深远的意义。人类是有一种安于现状的惰性的，因此，不断地变革并不容易。本次大会所体现的改变过往、适应现状的态度体现了中国领导阶层的能力。我想，这也是中国飞速发展的秘诀之一。

汉学研究也应该与时俱进。以我个人的经历来说，我还记得多年以前，当我刚开始接触中国社会史时，汉学家们的研究课题多半都在于：一度是世界核心的中华帝国何时以及为何会错过大发展的火车，甚至沦为其他国家的半殖民地。对此，许多汉学家进行了研究，有人说这是帝国主义侵略的后果，也有人认为在现代化的进程中，有些国家实现了腾飞，而有些国家却没有实现。那么为什么中国就没有实现大发展呢？研究就围绕着此类课题而进行。

现在，汉学界不再提及这些话题了，现在的提法是“ReOrientation”，这一观点是由著名经济学家安德烈·贡德·弗兰克（Andre Gunder Frank，1929—2005）提出的，具有两层含义：其一，表明中国正在世界格局中重新寻找自己的位置；其二，世界也正在重新重视东方。1998 年，弗兰克教授出版了一本专著《白银资本：重视经济全球化中的东方》

（*ReOrient: Global Economy in the Asian Age*，1998）。弗兰克认为，中国一直以来都是世界的中心，只是在19世纪和20世纪前三分之二时间内暂时退出了中心舞台，并已于20世纪末再度回归。这说明人们对于中国历史发展的进程的观点发生了根本性变化。这种变化是随着中国的发展本身而产生的。

汉学并不只研究中国文化本身，也研究它与其他文化之间的区别，同时对自身文化进行反思，进而创造更为优秀的文化。

我们西方人总说要来一场新的人文主义运动，以激发新的进步。我认为这种理念同样适用于中国。中国也可以发展出新的儒学，而不止停留于老一套的“三纲五常”。汉学大会的现实意义就是将研究汉学的中国专家和外国专家聚集在一起，来讨论中国文化的未来发展方向。

李：您对今后的汉学研究有何打算？您如此热爱中国和中国文化，有来中国生活一段时间的想法吗？

史：今天，张西平教授就坐在我的身边，他建议我继续把我的研究成果介绍到中国来。此前，北京外国语大学的王军教授已经翻译了我的一部作品——《中国之爱》，大约不久就能面世。目前我正在考虑下一部作品的翻译，也许会是那部有关罪恶观的作品，但那部作品已经有些年头了，在翻译之前我还得做一些修改。

说到来中国生活，我很希望到中国讲一讲我这些年来的研究项目。可惜我的汉语水平有限，所以语言上可能会受些限制。我很愿意与中国的学生们分享我的研究成果，例如：在欧洲（意大利）历史和中国历史上，人们的态度和思维方式究竟有何差异。我也很希望看看中国学生的反馈。我的研究始终是以意大利人的视角为出发点的，我们的分析标准也都是意大利人的标准。所以我想了解中国知识分子对我的研究成果有何看法。另外，我也有兴趣在中国参加一些关于这一主题的研讨会，看看其他汉学家们是如何认识中国人的情感观的。

采访者：李婧敬（北京外国语大学欧语学院）

与波兰当代著名汉学家爱德华·卡伊丹斯基的对话

访谈按语：爱德华·卡伊丹斯基（Edward Kajdański），波兰当代著名汉学家、波兰前驻华外交官、作家。1925 年出生于哈尔滨一个波兰家庭。1944 年曾在北满大学学过制药学，后在哈尔滨工业大学学过铁路的修建，1951 年毕业后回到了波兰。因为了解中国的情况，从 1957 年开始在波兰外交部工作。1963—1968 年在波兰驻华使馆商务处工作，1971—1972 年任波兰驻华使馆一等秘书，1979—1982 年任波兰驻广州总领事馆领事和负责人，2020 年 9 月 10 日逝世，享年 95 岁。爱德华·卡伊丹斯基生前多次携家人到北京外国语大学海外汉学研究中心（即现在的“中国海外汉学研究中心”，下文不再重复注明）访学，就波兰籍耶稣会士卜弥格的研究与北外海外汉学研究中心展开合作。他的著作主要有：《卡齐米日·格罗霍夫斯基 1910—1914 年在西伯利亚旅行的日记》（*Dzienniki syberyjskich podróży Kazimierza Grochowskiego, 1910—1914*，1986）、《中国的使臣卜弥格》（*Michał Boym Ambasador Państwa Środka*，1999）、《长城的巨影——波兰人是怎么发现中国的》（*Długi cień wielkiego muru Jak Polacy odkrywali Chiny*，2005）、《丝绸——帆船和马帮之路》（*Jedwab Szlakami dżonek i karawan*，2007 年初版，2015 年再版）、《卜弥格的中医的秘密》（*Sekrety chińskiej medycyny—medicus sinicus Michała Boyma*，2010）、《回忆我的大西洲》(*Wspomnienia z mojej Atlantydy*，2013年初版，2014年再版）等。

2015年1月中旬，笔者在北京以通信方式采访了远在波兰的爱德华·卡伊丹斯基，了解并记述了这位中国人民的忠实朋友、他与中国有着密切关系的传奇般的一生，以及他在汉学研究和向西方传播中国文明方面所取得的突出成就。

张振辉（下文简称“张”）：您是波兰著名的汉学家，也是我的老朋友，您从事波兰的汉学研究多年，取得了卓越的成就，享誉世界，在这方面您和我也有过多年的合作和共事。作为中国人民的朋友，可否请您先向我国的读者介绍一下您的生平？

爱德华·卡伊丹斯基（下文简称“爱德华”）：我1925年出生在中国的哈尔滨，我的父亲那时在哈尔滨工作。我年少时曾就读于哈尔滨的一所波兰中学，后在哈尔滨工业大学毕业。1951年，我回到了波兰，作为一名工程师，曾就职于一些工业部门，后又做过对外贸易的工作。从1963年到1968年，我一直在波兰驻华使馆商务处工作，负责办理波兰向中国出口机械设备的手续。在1971年至1972年间，我任波兰驻华使馆一等秘书。从1979年起任波兰驻广州总领事馆领事和负责人，退休后回波兰至今，一直从事汉学和东方学的研究，现已出版这方面的著作22部。

张：您是什么时候对汉学感兴趣，并且开始从事这方面的研究工作的？

爱德华：我很早就对汉学感兴趣，在哈尔滨的波兰中学读书的时候，学校要向学生讲授中英文和有关远东历史、地理的课程，我学到的这一切为我后来的汉学和东方学研究打下了基础。记得当时有一位波兰工程师卡齐米日·格罗霍夫斯基(Kazimierz Grochowski)，他在中国待了30年，曾参加了一个叫东三省研究会的组织，在哈尔滨地志博物馆（今黑龙江省博物馆）工作过。他不仅给我们讲课，向我们介绍他所了解的中国，还当过学校的校长，后来我写过两本书，介绍了他的生平和业绩。我在学校里最爱听历史课，课余我还在哈尔滨地志博物馆工作，成为这里最年轻的志愿者。我14岁就在学校办的报纸上发表过介绍中国的文章。后来我又参加了当时在哈尔滨的一个波兰东方学研究会，我和这个研究会的会员经常去东北各地进行考察，收集许多有关中国人种志学和考古方面的实物资料，例如中国古代用青铜铸造的钱币就能帮助我们了解中国的历史。

张：您在2005年出版了一部名为《长城的巨影——波兰人是怎么发现中国的》的著作，它是怎么写成的？您在这部著作中，介绍了许多热爱中国的波兰友人，他们是怎么和中国进行交往，向中国表示真诚的友好的？

爱德华：2001年，我应北京外国语大学中国海外汉学研究中心主任张西平教授的邀请，参加了在北京举行的世界著名大学汉学家研讨会，我当时在大会上所做的报告的题目是《波兰人为使欧洲认识中国所做的努力》。后来我把这个报告的内容加以扩充，写成了这部《长城的巨影——波兰人是怎么发现中国的》，得到了波兰科学和高等教育部的资助而得以出版。我在这部著作中，依次介绍了18个波兰人，他们中有旅行家、作家和学者，他们一生都和中国有密切的联系，对中国和中国人都很友好，并且通过自己的科学研究和回忆使波兰和其他欧洲人对中国和中国文化有了进一步的认识和了解。第一个是波兰人贝内迪克特（Polak Benedykt），他是13世纪罗马教皇派往蒙古贵由大汗朝廷的使者，贝内迪克特在贵由大汗的朝廷里结交了许多中国人，他是第一个和中国人有过交往的波兰人。最后一个是第二次世界大战期间一个叫维托尔德·乌尔邦诺维奇（Witold Urbanowicz）的波兰飞行员，他以志愿者的身份参加过美国第十四飞行大队，在中国击落了12架日本飞机。

张：您在2007年出版的《丝绸——帆船和马帮之路》这部著作中详细介绍了古代丝绸之路上东西方商贸发展和文化交流的情况，对我们了解它的历史很有帮助。这部著作您是怎么写成的？它出版后，在波兰是否受欢迎？

爱德华：《丝绸——帆船和马帮之路》这部书是我和我的女儿亚力山德娜·卡伊丹斯卡（Aleksandra Kajdańska）一起写的。书中介绍了中国丝绸和丝织品的生产以及这些产品在中亚、近东和欧洲销售、普及的历史。这条由马帮开通、经过中亚、在文献中称为丝绸之路的道路，2000多年来，大大地促进了东西方商贸的发展和思想文化的交流。我对这段历史早就感兴趣。我的女儿出生在北京，她研究过中国和欧洲服装史和戏剧史，在《丝绸——帆船和马帮之路》这部书中，她介绍了中国的丝织品在欧洲如何受到普遍的欢迎，还有中国和欧洲服装不同的式样和设计以及它们之间的交流和借鉴情况。这部书的出版也得到了波兰科学院和高等教育部的资助，现被认定为波兰大学的教科书。

张： 卜弥格（Michel Boym，1612—1659）是波兰历史上最伟大的汉学家，也是西方最著名的汉学先驱之一。您在什么时候对他有所了解的，又是什么时候和怎么开始对他进行研究的？

爱德华： 我中学读书时，在历史课上，就已经了解到卜弥格在中国南明朝廷里的活动情况，但我当时并不知道，卜弥格还有那么多关于中国的研究著作，涉及中国的自然、地理、人种学和中医等诸多方面，这在当时的欧洲，也是不为人知的。我对卜弥格的研究是从1978年初开始的，不久后我来到广州，担任波兰驻广州总领事馆领事一职，也带来了我在阅读著名法国汉学家伯希和（Paul Pelliot，1878—1945）的著作时所做的笔记（伯希和在梵蒂冈图书馆中发现了卜弥格的《中国地图集》的手稿，这个手稿的拉丁文原名是 *Magni Catay quod olim Serica et modo Sinarum est Monarchia Quindecim Regnorum, Octodecim Geographica Tabula*，波兰文简称 *Atlas Chin*，中文简称《中国地图集》）。广东省人民政府为了使我对卜弥格和他在中国生活和工作过的那个时代有更深的了解，在1978年至1981年间，组织包括我在内的旅游团，多次去和卜弥格以及当时南明和清廷斗争有关的云南、广西和福建的一些地方进行参观和考察。在这期间，我在广州的中山大学图书馆中，也获得许多有关卜弥格的资料。我还得到机会去海南岛考察了一个礼拜，获益匪浅，因为卜弥格撰写《中国植物志》（*Flora Sinensis*）这部著作的原材料，就是在那里收集到的。后来我从中国回到波兰，在1982年写了两本书——《珠江三角洲》

（*Perłowy trójkąt*，1987）和《明王朝的最后使者卜弥格传》（*Michał Boym ostatni wysłannik dynastii Ming*，1988），后者介绍了许多在波兰不为人知的有关卜弥格的生平和业绩的信息。《明王朝的最后使者卜弥格传》后由您译成中文，分章发表在 1995 年第 3 期至 1998 第 4 期的《东欧》杂志上。随后我将这本书的内容加以扩充，又写了一本《中国的使臣卜弥格》，在 2001 年又由您译成中文，列入当时由中国著名学者任继愈主编的“国际汉学研究书系”之“当代海外汉学名著译丛”，在中国出版。2000 年，北京外国语大学海外汉学研究中心主任张西平教授要我参加在中国出版《卜弥格文集》的准备工作，于是我和您又一次合作，由我将我多年在欧洲和中国收集到的卜弥格著作的拉丁文原文先译成波兰文，再由您从波兰文转译成中文，经过近 10 年的努力，这部《卜弥格文集》于 2013 年在中国出版了。

张：卜弥格是中国人民伟大的朋友。他 1650 年曾接受南明朝廷的派遣，出使威尼斯共和国、罗马教廷和葡萄牙王国，想为这个朝廷的抗清斗争，求得军事上的援助，这是中国古代封建王朝第一次和西方国家进行的外交活动。卜弥格在当时东西方交通极不方便的情况下，克服了各种难以想象的巨大困难，跋山涉水，远渡重洋，来到了这些地方。虽然他的这次外交活动失败了，但这充分表现了他对对他有知遇之恩的中国皇帝的无限忠诚和对中国的热爱。卜弥格把他的这次出使看成是中国皇帝交给他的一个神圣的使命，他在去罗马的途中，于 1652 年 9 月 1 日在土耳其的一个教堂里，身穿中国的官服，宣读他的《在中国的波兰耶稣会卜弥格神父 1653 年在罗马所做的关于天主教在那个国家的状况的报告》（波兰文原文是 *Relacja księdza Michała Boyma z Towarzystwa Jezusowego z prowincji polskiej w Chinach, o stanie chrze Šćjaństwa w tamtych krajach, uczyniona w Rzymie w roku*, 1653）时，在结尾曾激动地说："既然中国皇帝陛下把这个艰难而又光荣的事业托付于我，为了这件大事，我便冒着各种危险，经过澳门、果阿、莫卧尔、波斯、亚美尼亚、纳托维亚，来到了士麦那，又从那里到罗马去了。"后来他到了罗马，由于各种原因，罗马教皇不接见他，他还被驱赶。在极其困难的情况下，他也没有忘记他所热爱的中国，他当时在致罗马耶稣会总会长的一封信中，十分恳切地说："我只要看到您的第一个信号，就马上到罗马来，我要回到中国的战场上去，即使付出名誉和健康的代价也在所不惜。"后来由于罗马教廷拒绝给南明以军事援助，他的使命没有完成，他虽然感到失望，仍义无反顾地决定回到中国。于是他又长途跋涉，来到东京（今越南河内）后，那里的耶稣会使团团长奥努夫拉·博尔热斯（O. Borges）考虑到他的人身安全，要他不要去当时战乱的中国，他没有接受他的意见，决定和当时唯一留在他身边的一个中国旅伴去中国。走到越南和广西边境时，由于长时期的劳累，他患了重病，就死在边境上，终年 47 岁。为了最终完成中国皇帝托付于他的"这个艰难而又光荣的事业"，他付出了生命的代价。这些您在您的《中国的使臣卜弥格》中，都做了详细的介绍。但卜弥格不只是完成了这次代表中国政府的艰难的出使，更重要的是，他的一生对中国的一切，都有着一种发自内心的深厚感情，例如他在他的名著《中国植物志》中，一开始就写道："这整个中国的土地是多么美好，那里的大自然比任何地方都要慷慨大方。”因此他在中国和几次往返于欧亚大陆期间，在极其艰难的环境中，几乎利用了一切可以利用的时间，研究和撰写了大量有关中国古代的历史、地理环境、社会制度、语言、文化习俗、物产、动植物和中医等方面的学术著作，为早期的中学西传做出了无可比拟的伟大贡献。我们出版的这部《卜弥格文集》，不仅收集和翻译了我们迄今能够收集到的卜弥格留传下来的所有著作，也收录了我们为介绍这些著作产生的因由和历史背景所做的数以千计的注释。我们发现这些著作对以上方面的论述，许多都是很正确的，因此对它们的科学价值做出了高度的评价。此外，张西平教授还为这部著作写了长篇序言：《中西文化交流的使者、波兰汉学的奠基人：卜弥格》，并对卜弥格关于西安大秦景教流行中国碑的翻译和研究做了详细的介绍，使我们对卜弥格的生平、业绩和他活动的那个时代有了全面的了解。这部《卜弥格文集》不仅是有史以来第一次用卜弥格的名字出版的他的文集，也是第一次将他的全部著作译为外文出版，因为西方过去虽然出版过卜弥格的少数著作，但从来没有出版过像这样的收集了卜弥格所有著作的文集，更没有将它们翻译成外文出版。所以这部中文版《卜弥格文集》的出版是中西文化交流史上的一件大事，也得到了北京外国语大学中国海外汉学研究中心和中国社会科学院老年科研基金的大力资助。您对卜弥格这位西方汉学特别是中学西传的伟大先驱的光辉业绩和他对后世的影响有什么评价？

爱德华：卜弥格的中学西传，主要是他对中国的动植物和中医的研究，不仅有很高的造诣，而且具有开创的性质。我早就说过，他的《中国植物志》“是欧洲发表的第一部论述远东和东南亚大自然的著作”，“它对中国植物（和动物）的介绍及其中的插图，是欧洲近一百年来人们所知道的关于中国动植物的唯一资料，而且它的内容涉及面很广”，“卜弥格无疑是欧洲第一位了解中医的秘密，掌握了有关中国药用植物知识的学者”，“当航海民族葡萄牙人、荷兰人和西班牙人只是部分地发现了中国和中国文化的时候，17 世纪的欧洲人从卜弥格那里，对于中医学、中国动植物和矿物，实际上已经得到了全面的了解，卜弥格乃是向我们提供这种了解的第一个欧洲人”，“在欧洲，不论 17 世纪和 18 世纪，都没有一个植物学家能够像卜弥格那样，根据自己在中国的实地考察和经验，撰写和发表过什么东西”，“西方的传教士都是出色的天文学家和数学家，可是对于中国的医学和大自然，除了卜弥格，谁都说不出什么”。所以卜弥格在以上方面的中学西传，不仅是第一人，而且很长时期在欧洲几乎是独一无二的。他对后世的影响也是非常巨大的。德国著名学者阿塔纳修斯·基歇尔（Athanasius Kircher，1602—1680）是和卜弥格同时代的人，他当时对中国的语言和文化很感兴趣，后来他从卜弥格那里增进了很多对中国的了解，并在他一系列的著作中，介绍过卜弥格的成就。18 世纪德国历史学家和东方学家巴耶尔（Gottlieb Siegfried Bayer，1674—1738）的汉学研究也利用过卜弥格的材料。德国著名哲学家莱布尼茨（Gottfried Wilhelm Leibniz，1646—1716）、法国汉学家雷慕沙（Abel-Rémusat，1788—1832）和伯希和都宣传过卜弥格对中医的研究和介绍，他们自己对汉学和中医的研究也都受到过卜弥格的影响。我在收集和翻译卜弥格的著作的时候，为了扩大它们在欧洲的影响，也撰写和出版了《卜弥格描写的世界》（*Michała Boyma opisanie Świata*，2009）、《卜弥格的中医的秘密》和《每个人都有用的中医》

(*Chińska medycyna dla każdego*, 2012) 等著作，对他有关中医研究的成果，做了进一步的介绍。今天，我们看到中医已经在全世界普及，给各国人民的健康带来了无限的福祉，我们不能忘记这位中医西传的伟大先驱的无量功德。

张：您是不是对中国的经济，特别是改革开放后中国经济的发展也很感兴趣？

爱德华：是的，我对中国经济的发展一直很感兴趣，因为我是在那里出生和受过教育的。有关这方面的情况，我写过两本书：《中华人民共和国1949—1969年经济发展概述》(*Chińska Republika Ludowa—zarys rozwoju gospodarczego 1949—1969*, 1971) 和《中国和外部世界贸易关系发展概况》(*Chiny a Świat zewnętrzny—zarys rozwoju stosunków handlowych*, 1979)。我在1987年出版的《珠江三角洲》是以报告文学的形式写成的，它反映的是当时中国南方的情况，介绍了1978年中国的改革，主要是经济特区深圳、珠海和汕头的建立。如对1981年的深圳，我在《珠江三角洲》中是这么写的：

> 如果要我说，深圳特区像我读到香港的报纸后所想象的那样，那就错了，我们一开始见到的码头虽已建好，但要到这个港口的使用，还差得很远。那里繁忙的活动的确给人留下了很深的印象，因为在巨大的广场上，有那么多的挖土机和推土机在行驶，但这改变不了一个事实，这就是广场虽大，可上面却什么也没有建好。我们从影片的剪辑室来到了深圳特区发展股份公司的办公室，这里的一位主任工程师给我们看了一个模型和一幅干脆就铺放在地上的特区发展的蓝图，这是一个十年的远景。我们在特区的

这一部分上，看见哪里将是银行和商贸机关和企业的所在地，什么地方五年之后会成为引人注目的商业中心。在这幅图的一端画了几栋高楼，别的地方还一无所有。

我不知道我在最近几年能不能再去深圳看一看，但我相信，虽然在发展中会遇到挫折和困难，可是照现在建设的速度和中国特区经济建设所取得的成就，现在的深圳和我当年见到的深圳是完全不一样的。

深圳我后来只去过一次，是 1988 年和波兰制作电影文献纪录片的厂家的代表团一起去的。我看到那里和以前完全不一样了，但我知道，它和今天的深圳也是完全不能相比的。1981 年，深圳只有 20 万居民，今天已超过 800 万，这也只是从中国的报刊上得到的信息。

张：您还写过一本关于中国的百科全书，它主要包括一些什么内容？这本书在波兰的读者中是不是很受欢迎？

爱德华：在 2000 年就有人建议我写一部关于中国的百科全书，我多年生活在中国，收集了各种不同的资料，本来就想要给那些很希望对中国各方面都有所了解的波兰读者写一本书。我最初打算给这本书写 300—400 个条目，后来增加到了 700 个条目。这部书我写了 5 年，女儿在这方面给了我很大的帮助，因为书中有关中国的丝绸、服装、舞蹈、戏剧和中国文化其他方面的条目都是她写的。我感到高兴的是，这部书在 2005 年出版后，在波兰的读者中很受欢迎，它的第一版很快就卖完了。后来出版社要将它再版，利用这个机会，我在它的第二版中，又增加了 180 个条目，现在有 880 个条目。此外，我对原来的条目的内容也做了修改和补充，特别是有关经济建设方面的介绍需要修改，因为中国经济增长的速度是如此之快，许多过去的数字很快都过时了。这是一部向波兰读者较为全面地介绍中国古老的文化传统和经济发展特别是改革开放以来的经济发展情况的著作，它于 2011 年也出版了。

张：您还撰写和出版了哪些有关中国的著作？您已 90 岁高龄，不知今后在汉学研究方面还有什么打算？

爱德华：我还有一本论中国建筑学的著作《中国的建筑》（*Architektura Chin*），1986 年出版；一本介绍格罗霍夫斯基在中国进行调查和科研工作的著作，1986 年出版；还有一本介绍中东铁路的修建的著作《走廊，中东铁路辉煌的历史（1898—1998）》（*Korytarz*, *Burzliwy dzieje Kolej wschodniochińskej*, *1898—1998*），2000 年出版。此外，我在 1988 年还出版了《圣彼得和保罗的一次不平常的航行》（*Niezwykły rejs św. Piotra i Pawła*），后来我把这部著作的内容又加以扩充，更名为《贝尼约夫斯基的秘密，发现、阴谋和造假》（*Tajemnica Beniowskiego*, *odkrycia*, *intrygi*, *fałszerstwa*），于 1994 年出版。书中所写的马乌雷齐·贝尼约夫斯基（Maurycy Beniowski）是 18 世纪波兰巴尔同盟的成员，他因为参加了波兰抗俄民族解放斗争，被沙俄当局流放到了俄罗斯的堪察加半岛，在那里他又组织和他一样的波兰流亡者举行暴动，并且劫持了一艘俄国的船，渡海来到了中国。后来他留下了一部《从堪察加半岛到中国广州的航海日记》（*Dzięnnik żeglugi morskiej z półwyspu Kamczatka do Kantonu w Chinach*）。从这部日记中我们得知，他到过琉球群岛中的奄美大岛，发现这个岛上当时有许多人讲中国话，保持中国的习惯。他在太平洋上航行了 5 个月，最后在 1771 年 9 月胜利到达澳门港，后来他又从广州回到欧洲，把他绘制的一张这次航行的地图交给了法国外交部，因为法国当时支持波兰民族解放斗争。2013 年，我又出版了一本《回忆我的大西洲》，这是我对我年轻时生活在哈尔滨的回忆，因为我很想念我那个时候的故乡，还记得和许多中国人有过友好的交往。这之前，在 2007 年出版的《丝绸——帆船和马帮之路》这部著作不仅介绍了中国古代丝织品的制作、生产和销售，而且也说明了它们在欧洲是怎么受到欢迎的，所以很有价值，我和我的女儿又对它做了进一步的修改和内容上的补充，将在今年秋天再版。今年我还要出版一本关于贝尼约夫斯基的书，叫《马乌雷齐·贝尼约夫斯基，发明家还是骗子》（*Odkrywca czy blagier? Maurycy Beniowski*）。

张：您和您曾长期研究和介绍过的卜弥格一样，把自己毕生的精力都献给了加深中波两国的友谊和向西方传播中国古老文明的伟大事业，我们向您表示崇高的敬意！愿您保重身体，健康长寿！

采访者：张振辉（中国社会科学院外国文学研究所）

“漫步在古典中华与当代中国之间”

——波兰汉学家、中波文化交流的使者马丁访谈录

访谈按语：马丁（Marcin Jacoby）是波兰知名汉学家、翻译家，著有《中国绘画中的复制和仿制研究》（*Powtórzenie i falsyfikat w malarstwie chińskim*, 2009）、《华沙国家博物馆收藏的中国艺术品》（*Sztuka chińska w zbiorach Muzeum Narodowego w Warszawie*, 2009）、《素颜中国》（*Chiny bez makijażu*, 2016），主编有《中国过去与现在——中国学的新研究》（*China Past and Present. New Polish Papers in Chinese Studies*, 2010），合编有《实验与艺术——古今波兰艺术与中国艺术交流》，翻译出版了《列子》（*Liezi. Prawdziwa księga pustki. Przypowieści taoistyczne*, 2006）、《南华真经》（*Zhuangzi. Prawdziwa księga południowego kwiatu*, 2009）、《道德经》（*Daodejing*, 2013）等多部中国典籍。

我同马丁相识，缘于中波人文交流活动。彼时他供职于波兰密茨凯维奇学院，这所学院直属于波兰政府文化与民族遗产部。在合作过程中，我发现马丁不仅潜心研究中国古典艺术、翻译中华经典，还致力于中波文化交流，热衷于向波兰推介当代中国。更加可贵的是，马丁在古典中华与当代中国之间漫步颇为游刃有余。2017 年夏天，马丁应北京外国语大学欧洲语言文化学院邀请，为北外师生进行了题为“波兰文化域外传播与中波文化交流”的专题讲座，他对中华文明的深入了解

和在中波文化交流领域的丰富经验引起了大家的强烈关注，也激发了我深入探究马丁这位汉学家的学术研究之路的想法。

在马丁看来，中国古代绘画艺术博大精深，文人文化魅力无穷，老庄思想精妙有趣，翻译之旅可谓“历险”。与此同时，他运用毕生所学，发挥语言专长，勇于充当中波文化交流的急先锋。他将瑰丽的古代中华文明和律动的当代中国社会立体地呈现给波兰民众，下笔更为客观，让波兰人看到了充满活力又面临着种种挑战的新时代中国。

李怡楠（下文简称“李”）：近年来，随着中波两国双边关系迅速发展，在波兰学习汉语的热度也持续攀升。几乎每一位波兰的汉学家，包括汉语学习者，都可能曾被问过这样一个问题：你为什么学汉语？我对此也很好奇。那么，您对中国的兴趣缘何而起？学习汉语对您的人生规划产生了怎样的影响？

马丁（下文简称“马”）：我当时学习汉语的动机与当下汉语学习者的学习目的还是有些不同的。20 年前，在我开始学习汉语之时，波兰的就业市场尚无与中文相关的工作，波兰社会对中国也没有如今天这般的广泛兴趣。可以说，那时候学习汉语的人并不会因为学习了这门语言就获得更多的职业发展机会。因此，那时候人们看待汉语学习者，多数时候是带着些许猎奇目光的，会感觉他们很奇特，又颇为小众。记得我在学习应用语言学也就是翻译学的时候，我的一个老师得知我正在学习汉语，就专门问我：“你为什么不学习日语呢？”在那个年代，语言学家都知道日语，对日语感兴趣，学习它、研究它，而对汉语则一无所知。

我决定学习汉语是源于我对中国文化的兴趣。这种兴趣自我记事起就产生了。先是在我八九岁的时候，我崇拜李小龙和中国功夫。此后，我开始阅读有关中国和中国哲学的书籍，并对道家思想产生了浓厚兴趣。到我 14 岁的时候，我开始练习武术，教我学习功夫的老师曾师从于中国烟台的师爷。这也是我人生中第一次真正意义上接触中国传统文化。直至我 22 岁的时候，我才最终下定了决心——既然我这么喜欢中国功夫和文化，我就应该学会中文。后来，我获得了去中国台湾学习的奖学金。这样一来，我不仅拥有了学习语言的环境，同时还可以学习武术和书法。所以，自那时起我就下定决心要潜心研究汉学。

李：您的博士论文研究的是“中国绘画中的复制和仿制”，后来这篇论文还以专著的形式在波兰得以出版，受到了学术界的充分肯定。这是您第一次系统性地对中国文化进行研究吗？您为什么会选择这样一个课题呢？

马：与那些相对狭窄、专业的课题相比，我个人更愿意尝试开放性研究。普遍性的文化现象同综合性的分析，是我更为感兴趣的领域。我的第一份工作是在华沙国家博物馆从事与中国藏品有关的收集和研究，通过那些馆藏的中国艺术品，我开始了解中国古代绘画艺术，学习同中国艺术相关的知识。我开始关注中国绘画传统中一些表面的或者真正的独一无二的现象。我在华沙大学东方学系汉语专业学习的时候，撰写的硕士论文就是关于“中国古代绘画中的题款与题跋”的。我觉得，能够将绘画、书法和文学这三者结合起来并一同呈现于艺术作品之中，是非常有趣的现象。后来，我又陆续接触到了中国的文人文化。那时候，华沙国家博物馆的中国艺术品中有不少是赝品，我就在想，中国文人在绘画和收藏的过程中，是如何看待对此十分重要的、有关真实性的问题呢？这个问题就这样一直萦绕在我的脑海之中，逐渐酝酿形成了我的博士论文题目。可以说，这个题目是我在博物馆的工作经历、学习中国文人文化的心得和学习中国文学的体会这三者的有机结合体。

李：在中国，有种观点认为，旧时仿名家所做的高品质赝品，虽然在当时是造假者牟利的产品，却也有相当一部分仿名家画作的高手的技艺非常高超，其绘画的水平也并非一般俗手可及。并且这些高手的伪作为旧裱，装裱亦考究，在近年来显现出特有的收藏价值。例如，明代的“苏州片”就是高手仿名家中的精品之作。北京故宫博物院古书画部的专家金运昌先生指出，千百年来，这一部分伪作在学术界往往被列入到真迹当中，就是在鉴定工作中也是另眼看待。而从文物保护的意义上说，纸绢寿命大约千余年，到寿终之时，保存得再好，也会自然消失。这种逼近原作的复制本，能取代原本的功能，有继承原本传世的历史意义。作为一个波兰汉学家，您又是如何看待这个问题的呢？

马：其实这个问题之中包含了很多话题。首先，是艺术品的真实性问题。和欧洲人一样，中国人对待这个问题是十分严肃的。一幅画作的真伪，对于收藏者来说，具有至关重要的意义，所以书画品鉴行当的发展很是迅速。一些人认为古代时书画的真假问题，并没有今天这么重要。但是，如果我们研究中国文献的话，能看到这种结论是不对的。从古至今，中国的收藏家都会觉得真假问题是关键性问题。

其次，我们也必须承认，由于有了近乎临摹的仿造传统，我们今天才能欣赏到那些消弭于岁月之中的传世杰作，例如顾恺之的画作，还有最著名的王羲之的《兰亭序》。但是我们还是应当把复制品和赝品区分开来。赝品是具有欺骗性的，贩卖、有意制作赝品的人就是骗子。虽然有时候这样的人还是大艺术家，例如清代的王辉，包括20世纪的张大千。然而，复制品也具有各种功能：训练、教育、为后世留下艺术遗产等。在这种情况下，最重要的就是临摹杰作的动机是什么，而并不是复制品本身。

诚然，有些伪造者的绘画技艺精湛，但是艺术看重的是创造力、创新性，而不是再造的本事。即使今天，有哪个人画10世纪的一位画家作品的水平超过了原作画家本人，也不能说这个人就比那位10世纪的画家还要出色。无论如何，仿制者不过是再造，而原作画家本人才是创作了独一无二的、只属于自己的艺术品。

至于谈到赝品的价值，我同意这个观点，即认为15世纪的赝品，比如“苏州片”，是具有重要价值的，哪怕我们知道当时制作这些赝品的动机是具有欺骗性的。在今天，我们怀着骄傲的心情来展示这些作品，其中还有很多都是属于精美的艺术品范畴的。只是，我们也必须将这些作品的制作过程如实地记录下来。

李：书评家奥尔杰尔德·雅库博夫斯基（Olgierd Jakubowski）在评价您的这本专著时提道：“艺术品市场造假现象近年来成为波兰学界的热议话题，也有各种著述问世。该书分析了中国和欧洲的艺术家、艺术理论家在这个问题上的观点异同，乃是从国际视角为研究艺术品复制和仿制问题提供了一种观照。”[1] 那么您认为，中波两国艺术界在这个问题上最大的不同是什么？中国的经验有何借鉴意义？

马：我个人认为，当代中波两国学术界在这个问题上的态度区别并不大。只是中国的市场很大，又发展迅速，而波兰的市场较小，且相对稳定。中国的艺术品市场资本雄厚，这也就诱导发生更多的造假现象。此外，中国的拍卖行并不对拍品的真实性负责，这就使得情况更加复杂。长久以来，仿制者和赝品的存在，一直是中国和欧洲的艺术界都要面对的问题，直到现代才出现了相关的法律标准和明确的道德准则。我在书里谈到，以前人们对这个问题的看法是不同的。中国有这样一种观点，只有收藏者才对艺术品的真实性负责，如果谁买到了赝品，只能说明他不懂艺术。所以，收藏家往往不惜重金聘请行家代表他们鉴别真伪。当然我们也知道，行家也可能会出错。

我们说到这个问题的时候，也应该考虑到时代的因素。我们不能拿中国古代的收藏家同欧洲现代的收藏家做对比，也应该考虑到，由于所处时代不同而产生的特点和差别。比如说，中国明代的艺术家对赝品的态度相对来说还是比较宽容的。而到了清代，文人绘画的理论特别是戾家理想普及化了，同时艺术市场有了很大发展，这就产生了一种很大的矛盾：一方面赝品越来越多，另一方面艺术收藏家和理论家又拒绝承认事实，干脆宁愿假装赝品的问题不存在，而很少提

[1] Recenzje (Mark Leonard, *Zrozumieć Chiny*, Marcin Jakoby, Powtórzenie i falsyfikat w malarstwie chińskim) *Gdańskie Studia Azji Wschodniej*, 2012, Zeszyt 1, s. 153-158.

到赝品问题。

李：除了书画的复制和仿制问题，您对中国古代艺术也有所涉猎，在华沙国家博物馆供职的那段时间里，还曾经专门研究中国艺术品，并出版了《华沙国家博物馆收藏的中国艺术品》一书。在您看来，中国艺术又是如何呈现给波兰民众的？中国艺术在波兰民众眼中的形象同中国艺术的本来面貌有什么异同？

马：就在不久以前，波兰民众能认识并了解中国艺术品的机会还是少之又少的。虽然最近几年来自中国的展览数量有所增多，而且我十分幸运地参与组织了其中几个展览，但是，总体而言，波兰民众对中国历史和中华文明的成就知之甚少。相对有名的要数中国手工艺品，尤其是出自清末和现代的瓷器、丝绸、漆器和珐琅彩。而中国最珍贵的书法和绘画艺术，只有一部分爱好者和专家对其有所耳闻。造成这一现象是有多个原因的。首先，中国同波兰之间的文化交流，并不像波兰和西欧之间的交流那样频繁。其次，波兰博物馆的馆藏中，中国展品的数量很少。再次，中国艺术的某些领域，尤其是书法和绘画艺术，对于欧洲受众来说，还是很难领会其精妙的。这些艺术品，完全出自另一种审美传统，想要理解它们，必须有十足的理论准备。不认识汉字、不知道笔墨纸砚、不了解中国的文人文化、不懂得专业术语，比如“气韵”和“平淡”的话，欧洲人实在很难欣赏中国大家的艺术作品。因此，对于我这样的人，首要任务就是普及基本知识。之前提到的有关华沙国家博物馆的馆藏目录的那本书，其作用也在于此，之前从没有人编写过华沙国家博物馆的中国绘画馆藏集。肩负着这样的使命，我举办过多次有关中国艺术的讲座和见面会。

普通的波兰人对中国文化知之甚少。他们常常无法区分出哪些作品是日本的，哪些是中国的，也从来没有学过有关东亚历史的知识。所以，需要从很基础的水平出发，向他们介绍中国文明，包括中国历史、艺术、文学等。很多人还是很好奇的，很愿意听，很愿意学习。我向他们介绍最多的还是中国的文人文化、中国文明在东亚地区的地位和影响力、中国文字的历史和影响、中国山水画的解读、中国书法的文化重要性等。大部分参加我讲座或活动的人，都是第一次接触到上述这些话题。

李：除了中国艺术，您还醉心于中国古典文学的翻译与研究。您直接从中文古文翻译出了《南华真经》，又在塔杜施·热比科夫斯基（Tadeusz Żbikowski，1930—1989）直译本（1987年）的基础上改译了《道德经》。从中可以看出，您对老庄多有研究，而这一领域好像也是很多波兰汉学家颇为感兴趣的领域。如果仅从数量上来看，波兰汉学界翻译、研究老庄的著述，要远多于对孔子及儒家思想的译介与研究。为什么在波兰会出现这种现象呢？您认为对波兰人来说，老庄思想中哪些元素是最有趣、最富含哲思的呢？您对老庄的关注，与波兰汉学界的大趋势同流吗？

马：回答这些问题之前，还是容我先讲讲非大趋势的东西吧。至于为什么欧洲人那么经常并且十分喜欢翻译《老子》，答案其实很简单。因为《老子》篇幅短小，语句优美，不需要过多的注释和解读。《庄子》的篇幅虽然长了很多，而且意思相对更为难懂，但它也是世界文学真正的瑰宝。这两部古籍之前都有过波兰语的译本，所以可以说，由我“头一次”带给波兰读者的中国古代典籍其实是《列子》，这是我 10 多年前翻译并出版的寓言集作品。如果没有更宽泛的背景知识，儒家著作对欧洲人来说，是难以理解的。这需要了解中国历史，知道谁是尧、谁是舜，需要有最基本的概念，比如“礼”和“义”，而这两个概念在欧洲文化中完全不存在，根本读不到。这就是屏障，需要打破的屏障。我对于中华思想的兴趣，实际上是从了解道家思想肇始的，因为对我来说，它更容易理解。但是，现在我同样在其他典籍中发现了巨大的价值和思想的魅力。我非常喜欢《论语》，也喜欢《荀子》，现在正在做《战国策》和《吕氏春秋》的研究。说来也很奇怪，最后这本书不仅在欧洲没有得到应有的重视，在中国也没有。我想改变这一现状，最起码得在波兰努力推动。

我觉得，读中国先秦文学，能发现原汁原味的古代中国。《战国策》让我们看到了中国战国时期的政治现状——谋略、变化莫测的政治局势、人的残忍和智慧，这部著作的内容实在是太丰富了。《吕氏春秋》实际上是很棒的有关人力资源管理的参考书，也是古代知识的宝库。《论语》里面的儒家思想，完全不像我们所知道的晚期“儒教”，而是很富有人情味的思想，一些方面完全符合基督教的“爱他人”的概念。中国古代文学很丰富，可以一辈子研究、学习。而我觉得尤为重要的是，应该看原来的文言版本，而不是白话翻译本。因为白话本无法表达出原著文言文的美丽，文言文原本的味道被破坏掉了，这对于我们深入理解这些作品造成很大伤害。我很难过，当下很多年轻的中国人已经不看文言文了，也不认识繁体字，而这样会丢失了自己文化的“根”。先秦文学就是中国文明的

“本”，不能不重视。

李：19 世纪以来，《道德经》在西方的译本层出不穷，迄今已达数百个版本。早在 16—17 世纪，西方来华的传教士就开始介绍《道德经》；1823 年，法国汉学家雷慕沙刊出了论文《老子生平与思想》，选译了《道德经》的一些章句；[1] 1842 年，雷慕沙的学生儒莲（Stanislas Julien，1797—1873）公开出版了法文版《道德经》全译本。1910 年，波兰历史学家亚当·舍隆格夫斯基（Adam Szelągowski，1873—1961）第一次将《道德经》译成了波兰语（从德语版转译），之后又有 20 多位汉学家陆续直译、转译过《道德经》或是其片段，不少版本还附有译者的注释。您所改译的《道德经》，依托的是 1987 年塔杜施·热比科夫斯基的版本。同以往的那些版本相比，您这个改译本在形式和内容上有什么不同？您在理解、翻译《道德经》的过程中，遭遇过什么困惑？

马：波兰有一些爱好中国古代典籍的人，为《老子》设计了电脑插图，他们曾经请我去帮忙校对插图与文字是否匹配。他们所用的就是热比科夫斯基的译本。当我着手这项比对工作时，发现文案之中有许多需要修改之处。热比科夫斯基的译文很好，但是描述性过强。我是想重新回到艰涩神秘的原文当中，所以我改译的版本没有标点符号，许多句子十分晦涩难懂。但我希望读者们受益于更加接近原文的译本，可以更为自由地对文章进行分析理解。

---

〔1〕 李慧：《欧洲第一位“专业汉学家”雷慕沙》，《国际汉学》2015 年第 1 期，第 45 页。

翻译上千年前的古籍，永远都会是一场大冒险，对文章的解读总是要经过一系列推敲。翻译《老子》时，这样的选择和疑惑会少一些，但我在翻译《庄子》的过程中，有时确实十分困难，十分费神。可以说，每一个片段都令我生发出许多疑惑。我相信，如果我现在对这部著作再次进行翻译，译文还会不一样，而再过 10 年，又会是一个样。

比如《庄子》的《齐物论》，就是篇非常难翻译的文章。其实庄子自己解读的方法就是不统一的，学者也不知道怎么理解里面的片段。而为了翻译，我必须个人做出决定，不能避开问题。不理解，或是不确定怎么理解，还是要继续翻译！词典常常是没有用的，因为很多字句的最早出处就是《庄子》，你根本无从知道庄子的意思是什么，很多都是传统的解读方式，不知道对不对。

李：您在《南华真经》的译者序中写道："目前译介庄子的文本大约分为两类：一类是用寓言的形式，描述一些人们熟知抑或是想象中的形象，揭示其中包含的哲理，语言不乏机智幽默；另一类则是纯哲学式的说教，不含叙述成分。很多人认为《庄子》是中国文学中最具魅力的作品之一。"在您看来，您对《庄子》的翻译属于哪种风格？您所理解的《庄子》美在何处？

马：在我翻译的过程中，我尽可能去寻找根基。我曾将自己的译文，同维托尔德·雅布翁斯基（Witold Jabłoński）教授编著的早期译文相比较。早期译本有些地方我认为翻译得有些随意，尤其是译者从南北朝时期道家思想的角度解读了许多文段。由此，我生发出一种他们没有完全翻译出原文的感觉，或者是没有翻译出原文的多重含义，有些含义过于多元化并且语义模糊。有些翻译作品是许多不同作者的文章的合集，应该分别代表战国时期诸子百家思想的不同学术派别。试图把这些杂糅的作品解读成单一学派的思想统一的著作，我认为是错误的。

而我的目的是试着把《庄子》的内在矛盾、未尽之意和多元化都呈现给读者，因此我在自己的译文中也做了许多相关注解，其中包括我对某些词句或表达的理解、解释，抑或是我对它们的疑问。一言以蔽之，我在翻译内容层面大部分停留在了“表面”。《庄子》是一部极尽瑰丽的作品，我竭尽所能把其中浅显易懂和带有诗韵的优美片段以同样方式用波兰语展现出来。但是我也知道，我只能在一定程度上做到这一点。如果想要真正领悟个别片段的精妙之处，还得看原文，而且必须是古文原文，不是今译的白话文。也许这就是文学翻译的“不可实现性”吧。

李：我们熟知的波兰汉学家大致上可以分为两类：一类潜心于中国历史、文化等领域，从事文学翻译和研究；另一类则关注当代中国政治、经济与社会，并积极参与双边交流。您却是为数不多的“另类”，既对中国传统文化有系统研究，又能把握中国的时代脉搏，同时还是中波人文交流的急先锋。在您供职于密茨凯维奇学院的近 10 年间，组织、策划、协调了 500 余场中波文化交流活动，被中国人称为“中波文化的使者”。很多人说，您做中波交流工作之所以如此成功，在很大程度上是得益于您对中国历史和当代社会的深入了解。您是如何看待自己的双重或多重身份的？又如何做到在古典与现代之间自由转换且游刃有余的？

马： 真是谬赞了。我不过是做了几件有趣的事，而我认为自己完全不足以与汉学家相提并论，尤其是当代汉学家。活在当今时代，让我不单单能钻研2000年前的文学艺术，还能了解当代中国人和他们所生活的国家。当然，掌握汉语和对中国历史文化的了解确实帮了我很大的忙。熟悉我的人和我的朋友以及工作伙伴，都对我的志趣和中国文化造诣十分认同，这不仅便利了我的工作，同时也使得我与中国朋友彼此更加亲近，如此一来我的汉学爱好也就找到了用武之地。但是我可能只把研究古汉语文学当作自己的兴趣，就像有些人喜欢造飞机，有些人爱收集邮票，而我就是喜欢读先秦文学。如果有人想出版我的翻译，那当然就更好了！

我很高兴刚好活在当下。如果早出生30年，可能我就没有机会去中国，也没有相关研究资料，什么都会变得很艰难。而当今世界对研究者来说确实非常方便，我不出门就可以浏览网上资料，在翻译时可以用先进的翻译软件工具来对照不同译文的片段，很方便找出汉字的不同用法。这同以前相比，简直是太方便了。

也有很多中国人问我，我是如何看待当今中国的。他们认为，如果我那么喜欢古代中国文化，那就也应该很喜欢现在的中国。而在我看来，其实现代中国是很不一样的，我所研究的2000年前的中国文明，可能同现代中国不一定有任何共同点。相较而言，我个人还是感觉我在古代文学领域更加自在。

李： 2014年，波兰著名的《政治》（*Polityka*）周刊出版了一期《中国人的历史》（*Historia Chińczyków*）专刊，载有您撰写的 4 篇科普型学术文章，系统介绍中国的文学、艺术和建筑，并梳理中波人文交流史。您提及中国人对历史的热爱体现在中国古代文学之中，也探讨了中国古代建筑艺术在当代中国城市化进程中面临的问题。那么，在您眼中，中国究竟是何样貌？

马：我个人不认为中国有什么固定的样貌。首先，这是一个疆域辽阔且不同地区差异巨大的国度。在中国，不管是乡村和大城市之间、西部城市同东部沿海地区之间，还是在老一辈和年青一代之间都存在着巨大差异，不同地方的中国人的世界大不相同。

其次，我觉得，中国一直在找寻自身的新定位。这一新定位应该位于中华帝国悠久历史的背景之下，在有过毛泽东主席领导的中国，以及被命名为“中国特色社会主义”的当代之后的某一点。这是一段有趣的时期，我相信社会转型时期马上就会结束。最后我还想说，每个人描述的中国都是不一样的。中国的政治家口中的中国是一个样子，电影里的演员、书中的角色所表现的中国又是一个样子，在海外的中国留学生所描绘的又是一个样子，从中国来的游客所说的又是另一个样子。对我们来说，中国经济和近年来中国的科技发展情况都是这样的。中国就像包含着许许多多不同马赛克元素般的东西，每个人都能拼出自己心目中的中国形象。每一个形象都或多或少是真实的，但却又都不是完整的。

李：所以，您将自己多年的积累著成《素颜中国》一书。我很喜欢这个书名，因为西方对中国的认知往往都像是蒙着一层神秘面纱，是“化了妆”的。无论是 18 世纪近代欧洲通过中国风展示具有高度文明的大帝国，还是19世纪欧洲视中国为野蛮落后的国家，抑或是当前西方世界惊叹于中国改革开放取得的巨大成就，甚至有惧怕中国崛起的种种“中国威胁论”等，不一而足，都很可能不是全面而客观的认识。那么，您想介绍给波兰人的，是怎样的一个中国？换个角度来说，您觉得波兰社会对中国的认知有什么偏差？您是否希望自己的这部著作能赋予中国新的形象？

马：我根本不打算如此影响读者。我只希望他们能形成自己对当代中国的观点，或者至少能关注一些之前不知道或没有注意到的事件。确实，关于中国近现代历史、政治和经济等方面有许多或多或少的误解。一来我想在一定程度上消除这些误解，二来我也想让人们注意到这些问题及其解决是困难的这一事实。若用一句话来总结，那就是我的这本书不会令那些认为中国具有威胁性的人满意，同样也不会取悦一味夸赞中国发展模式的人。这本书只是某个人的眼界观察所得，进而提出并没有统一答案的问题，对中国没有吹嘘，也没有抹黑，只是尽力展现一个自然的中国。而若想展示这个国家的真实面貌，可能就要描画它的每条皱纹，包括那些不完美的地方，这也就是如你所说的“卸了妆”的中国。正如一千个人眼中有一千个哈姆雷特，不同的波兰读者在不同的期待视野之下，也会对中国产生不同的认识。重要的是，我们了解、接受这种认识上的差异的存在，并清楚地知道，这样的认识差异其实是可以共存的。

采访者：李怡楠（北京外国语大学欧洲语言文化学院）

俄罗斯汉学家李福清访谈录

访谈按语：2003 年 12 月，中国国家对外汉语教学领导小组办公室组织的第三届中国语言文化友谊奖揭晓，中国学者熟悉的俄罗斯汉学家李福清（Б. Л. Рифтин）荣居五位获奖者之列，颁奖仪式于12 月在北京举行。利用这次机会，我们采访了李福清教授。以下便是这位俄罗斯汉学家眼中的中国民间文学、俄罗斯汉学乃至整个海外汉学。

李福清教授，苏联科学院通讯院士，从事中国神话、民间文学和民俗学的研究，对中国当代文学、中俄文化交流史等领域也有深入研究。2012 年 10 月 3 日，李福清教授逝世。

柳若梅（下文简称“柳”）：很高兴今天我们又在北京外国语大学中国海外汉学研究中心见面了，祝贺您荣获中国国家对外汉语教学领导小组办公室颁发的中国语言文化友谊奖，这个奖项是中国政府为全世界在推广中国语言文化方面有杰出贡献的学者或在中国语言文化推广的管理组织方面有杰出贡献的人士设立的最高奖项。作为获奖者，请您谈谈您对这一奖项的看法，以及您得知自己获奖时的心情。

李福清（下文简称“李”）：这是对我研究成果的认可，当然非常高兴。不过，我的高兴还有另一层很重要的原因，那就是中国政府已经使用“汉学”一词为汉学家设立奖项。在

20 世纪 50 年代，苏联科学院成立了汉学研究所，但遭到了中国政府的反对，认为不存在“汉学”，后来苏联科学院只好撤销了这个研究所。1994 年前后，我有事给北京的曲艺协会写信时，落款是“俄罗斯汉学家”，对方在回信中又对“汉学”的提法表示质疑，为此我还打电话问朋友“中国是否有反对汉学的运动”。因此，现在我说，很高兴今天中国承认“汉学”。这次获奖的另外几个人都是优秀的汉语教师，我一辈子做研究，算是汉学家。

我也做过教师，那是 1991 年我偶然受到台湾淡江大学中文系邀请，后来才知道，淡江大学中文系主任龚鹏程教授来北京，问及台湾地区可以邀请哪一位苏联文学专家，中国社会科学院外国文学所的人推荐了我。(感谢他们!)

柳：您那篇《关公传说与关帝崇拜》可谓穷关公传说之尽了，对西方、日本、朝鲜半岛的关公以及中国不同时代、不同地区、不同民族的关公都有研究。您 1997 年上海古籍版的《三国演义与民间文学传统》和 2003 年中华书局版的《古典小说与传说》在中国的反响都非常好，您以俄国民俗学的研究方法研究中国古代小说，无论是方法论还是观点方面，都令中国学者耳目一新。

李：我研究的范围较宽，但最重要的是中国民间文学、中国古典小说（尤其与民间文学的关系）、中国年画。此外 40 年来一直调查海外所藏中国小说、戏曲、俗文学版本，发现了不少中国佚失的作品与版本，如所谓列藏本《石头记》早期的 80 回抄本（1986 年中华书局影印）、18 世纪曹去晶写的《姑妄言》(后来台湾及大陆出版)、明代戏曲选（1993 年由上海古籍出版社影印，题为《海外孤本晚明戏曲选三种》），还有其他小说、鼓词、弹词、戏曲（如不少梆子腔，参见我与王长友合写的《梆子戏稀见版本书录》，《九州学林》2003年一卷一、二期，2004年二卷一期），这里不再多说。现在江苏社科院王长友与我合作，要帮我整理在俄国、德国、法国、英国、意大利、丹麦、瑞典、捷克、波兰、奥地利、越南等国发现的材料，编一部海外所藏中国小说、戏曲、俗文学目录，补充中国与日本出版的各种目录。最近开始整理记录俄罗斯国家图书馆藏中国手抄本，希望也可以发现孤本，如发现了一种描写北京风俗的（大约嘉庆时期的）不平常的抄本，每页洋人用铅笔画插图，下面中国人用毛笔写解释。中华书局的编辑看了这些材料后很有兴趣。

柳：我们知道，现在俄罗斯汉语学习者为数可观，俄罗斯汉学的发展也有两个多世纪的历史了，您这次获得这个奖项，对于中国语言文化在俄罗斯的传播，会有怎样的影响？

李：在俄国汉学200年的历史上，有的方面俄罗斯汉学家处于领先位置，如1880年瓦西里耶夫（В. П. Васильев）院士出版了世界上第一部《中国文学史纲要》（南开大学谷羽教授刚开始为敦煌文艺出版社翻译此书），1892年圣彼得堡大学格奥尔吉耶夫斯基（С. Георгиевский）教授出版了世界上第一本中国神话研究专著《中国人的神话观与神话故事》。世界最早的汉语实验语音学的研究，是阿列克谢耶夫（В. М. Алексеев，后为院士）1910年发表的《对北京方言的语音观察结果（1906—1909）》，同年他又发表了世界上第一篇中国年画研究文章《中国年画的几个主要类型》，并在圣彼得堡地理学会举办了世界上第一个年画展览。后来他开始做中国比较诗学研究，其他方面的研究也有开世界之先的。但是问题在于这些研究成果都是用俄文写的，大部分其他国家的汉学家都不懂俄语，近年来在中国翻译出版了一些外国汉学家的成果，我感到非常高兴。特别是南开大学甚至有关于瓦西里耶夫中国文学史、瓦西里耶夫的《汉字解析》、格奥尔吉耶夫斯基的中国神话研究的硕士论文，而在俄国、苏联和现在的俄罗斯都还没有人专门分析这些很有价值的作品。

现在俄罗斯汉学的状况和以前大不相同。从前如我 1950 年进入列宁格勒大学语文系，那时全苏联只有两个大学教中文，现在 60 多个（也有人说 80 多个）高等院校教中文，从前绝对不会想到莫斯科物理学院、矿业学院或圣彼得堡音乐学院会有中文课，更何况现在还有小学、中学也教中文。从前研究中国历史的人数很少，20 世纪 50 年代只有 1 个人，现在好几个人专门研究中国历史，有汉代历史专家，也有唐代、宋代、明代、清代、民国历史专家。当然研究当代中国各方面的人特别多。从前没有人研究历代法律，现在有人研究唐律、明律。从前研究中国哲学的人极少，我当学生的时候，系里竟找不到人开中国哲学课。从前（如六七十年代）研究中国文学的人较多，现在研究哲学与历史的人最多，也有人专门研究中国考古，那可以说也是一门新学科（虽然阿列克谢耶夫院士 1924 年发表过题为《中国考古学的命运》一文）。因为许多学校教中文，所以不少人写各种教科书。语言方面最重要的是汉语史研究，如六朝语言、宋元明语法等等。现在也有研究生写当代文学研究，如在今年的学位论文中，有研究王蒙、冯骥才小说的，也有研究中国当代小说中的后现代主义风格的。

敦煌学与西夏文研究也可以说是俄罗斯汉学的另一个方向，西夏研究的成果大概最多。当然对于中国的有些方面俄罗斯汉学界研究得还不够，如音乐，从前完全没有专家，现在有人研究中国音乐术语，虽然中国艺术早有人研究过一些，但是直到现在也还是研究成果寥寥。

过去，中国学界对俄国汉学及其他汉学（日本除外）的研究成果几乎一无所知或不屑一顾。1981 年我来上海，陈汝衡教授告诉我，“现在”他们发现外国汉学家有自己的看法，有不同的研究法，所以要注意外国汉学。目前，情况变了，中国成立了不少汉学研究中心，研究外国（包括俄罗斯）汉学史，翻译各国的汉学著作。我看到贵中心在这方面就做了大量工作，翻译了一些拉丁文的西方早期汉学著作，希望不久的将来能够看到贵中心翻译出版的俄国汉学家的著作。这非常重要，因为有了中文版，不仅中国学者可以看，其他国家的汉学家也可以看。

作为一个不止一次用中文写作的俄罗斯学者，我特别体会出了这个奖项所包含的促进文化交流的意义，中国文化在俄罗斯传播历史不短，我想这个奖项也许会使中国的学界关注俄罗斯汉学的研究成果。

柳：那便是这个奖项对于促进人类文化发展的意义了。刚才您提到汉译外国汉学著作可以增进各国汉学家之间的交流，的确如此，汉语是各国汉学家沟通的工具，比如您用中文撰写出版的一些著作在各国的中国古典文学研究领域都有影响。您是什么时候开始用中文写作的？在这方面有什么体会？

李：那是从 90 年代（在台湾）开始的。在台湾，我主要自己用中文写作，如《神话与鬼话》。国内很多人说也要出俄文版，但我没有俄文稿子，如果翻译成俄语的话，即使是自己翻译自己的作品，也因为读者不同而必须重写。这也是个问题，开始用中文写论著之后，我偶然发现自己用中文（当然用我的半通不通的中文）比用俄文写得快。后来明白了，用俄文写时，很多古代引语不容易翻译，很多特殊的名称，如服装或各种专门词（如体裁之子弟书、安徽滚调等），不易用俄文表达。历史人物都需要注释，用中文写就不成问题。当然用中文写关于俄国文学的东西，一样会有很多困难。

我多用中文写作，也有别的原因。中国会俄文的人不少，很多人在做翻译，但是翻译汉学研究著作比翻译俄罗斯文学研究著作困难得多。第一，许多俄语系毕业的人中国文化知识不足，我每次都请译者寄给我校对，有一次收到译稿一看，很奇怪，我写的是唐太宗，译者却写“丹泰祖”（不止一次写错，每次唐代都写成“丹代”），我写的“四川苗”被翻译成“贵州苗”，等等，地名多半不对。我问这个人在哪里工作，回答在图书馆。另一个译者翻译关于《三国演义》的论著，我写赵云，翻译成了张飞，等等。当然也有非常好的译者，但不多见。第二，翻译汉学论著要查很多资料，因为引语都要查原文，这不容易。有些书虽然是在中国出版，但在中国也不容易找到。特别是一定要找到原文引用的版本，版本不同，很难查到原文所引的页码。有的人把引文从俄文翻译回去，那不行。有一次我来上海，一个人给我看他翻译的我的文章，加上我引的《礼记》，都是从俄文翻译回去的。翻译汉学论著一定要查作者用的书。第三，要知道各种术语，如我写的“сказ”

是“说书”，译者对民间文学、曲艺不熟悉，译成“民间故事”，说书与民间故事完全不同，其他专门词也译得不对。第四，中国人、日本人、朝鲜人、越南人的名字我们都用俄文拼，那就要查各种参考书才能翻译正确。第五，一定要熟悉俄文拼音，译者常常猜错，我写“люэ”，译者写“lai”，我写“цин”，译者译成“宗”（应为“清”）。虽有中国拼音与俄文拼音对照表，他们都不参考，所以常常写得不对。第六，要知道俄罗斯汉学家翻译中国书名与各种名称的特殊方法，如“книга исторических преданий”不是“《历史传说》”，而是“《书经》”，研究古典文学时写的“повесть”不是“中篇小说”，而是“话本小说”等。所以翻译汉学论著非常困难，一定要作者自己校对。但不要只校对译稿，也要校对出版社的打印稿，如 1997 年上海古籍出版社出版了从俄文翻译的我的《三国演义与民间文学传统》，我请出版社给我校对，他们回答说校对室校对了两次，不必给我看。

我很着急，通过外交部让他们寄给我，我发现了很多打字错误，大部分是在古书引语中，这不是译者的错误，是校对的人大概不懂文言。1992 年江苏古籍出版社出版我的《汉文古小说论衡》一书，也不给我校对，所以有很多低级的错误。当然我也认识非常好的、中国文化水平很高的译者，他们不仅翻译，还改正我的错误，或者补注解。

柳：我听到您汉语的演讲、看到您的字迹、读您用汉语写的文章时，总是惊讶您地道的汉语。我们知道您的母校是列宁格勒大学，您从 1950 年起在东方系中国语言文学专业学习，当时您为什么选择这个专业？当时俄罗斯的汉语教育情况以及目前俄罗斯的汉语教育现状如何？

李：首先，我的家里有这样的传统——我伯伯是东方学家，研究巴比伦语言，不过他 1945 年就去世了。第二，1949 年中华人民共和国成立了，我想将来苏中关系一定比较密切，也许有希望一辈子访问一次中国（那是斯大林的时代，除了外交官差不多没有人可以去外国）。那时我对中国知道得非常少，大学报名之后马上去旧书店买了一本 19 世纪末一位德国医生写的介绍中国的书（别的书买不到）。从大学一年级起我开始买汉学著作，现在家里已成了书的世界。因为我研究范围较宽，包括文学、民间文学（汉族与少数民族的）、神话、民间艺术（如年画），主编各种汉学研究著作，所以要参考很多方面的书，特别需要各种参考书（中国、日本、西方、俄国的）和各种词典，当然现在有《汉语大词典》12 本，但有时也要查很多其他词典。俄文有这样的谚语："宁舍 100 卢布，但求 100 个朋友。"我常常补充，"还要 100 本词典"。

柳：词典重要，朋友重要，引路的老师更重要。对您影响最大的老师是哪一位？对您最有影响的前辈汉学家又是谁？

李：我常常说自己幸运，因为我有很好的老师。1950 年入大学几个月，听汉学大师阿列克谢耶夫的课（后来他生病了，于 1951 年去世）。教我们汉语的有龙果夫（Драгонов）的高足雅洪托夫（Яхонтов），他是汉语语言学家，特别在汉语语法与古代音韵研究方面造诣最深。教我们书法的是孟列夫（Меньшиков），他自己汉字书法很好，讲得也非常好。教中国文学的是彼得罗夫（Петров），他也教汉学参考书这门非常重要的课。听了这门课（当然也有最困难的考试，要知道几百种中、日、俄、西语工具书）以后，我特别注意各种参考书，会较快查到需要的资料，有些东西在中国的参考书中查不到，要查日本人编的工具书。已故的彼得罗夫是位了不起的老师，古典文学、现代文学他样样精通。中国大百科出版社请我写一条介绍康濯这个作家的条目，那时只有日本出版的《中国现代文学事典》，其中年代未详，我给彼得罗夫写信，他马上回答1915年。因为他1959—1960年在中国焦作访问了所有的作家，请每个作家给他写小传，已故的作家则找他们的家人询问。他把所有的钱用来买书，特别是现代文学作品。后来巴金说彼氏藏的巴金作品版本比巴金本人还多，因为抗日时巴金丢了不少书。彼得罗夫老师特别注意准确性，去世之后他的弟子们以“准确性使学术具有诗意”为题编写了纪念集，他教我每次查参考书都需认真核对，勘订各种事实。正是由于彼得罗夫对版本学的深入研究，他做注释的水平也非同一般，在阿列克谢耶夫《关于东方的学说》一书中就有他写的大量注释，出版之后，《真理报》评论说这是注解的典范，要知道《真理报》从来不谈什么注解。

柳：如此看来您为《金瓶梅》《三国演义》《三侠五义》等中国古典文学的俄译本所做的注释大概就是承彼氏之风吧？

李：的确是，我也向老师学写注释。最近也给阿列克谢耶夫院士《中国文学著作》写，但可惜达不到彼氏的水平。在我的老师中，语言学家雅洪托夫是龙果夫的高足，他会许多种语言，除了英、德、法文，还会突厥语、芬兰语系的语言。他教我们语法（现代汉语及文言语法），教我们准确翻译作者写的文本。他常说：我们不要以为自己比作者聪明，作者怎么写，就要怎么翻译，不可擅自乱造。我们不用什么教科书，天天看各种文学作品，当然也看报纸。我们课前预习好，第二天老师教我们轮流读几句，翻译，同时顺便解释语法与词汇特点，也讲与文本有关系的各种知识。我至今以为这是最好的方法。我非常感谢我的老师教我汉学知识，但除了读书还学口语。口语老师也是一流的，一位是北京来的江山野，另一位是在北京出生的司格林（Н. А. Спешнев）。他们教法不同，但都教得很好。除了在大学的会话课，我的情况较特殊。大学一年级的暑假，我去中亚吉尔吉斯共和国东干人（甘肃回族后代）居住的米粮川村待了一个多月，与东干人在一起劳动（参加建筑队盖房子），他们也教我甘肃话，用民间的方法教我。我待了 35 天，基本生活用语可以听懂，也可以说了。我也采集他们唱的民歌（称“曲子”），也听故事。我对中国民间文学的兴趣是从那里来的，后来也去中亚东干人的几个农村，一面学说话，一面采集民间故事、谚语、民歌。除了大学汉学老师，我毕业之后开始在莫斯科科学院世界文学研究所工作（担任初级研究员），也去莫斯科大学听过李格非教授开的课。

在大学念书时，我不仅学汉学，而且对民间文学也有兴趣，世界著名民间文学理论家普罗普（В. Пропп）教授的课我听了 3 年。这些老师都对我有很大影响。列宁格勒大学东方系汉学家都是阿列克谢耶夫学派的，都教我们古文与现代汉语和中国文化知识，也教我们怎么做研究，对各种文本怎么分析。如果一定要说哪一个前辈汉学家对我影响最大，可以说是阿列克谢耶夫学派的几个老师——彼得罗夫与雅洪托夫，但是我研究的题目和研究范围不同，对我的民间文学研究影响最大的是普罗普与梅列金斯基（Е. Мелетинский）两位教授。虽然他们不研究中国民间文学，但他们是著名的民间文学理论家，对我来说非常重要。

柳：中国与俄罗斯都是具有深厚文学传统的国家，但由于学术传统、文化根基的差异，两国学者的研究角度、方法等诸多方面都呈现出很大的不同。您怎样看待这些不同？您认为这种不同对于中国文学研究具有怎样的意义？

李：我认为中国文论研究进行得最有意趣的地方是俄罗斯，我们用俄罗斯的文学理论对中国文学及其理论进行诠释，令中国的文学与文学理论生发出令人耳目一新的光芒。比如我们运用巴赫金的对话学说，以自身的俄罗斯文学修养与中国文学及其理论对话，这无疑会使其意义提升到一个新的层次。另外，在俄罗斯，用符号学理论研究中国文学及其理论也是一个独到的角度。1990 年中国学者刘守华在《民间文学论坛》上就我的书发表过一篇评论，就谈到了我运用巴赫金、普罗普、梅列金斯基等人的俄国文学理论研究中国民间文学的问题。当然，两国学者研究法不同，中国也有非常好的考证学著作研究作家传记及作品的历史、内容等问题。我们用俄罗斯理论研究中国文学，如我用日尔蒙斯基（В. Жирмунский）院士史诗母题理论专门研究三国人物故事中史诗母题（参见拙著《古典小说与传说》），用洛特曼的符号学及巴赫金等学者的诗学理论研究《三国演义》。我也曾向普罗普与梅列金斯基、日尔蒙斯基学习比较研究的方法。与西方学者（也与中国学者）不同，用比较法一定要注意历史发展阶段，如有中国学者把《三国演义》与托尔斯泰的《战争与和平》相比较，那完全无关：前者是典型的中世纪作品，后者是19世纪现实主义的作品，《三国演义》要与其他国家中世纪的作品做比较，如日本军记物语、西方（意大利）同期的小说等。西方学者不用历史阶段学说，如英国汉学家看了我的论著，说他不明白我用的中世纪文学概念。

柳：您在《古典小说与传说》一书中在一篇专门的文章——《中世纪文学的类型和相互关系》中，研究了中世纪文学的体系、发展特点及其类型并进行了分析研究，文章还特别研究了中世纪文学相互关系的类型，从这个意义来说，类型学对于现在发展迅速的比较文学来说具有十分重要的意义。

李：把文学放在世界的大视野中看，世界文学的发展是有规律的，同时一个文化地区的发展也是有规律的。

柳：对，这方面您20年前写过一篇《关于文学区域性的内部规律与相互关系的探讨》，就是以17世纪的中国、日本、朝鲜文学为例分析这个问题。我还注意到您在自己的中国文学研究中很注意理论问题，如1961年您的专著《万里长城的传说与中国民间文学的体裁问题》等。

李：在那本书里我提出两个问题。一是某个情节在民间文学中可以活多少年，西方没有古老的记载，所以不能回答，而中国传统性很强，连续不断，孟姜女故事的最早文本是唐代敦煌变文，做比较研究可以看到孟姜女故事情节活了一千多年没有大变。第二个问题是，一个故事情节在不同的体裁中如何表现。中国民间文学的特点是一个故事情节在许多体材作品都存在，如孟姜女，弹词、宝卷、子弟书、鼓词、民歌、传说、戏曲都有，但每个体裁都有自己的表现方法。如在民歌中情节表现得十分简洁，因为唱歌的人都知道情节，在传说中描写孟姜女千里迢迢走路送寒衣，写得较短，只用了几句话，但在戏曲中则非常细致地描写她走路，因为她一路走一路唱以表达感情，而在其他体裁的作品中，没有描写她的感情。在《三国演义与民间文学传统》一书中我提出其他一些理论的问题，如说书怎么用文学作品，他们是不是以文学作品为底本，或延续宋代（罗贯中以前的）口头传统。20 世纪 60 年代捷克汉学家有这样的争论。我做了具体仔细的比较，把《三国演义》与扬州、苏州说书记录相比较，证明现代说书的都以《三国演义》为底本，都用 17 世纪毛宗岗修改本，同时也搞出了说书结构（参看拙著《关公传说与〈三国演义〉》1997 年中文版，以及倪钟之对该书写的长篇评论《浅谈评书评话的发展走向》，1998 年《曲艺论坛》第三期，第 42~43 页）。该书研究《三国志平话》我也用了新的研究法，分几个层次：作者思想、人物描写（又分人物外貌描写、感情描写、行为描写、思想活动描写、动作描写）、说话叙事（也提几个问题）。后来专门写了一本研究人物外貌描写的书，题目为《从神话到章回小说：中国文学中人物形貌的演变》（1979 年俄文版，现在有希望翻译成中文出版，这本书早被译成了英文，但美国的译者 J. 凯利［J. Kelly］找不到出版社）。

柳：您在中国民间文学、民俗艺术等方面的搜集、整理和研究工作中取得了令人瞩目的成果，可否介绍一下您现在的研究内容以及您所在的俄罗斯科学院世界文学研究所相关问题的研究情况？

李：对于我在列宁格勒大学的博士论文，我的老师认为最成功的是关于外貌描写的那一章。后来我又在《从神话到章回小说：中国文学中人物形貌的演变》一书中专门论述了中国小说中的外貌描写，从伏羲、女娲的外貌描写包括他们的石刻像开始到明代章回小说（如《开辟演义》）进行研究。我刚来到苏联科学院世界文学所时，进行了“中国民间故事民族特色论”的课题研究，后来就此课题还邀请了东方学所、作协的汉学家进行讨论，后来这篇文章在日本翻译了。我在世界文学研究所工作 50 年，也写专题，参加各种集体论集，如关于东方文学理论、历史诗学等，但专门研究民间文学与小说。实际上，无论是哪个国家的长篇小说，都可以放在世界文学的视野中去看，通过作品对理论进行新的诠释，通过理论深入地理解作品。

柳：您认为，中俄学者在中国文学研究领域有哪些方面可以形成互补并展开合作，以达到推动学术研究发展的目的？中俄比较诗学的研究领域较广，比如中国的抒情诗与丘特切夫诗歌的比较就很有意思。

李：我认为中国文学研究者应该多注意俄国文学理论，他们一般注意现代文学研究，但古代文学研究有许多不同。研究中国古典文学要参考利用中世纪文学研究理论及研究法，也要注意“诗学”，它所研究的问题不是诗歌的创作形式，如格律、押韵等，而是研究文学作品中所有表现手段所形成的体系的学科，包括描写、各种描写手段等。同时还要特别注意历史诗学和各种描写手段的历史演变。同时我注意到中国好像只有“比较文学”，而没有“历史比较文学”，中国古典文学中的

“诗学”指的是作诗法。在比较文学领域，特别是历史比较文学方面，中俄可以开展广泛的合作。

柳：的确，中国古典文学中的“诗学”与西方文论中的“诗学”之意大相径庭。直到20世纪，中国的比较文学迅速发展以后，西方文论中的“诗学”之意才引入中国的文学界，所以可以说，“诗学”一词本身就蕴含着中国学界接受西方文论的背景。比较文学的确为中外文学工作者提供了一个广阔的合作平台。作为比较文学的一个方向，近年来，中国学术界对海外汉学日益关注，我们北京外国语大学海外汉学研究中心自成立以来一直致力于海外汉学的研究，为中外学者的交流与互动积极提供有利条件，您如何看待我们的工作？有什么建议和希望？

李：在俄罗斯汉学方面，我觉得应多注意俄国的中国历史研究，我知道现在贵中心与俄国研究清代的专家合作，整理翻译清代材料，但是也要注意其他朝代研究及汉语语法史研究。我认为海外汉学研究中心的工作非常重要，一面向中国学者介绍外国学者的成绩，另一面帮助外国汉学家搜集中文材料，了解当代中国学术界最新的研究成果。至于建议，我希望你们可以帮助国家图书馆收集所有汉学期刊与图书。我很奇怪，在中国国家图书馆，一些最基本的汉学期刊都难以见到，比如，图书馆竟未收藏最早的国际汉学杂志《通报》（*T' oung pao*）。这个杂志从19世纪末一直出版至今，影响很大。《通报》早期的内容也再版过，大概可以为图书馆提供线索让他们买一套，毕竟资料是做学问的基础。

柳：感谢您的建议，我们一定努力，也谢谢您今天接受我的采访。

采访者：柳若梅（北京外国语大学）

打破边界的人文研究

——白若思博士访谈录

访谈按语：白若思（Rostislav Berezkin），1982 年生，俄罗斯圣彼得堡人。俄罗斯圣彼得堡国立大学副博士，美国宾夕法尼亚大学（University of Pennsylvania）博士，中国台湾“中央研究院”近代史所博士后，现为复旦大学文史研究院副研究员。主要研究方向为明清时期中国宗教与社会史、中国讲唱文学、中俄交往与文化交流史等。著有两部俄文专著，另著有一部英文专著《多面目连：明清时期宝卷》（*Many Faces of Mulian：The Precious Scrolls of Late Imperial China*，2017），发表 30 多篇论文，包括在《通报》（*T' oung Pao*）、《清史研究》（*Late Imperial China*）、《华裔学志》（*Monumenta Serica*）、《东方档案》（*Archiv Orientální*）、《大亚细亚》（*Asia Major*）等权威期刊发表的若干篇文章。

2016 年 9 月至 2017 年 9 月，笔者赴东京大学东洋文化研究所进行为期一年的访问研究，调查该研究所双红堂文库所藏戏曲俗曲文献资料。2017 年 4 月 6 日，复旦大学白若思老师应邀在东洋文化研究所做题为“现代常熟市《香山宝卷》的表演仪式与中国传统女性文化特点”的讲座。不同于以往立足于文献层面的研究，白老师利用其近几年的田野调查所得，以常熟、张家港地区的“讲经宣卷”活动为例，分析《香山宝卷》这部最著名的宝卷作品在民间仪式中的地位及其在当地社会生活中所扮演的角色。因与笔者研究领域相关，笔者在讲座后，邀请白老师进行访谈，就其求学经历、俗文学研究理路、海外汉学等话题展开了愉快的交流。

张诗洋（下文简称“张”）：您的“现代常熟市《香山宝卷》的表演仪式与中国传统女性文化特点”讲座对我们做中国俗文学研究很有启发性。您是俄罗斯人，在圣彼得堡读了本科和硕士，又去到美国攻读博士学位。您的这种国际化学术背景，给我们提供了另一种视角。那么今天的访谈，我们就接着《香山宝卷》研究这个主题，先请您谈谈走上学术道路的经历。

白若思（下文简称“白”）：第一次接触汉语，还是在我上高中的时候。当时有个中国台湾朋友，教了我一些汉语的发音和汉字写法。但都很简单，不算正式的学习。考上大学后，我选择了中国语言文学专业，开始正式学习中文。大学三年级时，我人生中第一次到北京学习了一年语言，在口语表达、阅读能力等方面有了很大进步。当时在北京也参观了很多名胜、博物馆，看到了真实的中国现状，并接触了很多传统文化现象。当时我的一些同学去上海和长春继续学习，现在想来我运气比较好，因为能在中国北京留学，对于认识中国的过去与现在都大有裨益。

张：您的中文名白若思，很雅致，也是留学时取的吗？

白：是我中国老师给我取的，白若思是我名字的音译。我俄罗斯姓的意思是“白桦树”，就像中国用李、杨等树木作姓氏；我的名字是古代俄语名，现在比较少见，但是意思跟“好名誉”有关系，与中国的“流芳”“芬芳”这类名字的意思相似。我知道在中国的当代小说里，有白若思这个名字，不过好像是女性的。英国倒是有一位研究书法的著名学者，也叫白若思（Gordon Barrass）。西方人研究书法是比较少的，他很了不起。

张：据我所知，地方志有记载，明代嘉靖年间，常州府也有一个叫白若思的书生。常州离常熟不远，或许您到这一带做田野调查，也是冥冥之中注定的缘分。

白：历史上还有这么个古人，我真是第一次知道。我本科阶段其实还没有开始做与《香山宝卷》相关的题目。当时主要是学习中国古代文学，还有古代文字，倒是在本科上过中国宗教的课程。当时圣彼得堡国立大学哲学系有几位名师专门研究中国的佛教与道教，或许这对我和现在的研究也有一定的影响。

张：提到老师，请您讲讲求学过程中的几位导师。

白：我从本科开始便跟随孟列夫教授学习，他是我本科和硕士学位论文的导师。他为中国学界所熟知，是因为在敦煌学方面的研究。先生最早发现了俄罗斯所藏的讲经文抄本。1957年后，他研究东方学研究所列宁格勒分所所藏敦煌写本，对敦煌卷子、变文文献进行整理，影印出版了几部经文抄本，并把它们翻译成俄文，提供了详细的注释。后来他相继撰写了一系列讲经文、变文研究的文章，可以说是开风气之先。

另外，孟列夫先生的贡献，还在于他翻译了很多中国古典文学作品。这些译著已经成为俄罗斯文学的一部分。在苏联时代，很多诗人是不能发表自己的诗作的，只允许发表译作，所以当时出现了一大批高质量的翻译。这些专业诗人看不懂中文，他们在俄罗斯汉学研究者直译汉诗的基础上再润色，并对诗歌进行押韵——按俄罗斯传统格律诗歌必须押韵。这种译文虽然很美丽，但有时候不太忠实原文。

孟列夫先生很特殊，他本身是诗人，有很高的艺术修养，同时精通中文，还做学术研究，这在当时是比较少的。并且，俄罗斯的诗歌和中国传统诗词一样，也讲究押韵。孟列夫翻译时，既能够遵从中国诗歌大意，又按照俄罗斯诗歌的押韵方式进行改写，使之符合俄罗斯人的审美传统。20 世纪 50 年代，《红楼梦》已经有了俄译本。《红楼梦》中的诗歌翻译还是从孟列夫先生开始的，当时他还不到 30 岁。

另外他研究了很多“失传”的唐诗，这些唐诗也是在敦煌卷子中发现的。比如王梵志的诗歌，语言浅近，在当时颇有影响，但在中国知道的人并不多，当时人称“不守经典，皆陈俗语，非但智士回意，实易愚夫改容，远近传闻，劝惩令善”。王梵志对唐代诗人寒山的创作有较大影响，王维、白居易、皎然及宋代诗人，都有与他风格近似的诗作。明清以后因作品不容于正统，大部分已佚，《全唐诗》未收。后来是在敦煌藏经洞里，才发现王梵志的手抄本诗稿，孟列夫有关王梵志的研究也引起了国内外的重视。

孟列夫在戏曲方面的研究和翻译，也非常值得一提。孟列夫先生将《西厢记》翻译成俄文，也是比较成功的。我们上课时，逐句对照了《西厢记》的原文，觉得翻译得很是精彩。现在他的译文在北京出了中俄对照本，可以参照。不过，在先生诸多翻译中，《牡丹亭》就没有完成，因为难度太大了。除了 55 个场景的篇幅很长，更难的是汤显祖的文字游戏太多。或许借助于评点、注释，读懂是可以的。但是如何将它翻译成得体的俄语，并使文本本身能够包含中国传统文化“写意”的特点，想要传神，又要保持戏曲的体制，又要让外国人看懂，是有难度的。很可惜，最后他不得不停止这项工作。

另外，孟列夫教授汇编了《俄藏敦煌文献》一大套资料，出版了《中国古典戏剧的改革》、《中国书籍历史》、《俄藏黑水城文献汉籍部分的叙录》（俄文）等研究著作以及干宝《搜神记》全文俄语译文，研究成果很多。

我的第二位导师谢别列科夫（Evgenii A. Serebryakov）也对我有很大的影响。谢别列科夫老师主要做中国古代诗歌研究，尤其是杜甫及南宋时代的诗人。因此我当时跟他学习唐诗宋词的研究。后来受孟列夫先生影响，对俗讲更有兴趣一些。慢慢又发展到变文、宝卷。一开始我只看了一些俄罗斯藏的旧时宝卷版本，如《目连宝卷》《香山宝卷》等，都是清末民初在上海刊刻的。当时不知道中国还有“活着的宝卷”，即宝卷讲唱表演。我看了梅维恒（Victor H. Mair）教授（就是我之后在美国读博士时的导师）的书后，才知道河西走廊还存在宝卷的讲唱，可是当时在俄罗斯上学，没有办法到中国实地考察。

张：所以您在俄罗斯时，主要是学习传统文献。到了博士阶段之后，才有了田野调查的想法吗？

白：没错。我认为美国的汉学理念和俄罗斯的汉学理念还是有些区别的。我举一个例子。在俄罗斯，历史和文学专业分割得很清楚，更不用说民俗学、人类学了，学科和方法都有明确的界限。去美国之前，我接受的是比较传统的文学研究的训练。到美国后发现，文学研究者常常会参照历史学、人类学的研究方法，这是美国的研究特点。我觉得这和两国的文化背景有很大关系。再比如，美国的宗教研究放在历史学学科内，而俄罗斯将之放在哲学学科内，这和中国是一样的。

张：那么当代俄罗斯研究中国文学和文化的情况如何呢？

白：如果跟日本、美国比较，可能俄罗斯研究中文的学者要少一些，但是与西欧相比，虽然它们有着古老汉学的传统，但俄罗斯现在要比它们规模大。从纵向上来看，现阶段的汉学研究者也比苏联时代要多。

最近，俄罗斯关于中国古代文学的研究又有了新的突破。2014 年有一部新的有关中国古代文学史的俄文研究专著。我已经写了英文书评，快要发表了。

张：这部新的文学史和以往的文学史相比，有哪些特色？

白：俄罗斯人很早就开始关注中国文献，苏联的汉学有着悠久的传统。1880 年，世界上第一部中国文学史《中国文学史纲要》（*Ocherk istorii kitaiskoi literatury*）就诞生在圣彼得堡，作者是瓦西里耶夫（V. P. Vasiliev，1818—1900）院士。12 年后，世界第一部有关中国神话研究的专著，格奥尔吉耶夫斯基（S. M. Georgievskii）的《中国人的神话和神话观》（*Mificheskie vozzreniia imify kitaitsev*）也在圣彼得堡出版。但是当时俄罗斯的文学观念和现在差别很大。这部最早的文学史，注重思想史的研究，文学部分是依照西方理论来讨论中国的文学情况。它放在柯尔施（V. O. Korsh，1828—1883）主编的“世界文学史”（Vseobsheia istoriia literatury）丛书当中，面向普通的俄罗斯读者，告诉他们中国有什么样的文学经典。这部书实际上类似于经典入门或名篇介绍。前半部分主要针对传统经学，比如从文献学角度讨论了《论语》是不是孔子及其弟子所写，后半部分简略介绍了一些诗词和俗文学的作品，如小说、戏曲。

张：文学史写作一直是中文研究学科的话题，从 20 世纪八九十年代“重写文学史”成热门话题，到当下也有不少学者有这样的想法，提出“去政治化”“去主体性”，不过总是无法摆脱重要作家、作品编年这条线。

白：没错，我认为最根本的是文学观念的不同。瓦西里耶夫的文学观念在当时很先进，他认为《诗经》是民歌。关于这个问题，中国学者到 1919 年“五四”以后才注意到。当然，“人民性”“民歌说”这些观点后来受到很多人的反驳，“《诗三百》”是否真的是“采诗”编辑而来也被质疑。以顾颉刚先生为首的古史辨学派，也有很多这方面的研究。这反映了当时的学术风潮吧。

这部新的文学史由两位学者合作完成，他们都是我的学长，一位是做诗歌研究的玛丽娜·克拉夫佐娃（M. E. Kravtsova），另一位是做叙事文学的伊·阿利莫夫（I. A. Alimov）。最近阿利莫夫自己还写了《中国古代叙事文学历史》一书。这部新的文学史主要针对古典文学，从传统经学开始，对《诗经》、《楚辞》、汉代乐府等经典提供一些新的看法，下限只到 13 世纪（蒙古人的征服），基本秉持着“古典”的严格标准，只分析古代传统文学，主要是诗词和文言小说，变文、俗讲这些都没有收录。另外，该部文学史很大篇幅在讨论汉代、三国、西晋和南朝诗作上，之前在俄罗斯与此相关的研究与译文很少。相对来说，这部书对唐宋时期的伟大诗人如李白、杜甫、王维、白居易、苏轼、欧阳修、陆游等讨论得比较简略，因为以前已经有不少相关的俄文著述，俄文翻译诗作也很多，如谢别列科夫在这方面贡献很大。因此，俄罗斯读者可以参考前辈的书，这里不用再介绍。

这两位作者还关注了中国古代文学理论著作，如《典论·论文》《文心雕龙》《诗品》等。他们做学问严谨、扎实，这部文学史的学术水平很高，还有详细的注释、参考书目、汉字原名索引等，所以这部文学史不像普通的教科书，汉学研究专家也可以把它当作参考书。

张：说到文学史，您的博士生导师梅维恒先生主编的《哥伦比亚中国文学史》（*The Columbia History of Chinese Literature*）也很有特色。

白：梅维恒先生跟典型的汉学家不太一样，他在观念上很不同。他的这部文学史没有断代，而是分主题。

张：这和另外一部有名的《剑桥中国文学史》（*The Cambridge History of Chinese Literary*）纵向写史有很大的区别。我注意到，梅维恒先生以主题为最基本的结构，全书分七编，分别为“基础”“诗歌”“散文”“小说”“戏剧”“注疏批评和解释”及“民间及周边文学”。好像我们以往没怎么采用这种书写方式，梅维恒先生打破了文学史书写的常规。

白：梅维恒老师比较重视民间文学和周边文学。所谓

“周边文学”，是指中国周围的国家用汉文书写的文学。因此，他特别邀请了日本、越南、韩国这些国家中研究汉诗、汉文的学者，汇集了他们的研究成果。20 年前有这样的理念，还是比较难得的。

张：反观中国，“俗文学”的概念在 20 世纪 50 年代郑振铎先生甫一提出，就引发了热潮。中间似乎沉寂过一段时间，到了近些年，研究者关注的也越来越多。

白：没错，中国学者众多，因此我选择了不太一样的研究路径。在文献研究的基础上，从田野调查进入宗教仪式、俗文学的天地。

田野调查是我读博士时开始的。2008 年，我第二次去中国，到了上海，看到了上海文化出版社刚出版的《河阳宝卷（上下）：中国 · 河阳宝卷集》，刚好我的老师认识那个编辑，让他帮我介绍了当地民间学者虞永良先生，我去张家港做宝卷调查才得以成行。虞永良先生对我很热情，帮了我很多。之所以选择张家港作为研究对象，是因为那里的文本很多、资料丰富，且演出完整，这样的个案研究具有代表意义。中国当时有几位老师已经开始研究宝卷，集中在靖江，而研究张家港、常熟宝卷的学者比较少。经过长时间的调查，得以写成了《〈香山宝卷〉的表演与仪式侧面——以常熟地区“讲经宣卷”活动为例》《佛教说法与戏曲表演之间：探讨江苏南部宣卷与滩簧之关系》《谈宗教性讲唱文学在当代中国的传承与创造：以江苏省常熟市尚湖镇余鼎君“讲经宣卷”为例》《〈十王宝卷〉在苏州地区：以常熟讲经为例》《江苏常熟县地方保护神信仰与宝卷的关系》[1] 《历史人物崇拜与宝卷讲唱的关系》《张家港地区讲经与中国讲唱文学历史》《张家港地区庙会上讲经的特点》等文。另外，俄文专著《宝卷文献在中国文化的作用：以目连三世宝卷为例》也使用了田野调查所得的资料。

张：这让我想起田仲一成（Issei Tanaka）先生的研究。前段时间我去拜访田仲先生时，讲起研究道路，他有意开辟一条不同的道路，突破界限。

白：田仲先生是我很敬仰的前辈学者，他的著作我都看过。他的研究本身贡献很大，不仅资料丰富，而且理论建设方面也有突破。

我认为这种研究称得上是“抢救性的研究”。田仲先生以一己之力，在20世纪七八十年代已经在中国南方开始田野调查了。还有王秋桂先生主持的“中国地方戏与仪式之研究”工程，收集了各个仪式戏剧的情况。虽然后来有些学者批评这是资料汇编，其中一些著述没有什么系统性，没有遵照传统民俗学、人类学的规范，但他们当时急着做这样的研究，因为如果不及时做的话，可能现在已经失传了。

张：您在田野调查中遇到过哪些困难呢？

白：目前我遇到的最大的困难，还是方言的问题。常熟当地的老人，虽然会讲普通话，但在表演当中的某些俗语，在普

[1] 编者注：常熟是江苏省苏州市的下辖市，是一个县级市，所以常熟县一般指的就是常熟市。

通话里不能找到一一对应的词汇。这既是困难的地方，也是口头讲唱比文本更具生动性的体现。

张：之前中国很多戏曲理论是学习苏联的，现代话剧、舞台剧的表演理论都从苏联吸收了养分。

白：中国曾学习苏联理论，这是大家所熟知的。我更关心的是相反的现象，中国戏曲对俄罗斯产生过怎样的影响。孟列夫先生的《中国古典戏剧的改革》一书很有趣。当时很少人关注戏剧改良现象，特别是京剧这种国剧的变化。可是，这本书从现代角度来看，不得不说已经过时了。因为受条件限制，他没办法拿到很多资料，收集文献不够完整。这样比较来看，李福清（B. L. Riftin，1932—2012）先生的“孟姜女传说”研究就很成功。他当时拜托了中国文化部，还有各地方的学者、文化馆，寄给他文本，所以收集得特别全面。

回到中国戏曲影响俄罗斯的问题。这要从几个方面谈起。第一，翻译文学。到底有哪些故事被翻译成俄文？早在 1788 年，俄罗斯人涅恰耶夫（B. Nechayev，？—约 1829）翻译了法国伏尔泰（François-Marie Arouet，1694—1778）的《中国孤儿》全文，引起了俄罗斯人的兴趣。当时俄国的贵族和文人崇尚法国文化，他们开始关注中国的戏剧，也是受了法国伏尔泰、狄德罗（Denis Diderot，1713—1784）和一些传教士汉学家的影响，通过伏尔泰的改编本接触了元杂剧《赵氏孤儿》的故事。18 世纪末也出现了改编该题材的德国小说的俄译文。到了 1809 年，较有名的俄罗斯剧作家、诗人沙合夫斯克（A. A. Shakhovskoi，1777—1846）再次翻译此剧，并在圣彼得堡国立剧院上演了俄文版《中国孤儿》。诗人普希金（Alexander

Pushkin，1799—1837）也对《赵氏孤儿》这个题材极其感兴趣，甚至打算自己去中国体验中国人的生活与文艺。这些都可以说明，中国戏曲对俄罗斯的影响，不止是以往论文中所说的从 19 世纪才开始。

19 世纪末以后，俄罗斯文化出现了很大的变化，开始从传统文学转到对现代文学的追寻。此时也开始摆脱欧洲美术和戏剧的影响，更多着眼于亚洲的中国、印度、日本等。

张：所以说中国戏剧的传入，最根本上是社会文化风尚的变化。那时为何出现这种“东方转向”呢？

白：可能西方的东西对于当时的俄罗斯已经显得单调了，东方对他们来说陌生而神秘，他们需要更丰富多元的文化。实际上，这种兴趣可以追溯到 18 世纪俄罗斯“中国风”的文化现象，如叶卡捷琳娜二世（Ekaterina II，1729—1796）在自己的一座夏宫旁边建造了“中国宫殿”，后来还在著名的皇村皇宫花园里建造中国风格的村庄、剧院。18 世纪至 20 世纪初，中国在俄罗斯文人的眼中是陌生而神秘的，那时出现了一些“想象中国”的创作，例如 19 世纪初芭蕾舞剧《汉姬和陶》。

到了 19 世纪初，《窦娥冤》《王月英元夜留鞋记》《西厢记》《㑇梅香骗翰林风月》《琵琶记》相继被引介、翻译到俄国。随着中俄两国外交关系的加强，当时俄罗斯的外交官科瓦列夫斯基（E. P. Kovalevskii，1811—1868）还记录了在北京看戏的经历。在《中国旅行记》（*Puteshestvie v Kitai*）中，作者详细记载了北京有 13 处戏院、9 个戏班子，大的戏班子人数可达百来人。同时还记载了戏曲表演的肢体语言、音乐、戏服、舞台设计等方面的情况，并对比了东西方戏剧的差异。当然，他听不太懂文雅的台词，也不太习惯那样的表演形式，他说“在戏园子里待了三个小时，只是音乐伴奏，让我们这些欧洲人根本没办法适应”。通过这部记载，我们看到当时俄罗斯人对中国戏曲表演的反应。

另外要谈到第二个方面，表演理论层面对我们俄罗斯剧作的影响。刚才你说中国现代吸收了苏联戏曲理论，而我注意到，19 世纪末 20 世纪初“白银时代”的俄罗斯，经历了各种文艺的兴盛时期，这也包括对于中国戏曲理论的吸收。当时俄国“象征主义”主流思想盛行，他们对剧场提出了新的要求，包括“综合性”“程式化”，当时京剧、傀儡戏、皮影戏都传进了俄罗斯，中国戏曲影响了这一思想流派对于舞台、表演风格的改进。

更为重要的是，中国戏曲的表演技巧也很大程度影响了俄罗斯。当时著名的导演梅耶荷德（V. E. Meyerhold，1874—1940）在看了梅兰芳表演之后，撰写了《论梅兰芳的表演艺术》一文。他强调，俄罗斯舞台表演最关注的是眼神和表情，而中国京剧，最重要的是手的动作，这是很大的不同。另外，京剧表演中对于节奏的把握、舞台布景、道具风格都是当时理论家所感兴趣的。这一时期戏剧理论家塔依罗夫（A. Ia. Tairov，1885—1950）、斯坦尼拉夫斯基（K. S. Stanislavskii，1863—1938）都开始关注中国戏曲，甚至在自己导演戏剧时，借鉴中国的戏曲表演技巧。

总之，这是一个庞大的题目，在文学体裁、表演技巧、舞台设计等方面，中国戏曲都对俄罗斯文艺产生过影响。

张：最后一个问题，请您谈谈目前正在进行的研究以及现阶段的学术规划。

白：我目前对几个课题比较感兴趣：第一，有关宝卷的研究。宝卷与民间信仰的关系，还有民间仪式在俗文学当中的位置及与其他俗文学品种的关系等。我想继续深化常熟宝卷的个案研究，但同时也与其他地区做比较。宝卷的资料，保存的文本很多，文献基础很好，所以还有很大的研究空间。

张：您所说的这点很重要。很多俗文学种类没有这样的好运，家底依然摸不清楚，不像宝卷这样，有很好的文献基础。

白：没错，这也是研究的难点。除了你提到的俗文学文献，口头文学也是一个很重大的任务。

我所关注的第二个方面是中国俗文学、民间信仰、民俗等在东亚文化圈的流传和演变情况，比如日本、韩国、越南受到中国的影响，小说、民间故事、风俗习惯与当地如何融合，又产生了哪些变化。

第三是中俄文化交流史，这是我最近开始关注的题目。比如刚才讲到的中国戏曲在俄罗斯的传播，就是其中一个部分。大概就是这几个主要课题。

张：感觉这三个方面都是既有趣又很有意义的研究，也期盼老师更多的学术成果嘉惠学界。谢谢您接受我的访谈。

白：很高兴接受你的采访，祝你在东京的研究一切顺利。

采访者：张诗洋（中国人民大学文学院）

高奕睿及其敦煌汉文写本研究

——剑桥大学汉学家高奕睿教授访谈录

访谈按语：高奕睿（Imre Galambos），1967年生于匈牙利，1994年本科毕业于匈牙利罗兰大学（Eötvös Loránd Tudományegyetem），2002年获得美国加州大学伯克利分校（University of California，Berkeley）博士学位，现任教于剑桥大学亚洲与中东研究系（Asian and Middle Eastern Studies at the University of Cambridge）。他的主要研究方向为敦煌汉文和西夏文写本的文字研究和古文书学。目前出版有《翻译中国传统与教授西夏文化》（*Translating Chinese Tradition and Teaching Tangut Culture*）、《汉文写本研究：从战国时代至二十世纪》（*Studies in Chinese Manuscripts*：*from the Warring States Period to the 20th Century*）、《写本与行者：一位十世纪西行汉僧的汉藏文书》（*Manuscripts and Travellers*：*The Sino-Tibetan Documents of a Tenth-Century Buddhist Pilgrim*）、《早期汉字正字法：新出写本的证据》（*Orthography of Early Chinese Writing*：*Evidence from Newly Excavated Manuscripts*）等著作，发表论文40余篇。

经剑桥大学博士生傅扬引荐，笔者应高奕睿教授之邀，前往剑桥大学亚洲与中东研究系为其主持的敦煌学读书班做题为

"唐代西州百姓陪葬《孝经》习俗考论"[1] 的讲座。会后有幸在李约瑟研究所（Needham Research Institute）对高奕睿教授进行了学术专访，现将访谈内容整理成文，以飨读者。

董永强（下文简称"董"）： 据我所知，中国古文字一直是您的研究兴趣，博士论文也与此相关。那么，是什么机缘让您将自己的研究方向转为敦煌写本的？

高奕睿（下文简称"高"）： 我起初研究的中国古文字，主要是春秋末期、战国、秦代的古文字。博士论文是关于战国汉字正字研究。毕业后，曾在大英图书馆（The British Library）国际敦煌项目部（International Dunhuang Project）工作 10 年。在此期间逐渐接触了很多敦煌汉文写本。另外，我要经常参加国际敦煌学会议，介绍大英图书馆的敦煌学项目，所以，渐渐对敦煌写本产生兴趣，然后开始做这方面的研究，其实就是因为工作的机缘。

董： 也就是说，因为工作原因，有便利的条件，您能够接触到大量敦煌写本的原件。

高： 对，一个是写本原件，一个是敦煌学研究的学者以及敦煌学的会议。我经常参加这些会议。大英图书馆的国际敦煌项目与中国国家图书馆、俄罗斯圣彼得堡博物馆（St. Petersburg Museum of Russia）、日本龙谷大学等都有合作，所以，我有机会到它们的研究中心，接触到不同国家的学者。

[1] 董永强：《唐代西州百姓陪葬〈孝经〉习俗考论》，《西北大学学报》2015 年第 2 期，第 15~21 页。

董： 我读过您的一篇文章，《中古汉文写本文化中的非汉文影响》（*Non-Chinese Influences in Medieval Chinese Manuscript Culture*）[1]，研究视角新颖。我很感兴趣。从论文的角度来说，您是怎么发现类似值得研究的有趣问题的？

高： 这就是兴趣使然。我的研究兴趣不仅涉及敦煌学，也包括写本和写本文化。中古汉文写本中大部分来自敦煌、吐鲁番和黑水城。在阅读前人论著时，我发现已有成果中缺少我关注的研究视角，即在汉文写本中有哪些非汉文化的影响因素，这方面的研究还不够。这篇文章是我首次对此进行探索，并不完善，尚有很多挖掘的空间。

董： 中国的敦煌学研究虽然起步比欧洲和日本晚，但近年来成果不断。在中国敦煌学家的成果中，您最希望看到什么样的成果呢？

高： 当然还是与我感兴趣的问题相关的成果，大致可以分成三种：首先是那些揭示敦煌、吐鲁番、黑水城地区多种语言和多种文化共存共生、相互影响的成果。其次是关于中古文书学的论著。最后是关于汉文非宗教文献向西域其他族群传播与地方化的成果。比如《蒙求》《孝经》等文献是在中原编写的，它们在西域传播时，回鹘人怎么用，西夏人怎么用，吐蕃人怎么用。对这些问题，中国学者也有探讨，我希望这方面的研究能够更加深入。

---

〔1〕 Galambos Imre, "Non-Chinese Influences in Medieval Chinese Manuscript Culture," in Zsombor Rajkai and IldikóBellér-Hann (eds.), *Frontiers and Boundaries: Encounters on China's Margins*. Wiesbade: Harrassowitz, 2012, pp. 71–86.

董：西方文字写本研究与汉文写本研究有什么差异？

高：中西方有关写本研究的学术领域差异很大。在欧洲，古文书学（diplomatics）和古文字学（paleography）比较发达，[1] 虽然西方存世手稿数量不是很多，其中一部分与基督教或犹太教有关，如“圣经学”，另一部分是世俗文献，如公文、契据等，但西方研究时间很长，大多已有200多年，有的甚至有上千年的研究史。在中国，传统目录学、版本学和校雠学比较发达，但对写经或写本研究尚着力不足。在敦煌突然发现数量宏大的写本宝藏，极大促进了汉文写本研究的深入开展。日本有写本研究的传统，一种是关于佛经的，一种是有关社会世俗文书的，这两个研究领域在日本是相当成熟的。从西方古文书学和日本佛经写本研究中借鉴一些技术性的知识和方法去研究敦煌写本，我觉得是非常有趣的事。

董：西方文书学研究的对象除了写本本身的文字内容，还研究什么？

高：基本上什么都研究。我这学期上的一门课——拉丁语古文字学，可以说也是抄本学、手稿学（codicology）的一部分，比如标点符号，也很重视文字的书写方式，相当于中国人说的书法。西方对文字的书写方式跟中国人看法不一样，不把它们看作书法，而是文书学。为了断代，把不同时期的文字书写方式分得很清楚，每30年至50年，不同地区的书写方式都

---

[1] 古文书学、古文字学、手稿学均可视为西方古文献学的分支研究领域，研究历史悠久，已形成一整套完善的理论、规范和方法。关于西方古文献学的创立与发展，可参见米辰峰：《马比荣与西方古文献学的发展》，《历史研究》2004年第5期，第140~154页。

有变化，这种研究已经很细致了。如果新发现一件写本，从文书学的角度可以判断出来它是什么时代，在什么地方写的，分得很细。

董：也就是从字母的不同特点来断代的？

高：对，是用字母的风格、字母的写法来断代。

董：敦煌汉文写本的文字跟西方字母文不同，有很多的异体字、俗体字，这对断代是有帮助的。

高：西方写本里不区分正体字、异体字或俗体字，就只是字母的不同写法。这与汉字是有区别的。不是看单词的拼写法，而是看字母的写法。比如说字母“b”，上半部分有没有小圈，这一竖笔画倾斜的角度，是向前倾还是向后倾。根据这个来断代，这个断代依据是不是正确很难判断，因为写本很少。敦煌写本可以从书法的角度大概判断出时代，比如唐末五代与隋或隋以前的写本在书法风格上是不一样的，但仅从书法的角度没办法具体精确到哪一年。

董：换句话说，虽然西方文书学的研究内容与汉文写本的研究有很大差别，但是用西方文书学的方法或视角来研究汉文写本，对您来说应该不是非常困难。

高：我不是先对西方文书学有很深的认识后才研究汉文写本的。我是先学习汉文文献以后，自己回头去看欧洲不同传统中是怎么做的。西方的相关做法会启发我研究汉文。因此，我的出发点还是汉文。其实，如果从写本文化的角度来看，西方与中国有很多类似的情况。比如说，爱尔兰人的当地语言和通行文字是混在一起的。西方重要文献都是用希腊文、拉丁文写的，爱尔兰的重要文献也是用拉丁文写的，但实际上爱尔兰人有自己的爱尔兰语，在英国也有他们自己的语言，这些语言相当于白话。西方很多地方的白话与书面语是不一样的，但在中国白话和文言文是一个系统。在欧洲不一定是这样，不过有些地区是一样的，比如法国，使用新拉丁语，习惯还是比较像的。这种多种语言在一块的情况在欧洲很多，用这种情况跟敦煌进行比较，说的语言跟写的文字不一样。粟特人、回鹘人虽然也用汉文书写，但他们念的时候是用粟特语、回鹘语还是用汉语，现在还很难判断。

董：从 2002 年开始，您在大英图书馆工作了 10 年时间，我相信，这段工作经历肯定给您的敦煌写本研究带来很大帮助。那么，对想要涉足敦煌写本研究领域的后学而言，是否一定要有一段在大英图书馆或者敦煌研究院接触过写本原件的类似经历才更加有利于研究？

高：这个倒不一定。因为我在大英图书馆的工作也不是每天都能接触到写本原件。如果要致力于敦煌写本研究，那就直接开始做，不一定之前要有一个预备期。

董：我曾经在书中读到过荣新江教授的观点，他说，研究敦煌写本的学者最好能够看到实物原件，因为写本的纸张大小、颜色、墨的浓淡、用印、纸背、行间符号等很多细节，需要研究者跟写本零距离接触，仔细揣摩，才能获得文字内容之外的大量信息。

高：如果是做文书学方面的研究，那最好是见到写本原件。敦煌、吐鲁番的写本还好，虽然很困难，但总有机会可以看到原件，而研究战国古文字，比如马王堆帛书，就无法看到实物原件。当然，看原件肯定会有很大的帮助。国际敦煌项目部网站上的敦煌写本照片很清晰，研究者检索和对照起来极为便捷。但也有问题，照片可以放大比例，而写本原件实际很小。这会给研究者整体把握写本大小造成很大误解。只有看到原件之后，才能了解到细节。纸也是如此，摸起来不怎么样，但在照片上反映不出来。比如巴黎藏 P. 3720 号写本[1]，是由多件残片拼接而成的。我对它是怎么拼接在一起的这个问题十分感兴趣。研究照片很久后，我发现正面由七张拼在一起，背面由五张拼在一起，这看起来不可思议。后来我亲自去看原件，才发现电子文本其实有些地方根本没有照下来，有些地方拼接错了，而且顺序也不一样。一般而言，这种拼接、缀合出错的情况不多见。这个卷子缀合成这样，也很偶然。所以，不看原件永远搞不清楚到底是怎么回事。它是一个有名的卷子，背面是《莫高窟记》。[2]

董： 对您来说，研究方向从汉文向西夏文过渡是不是很难？

高： 大英图书馆也藏有一大批西夏文文献。实际上，斯坦因（Marc Aurel Stein）搜集的西夏文是比较少的，而且都是残

---

〔1〕关于 P. 3720 号文书的图版，可参见上海古籍出版社、法国国家图书馆编：《法国国家图书馆藏敦煌西域文献》第 27 卷，上海：上海古籍出版社，2002 年，第 112~118 页。

〔2〕相关研究可参见王重民：《莫高窟记（敦煌史料之一）》，《历史研究》1954 年第 2 期，第 136 页；另见马德：《〈莫高窟记〉浅议》，《敦煌学辑刊》1987 年第 2 期，第 129~131 页。

片，不如圣彼得堡博物馆收藏的西夏文写本。我觉得西夏文文字本身与汉字一样，都很美。很久以来，我都对汉字和汉字的字形有浓厚兴趣。西夏文文字对我有一种吸引力，所以，我开始研究西夏文。然而我对西夏语或西夏语音并不感兴趣。实际上，我感兴趣的是汉文文献怎么传播到西夏的，西夏对汉文文献用什么手段翻译。我主要研究世俗文献，比如说蒙书。

董：关于蒙书在西域其他地区的传播情况，您有什么最新的发现？

高：现在还没有，但问题是存在的。回鹘、西夏、吐蕃都有自己的语言和文字，为什么他们不自己编写属于他们的蒙书？为什么要使用汉文蒙书？西夏原来没有自己的文字，后来有了自己的文字之后，然后把汉文蒙书翻译成西夏文，再来教授西夏的孩子学习西夏文字，但内容却是中原地区的传统汉文化，比如郭巨埋儿的故事。这样就会出现会写西夏文的学生对中原地区的汉人文化比较熟悉，不过他们有可能根本就不会说汉语。这就是说，用西夏文写的、用西夏语说的都是中原地区流传的传统故事。这个现象是很有意思的。这种情况有些像佛教的中国化过程。很多佛教故事是用汉语、汉字在说在写，但人们对最初记载这些故事的语言和文字根本就不熟悉。他们把从印度传来的佛教文化当成自己的文化、自己的传统。西夏是这样，日本也是这样。他们都觉得这是他们文化的一部分。

董：这可以说是外来文化本地化、通俗化的一个过程。您认为要从事敦煌学、西夏学研究必须具备的基本素质有哪些？

高：近几十年来，敦煌学、西夏学在中国是最红的。中国的学者很多，水平也特别高，已经有好几十年的研究。不过，从历史上看，敦煌学和西夏学有很大一部分是在国外，如果懂外国语，那就更容易。不过这方面，可能会越来越不需要。像西夏学，以前俄罗斯和日本有很多重要的研究，如果不会俄语和日语，那就很难做起来。然而，现在西夏学主要在中国，新的研究成果都是用中文发表的。现在可能外语已经没有以前那么重要了。不过要使研究水平达到国际水准，那日语是必须要学的。法国、日本的敦煌学很发达，现在会用中文发表，但以前一些比较重要的论著没有中文版。过去比较重要的是俄语、日语和法语。

董：除了外语的素质，还有什么基本素质？是否需要用毛笔书写？

高：这要看个人，根据研究兴趣不同，要求也就不一样。我觉得如果有机会看原件，那就一定得抓住这个机会去看。伦敦和巴黎这两个地方看原件是很方便的。如果真正做研究，一般是不会阻碍你看原件的。这个是一定要利用的。

董：我的导师刘戈教授为了学习书写回鹘文，专门拜师学习书法，学习如何使用毛笔的书写笔画。如果年轻学者懂书法，是不是会对他理解敦煌写本或西夏文如何衍变为现在看到的字体有很大的帮助？

高：那肯定是的。不过，我自己在这方面也没有特别的训练。我没有练过书法，我也感觉不到这一点。据我所知，在日本京都，许多研究敦煌或西域文献的学者，他们不仅自己信佛，而且练习书法。他们对文献内容、格式和文字的研究与西方学者完全不一样，因为他们对此比较熟悉，知道佛经是怎么写成的。我曾问一位经常抄经的日本朋友，佛经是怎么写的，是不是很快写成的？他说，根本不是，是很慢很慢，慢慢地抄写出来的。我之前从来没有想过写一卷经需要多长时间，或者怎么写。有时他能看到一些细节，得到一些启发，而对我来说，这些细节根本就不存在。所以，日本学者研究佛教写经远远超过我们，因为对他们来说，这些佛经就是他们自己文化的一部分。实际上，唐代的抄经传统在日本依然存在。因此，有这方面的背景当然对研究很有帮助。

董：您认为未来敦煌学发展的趋势会是什么？

高：西方敦煌学在法国最发达，法国人的敦煌学研究成果最多，研究人数也最多。不过，最近我发现，美国敦煌学的研究成果也越来越多，有许多新的年轻学者出现。比如说普林斯顿大学太史文（Stephen F. Teiser）[1] 教授的一些学生，他们工作后，一直从事敦煌学的研究，新的传统逐渐形成。因此，我觉得将来西方敦煌学也会发展，这是一个趋势。

董：荣新江教授曾表示，中国的敦煌学研究，从水平上已经赶超日本和欧洲了，但我们的数字化又落后于西方和日本。

---

〔1〕 太史文，普林斯顿大学宗教学系（Department of Religion，Princeton University）教授，主要研究东亚民间宗教，其代表作为《中国中世纪的鬼节》（*The Ghost Festival in Medieval China*，1988），中译本《幽灵的节日——中国中世纪的信仰与生活》，侯旭东译，杭州：浙江人民出版社，1999 年。此外，《〈十王经〉与中国中世纪佛教冥间的形成》（*The Scripture on the Ten Kings and the Making of Purgatory in Medieval Chinese Buddhism*，1994）是另一部研究中国中古佛教与民间信仰的力作。相关介绍可参见姚崇新：《太史文和他的中国中古宗教研究》，《文史知识》2001 年第 1 期，第 47~49 页。

我想知道，敦煌学在数字化之后，将会朝什么方向发展？

高：数字化对文书学的帮助很大。以前看不到写本照片，现在在网上能看到清晰度比较高的照片，而且不断地更新，这对一些比较细致的研究大有帮助。除了照片的数字化，另外一个可能的趋势是内容的数字化。如果有可靠的录文、释文可以检索，那对我们的研究会有非常大的帮助。比如日本学者土肥义和新出的《八世纪末期—十一世纪初期敦煌氏族人名集成——氏族人名篇、人名篇》[1]，有3万个人名。这个辞典不是很容易查，因为它没有数字化。这个工具书对我们理解敦煌的人口、人种、社会帮助很大。这类工具书或数据库对敦煌学研究者会有很大的帮助。我觉得这种工具书慢慢会出来。

董：西方史学理论非常发达，在您的研究过程中，您有没有什么理论？

高：我对这些新旧史学理论不感兴趣。我的研究不是说没有理论，我好像赶不上新的理论。我更喜欢看能碰到的、实在的东西。

董：您的研究是不是更像中国学者所说的考证，出发点不是已经存在的理论框架，而是能见到的研究材料和对象？

高：是的。我只是有一种感觉，我觉得不仅是敦煌、吐鲁番西北地区这些地方，在中国内部还有很多地方，有很多早期

---

〔1〕 土肥义和：《八世纪末期—十一世纪初期敦煌氏族人名集成——氏族人名篇、人名篇》，东京：汲古书院，2015年；该书译介详见高启安：《土肥义和及其〈八世纪末期—十一世纪初期敦煌氏族人名集成〉》，《西藏民族学院学报》2015年第3期，第73~75页。

的材料，因为是用汉字写的，所以实际上遮盖了很多语言方面的信息，比如说，非汉语的信息，因为汉字的发展历史悠久，从殷墟甲骨文一直到现在是一个系统，文字背后的语言一定比较复杂。虽然用的都是汉字，但不一定是同一种语言。在日本、韩国、越南，用的不是汉文。在中古时代的吐鲁番，当地人也使用汉文，但他们发音的时候用的是胡语。我感觉，中国根本没有我们以前想的那么特殊，就是整个地区一种文字、一种语言。其实很像欧洲，因为都用一种表音文字，不同语言我们都能看到，而中国的汉字是表意的，所以会遮蔽语言。我们看不到那些已经被遮蔽但历史上真实存在过的语言。我开始学汉学的时候，觉得汉文化好像是一个封闭的系统，做了敦煌学研究之后，才发现根本不是这样。汉文化是一个开放的系统，跟外边的地区有很多联系，不仅是人种方面，而且在语言方面也是如此。汉字会遮盖这方面的信息，但是偶然会看到汉字背后语言的信息，这是非常值得研究的课题。

董：非常感谢您接受我的采访。

高：谢谢。

采访者：董永强（西安电子科技大学人文学院）

捷克汉学家、藏学家高马士访谈录

访谈按语： 捷克汉学家、藏学家约瑟夫·科尔马什（Josef Kolmaš，中文名高马士），1933年8月6日生于捷克的霍德宁县的杰米采（Těmice，okr. Hodonín），1957年毕业于捷克布拉格查理大学文学院汉语专业，同年就读于北京中央民族学院（现中央民族大学前身）西藏语言文学专业，教授为于道泉，于1959年毕业。他于1965年获得捷克斯洛伐克科学院科学副博士头衔，1966年获得查理大学文学硕士头衔，1991年获得捷克斯洛伐克科学院科学博士头衔。1994年起担任捷克科学院东方研究所所长。

2002年10月，高马士先生来到北京，参加在捷克驻华使馆举办的《中国来信（1716—1735）》（严嘉乐传教士寄自中国的书信）一书中文版（大象出版社，2002年7月出版）的首发式。此书是由他亲自编辑整理，并且从拉丁文翻译成捷克文的。作为《中国来信（1716—1735）》一书的中文译者之一，在翻译过程中，笔者和捷克语学者丛林教授都深深为高马士作品中随处可见的学术上严谨的作风和为科学研究献身的精神所感动。于是，笔者首先从这一话题入手，开始了对他的采访。

李梅（下文简称“李”）： 捷克传教士、科学家严嘉乐在中国清代就已成为著名的汉学家，他从中国寄回祖国以及与当时欧洲的天文学家们的通信，是用拉丁文写的。作为捷克人，您当初是怎么想起来要翻译出版您这位先辈同胞的书信集的？

高马士（下文简称“高”）：捷克国家由捷克地区、摩拉维亚和西里西亚组成，它位于欧洲的心脏，没有海岸线、入海口，但这一地区的传统是对其他地区，离它近的、远的或者更远的世界非常感兴趣。据说，在14世纪初，第一位访问西藏的欧洲人是来自伏尔朗斯科的鄂多立克（Odorico da Pordenone），他的父亲曾经是捷克普舍米斯尔王朝奥凯图二世国王的将士，他母亲是意大利人。据说，鄂多立克从北京回罗马的路上要访问西藏，他在自己的游记《关于世界东方边缘区域的描述》（1962年布拉格出版）一书中专门撰写了一个章节。至于他在西藏的逗留，没有留下可供科学考证的资料。众所周知的著名的威尼斯人马可·波罗的游记中描述了在忽必烈可汗统治下的中国，早在14世纪末就从原文拉丁文翻译成了捷克文——那是最早的译著之一！

在16、17和18世纪时，对于东方国家（也包括非洲和拉丁美洲）的认知，要数天主教传教士们的贡献最大，尤其是耶稣会士。仅在中国就有来自捷克的8名传教士供职。他们中的一些人留下了文字信息。我要提到的是严嘉乐。

严嘉乐传教士（他的捷克名字为卡雷尔·斯拉维切克［Karel Slavíček］）于1678年生于捷克，1735年死于北京，葬于阜成门外。他曾经于1711—1713年间在捷克的欧罗木茨市教授数学和希伯来语。1714年他成为耶稣教信徒。他学习了神学，以数学家和音乐家著称。他帮助自己的同盟者出版著作。1716年他作为传教士前往中国。他的数学、音乐造诣后来得到了中国清代皇室的赏识，雍正皇帝高度评价了他的学识和能力。他在中国致力于天文观察和测量研究，并编写了有关中国音乐的著作。在中国生活期间，他很快就入乡随俗了，他身着中式服装，甚至不在乎别人把他的头发按照中国当时的发式修剪。他的语言方面的天赋，使他在捷克对未来工作做准备时就探求到汉语的秘密。并且他后来证实，从对汉语的理解来说，有捷克语基础比其他欧洲语言更有利，因为“对捷克人来说，汉语的发音不构成困难”。他于 1716—1735 年长达近 20 年在中国生活期间，用拉丁文与其他欧洲传教士们通信，写了有关天主教团的活动和天文观测研究的大量书信。

在严嘉乐身上和作品中体现着深厚的宗教虔诚和救世热情，而其渊博的学识正是当时能够在中国传教的首要条件。他当之无愧地属于我国文化史乃至整个欧洲文化史中的杰出人物，他所留下的著作——大量的信件——值得我们在今天公布于众以便探寻我们精神遗产的根源。

李：您把这些零散的信笺从欧洲的档案馆中收集起来，在没有任何其他文字的译本可借鉴的情况下，首先从拉丁文译成了捷克文，并进行了评述，为捷克读者提供了这位同胞近 300 年前对中国的看法。这一定是个很艰辛的过程吧？

高：我当时决定将 1935 年伏拉什吉尔（Josef Vraštil）编印出版的、很有价值的但是现在已经很难买到的严嘉乐著作《从中国寄回祖国的信件》重新修订出版，并且增补了至今尚未公布过的、不为世人所知的他写给当时欧洲几位著名学者的信件——写给在南昌的马若瑟、在巴黎的什杰潘·苏西埃及在圣彼得堡的托菲尔·西格弗里德·拜尔和约瑟夫·尼古拉·德利斯尔的信。为了提高严嘉乐书信集这一具有时代特色资料的价值，使之能为国际专业界人士服务，我在书中收录了拉丁文原文（其中一封是法文）。在收录原文时，我都保留了其原有的、常常是不统一的正字法形态，至于原文段落的划分，则是我自己确定的。在收录这些信笺中，我访问了罗马耶稣会档案馆、布尔诺国立地区档案馆、布拉格国立中央档案馆、慕尼黑国家主要档案馆、巴黎法国图书馆手稿部、巴黎天文台图书馆、格拉斯哥大学图书馆特殊收藏部、俄罗斯科学院圣彼得堡分院以及布拉格国家图书馆和捷克科学院东方研究所图书馆等。

我们从严嘉乐那里得到了保存下来的通信函件（有 20 件之多），我从拉丁文翻译而来的捷克文本在 1995 年于布拉格出版（名为《来自中国的书信》）。这部作品的中文版也已出版，这也证明了中国对捷克传教士在康熙和雍正皇帝时代的一些情况信息的兴趣。为此我要感谢大象出版社、北京外国语大学海外汉学研究中心和你们波希米亚学者的翻译工作，因为现在连中国的读者也有可能了解到，一位从欧洲中心地带来到中国的基督教传播者是怎样关注他们的国家的。我希望，《中国来信（1716—1735）》中文版与它的捷文版一样，受到读者欢迎。

李：感谢您对严嘉乐这位中国人民最早的捷克友人的介绍，非常钦佩您的忘我工作精神。据我了解，在近代，捷克曾经出现了不少著名的汉学家，我在查理大学进修时就曾经接触过不少学习汉学的人。我还从资料上读到，在 1945 年，位于布拉格的查理大学开办东亚语言与历史讲座。1952 年，著名汉学家雅罗斯拉夫·普实克（Jaroslav Průšek，1906—1980）教授被聘为捷克科学院东方研究所所长。在研究所中，普教授培养了一批从事中国研究的优秀学生。由于普教授的博学、个人的领袖魅力及他对中国研究的热爱和奉献，20 世纪 50 年代末到 60 年代，在东方研究所里，形成了一种对中国文化有系统且多面向、令人振奋的研究环境。此外，更有优秀的研究人员组成合作研究小组，并成立了一个馆藏极丰、专供研究人员使用的中文图书馆。我当年的学汉学专业的同学之中有些人毕业后被分配到东方研究所工作。您本人又是现在的东方研究所所长，您能为我们介绍一下捷克汉学研究领域的情况吗?

高：捷克的东方学的奠基者中有鲁道夫·德沃夏克（Rudolf Dvořák），他是有关孔夫子、老子的书和《诗经》及其他有关中国的著作的翻译者，但是他的汉学研究却没有直接的继承者。布拉格查理大学始建于 1348 年，是捷克历史最悠久的高等学府。中国研究是该校最新的研究领域之一。1945 年，第一个东亚语言与历史讲座成立，有希伯来语学、阿拉伯学，以后又有印度学等。1993 年，亚洲与非洲研究系分成两个独立的单位，东亚研究所就此正式成立。下设中、日研究组和韩国、蒙古、越南研究组。目前也有维吾尔语、满文、藏文、泰文的基础课程。

中文系是东亚研究所中规模最大的系，主修中文的学生约有 120 位（包括博士生在内），专任教授 6 位，分博士班和硕士班，也有为他系有兴趣的学生开设的特别课程。在布拉格，汉学主要研究领域部分源自早期的传统，部分则是先前少有研究的主题。整体而言，对传统中国及以语言和文学为基础的研究，较历史、社会及当代问题方面的研究占优势。布拉格目前发展的各个领域中，首先值得一提的是 20 世纪初中国文学和文学理论的研究，因为这个领域最能继承普实克教授的研究传统，普实克——捷克汉学的奠基者，以研究中国文学作品而出名。他也培养了一大批的学生，本人也很荣幸地在列。普实克对现代中国文学的特色与发展的原创性见解深具创见，后来又由他的学生进一步加以发展，以至到了 20 世纪 70 年代，某些西方学者开始将这种现代中国文学的研究，视为汉学研究中特有的捷克学派。

我们东方研究所成立于 1922 年，当时的捷克总统马萨里克（T. G. Masaryk）是创始人之一，同时他也给予经费援助。1952 年东方研究所并入捷克科学院，下设多个部门，涵盖亚洲及北非的所有文化区域。对中国的研究隶属东亚部，主任是李查克（Vladimír Liščák），与日本、韩国、蒙古、西藏研究同属一个部门。东方研究所的研究范围，包括下列汉学研究主题：传统中国医药理论、气功与道教。中国南部少数民族、早期中国佛教研究者是李查克，汉文化与中国南方少数民族、中国现代史的研究者为鲁碧霞（Lubica Obuchová），以音韵学为重心的中国语言学、中国辞典编纂法的研究者是特日斯科娃（Hana Třísková），还有其他一系列的研究人员，除此之外，西藏及蒙古研究也在我们的研究范围之内，主题有人类学、中国与西藏的历史与藏民文化、西藏历史与文学、西藏佛教，蒙古文学、蒙古佛教、藏蒙手稿及版画的分类编目等。

李：李查克和鲁碧霞是年青一代的汉学家，我还得到过一本鲁碧霞于 1999 年出版的《二十一世纪的中国人》（*Číňané 21. století*），书里对中国历史、语言、民族、中国哲学与宗教、文化习俗及戏剧以及中国当代社会和香港回归等都做了一一介绍，对我的专业很有帮助。她也是在查理大学汉学专业毕业后分配到东方研究所工作的。

高：东方研究所的部分研究员与查理大学东亚研究所有密切关系，他们在查理大学兼课、准备教学用教材。除了一般研究，我们所还负责管理捷克东方研究史档案，编辑出版捷克汉学家的传记与著作目录，并参与各种出版计划。

关于我的老师普实克先生的生平，有一部捷克电视纪录片叫《中国——我的姐妹》，这也是他出版的一本书的书名，纪录片对本书进行了很好的描述。当年帮助此书再版的有许多中国的波希米亚学者，例如杨学新、丛林教授等。

李：这本书我也见到过捷文原版，是1940年出版的，是目前我们仅有的一本图文并茂的原著。其中还有鲁迅先生给普实克的亲笔信影印件和普实克与谢冰心等中国著名作家的合影。书中还以不同的章节分别介绍了胡适、鲁迅、丁玲、徐志摩、沈从文、齐白石等，内容相当充实，文笔也很流畅，可以称得上是普实克早期作品中的经典之作。读了这本书，才了解到普实克一生对中国文化和中国人民怀有如此深切的感情和热爱。

高：普实克院士可谓捷克现代汉学的创始人，在欧洲汉学界也享有盛名。他最早把《诗经》和孔子、孟子的作品翻译成了捷克文。20世纪30年代，他曾经在中国考察研究两年，与鲁迅先生有过书信交往，回国后出版了《中国——我的姐妹》一书。此书以他的研究成果和亲身经历为基础，向捷克读者介绍了中国的风土民情、历史文化，介绍了孙中山和他的

“国民革命”、五四运动及中国文化界的著名人士。因此，我建议你们将此书译成中文出版。从中捷文化交流及汉学研究的角度看，这样做都是很有价值的。

刚才，既然我们提到了东方研究所，那我就来谈谈在捷克斯洛伐克共和国时代的东方研究所的发展。2002 年是东方研究所成立 80 周年，我们现在回顾一下研究所走过的漫长的成功发展道路和取得的成就。

东方研究所诞生时有两件事情发挥了本质的作用：其一，年轻的共和国（1918 年的捷克斯洛伐克共和国）感到需要与东方国家发展经济和文化合作关系。其二，著名的捷克阿拉伯学者、旅行家阿洛依斯·穆希尔（Alois Musil）成功地说服了共和国的第一位总统马萨里克建立一个团体，以建立和发展与东方的文化经济关系。由于穆希尔的努力和总统的支持，1922 年成立了东方研究所（同时在布拉格成立的还有斯拉夫研究所，为的是了解斯拉夫民族——俄罗斯人、波兰人、保加利亚人等）。

东方研究所的工作始于 1929 年，从那年开始出版科研季刊《东方档案》，展示了捷克和斯洛伐克及其他地方的研究者有关东方国家的研究成果（期刊至今［2002 年］还在出版，已经是第 73 年了）。研究所原来有两个部门：经济部和文化部。这种设置是很明智的，专家们关注东方各国的情况，以及与他们发展贸易的可能性，因而同时也创造了发展文化工作的经济基础——出版书籍，讲学活动，组织语言训练班。

东方研究所的第一任主席是经济学和金融家鲁道夫·霍德维茨（Rudolf Hotowetz，任期为 1929—1938）。第二任主席是著名的海地特（chetitolog，居住于小亚细亚东部的一个古老民族，语言属印度日耳曼语）语学者贝·赫罗兹尼（Bedřich Hrozný，任期为 1938—1943）。他任职不久就爆发了第二次世界大战。

战后研究所在布拉格一区温泉街得到了一处老房子，1945 年 5 月 28 日在那里举行了东方研究所革命委员会纪念大会，会上年青一代捷克东方学者的领袖代表人物普实克确定了在新的战后条件下发展东方学研究的纲领：研究所将成为科研机构，而且应该与舆论界加强协作。在这种形势下，创办了流行的科研月刊《新东方》（*Nový Orient*）。

1952 年，随着研究所加入新成立的捷克斯洛伐克科学院（捷克科学院前身），以普实克为首的研究所迎来了全面发展的好时机。在当时存在的一些古老专业如闪米特语言学、阿拉伯学、伊朗学、印度学、汉学和日本学之外，又增加了新专业：非洲学、缅甸学、高加索语言学、达罗毗荼语言学（又译为德拉维达语言学，分布在印度南部、斯里兰卡北部、巴基斯坦等地，包括泰米尔、马拉雅拉等语言）、印尼学、高丽学、蒙古学、西藏学、越南学等。这些新学科的发展得到了当时国际上殖民体系瓦解、亚洲和非洲诞生了许多新解放的国家这种新形势的帮助。这一切都唤起了人们学习生机勃勃的新语言及学习社会语言学、词汇学、现代史学和文学的热情。

1968 年 8 月的“布拉格之春”事件和以后的所谓“正常化”年代，对研究所来说是悲剧性的结局。大批捷克优秀的东方学者流亡国外，他们在国外的大学里找到了用武之地。另一些人（例如汉学家奥古斯丁·帕拉特等人）被研究所解雇了。1971 年，当时的东方研究所主任普实克教授被解聘，被禁止在自己的国家任教与出版论著。普教授于 1980 年去世。

他的一些学生流亡海外，在国外继续捷克学派的传统。（米列娜［Milena Dolezelová-Velingerová］流亡加拿大多伦多，还有的人流亡波兰华沙。）留在布拉格的学者，研究及教学机会也都受到限制。这一段时间长达20年，汉学研究冬眠期自此开始。查理大学及东方研究所的汉学研究，被压缩到最小的范围，和国外的接触也很少。而更糟的是，在这些流亡或者被解聘的学者空下来的位置上，来了些没有资格的政治头面人物和当时制度体制下的走卒。研究所被引向了学习亚洲和非洲的“革命过程”，以及研究所谓“第三世界”的国家和“共产国际工人运动”等。这些强制性变化的升级表现在后来成立的拉丁美洲部（竟然在东方研究所内），甚至还设立了“美帝学部”！

直到1989年的“温柔革命”，研究所内的所谓的“正常化”运动和它带来的一切屈辱都彻底结束了。所里的工作人员推翻了当时的领导，拉丁美洲部和美帝学部被撤消，那些没有知识和工作能力的人被解雇。在新成立的“纠正过去错误委员会”中，我成了领导，对于那些在过去遭到不公正待遇和迫害的研究所成员，我们号召他们尽可能重新回到所里工作。

在激烈的、洗刷错误的年代，又发生了捷克斯洛伐克共和国的解体和捷克斯洛伐克共和国科学院的改组，之后于1992年诞生了新的捷克共和国科学院。东方研究所至今在它的领导下工作。

对研究所来说，一个明显的变化是要离开原来在布拉格一区的住地搬到布拉格八区的新地址。还有其他变化就是财政紧缩和裁员等。当时也经常更换所长：1990—1994年的5年间换了4位所长。从1994年至今我一直担任所长。我的职务在今年5月就期满了，但是我的接班人目前还未选出。

李：在我们学校也设有学习研究你们所称的东方语言文化的学科，我们的教师们除了教学工作，还研究一些冷门学科，如僧咖罗语、斯瓦西里语、豪萨语等的语言文化及其国情。它们大都属于亚非语系和阿拉伯语系，大部分成立于20世纪60年代，也曾经经历了艰苦的创业和曲折的发展之路。请您再谈谈捷克东方研究所的机构设置和图书资料出版情况好吗？

高：目前东方研究所的机构和职员的专业倾向是这样的，所内有33名职工，中青年研究人员有25人。这25人中有7位硕士，10位科学副博士（包括文学科学副博士），还有4位科学正博士。他们中4人为副教授（其中1人在布拉格查理大学任职，3人在布尔诺马萨里克大学任职）。研究所设有9位成员的学术委员会，其中5人为编内委员，4人为编外委员。

研究所的业务分为三个部门：非洲和近东部（11名工作人员）负责研究中南部非洲历史，近东部研究的专业分为苏美尔（Sumer）、美索不达米亚、亚述、巴比伦、阿卡德（Akkad）及其他阿拉伯国家和土耳其历史和语言。南亚部（6名工作人员）从事印度政治、文化史、佛教哲学、印度诸语言学和现代印地语的研究。东亚部（8名工作人员）从事汉学领域中中国传统医学理论、中国少数民族、汉语语音和汉语词汇的研究等。（东亚部的）日本学部门从事日本哲学和美学、日本语言和当代社会研究。（东亚部的）蒙古学部门从事蒙古文学、蒙古佛教研究。（东亚部的）西藏学部门从事西藏的人种学、政治和文化史、汉藏关系史、经典西藏文学和佛教的研究。

在研究所内设有图书馆，馆藏在捷克首屈一指，是捷克境内拥有最多与亚洲研究（包括中国研究）相关的西文图书的图书馆（图书近20万册，期刊2700种，目前订阅的期刊约有200种）。1994年，美国汉学家费正清（John King Fairbank，即约翰·金·费尔班克）捐赠的一批西文图书充实了中国历史方面的馆藏。“约翰·金·费尔班克图书馆”藏书1700册。目前图书馆中文部，也就是“鲁迅图书馆”藏书约5万册，大多由普实克教授亲自挑选，于1950年购自中国内地。该馆引以为傲的是丛书（110种）、地方志、中国戏剧方面的出版物、道藏、大藏经以及20世纪初期的期刊（以文学为主）。“鲁迅图书馆”的网上目录正在建设中。所里另有一所“西藏图书馆”，约计5000册书，藏有完整的西藏佛教经典（Karjur和Tanjur），于1958年购自西藏东部德格县（Derge）。除此外还有“高丽图书馆”，藏书3500册。

关于杂志，除了前面提到的《东方档案》和《新东方》，我们还出版其他刊物，如《东方档案增刊》（*Arcliv Orientální-Supplementa*，1953年起发行）、《东方研究》（*Dissertationes Orientales*，1964年起发行）、《图书编目服务》（*Bibliographical Series*，1977年起发行）、《东方档案——捷克系列》（1999年起发行）、《著作》（*Opera Minora*，2000年起发行）等。

关于东方研究所的一般介绍包括在英文版的年鉴里（1999年起）。对于东方学者和研究者的介绍，由捷克斯洛伐克东方学者以及非洲学者及伊比利亚美洲学者（Iberoamerikanisté）词典提供（布拉格1999年出版）。

李：我知道您本人在20世纪50年代曾经是北京中央民族

学院的留学生，能谈谈您留学时印象最深的是什么吗？您在捷克学习的专业是汉学，后来怎么与藏学结下了不解之缘呢？

高：1957 年我毕业于查理大学文学院，专业为汉语，我的远东历史课任课教师便是普实克教授。1957 年那年，我来到北京留学，师从于北京中央民族学院西藏语言文学专业教授于道泉，1959 年毕业。我们既是师生，又是朋友，关系很密切。许多年之后，当我又一次访问北京时，听说他病重住院，我去医院看望他。他已经不能说话了，我们握了手，他的手冰凉，第二天他就去世了。我当时非常难过，找到一个人生挚友是不易的，他对于我来说，正像中国有句古话所说的“一日为师，终身为父”。我在藏学领域取得的成就跟他是分不开的。

从 1959 年起，我在捷克斯洛伐克科学院东方研究所工作。我从中国带回了许多藏学书籍，后来所里成立了西藏图书馆。1961—1964 年我在所里就读藏学在职研究生，导师是阿·巴拉特、依·菲舍尔等人。1965 年我获得了捷克斯洛伐克科学院科学副博士头衔，1966 年获得查理大学文学硕士头衔，1991 年获得捷克斯洛伐克科学院科学博士头衔。

1966 年，我曾经作为外籍教师在堪培拉澳大利亚民族大学汉语教研室任教。1971—1973 年担任了东方研究所东亚部负责人。1979—1990 年在东方研究所科学情报中心任翻译。由于局势的发展，在那些年代里，我们没有什么事情可做，但是我不愿意荒废学业，于是我就把中国的报纸翻译成为捷克文。1975—1994 年我在布拉格国立外语学校担任藏语教师。1994 年起，我又担任了捷克科学院下属的东方研究所所长。多年来，我从事人类学文化和汉藏历史研究，研究的范围还包括西藏佛教、藏学图书编目、西藏文字史等。我翻译了汉语、藏语、俄语、英语和其他文字的许多作品，也成为许多科学专题研究论文、编目工作及众多译著和捷克与世界专业杂志科普论文的作者。

作为藏学家，我曾去过几次西藏。我曾经参加了 1991 年 9 月由中国藏学研究中心举办的第一届北京中国藏学研讨会，那时邀请了中外藏学家 80 余人共同研讨。会上共宣读论文 60 余篇。许多国外学者也宣读了许多近年来的新作，我做了名为《1913—1914 年的西藏能自行和另一个国家建立条约关系吗?》的论文报告，此外，我编写了《布拉格收藏的德格藏文印本书》，刊载于西德《亚洲研究丛刊》（1971 年）。我要说明的是，我跟达赖喇嘛有过私人交往，我出版的《西藏灵书》（布拉格 1991 年出版）是他作的序，但是我绝对不同意西藏独立的观点。

后记：访谈录中涉及的部分资料参考了高马士博士在北京外国语大学所做的演说《关于捷克的东方学和布拉格东方研究所历史》以及查理大学东亚研究所的罗然教授撰写的《捷克汉学研究现况》的相关内容。

采访者：李梅（北京外国语大学欧洲语言系）

中国情铸五十秋

——汉学家高利克访谈录

访谈按语：满头稀疏凌乱的白发，高高的眉骨下，隐藏着一双锐利的蓝眼睛。当他凝神倾听时，双唇紧闭，方形的下颏显得有些严厉；但时不时，笑容会忽然从他的嘴角洋溢开来，如同春风，瞬间化解了斯拉夫的冰原……

斯洛伐克著名汉学家高利克（Marián Gálik）先生如今已年逾古稀，但依然步伐矫健。近期他只身再度踏上中国的土地，目的地是北京、西安、四川。2005 年 10 月 30 日上午，在北大资源宾馆，他接受了笔者近两个小时的英文采访。本文由笔者据录音资料整理，且经高利克教授本人订正过。

高利克教授作为斯洛伐克科学院的资深研究员，是“布拉格汉学学派”的代表人物之一，耄耋之年仍然耕耘学术，在中国现代文学、《圣经》在中国的影响、中西文学文化交流、捷克汉学史等研究领域都颇有建树。

杨治宜（下文简称“杨”）：高利克教授，请问，您是何时开始学习中文的？

高利克（下文简称“高”）：那是 1953 年 10 月。那时候不仅是我，还有其他一些斯洛伐克学生，开始对学习东方语言感兴趣。与我一起学习的有一位同学叫安娜・多勒扎洛娃

(Anna Doležalová，1935—1992)，她后来研究郁达夫，我研究的是茅盾。我最早感兴趣的是茅盾的短篇小说，并完成了一篇关于茅盾 1927—1936 年间短篇小说创作的硕士论文。

杨：为什么是茅盾？

高：这与当时所谓“布拉格汉学学派”的总体形势有关。我的导师普实克（Jaroslav Průšek，1906—1980）是中欧最早从事现代中国文学研究的学者。20 世纪 30 年代上半期（1932—1935）他曾来过中国，见过许多重要的现代中国作家，包括冰心、沈从文、郑振铎，之后 50 年代他就在捷克斯洛伐克倡导现代中国文学研究。我的另一位导师贝尔塔·科列波索娃（Berta Krebsová，1909—1973）则研究鲁迅，写过有关《故事新编》的文章。因为我喜欢茅盾的作品，就从事茅盾研究了。普实克教授是茅盾先生的好朋友，因此我也希望能够来中国直接得到作者的教诲。后来，果然我得到了这一机会。我大概是第一个也是最后一个得到茅盾本人指点、研究他作品的外国学生。

我在中国期间，茅盾建议我，如果要研究他的“农村三部曲”，最好去看一看他的出生地乌镇，于是我成为首位拜访此地的外国人。那是 1959 年的事情。在我之后的外国访问者的到来不早于 1982 年，他们大多都是日本人。

杨：也就是说，您来中国以前就已经开始研究茅盾了？

高：对，并且还用英文写了有关的文章，但茅盾本人对论文结尾有些不同的看法。不过，那篇文章后来也没有发表。在中国期间，我曾于 1958—1959 年三次与他会面。第一次是

1958 年 9 月 25 日，我刚到中国不久就在文化部见到了他。当时我还很年轻，没有经验。次年我和他再次在北京饭店见面。这是 5 月 8 日，我国的国庆节。5 月中旬我送给他两篇研究他的论文，其一是《茅盾笔名考》。此文的英文 1963 年发表于捷克。他非常喜欢这篇作品，因为他告诉我，其中很多笔名连他自己都忘记了。他对我的文章发表了一些很有意思的观点。另一篇有关他生活的文章却未发表，因为在 1963 年以后，一些注解可能给他带来麻烦。茅盾亲笔评点过的文章手稿，我交给了中国现代文学馆收藏。回到斯洛伐克后，普实克教授告诉我，因为我们的德国同行弗雷兹·葛鲁纳（Fritz Gruner，1923—2003）已经写了两篇研究茅盾小说的论文，并因此获得了副教授职位，所以他建议我改而研究茅盾的文学批评。(笑) 所以，我最后的博士论文标题就成了《茅盾与现代中国文学评论》，1969 年以英文发表。

杨：能否谈谈您当年来中国的契机？是两国之间有学生交换活动吗？

高：当时中国和捷克斯洛伐克教育部之间的确达成了协议，进行学生交换。首批是 20 世纪 50 年代初，我是最后一批。开始只预备待一年，后来实际在北京大学中文系学习了差不多两年时间，从 1958 年 9 月到 1960 年 6 月。

杨：您对当时处在饥馑、贫困中的中国有什么印象？

高：可以说，作为外国学生我们没有多少了解中国的机会，只有假期才可能外出。两年里，仅在 1959 年我获得了特权，也就是说因为茅盾的缘故，北京大学留学生办给我开出了最有效的介绍信，让我有机会四处旅行。这对其他留学生来说，都是不可能的。茅盾说，他很希望我能去他在浙江的家乡。你知道，当时中国学术界的口号是“厚今薄古”，但是在文学研究界却恰恰相反，是“厚古薄今”。（笑）只有少数几个现当代作家能被研究。我的中国导师是吴组缃（1908—1994）先生，他对上海、对茅盾、对“农村三部曲”的整个背景都很了解，但是他告诉我：“我只能指导你到如此的地步，之后更深层的研究就必须靠你自己了。”因为他主要研究的是古典小说，所以我后来试图寻找其他的指导教授。王瑶（1914—1989）教授也是极其杰出的，我听了他 3 个月的课，但之后他就遭到了批判，课程也被迫中断。我只能在学术杂志里搜索，读到了南京大学叶子铭（1935—2005）教授发表的茅盾研究的文章。于是我通过留学生办与他联系，并取得了成功。他给我回信说，他愿意见我，和我讨论茅盾，并且可以把他手里关于茅盾的资料给我，但是他现在已经不研究茅盾了，他研究苏轼。（笑）当时每个人都害怕研究茅盾。

杨：您是说，都不敢研究现代作家？

高：是的，现代作家，包括茅盾在内，只有鲁迅是个例外，其他人都成了禁忌。我去了南京，叶子铭教授把他所有的资料都给了我，其中包括对茅盾的评论。然后我又去了上海，复旦大学的王永生教授向我开放了他们的资料室。但是这依然不够，因为他们对这方面资料的收集似乎还不够重视，尽管他们有能力购买。在这种情况下，茅盾先生向我推荐了他的朋友叶以群（1911—1966），当时的上海作协副主席。他告诉我：“高利克，最好的办法是替你写封介绍信给所有的旧书店门市部。”我高兴极了，因为通常情况下，最好的、最稀罕的书都不在普通书店里。当时这些旧书都相当便宜，我买了很多，现在当然都很昂贵了。我非常感谢叶以群先生，可惜他 1966 年自杀身亡。在上海时我买的主要是旧版的茅盾作品，也有郁达夫的，因为我的同学安娜·多勒扎洛娃没有机会来中国。用这些我从上海带回去的资料，她后来完成了第一本用西方语言撰写的研究郁达夫的专著。我后来还去了广州，但是在广州就没有获得多少买书的机会了。然后又去了武汉、桂林。在桂林我找到了茅盾的小说《锻炼》，这是其他地方都没能找到的。1959 年有一个极佳的机会：北京东安市场旧书店门市部从重庆、桂林获得了抗日战争期间出版的很多书，纸张都很不好，我在里面找到了许多茅盾抗战期间的作品及与他相关的旧版书。回国后我转而研究茅盾的文学批评时，从这些书里获得了很多宝贵的材料。

杨：您和最近逝世的巴金先生也有过交往，是吗？

高：我只和巴金见过一次面，1986 年 4 月。那是 26 年后我首次获得重新访问中国的机会，到了北京和上海。由于我将巴金的《寒夜》翻译成了斯洛伐克语，所以那次来上海的时候，我问了文化部是否有可能与巴金会面，他们拒绝了我的请求。不过，他们还是给他打了电话告诉我可以。于是我与达娜·卡尔沃多娃（Dana Kalvodová，1929—2003，中文名字为高德华）博士一起拜访了巴金。卡尔沃多娃研究的是中国戏剧。我们去了他家——这所房子大概将要变成纪念故居吧——进行了很有趣的谈话。作为一个比较文学研究者，我问他：《寒夜》是否受左拉自然主义小说《泰莱丝·拉甘》（*Thérèse*

Raquin）的影响？他告诉我，他读过这本小说，但是他不太喜欢它。可是，如果你读过这两个故事的话，就会发现它们很相似，虽然背景一个在巴黎，一个在重庆。巴金也许真的不喜欢这本小说，但是无论如何它还是影响到了他的写作，即便并不一定是以积极的方式。他此前从来没提过他读过左拉的这本书，但是我在这次会面之前就已经在一篇文章中阐述了这种影响的可能，如今作者本人也的确证实了我的猜测。顺便提一句，斯洛伐克的《寒夜》印数达到 3.3 万，而斯洛伐克的全部人口只有 500 万！

杨：有这样一种可能，就是作者接受了某些影响，但他本人并没有意识到这一点。

高：是的，是这样。

杨：我注意到，您这里谈论的是关于“影响”的问题，即还是较多运用了传统的比较文学法国学派“影响—接受”的范式。但是在这样的事例里，究竟是消极的“接受”还是积极的所谓“创造性误读”成分居多呢？

高：我不认为我们必须在所有的研究里都采用“创造性误读”的提法。一方面，我们无须“误读”就可以写出有创造性的作品，例如某个作者对另一个作家的作品了解得十分深入透彻，然后用其中的某些元素，用创造性的方式写出完全属于自己的新的作品。然而，尤其在相距甚远的两个文化之间，“创造性误读”的确时常出现。这当然是可以理解的。通常，当比如说德国、法国或其他国家的作家阅读中国作品时，由于他或她不了解其背景，就会首先仅仅接受，而后用自己的观点来重建这个文本，使之适应自己的需要。这类作家，如果他们不是对哪个国家的文学有长期阅读经历，而只是在其中寻觅素材，就会用“异国情调”的眼光来看待它，即使有时候他们自己也没有意识到这一点。对“创造性误读”的讨论始于若干年前。为什么它十分重要？这是因为很多中国作家的作品中也有“异国情调”，和外国作家描写中国的作品一样。这很有趣，除非他们在某个国家生活学习多年，否则就很容易沾染上“异国情调”。

杨：当我拜读您关于尼采对中国、里尔克对中国、冯至对歌德《浮士德》的接受等研究时，有这样一种感觉，即您其实已经涉及了所谓“创造性误读”的因素，例如冯至作品中所体现的歌德影响。那么，您是如何评价“五四”一代所接受的异国影响的呢？

高：这是一个很难回答的问题，得写上几本专著才行，尤其不好一概回答，因为中国的“五四”作家人数也是很多的。我想，最早只有留过学的作家能够接受这种影响，例如茅盾，他20世纪20年代开始学习尼采时，显然过度崇拜尼采了。但过了几个月，他就开始改变态度，认为我们不需要“超人”。他把尼采看成伟大的哲学家，但不适合于自己的目的。鲁迅比茅盾更早发现尼采，因为他年纪稍大一点，并且他在日本留学期间，尼采正在流行。著名意大利作家邓南遮（Gabriele D'Annunzio，1863—1938）也是一个很好的例子。茅盾读邓南遮最开始也是带着“异国情调”的，把他比作但丁。自然这是不可比的，因为虽然邓南遮也是一个好作家，但是但丁应该与荷马、歌德、莎士比亚比才对，而邓南遮或许——比如说

——可以和王尔德比肩。那时，茅盾在上海商务印书馆工作，那里有很好的图书馆，因此他有机会读到美国出版的英文书。就在那里，他读到美国批评家兰德·麦克林托克（Lander Mac Clintock）的《意大利现代戏剧》（*The Contemporary Drama of Italy*, Boston，1920）里一篇关于邓南遮的文章，然后将这个作家介绍给中国公众，其实几乎是将这篇文章翻译了一遍，变动很少。因此，他所介绍的就是美国批评家展现在他面前的邓南遮。这位美国批评家对邓南遮的颓废主义（decadentismo）推崇有加，因此茅盾就是把邓南遮作为一个标准的颓废主义作家介绍给中国读者的。这篇文章后来在中国也很有名。[1] 张闻天（1900—1970）翻译了邓南遮的剧本《琪珴康陶》（*La Gioconda*）。白薇（1894—1987）也仿照邓南遮的作品写了一个剧本《访雯》。我必须说，那是个上升的时期，一切都在发展，然而，一切毕竟都刚刚开始。这些人都还不太了解外国文学。当然，对中国文学来说，这是很好的事情。但是，茅盾介绍给中国读者的毕竟只是他随手找到的材料，并且不一定是最好的，这不仅在这个例子中如此。

杨：也就是说，他们缺乏对外国文学的整体了解，是吗？

高：对，就像毫无经验的旅行者初涉荒野一样。对于面前出现的美丽幻景，他们还缺乏足够的判断力。20 世纪 20 年代的中国作家就是这样，他们读到，然后译介了一些外国作家，

〔1〕 Gálik, M.：“Young Mao Dun and the First Chinese Essay on Gabriele D’Annunzio：A Quest for Chinese Literary Decadence,” Chiu Ling-yeong and Guida, D.（eds.）：*A Passion for China. Essays in Honour of Paolo Santangelo for His 60th Birthday*, Leiden-Boston：Brill 2006, pp. 142-155.

但是往往未必是最优秀的，或者还不能仅凭伟大作家的“真实面目”来了解他们。他们宣传了歌德、莎士比亚，但是对他们尚缺乏深入的研究。

杨：您刚刚提到的这一点颇为有趣，因为中国学者常常强调外国对中国的接受中充满了“异国情调”，却很少关注中国作家接受外国文学时也存在着“异国情调”现象。

高：不错，是这样。不过中国对西方的了解大概还是比西方对中国的了解多一些。

杨：嗯，但是20世纪二三十年代的时候，毕竟我们还刚刚开始接触西方，所以这种现象就相对突出一些。

高：是的，是的。另外，我还想谈一个很有趣的现象：当时中国学生留学美国、欧洲的时候，他们还比较穷，他们可以在图书馆里借书，写出优秀的论文；但当他们回国的时候，往往只能买一些廉价的书带回来，所以他们之后写文章，参考书就只有这些廉价的版本，而不是最好的。例如冯至，我看过他的藏书，他回国后写关于歌德的文章时，手头只有五六分钱买来的参考书，西方有汗牛充栋的关于《浮士德》的研究，包括最新的研究，他都没怎么读到，这在某种程度上影响了他们译介外国作家文章的质量。

杨：这种现象当今也多少存在着吧？

高：不错，当代中国学者也存在着资料获取的问题。我想，中国已经出版了好几个《浮士德》的译本，但是它们根据的版本似乎都大同小异，并且注释都很简短，而这一点理应是非常重要的，至少就学术性来说。我这样说，语调可能太严厉了。不过，这种情况在 20 世纪二三十年代更加严重。很多文学评论可以说都不是原创的，都多少与某些西方出版的著作、文章有关，他们常常不加说明，但是如果你细加研究，总可以发现他们由来有自。以张闻天为例，当他写第一篇关于《浮士德》的评论时，比你还年轻，大概 22 岁，所有中国人都对他的聪明才智称颂备至。但是，这并不确实，他根据的是一本小册子，由 H. B. 柯特里尔（H. B. Cotterill）的《浮士德传奇与歌德的〈浮士德〉》（*The Faust-Legend and Goethe's 'Faust'*. London: George G. Harrap & Company, 1912）翻译过来，只添加了很少一点的修改和补充。[1] 至于茅盾，他故居的藏书里也有一些参考书，但是中国学者多数不提，因为不懂英文；或者不敢提，以免显得在批评茅盾所作的文学评论的原创性。我也花了大概 20 年时间来找柯特里尔的书，最后终于在伦敦的大英博物馆里找到了。马克思在那里找到了写作《资本论》的资料，这你当然知道。

杨：您不介意我在成文的访谈录里写进您这段似乎有点批评意味的话吧？(笑)

高：当然不。对我来说这没什么，只要对你没有妨碍。

杨：当然不会。我觉得这对当代的冯至或其他作家的研究都是很好的切入点，因为这关涉到文学社会学，即作家身处的

[1] M. Gálik: "Zhang Wentian and His 'Goethe's Faust'," *Asian and African Studies* (Bratislava), n. s. 8, 1999, 1, pp. 3–16.

物质环境是如何影响到他们的写作和批评的。

高：确实是这样。就冯至来说，他是位很好的文学家，也是最优秀的研究日耳曼文学的学者。我钦佩他关于靡非斯托非勒斯、关于海伦的意见。[1] 但是，这依然不是最优秀的，这多少是因为客观条件的限制：年轻时，他是一个穷学生，买不起最昂贵的参考书；后来，他大概又没有了时间。在 2000 年德国开的一个尼采研讨会上，我提过类似意见，就是说，中国的尼采译介者通常都没有最好的尼采著作版本，例如 G. 科里（G. Colli）和 M. 蒙提纳里（M. Montinari）编的尼采全集（供研究用，15 卷；慕尼黑 1980 年德文版），而用的是 1930 年左右的出版物。所以我想，有时候翻译质量是有问题的。

杨：这是很有可能的。现在，能否请您谈谈您与中国结缘的一些其他经历，例如，我听说您因为对“文化大革命”的意见，甚至在原捷克斯洛伐克共和国遭受过一些打击，是吗？

高：啊，对，这是个很有趣的故事！马悦然教授在 1975 年组织过一个关于中国文学的国际会议，我参加了，发表了论文，并且谈到在当时中国，对现代文学的研究受到很大的限制，可以研究的大约只有两个人：鲁迅和郭沫若。我还提到，我的一些中国朋友，现代文学学者，在国内遭受着迫害。倘若鲁迅本人在世，一定会严厉抨击这种现状的！（笑）某种意义上，我还真是个先知呢，因为一年之内“文化大革命”就结

〔1〕 参见［斯洛伐克］高利克：《冯至与歌德的〈浮士德〉：从靡非斯托非勒斯到海伦》，杨治宜译，《国际汉学》第十二辑，郑州：大象出版社，2005 年，第 266～289 页。

束了。[1]（笑）1979 年，在新的改革开放的形势下，研究者们就自由多了。当时研讨会结束回国之后，有人就举报说我污蔑了中华人民共和国！当然这不可能，我只是说出真话而已。之后，我遇到了一些麻烦，当然也不是很多，但是 1980 年 4 月 10 日，普实克逝世之后第四天，我就被禁止代表斯洛伐克汉学界参加国际会议了，整整 5 年。这究竟是怎么回事我也不太清楚，不过那次会议上的左翼分子不少，估计一些谣言传回了国内。也因为这个，我很久都没有获得斯洛伐克国家博士学位（DrSc.），这在我们国家是比博士学位更高的荣誉。后来，是因为党内的一个高官，他的孙子孙女是我太太班里的学生，偶然得知此事后，帮助我解除了压力。现在，他的女婿是斯洛伐克共产党的主席了，有时候他在街上碰见我，还会和我打招呼。

杨：可是，风云变幻，斯洛伐克共产党如今已经在野了。

高：是的，他们在议会里占的席位不多。

杨：斯洛伐克的中国研究者有多少人？

高：不多。我年轻的时候一起学习中文的同学，并没有都成为学者。当时我们在布拉格，有七八个学生做了关于中国现代文学的硕士论文，但是之后只有三四个人还继续在这个领域进行探索。

---

〔1〕 M. Gálik, "On the Social and the Literary Context in Modern Chinese Literature of the 1920's and 1930's," Malmqvist, G. (ed.): *Nobel Symposium 32. Modern Chinese Literature and the Social Context*, Stockholm: Nobel Foundation, 1977, pp. 7-45.

杨： 现在斯洛伐克的情况呢？

高： 就现代中国文学而言，恐怕我是独此一家。我有三个很好的学生，一个正在研究马原，另外两个研究的却不是现代文学，而分别是唐代女性诗人作品和《西游记》。我也有三位同事，第一位的中文名字叫玛丽娜·黑山（Marina Ĉarnogurská），她把《红楼梦》、老舍的一些短篇小说和其他一些作品翻译成了斯洛伐克语；第二位，亨利耶塔·哈塔洛娃（Henrieta Hatalová），她研究中国民间俗语；还有马文博（Martin Slobodnik），研究藏学。我还有一位中国的学生叶蓉，成都西南交通大学的副教授，2001—2004 年间她在夸美纽斯大学（Comenius University）教书的时候，我曾指导她研究《圣经》与中国当代文学的关系。夸美纽斯大学的副教授亚娜·贝尼卡（Jana Benická）是研究中国佛学的。

杨： 这给我的印象是，您在斯洛伐克是不多的中国文学研究者之一。

高： 是的，斯洛伐克是个小国家。

杨： 难道您没有感到过孤独吗？

高： 不，从来没有。我还有很多外国的朋友，有乐黛云教授这样的老朋友，也有你这样的年轻朋友。我并不怕和他们来往，即使在最危险的时候！这你可以看看耶路撒冷希伯来大学的伊艾琳（Irene Eber）教授 1975—1997 年间与我通信的记录——《鸿雁书简：20 年通信集》，收录在我的 65 岁寿辰纪念文集《秋水》里。[1]

杨：这真可以说是“海内存知己，天涯若比邻”了。（高利克先生微笑着点了点头）另外还有一个问题是：您怎样看当代的西方汉学研究？

高：你要知道，在我年轻的时候，西方的汉学研究和现在的是无法同日而语的。研究者很少，主要在法国、荷兰、英国、德国、苏联。1960 年以前美国几乎没有人研究现代中国文学。1963 年、1967 年，普实克教授两次在美国发表了演讲，之后的情况就开始改变了。他门下有一些出色的弟子，他们都在现代中国文学研究领域做出了贡献，李欧梵教授是其中最优秀的一位。如今美国的现当代中国文学研究都比欧洲更加发达，也更加深入了。

杨：在中国，现代文学研究与您当年来华时相比，情况也有了很大改观。那些当年被列为禁忌的作家，都已经成了许多学者的研究对象。您对这一现状有什么看法呢？

高：的确，中国现在有很多、很好的现代文学研究者，他们的研究领域几乎涵盖了现代文学的各个方面。然而我以为，在西方由于出版的机会比较少，所以标准会相对较高，但在中国，出版的机会多，如何保持高水准的学术就成了问题。在中国的书店里，我常常会惊诧于研究著作的数量，但却常常不满意它们的质量。我发现，很多书都不过是互相重复而已。每个

---

〔1〕“‘Wild Goose’ Letters：A Correspondence of Two Decades,” Findeisen, R. D. and Gasamann, R. H. (eds.)：*Autumn Floods*：*Essays in Honour of Marián Gálik*. Bern：Peter Lang, 1998, pp. 23-30.

大学、每个研究机构都可以出书，可是有必要出版这么多吗？我们需要的是更加深入的研究。另外，恐怕现代文学专业学生的外语水准也还不够，无法进入到其他国家的学术著作之中。其实，现在用英文、德文、法文等语言写作出版的优秀中国文学研究著作已经不少，因此有必要在学习和写作中把这些成果容纳进去。当我看到一本大部头的著作里，没有援引任何西方汉学研究作品时，往往就会怀疑它的学术水准。要知道，研究任何题目都要对它目前为止的探索有全面的了解，否则很可能你所讨论的问题，30 年前就已经进行过研究，甚至比你做的研究还要好。这就是目前中国现当代文学研究中存在的问题。20 世纪五六十年代，这个问题当然不存在，因为研究的著作还很少，所以肯定都是原创的。

杨：这确实是个迫切需要我们反思的问题。我知道，您既是现代文学研究者，同时也可以称得上是比较文学学者。有人认为，现代中国文学研究必然同时也是比较文学研究，因为现代中国文学受外国影响很大……

高：避免外国影响是不可能的，我们生活在通信十分发达的时代，我们不能不接受也必须接受异国的影响，否则就不能写出好的作品。以顾城为例，他是我的好朋友，我知道他很难用中文以外的语言写作，但是他的阅读十分广泛，但丁、歌德……都在他的作品里留下了印记。所以，现代文学的研究者们不能不了解外国文学，也不能不应用比较的方法。但是，所谓“比较的方法”，也不仅仅指理论，因为结构主义以来，只谈理论是不够的。理论很重要，但我们必须选取对我们研究而言最恰当、最有用的理论。我可以举一个例子：用结构主义理论来解读鲁迅的《药》是相当好的。但是倘若用它来解读托尔斯泰的《战争与和平》，那就不合适了，那非得让你的研究著作比他原本的小说长上5倍才行！不管怎样说，理论是重要的，但是没有人能够在解读这些作品中做到完全的原创，恰恰相反，你读的、研究的越多，你的成果就会越优秀。孔子是原创的，但是孟子也可以称作具有完全的原创性；老子是原创的，但是庄子也是完全原创的作家；苏格拉底、柏拉图与亚里士多德是原创的，但其后的哲学家，包括中世纪的经院哲学家们，同样可以做到完全的原创。脱离伟大前人的影响，便没有了伟大著作的诞生。这同样适用于我们的文学评论和文学史写作。文学史家们必须同时了解博尔赫斯和马尔克斯，否则就无法理解马原这样的现代作家。如果不了解茅盾的《子夜》所接受的左拉小说《金钱》（*L' Argent*）的影响，当然也可以写出评论著作来，事实上很多人就是这么做的。然而，这远远不够，因为他的确读过《金钱》，接受了它的影响。他写过文章，探讨北欧神话主题，这在他的作品中反映为上海资产阶级与无产阶级之间的斗争正如旧神与新神之间的战争一样。这一点说出来有人不信，但是我很肯定。茅盾在写《子夜》的时候，同时也写了一本《北欧神话ABC》的小册子。当然，这一点他没有对人提过，我与他见面时也还不知道。这本小册子是我后来在研究中发现的。《北欧神话ABC》不过是H. A. 古尔贝（H. A. Guerber）的《古代挪威神话：从〈埃达〉和〈萨迦〉开始》（*Myths of the Norsemen：From Eddas and Sagas*. London：George G. Harrap and Co.，1919）一书的详尽而才华横溢的摘要。

所以我想，中国的文学研究者们还需要尽可能广泛地接触各种资料，即便存在着客观条件的限制，将来情况可能会改观吧。中国有这样多的文学研究机构、这样多的文学研究者、这样多的出版机会，所以，倘若能够克服目前资料获取方面的困难，我期待着他们做出新的突破。就此而言，我的焦虑是，如何找到适当的途径。

杨：您提到“焦虑”这个词。那么，在中国现代文学家身上，是否存在着所谓“影响的焦虑”呢？就好像您接触的两位文学大家——巴金、茅盾都没有提他们作品里左拉的影响。

高：这是一种自我防卫的策略吧，我想。公众总是期待着作家们能够做到完全的原创。有时候，至少就我个人的接触而言，他们甚至不愿意坦率承认这类影响，或者，也可能是自己没有完全意识到吧。

杨：这是可能的，毕竟影响无处不在。然而，我的困惑是：您认为，学者们搜寻这些影响的蛛丝马迹，其终极意义何在呢？

高：我们的工作是为了更多、更深入地了解所谓“文学事实”。或许有人觉得在国别文学的范围内了解这些事实就够了，但是，比较文学意义上的文学事实也是重要的。当文学跨越边界的时候，比较文学的文学事实就产生了。现在，我们已经来到了一个我认为是“全球跨文学性”（global interliterariness）的时代。我在乐黛云教授七十五寿诞的论文集中，撰文探讨过这个问题。[1] 这个时代，一切都有可能。我们必须深入研究这些文学关系，尽管不可能穷尽这些关系，但是必须有更多的人尽力从事这一事业，尤其对西方人来说，因为我们中间能够在远东和欧洲之间进行比较文学研究的人还很少。到了这个世纪末，我期待会有更多的国家、学校、企业资助对跨文化文学事实的研究，以求我们获得比今天更清晰的对这些事实的了解。文学事实对其他方面的文学研究也是重要的，比如说有助于我们对文学术语的研究：它们是如何被翻译的？我们如何建立起一种新的文学理论，将中国、日本的文学批评术语都涵括其中，并且让它们被接受、被理解？例如"空""道"这样的词语，在东亚文学中极其重要，但是在西方却很难找到对应概念。我们应当做这项工作，把它们吸纳到西方文学批评中来。生活在这个跨文化时代，跨文学的理解是十分重要的。我认为，比较文学、比较文化研究都很有价值。不过，比较文化研究可能太宽泛了，我本人做得不多。

杨：您是一位极端勤奋的学者，我知道，以您的高龄，迄今依然笔耕不辍。那么，您将来的研究计划是什么呢？

高：我有三个方面的兴趣，倘如天假以年，我将首先探讨中国现当代文学和《圣经》之间的关系。2004 年我出版了一本关于《圣经》和中国文学的书。[2] 其次，我还要写一本书，内容是捷克斯洛伐克对中国文学、文化研究的贡献。我已

---

〔1〕 高利克：《2000 年"世界文学观念"述评》，载杨乃乔、伍晓明主编：《比较文学与世界文学：乐黛云教授七十五华诞特辑》，北京：北京大学出版社，2005 年，第 113~122 页。

〔2〕 M. Gálik, *influence, Translation and Parallels: Selected Studies on the Bible in China*, Sankt Augustin: Monumenta Serica Institute, 2004, p. 351.

经写了 15 篇这方面的文章，并且希望添加更多的材料。这项工作不会花费太多的时间。最后，是想写本书，总体探讨欧洲各国，甚至美国文学与中国文学研究的关系。主要谈的将是德国，因为我对德国比较了解，对歌德和尼采进行过较多的研究。

杨：我期待着这些著作的面世。谢谢您接受我的访问。

后记：高利克教授结束中国之行，返回斯洛伐克后，来信告诉我，他在 2005 年 10 月 21 日接受了国际学术界的最高荣誉之一——亚历山大·洪堡奖（Alexander von Humboldt Award）。这在欧洲社会科学工作者与汉学家中，堪称弥足珍贵的殊荣；同时对高利克教授个人而言，这也是对他以毕生精力从事中国和斯洛伐克文学交流的最大褒奖。

采访者：杨治宜（北京大学中文系）

“航行在中保文化的两岸”

——《红楼梦》保加利亚语版译者韩裴访谈录

访谈按语：韩裴（Petko Todorov Hinov），保加利亚翻译家、作家、汉学家，1996年毕业于索非亚大学汉学专业，研究汉字学，译有《红楼梦》、《七侠五义》、《三十六计》、《围炉夜话》、林语堂《吾国与吾民》、莫言《生死疲劳》、陈祈宏《一看就懂：图解中医入门》、《中华思想文化术语》等。《红楼梦》译本保语第一卷荣获2015年度“赫里斯托·格·达诺夫”文学奖（Национална награда Христо Г. Данов），这是保加利亚文化部对保加利亚文化贡献最有名望者的年度奖项。2017年8月，荣获中华图书特殊贡献奖之青年成就奖。

韩裴先生此次是应北京外国语大学欧洲语言文化学院邀请，来华开展“国外知名学者讲堂”项目交流。笔者对韩裴的采访，主题是《红楼梦》的翻译研究。韩裴在翻译《红楼梦》的过程中，汲取了国内红学研究的最新成果。他对《红楼梦》的理解和文字转化方式，远远超越了传统的维度——在古汉语和古保语之间游走的艰难被他轻描淡写一带而过；对《红楼梦》当获国际认可的必要性被他一言否定；翻译方法和策略不是斟酌着应用，而是在他的两个文化“容器”中自然地溢出。他认为中国古代文化经典翻译的一个最有害的成分就是“欧洲思维”。

林温霜（下文简称“林”）：我知道您从中学就开始自学汉语。那么最初是什么吸引您对汉字和汉语感兴趣？您是如何开始自己的汉学之路的？

韩裴（下文简称“韩”）：中国究竟何时第一次出现在我的生命里，这一点很难说。也许是我对世界地图的第一印象，那里面中国是一个巨大的用淡黄色标注的国家。又或者是安盖尔·卡拉利切夫（Ангел Каралийчев，1902—1972）和尼古拉伊·拉伊诺夫（Николай Райнов，1889—1954）笔下的中国故事。我对神秘复杂的文字很着迷。小时候我甚至自创过一种与汉字颇为神似的符号，用它们替换保语字母，我行我素地用自己的“汉语”写作。我初识中国是通过电影《少林寺》，片中有三样东西给我留下了深刻的印象：李连杰的功夫、中国姑娘丁岚的美以及汉语之美。最开始鼓励我学汉语的人是我的父母。他们永远都是我坚定的支持者。当时，他们通过大学里的熟人，给我买了四卷本的《汉俄大词典》，我珍藏至今。每一次翻开，都回想起自己最初学习汉语时的痴迷状态。可以说汉学中我最爱的一直都是汉字。

林：我明白了，是汉字之美开启了您的汉学之路。那也就不难理解您对《红楼梦》的钟爱——汉字的多样美在这部小说中发挥到了极致。2015 年保加利亚东西方出版社出版了您从中文翻译的《红楼梦》全译本第一卷，并因此获得了保加利亚文化部对文化贡献最高者颁发的“赫里斯托·格·达诺夫”文学奖。我猜想，大部分读过《红楼梦》的汉学家都有过翻译它的冲动，但真正动笔的人很少，动笔后能坚持下去并让我们看到译本出版的就更少。那么，您翻译这部中国文学的鸿篇巨制，一定有一种按捺不住的力量在推动吧？

韩：我第一次读到《红楼梦》是在1987年保加利亚出版的文学年鉴《图书世界》（*Книгосвят*）上，这本书详尽介绍了中国文学的历史，其中有一篇小文单独写了《红楼梦》。书上说“中国人会反复阅读《红楼梦》，用心学习，并且像读诗一样去大声朗读”。我知道了《红楼梦》是唯一一本演化出一门特别学问的中国文学（可能在世界文学中也是独一个），这门学问叫作红学，而且有一个专门的红学机构研究这本小说里人物的原型、族谱和《红楼梦》对中国文化的影响。[1]

《红楼梦》的标题在保加利亚语中被译作“Блян сред алени чертози”。请让我解释一下这个绝妙的翻译，它也是我爱上曹雪芹小说的第一个原因：这三个词里都充满了诗意，代表着一种惆怅，一种对于不可捉摸的、遥远的美丽的向往。“блян”是保加利亚语中的“梦”，不是指“睡眠中的幻象”，而更像是一种对于无法实现的、不真实的美好的渴望；“ален”对应“红”，是一个充满诗情画意的民俗词汇；还有“чертог”（复数是чертози）指的是“宫殿”和“富丽堂皇的大厅”，这个词主要是在诗歌、教会赞美诗以及童话故事中使用。之后，当我开始翻译这部小说的时候，我将“блян”改成了“сън”，它指的仅是不真实的景象，刚好对应着梦中的“现实”。“блян”仅有诗意，相比而言，这个词更接近哲学和宗教意义。我同样也用“покои”替换了“чертози”，这个复数词天然带着贵气，用来描述富贵人家的内室，多为未婚女性

---

〔1〕《图书世界》（*Книгосвят*），索非亚：人民文化出版社，1987年第6期，第67页。

的房间。

因而，从这个标题开始，我成了这部小说热忱的读者。从读第一回开始，我就被那独一无二的绝妙语言吸引：“锦衣纨绔之时，饫甘餍肥之日……虽今日之茅椽蓬牖，瓦灶绳床，其晨夕风露，阶柳庭花，亦未有妨于我之襟怀笔墨者。”我目不转睛，每个人物身上都闪耀出诗意的精巧。我必须承认一点，在我很小的时候，是保加利亚语言的美引领我走入文学的殿堂（这里指的是保加利亚文学）。从青年时期开始，我最爱读的是诗歌，它就像是童话故事里的长生不老药，聚集宇宙各个角落的滴滴精华，涵盖天与地、人与自然。

林：斯洛伐克文《红楼梦》的译者玛丽娜·黑山女士对《红楼梦》极其推崇，认为其中包含着人生哲理，甚至还建议“中国应该为曹雪芹申请诺贝尔文学奖。因为世界上再也没有一部文学作品比《红楼梦》更天才的了”。您怎么看《红楼梦》在文学和汉学两方面的价值？

韩：无论我怎么评价曹雪芹的这部小说，都只是锦上添花而已。不过，借您的提问我想表达一下我对玛丽娜·黑山这个建议完全不同的看法：曹雪芹不需要借助诺贝尔文学奖获得承认，我个人认为，获奖不能证明作品的价值，获奖更多时候只具有象征意义，它是对一部作品不朽性的部分认可，但不是作品不朽性的化身。而且，诺贝尔奖是诞生于中国文化圈之外的产物，而中国文化不需要外部认可就足够伟大。我认为，最好设立一个跟诺贝尔文学奖类似的奖项，比如“曹雪芹文学奖”，以此来对某部作品的价值进行中国视角的评价。它应该具有诺贝尔文学奖同等的权威性。中国有着令人叹服的古老文学传统，完全有条件自行为文学订立标准和设置奖项。更进一步说，中国文化是一种罕见的、独立特殊的文化存在，很难包括在西方人和西方文明的思维范畴中。

对我而言，《红楼梦》是一个奇特的宝库、一座神奇的宫殿和一面神秘的镜子——以它清晰而又难以言喻的角度映照着博大精深的中国文化。它是精确的中国灵魂的诗意表白，是古老的中国智慧的自我凝视，跳动着中国脉搏。《红楼梦》获得中国人以其作者命名的奖项才是最恰当的——是中国人民赋予了曹雪芹的作品不朽的力量，任何其他外来奖项，包括诺贝尔奖，都不可能做到这一点。

林：欧洲语种的《红楼梦》120 回全译本中，霍克斯（David Hawkes，1923—2009）的英译本、杨宪益和戴乃迭（Gladys Yang，1919—1999）的英译本、帕纳休克（B. A. Панасюк，1924—1990）的俄文译本都有很大的影响力，很多其他语种都是从这些译本翻译的。而罗马尼亚文译本是汉学家杨玲（Ileana Hogea-Velişcu）翻译的。我知道，除了汉语，您还通晓英语、俄语和罗马尼亚语。那么您在翻译的过程中，是否参考过其中的一些译本？您对这些译本又有怎样的评价？

韩：最初我找到了三种英译本，除了您提到的霍克斯译本、杨宪益和戴乃迭译本，还有乔利（H. Bencraft Joly，1857—1898）的节译本[1]。帕纳休克的译本我也熟悉，我曾经把它与中文原版拿来对照，发现其实他用的底本跟我的不谋

〔1〕 英国前驻澳门副领事乔利的《红楼梦》英文节译本，只出版了两卷。第一卷 24 回，1892 年由香港凯利 · 沃尔什出版社出版；第二卷 32 回，1893 年由澳门商务排印局出版。两卷共 56 回，无删节。

而合。但是，尽管这个译本的俄语精雕细琢，我仍然倾向于坚持我的唯一标准，即忠实于中文原著，包括参考脂砚斋的评本及当代红学家的解读。这样一来，我翻译第一卷时还参阅并对这些译本做了一些比较，后来便逐渐放弃了这种做法，转而在二至四卷的翻译中纯粹参考中国红学家的评本。也正是这个原因，我不允许自己对这些译本妄加评论，因为除了阅读片段(出于了解小说存疑处的翻译处理手法的目的)，这些译本的完整版，我基本都没有读完。

林：《红楼梦》作为一部中国古典文学的巅峰之作，对翻译者的要求达到了一种至高的境界。因为它要求的已经不仅仅是对两种语言的把握，更是对其中牵涉的包罗万象的百科知识的掌握和运用。最难处理的是那些只存在于一种文化之中，另一种文化的受众却完全无从领会的内容，比如作品中出现的大量有关中草药、古代服饰，甚至饮食的名称及其描述。您在翻译过程中是怎么处理和传递这些内容的？

韩：曹雪芹创作这部小说时涵盖了浩如烟海的百科知识，这是翻译中最困难的地方。有时候，人物的服装描写细致入微，让我格外苦闷直至无奈。此外，所有的这些描述都有着丰富的隐义，作者融入其中的不仅是艺术观察，还有一些读者匆匆翻阅时不曾注意到的符号象征。有些符号需要译者给出回应，要么就弱化处理，不让这些符号发声，要么就译出，让它们与读者对话。对于有些无法译为保加利亚语的文化元素，我的处理方式一般有两种：音译和脚注解释。《红楼梦》中大部分的角色姓名都具有象征意义，应当予以恰当的解释。传统中草药、服饰及其元素、建筑名词、首饰、珠宝等，这些物品的名字在保加利亚语里找不到真正的对应词。这里，我还将隐藏在诗中的想法、对历史事件和数字的暗指都在给读者的注解中说明了。整个第五回是一个寓言。在这本书的开头，作者提到了这本书的另一个名字——《风月宝鉴》，这是警幻仙子创造的一面魔镜，从镜子的正面会看到一个美人，反面则是一具枯骨。这个镜子落到生性放荡的贾瑞手中，引他走向了毁灭。像这样的例子，如果不用脚注解释，读者可能无法理解曹雪芹在小说中的比喻所隐含的意义。另外，我相信译者不应该把自己个人的解释强加给读者，除非这种符号意义在特定语境的确是一致的。曹雪芹倾注在《红楼梦》中的大量学问、知识并非都可以用脚注或尾注来说明，而且全部加注可能会影响译作排版的美观。不过，我已经竭尽全力去让读者尽可能地"品尝"这其中的"中国元素"。

林：我注意到您的译本中熟练地在两种翻译策略中切换——将源语本土化的"归化法"（foreignization）和译者向作者靠拢并采用源语表达方式的"异化法"（domestication）。比如您经常举的"貌似潘安"这个例子，究竟是译成"潘安"还是"像阿波罗一样英俊"，这就面临异化和归化的选择问题。显然，要在《红楼梦》这样一部大部头著作中完成这种切换，既需要考虑原著携带的文化内涵，又要关照读者的接受习惯，很不容易。您在翻译的过程中有没有为归化和异化制定一定的标准？

韩：首先，我不是在"翻译"，也就是说，我并不把学过的方法、技巧和策略用在文本的转换中。如果一个人对待文学作品翻译采用这样专门的方式，他就偏离了翻译原本的方向，也会丢失作品中不能解释的维度。我指的是直觉，就是超越语言，不是通过良好的专业训练和语言组织性，而是通过文化和精神世界感知并进入领域。我曾经在给学生们讲的一堂课中提到过这个翻译的秘诀，这里总结一下：翻译《红楼梦》的时候，我从自己的文化场域中走出来，迁移到曹雪芹建立起的语言世界中。在这个“迁移”的过程中，所有运用翻译技巧的想法都消失了。只剩下两个世界和两个心灵——作者的和我的。我把自己想象成作者，他引导着我，对我讲述着。然后我再从他的世界里走出来，重新沿着他引导我的那条路，把他用母语讲述的故事讲给我的人民听。

通常在经过成千上万页的翻译之后，译者一瞬间就不再是一名译者了。他从别人认为的那些范畴，直白点说，就是那些妨碍他们发挥的翻译艺术评论家们的窠臼里跳出来，成了一个独断专行的语言魔术师，在某种意义上获得了在语言之上进行创作的权利。翻译是一种真正意义上的魔术。

还有另一个问题，大多数人都没有意识到——译者首先是一个属于某种文化的人。在这个意义上，我们这些爱上文字的译者，不仅仅是把文字经过深思熟虑从一种语言表达成另一种语言，更是在两种文化中溢出文字。文字溢出的同时还溢出思维，溢出两个民族之间的精神养分——这种界定比给它确定一个名号更宽泛、更有价值。我们被认为是在翻译精神世界，翻译文化。研究一个民族及其语言文化的人被称为这个文化的容器。而译者的工作则更令人惊叹，因为他有时候要同时成为两种截然不同的文化（好比中国文化和保加利亚文化）的容器。中国典籍翻译中最有害的成分之一就是“欧洲思维”。要想阅读和翻译中国古典文本，需要对中国作者的思维方式予以充分的信任，而反之对自己的思维方式不信任。这是一段很长的路。这里，我不得不将其归纳为“中国典籍不能从第三种语言（尤其是欧洲语言）重译”的重要原因。

因此，就翻译艺术的表面性策略而言，您提到的以上两种方法我都视情况不同在运用，但从不以它们为基础，它们更多的时候是在配合大脑的工作，同时也是多年读书和写作实践形成的深刻直觉的一个结果。我的头脑就像汪洋中的一条小船，航行在中国和保加利亚的两岸。

林：《红楼梦》中人物语言翻译的难度也可想而知。黛玉的文雅，贾政的官腔，王熙凤的尖刻，焦大的粗鄙，薛蟠的无赖……都是一些风格用到极致的语言。您在翻译中怎样区分这些迥异的风格？这些方法能否帮助读者更好地领会这些人物的语言特点？

韩：在所有的文学翻译中，都有一个进入作者世界的适应期。从这个角度说，我必须承认，在翻译前五回的时候是最艰难的：这是一种全新的体验，我不得不去研究在大语境下词语、短语和隐喻的意义，这可能会花费几个小时甚至几天的时间。当翻译一部伟大的作品时，也会有这么一段时间，译者需要去掌握原作者的写作风格和技巧，并且学着用他自己的语言表现出来。一旦译者习惯了作者的思维方式，他的思想慢慢地就与文本交融在一起了，并且在一定程度上屈从于作者的思想，这其中蕴含着作者与译者之间密切的联系。达到这种状态是译者的理想境界，因为这就意味着对原作者表述的最大还原。

《红楼梦》一个突出的特征就是文体的多样性。对于翻译出来的文本，我一般要检查三遍。第一遍的初稿是最费时的，目的是最精准地传达出作者的思想。在这一阶段，我会强迫自己放弃自己在遣词造句方面的文体和审美习惯。从这个层面来说，先不理会言语的优美是非常重要的，这是为了避免失掉原文的信达。风格的完美和雅致在这一点上是不可保留的，译者必须忍受这样的差距和偶尔的"含糊"，目的仅有一个：忠实于原作者的思想。

我的原则是在第一层翻译中绝不闪烁其词，正因如此，我才会在翻译过程中不断咨询研究曹雪芹的学者。我购买了大量的研究资料，读了不少电子书和文章的扫描版，探索《红楼梦》文本中每个可能的趣味层级。我为每一回中存有疑问的字词建了单独的文件夹，有时候为了弄懂某个字词的意思或是需要阐明的文化角度，我需要读更多的文章，只有这样，我才能将原文的意义诚实、准确地用保语表达出来。

保语语言在动态结构上和语法风格上都是博大精深、极具可塑性的，可以自然且真实地再现中国通俗小说中的语言和白话小说。我相信各种中国文化习语（如对话、方言、措辞、箴言与俗语）用保语来说比翻译成英文要更加恰当和自然。我的母语多姿多彩、生动自然、热烈奔放且包含着内心深处对生活的热爱，也许正是有了这些品质，它才与中国文化语言格外贴近。

另外，却也很难用保语体现《红楼梦》中"贵气"的情况：在高贵的保加利亚古都大特尔诺沃陷落后，这类"皇家气派"与贵族阶级以及文人便也一同消失了。这就是将曹雪芹的小说翻译成保语的一个主要困难，保语中的高层级中世纪语言已经失落，再也没有可与那个时代匹敌的崇高超群、高度诗意、威严智慧又与岁月同老的保加利亚语言了。奥斯曼统治时期，保加利亚文学语言的传承中断了；后来到保加利亚民族复兴时期，再至今日，希腊、土耳其、俄罗斯和西方起源的冲击和影响，已经让我们的文学和文化传统式微。每当我想将《红楼梦》的皇家语言转化为保语时，我必须去古代保加利亚文学宝藏中寻觅。在我们的土地上仍有一种不可或缺的语言——教会斯拉夫语，通过这一语言和用它写作的书我才得以真正掌握了古代保加利亚文学。这种珍贵的教会语言在很大程度上保存了我们曾经辉煌灿烂的王国文化。《红楼梦》中的文言文只有通过使用华丽的古保加利亚语言才能恰如其分地呈现。这样的高雅是一般读者难以企及的，但这恰恰是同水平高度的中国文学的魅力所在。我认为不该把这样的贵气庸俗化，曹雪芹在向读者娓娓道来中未用过的语言，译者也不该用。这的确就是翻译的难处，但对于这本整个中国文学史上最佳且意蕴丰饶的小说来说，若只是简单地把它的高贵的语言弃之不顾的话，就磨灭了它该有的高雅恢宏。

林：您提到教会斯拉夫语是在基里尔字母的基础上发展而成的一种教会文学语言，又被保加利亚人称为“古保加利亚语”。在保加利亚民族复兴时期形成标准语的过程中，教会斯拉夫语的词汇的确被大量借用以弥补方言的语汇缺陷。您把这些中世纪的书面语汇用到《红楼梦》的翻译中，为的就是在语言上更靠近原著的时代语言，让读者仿佛置身 18 世纪。这相当于您在用古保加利亚语来充实现代保语。那您是不是也会用《红楼梦》“充实”保语？

韩：教会斯拉夫语实际是语音上俄语化的古保加利亚语。

从语法上讲它与圣基里尔和麦托迪兄弟及他们的弟子为南部斯拉夫部落翻译宗教典籍时所用的语言如出一辙。那种主张我们本土的古保加利亚语是在民族复兴时期通过俄罗斯“引入”保加利亚的论调，主要是基于古代宗教典籍的出版物是从俄罗斯传到保加利亚的这一事实。但我们不能因此忽视另一个现象：这些典籍的中世纪保加利亚语版早已靠手写版传播开来——这是一个异常艰难的过程，也恰好可以解释本土的手写版很快就被外来的印刷版取代的事实。

我用这样一个简短的导入来作答，是为了强调古保加利亚语的词汇和短语的使用不是将某种新的语汇引入到翻译中，而是对本土的、已经被遗忘的语汇的复兴。根据我自己的阅读感受和读者的反馈，这种复活古代词汇的做法令《红楼梦》的保加利亚读者很愉悦，并且在一定程度上让我们重新获得了民族自信，因为我们也拥有而且可以使用本民族高贵的语言来表达曹雪芹崇高的思想。

从根本上说，译者必须拥有比作家和诗人还要丰富的词汇。这反过来又意味着译者必须有大量的阅读，以吸收尽可能多的文学经验和表达，才能从先于他存在的作家们的谷仓里舀出尽可能多的谷粒。译者在翻译一部巨著之前经历的积累、记忆和个人语汇的丰富过程不见得为人知晓，但正是这些积累决定了他所呈现出来的作品所具备的面貌。您知道吗？自卑是让这项工作免于停滞和漫不经心的最好的方式。永远觉得“还不够好”，这对精神上的弱者来说是逃避和落败的借口，但对于强者来说，则是燃起他内心的勇敢之火，在世人看来甚至会有些鲁莽和疯狂。

林：《红楼梦》虽然是一部小说，但其中的诗词数量可观。中国古代诗词本就难译，中国清代诗歌又十分讲究用典，红楼诗词中还要隐含人物的身世、结局，言此及彼，明修暗度，实在是对译者的巨大挑战。但您似乎很享受译红楼诗词的过程。您本人是诗人，自己用保语写诗，发表诗集，而且您说过《红楼梦》最吸引您的就是“诗化”的语言。那么，《红楼梦》的诗词翻译，您怎样做到“达意”又“达雅”？

韩：虽说裴效维教授已经对原著中的诗歌做了绝妙的解释，但我还是针对小说中的诗歌专门做了些研究，我研读了蔡义江的《红楼梦诗词曲赋鉴赏》、刘耕路的《红楼梦诗词解析》和王士超的《红楼梦诗词鉴赏辞典》。我深信一名中国文化的译者应该怀着一颗谦卑之心，跟随杰出的中国专家学者的步伐，也研究自己的文学文化。这些学者有着举世无双的学识和常人难以超越的勤勉，而这些品质都融入到了他们的作品中。中国文化产生于强有力的社会和学术传统中，这一传统崇尚文学（特别是诗歌），崇尚语言的美和思想的教化。

不管是在这部小说中还是在其他经典的中国小说中，我都倾向于把诗歌与其他叙述分开翻译。我完成了文本的主体翻译后，单独把诗拎出来，在考虑它们语境的前提下将它们在每卷末翻译出来，然后再将它们放回其在各章回中原有的位置。通常在我开始翻译中国诗之前，我就开始只读诗歌——那些精心挑选的保加利亚经典诗歌，这是为了让我自己适应融入这一独特的文学体裁，以便在自己的翻译中重现。

在我看来，中国古诗最有趣的一个特点在于：无论是解读，还是相应的翻译，都不可穷尽原诗的意义，得到一个确定的答案。对中国文学里任一经典作品的理解都会受到几个因素的影响，其中最主要的一个就是读者对背景文化的熟悉程度。在某种程度上，译者的目的不在于给予一个译本单一的意义解答，更多的是去提供一个基于文本的空间，这样读者就有更大的自由，拥有自己的理解，解释性注释就是起这么一个作用。我相信，一个有意识的译者会尽力避免阻挠作者与读者的交流，而是努力架起他们之间的桥梁。人们走到一座桥上，并不会关注脚下踩着什么，而是一心想着目的地。在翻译《红楼梦》的过程中，我总是更喜欢去传达中国专家学者对文本的理解，当这样的理解无法转为字词的时候，我就会加上脚注。

林：米乐山（Lucien Mervin Miller）把《红楼梦》开头的创始神话与《旧约》中《约伯记》的约伯受难故事进行比照指出，和创造世界柱石的耶和华一样，当天惊石破时，女娲也炼石补之。这两部作品都涉及祸福报应和善恶倚伏。您怎么看待《红楼梦》中的善恶观？这与《约伯记》中的信仰考验有什么关联？

韩：米乐山只是据此做了一个诗意的比喻，因为《红楼梦》的哲学和宗教基础与《约伯记》有着根本性的不同。一个具有神韵的比喻而已，距事实却相去甚远。我认为，当我们试图去比较属于不同文化的文本时，需要认识到，我们的比较是更趋向诗意和梦幻的，而不是可信和可考的。另外，我认为曹雪芹在创作小说时，并没有本着某种道德设定；相反，他甚至有意忽视他那个时代普遍的道德指示。从这一点上看，他的小说引起官方的不安甚至一度被列为禁书也就不足为奇。宝玉的人物设定就是对当时正统儒家思想的颠覆。他与其父贾政形成了巨大的人物反差——父亲是恪守道德礼法的封建卫道士，儿子却在追求自由的灵魂方面远远超出了道德礼法所能理解和接受的范畴。我不是由此要将宝玉定位为离经叛道或者是自由主义、自由思想的先驱。正相反，对我而言，《红楼梦》中所有神学观点都只是曹雪芹所处时代中国的生活方式及文化哲学的诗化表现形式。这部小说的不凡之处则完全从另一个层面体现出来：曹雪芹天生是一个明达而敏锐的诗人，一个如同莎士比亚一样的天才。这里我想引用一位我非常推崇的塞尔维亚作家、哲学家、神学家，尼古拉伊·维里米洛维奇（Николай Велимирович，1881—1956）主教的一段话："我不认得莎士比亚，也不可能认识他。但他认得我，他描写过我，他把我心里的秘密都描绘出来，当我读到他的描写，我就能在其中发现自己。"我想，对曹雪芹也可以这样评价——他可能是中国文化及语言最出色的鉴赏家，他把身为中国人的所有典型分类放进自己的小说，因此《红楼梦》就把所有读者囊括其中。读者走进小说，同时也就走进了自己。这就是为什么《红楼梦》能够成为超越历史的读本。

基于这些判断，我不倾向于在《红楼梦》与任何欧洲文化的代表作品中寻找宗教或哲学的相似之处。曹雪芹的天赋可以用这两个问句来概括：第一，这个中国的莎士比亚如何能在自己的内心和头脑中包含他的整个民族、他的整个文化、精神世界及善恶美丑？第二，这怎么可能做到?!

林：在您翻译《红楼梦》之前，保加利亚没有《红楼梦》的全译本。这种现象在很多对文学相当重视而且文学成就很高的欧洲国家都存在。比如在中东欧，目前出版过《红楼梦》全译本的有捷克、匈牙利、罗马尼亚，加上保加利亚。当然必须承认，《红楼梦》的语言之难、规模之大、牵涉领域之广，都令一般翻译者望而生畏，所以这种局面其实是可以理解的。那么，您认为《红楼梦》对于一个不了解中国文学和文化生态的外国读者而言，在理解和接受方面存在什么样的阻碍？

韩：翻译《红楼梦》的难度对我来说并非语言层面的。其实沈复的《浮生六记》比起曹雪芹的语言，阅读起来难度更大。难度更多体现在作者的博学和读者的准备欠缺（这点完全可以解释）上。但这不就是一部作品的魅力所在吗？博古通今、欧洲的逻辑思维、叙述的合理性，如果所有这些都不费吹灰之力，那么魅力从何而来呢？而如果突然在读者面前打开一扇《红楼梦》之门，带他们在一个陌生又奇幻的世界里游走，这不是最令人振奋的吗？

我觉得，这部小说现在而不是更早在保加利亚出版，是隐藏着某种缘分的——当中国向全世界敞开大门，吸引了大多数年轻人的目光。相比我开始学习中文的年代，现在保加利亚有更多的读者，尤其是年轻的读者，他们带着一种热爱，试图了解中国和中国文化。我已经收到来自读者的很好的反馈，主要是年轻人，他们都在焦急地等待后两卷（61—120 回）保语版的问世。

谈到小说理解方面的困难，我在第一卷的《后记》中这样描述过：

> 从某种意义上说，《红楼梦》不应该是一本容易"理解"的书。"理解"这个词用在这里不太合适。让我来明晰一下。试想，你住在风景如画的湖边，周围群山环绕，远处树林错落有致。每天清晨你打开窗户，一定不是为了"理解"，而是要欣赏这一切。

读《红楼梦》就像是用心欣赏和感受中国的过程——每个人都可以在书中找到他的“中国梦”。每一个章回，读者都会被带入不同的“楼”中，在那里做不同的石头梦。如果说通过读曹雪芹的书，中国读者回到的是那些闪烁着明媚光亮的过去，对保加利亚读者而言则会是一个令人称奇的美丽梦境的参与者……未知的过去时光，让他拾级而上，对崇高、简约、纯净而又难以接近、举世无双的中国文化有全新的认识。

我希望为读者打开“红楼之窗”，能够引导他们在曹雪芹创作的中国文化的恒镜面前凝视、冥思。

采访者：林温霜（北京外国语大学欧洲语言文化学院）

我与中国研究之缘

——日本著名汉学家沟口雄三访谈[1]

访谈按语：这个访谈是2007年4月28日在东京大学驹场校区，由沟口雄三（东京大学名誉教授）、村田雄二郎（东京大学教授）、伊东贵之（武藏大学教授）、川尻文彦（帝塚山学院大学副教授）、大泽肇（东京大学研究生）等人为正在进行的“中国学的知识社群口述历史计划”项目进行的采访。邵艳红将其翻译成中文发表在《国际汉学》第19辑上。

沟口雄三（1932—2010）作为日本当代最著名的中国思想史研究者，不仅对日本侵华战争有深刻的反思，在研究方法上继承了日本汉学研究重资料、精考据、严谨扎实的治学传统，还反对欧洲中心主义的历史观和近代观，积极开拓研究中国历史与文化的新方法，在中国乃至世界学界引起了很大反响。三联书店在2011—2014年间出版了八卷本的《沟口雄三著作集》。

生平，从大学时代到教育基础课程时代

沟口雄三（下文简称“沟口”）：我出生于1932年，我

[1] 本文由邵艳红翻译整理。

们这一代在上小学时都曾经历了中日战争。儿时我曾经看过一张日本军队正在屠杀中国人的照片，那个记忆至今还留在我的脑海里。不可思议的是，关于那张照片的记忆是在我上大学的时候，时隔20年突然苏醒的。在我上大学之前，它在我脑海中消失了很长一段时间。上了大学，入住中国研究会的宿舍，我开始从事中国研究。我读了岩波书店出版的“日本资本主义讲座”丛书，接触到日军在亚洲诸国及中国的残暴行为以及抗日战争的势态，我受到了前所未有的打击，就像被肢解了一样。就是在那个时刻，20年前的记忆突然苏醒了。对于这个记忆的苏醒，我一直介怀于心。记忆是基于意识形态而成立的。

伊东贵之（下文简称“伊东”）：那不是简单的新闻画面，而是您个人对映象的理解，对吗？

沟口：对。虽然是一张简单的黑褐色的小照片，那个场面却很深刻地留在脑海里了。一个农民模样的男子，双手被缚在背后，双眼被蒙住跪在地上，有个日本兵拿着军刀，正要砍下去，周围还有几个日本兵旁观。那是我的姨父从中国战场上回家时，给家里人看的照片。他是被迫去当兵的。做过别人养子的、很勤快的姨父，回家两年后便抑郁而死。

我一直认为那张照片的记忆是我人生的原点。吉田松阴在给劝他“脱藩”（译注，脱离幕府体制）的默霖僧人的回信中写道，自己无论如何也做不到脱藩，说“自己有罪”。因为他的祖先大江匡房从镰仓幕府建立之初就参与开府，从那以后在幕府体制下自己一家领了300年的俸禄，拘泥于此，吉田松阴做不到“脱藩”。他的“我有罪”这句话也给我留下了深刻的印象，我好像也该说这样的话。

所以，我在其后的中国研究中，很关心“主体”问题。我就是这样理解自己的。但请大家不要误会，我并不是想说自己对侵华战争也有责任，所以就站在谢罪的立场上进行中国研究。我尤其反对在研究里包罗上政治动机等目的。我只是把它看作生活方式上的自觉性，并称之为“原点”。

村田雄二郎（下文简称“村田”）：东大驹场宿舍的中国研究会，正是受到了中国革命的影响，对革命抱有亲近感或者说抱有同情心的一群人建立的一个圈子。当时的新中国，或者当时的时代气氛，是怎样一种情况呢?

沟口：我上大学的前一年，在名古屋发生了大须事件。有两个社会党人，叫帆足计和宫腰喜助，他们是社会党参议院议员，通过苏联偷渡到中国。以他们的回国报告会为开端引发了一场骚乱。非法偷渡违反了日本的出入境管理法，但不违反中国的法律，中国方面非常欢迎两人进入中国境内。两个人的回国报告会，晚上在大须运动场举行。报告会之后，听众们举行了游行，发展成大须事件和火焰瓶事件。那时，我也被朋友邀请赶到了现场。当时，虽然有人对这样的政治运动很热心，但同时也有漠不关心的人。听说我选了汉语专业，高中时期的一个朋友甚至问我：“你是不是打算开麻将店?”当时的时代状况，对于左翼的人来说有些严峻。但还是有很多对此漠不关心的人。回想起来，大须事件的那个晚上，我离开游行队伍，深夜和朋友回家的时候，还被警察拦住带到派出所问话。当时的那个年轻巡警，在没有其他人在场的时候，还很认真地偷偷问我：“今后，日本会怎么样呢?”但是，日本社会还处于战后的混沌状态。东大驹场的中国研究会宿舍成为左翼学生的根据地。现在回想起来，那几乎可以算得上一个灰色解放区，治外法权地区。是个远离世间，不受任何管制的自由空间。所以，我也很快就被“赤化”了。(笑) 在那个和现实没有交集的空间，很容易被“赤化”。

伊东：也就是说，您在上大学之前，对新中国的建立，并没有做出主动反应？

沟口：对，几乎是没有任何反应。1949 年我上高中二年级。当时为了学习英语，我订购了纽约的《时代》杂志，每周一次空运过来。从 1948 年到 1949 年，纽约《时代》杂志一直在详细报道日本报纸没有报告的中国的国共内战。每次都把两军的占领地区和战线移动等附上插图详细报道。我虽然一直看这样的期刊，但对哪一方能赢或者支持哪一方漠不关心，就像是旁观象棋的人一样。1949 年 10 月 1 日，对于新中国的成立是如何报道的，我根本没有记忆。大须事件的那个晚上，我特意去听那两个议员的新中国报告会，尽管被卷入了火焰瓶事件，我当时并没有感觉到亲中还是反中。所以我在读“日本资本主义讲座”丛书时，受到了强烈的冲击，那种冲击究竟属于什么，自己都感觉到很不可思议。

村田：选择学习中文是作为第二外语吗？

沟口：我上学时考入的是法学部预科班，那个专业的大多数学生几乎都是德语班的。有个热心的汉语教师，问我要不要换到中文班，我一听就动心了，去基础学部的办公室一问，结果他们说“准备上法学部的人，选中文的话，将会是失败的人生。你也许只是年轻人的一时冲动，暂时先继续待在这个班，半年以后决心还没有改变的话，再转到中文班吧”。当然，最后我还是成功地转到中文班了。

伊东：也就是说，您高中时代所受的教育，大部分还是欧美，或者说是西洋学派的，上了大学以后才出现了某种转变，对吗？

沟口：对。中学时代我是热心的西洋文化的追随者。不管是读的还是看的、谈论的，从德国、法国的小说、哲学书，到法国电影等，没有一个不是西洋风格的，乃至整个身体细胞都散发着西欧文化的味道。对中国的典籍以及小说等，我从来没有看过。转变的契机是中国研究会上，大家一起读毛泽东的《在延安文艺座谈会上的讲话》，和大家一起讨论研究文学在革命中的功能问题。对于受了西洋文学熏陶的我来说，赵树理的小说，再怎么偏心也只能算是幼稚的小说。

如何解读赵树理呢？以西洋文学为标准的话，有人可能认为那根本算不上文学。但是仔细考虑一下，当时世界上的发展中国家占到总体的六到八成。那时北京已经出版了《世界文学》这个杂志，介绍发展中国家的小说。通过这个杂志，我还读了一个埃及作家的作品。那是一个关于独立战争时期的短篇小说，在挤满人的公共汽车上，英国军队用机枪向人群扫射，看到一个小孩就死在自己眼前，站在一边的年轻人冲着天空说“要杀就杀吧，你们杀一个我们就生 10 个”。大体上就是这样一个小说。我突然想到，也许这才是真正的文学。这和我在高中时代读到的罗曼·罗兰等追求个性存在的作品世界，原理是不一样的，属于另外一个世界。当时我读了《在延安文艺座谈会上的讲话》，甚至开始考虑新文学会不会就由此产生呢。这应该就是所谓的近代的二重构造性，当然那个时代，还没有涉及近代问题研究。我的大学毕业论文就是赵树理论，一直在研究文学的性质问题。我在东大驹场校区期间，一直埋头于研究文学应有的方向、政治和文学的关系等问题。

专门课程时代

伊东：具体来说，您攻读中国文学专业的契机是因为想从事中国研究，甚至还改变了考法学部的初衷。这可能也和刚才谈到的中国研究会的氛围有关系，您当初选择文学专业，还有其他什么特别的期待吗？

沟口：当初选择中国文学专业，并不是因为想从事中国研究或者中国文学研究。但是在那个年代，学习汉语专业的学生要想运用汉语，除了中国文学专业，根本没有其他的用武之地。中国哲学专业或者东洋史学专业的学生必须读古老的汉文训读时期的文献，汉语专业的学生自然对此敬而远之。这里可能需要稍微介绍一下当时的时代背景。战前日本的外国语教育政策是，高中学习英语、法语、德语中的任意一门，汉语要在商业学校学习。也就是说，要摄取外国文化，必须学英语、法语或者德语。而商业用外语则需要学习汉语、西班牙语。换句话说，现代中国文化并没有被看作外国文化。日本人看古典汉语资料，都要用江户时代以来流传下来的汉文训读法，而且被大家看作很高深的学问。但是现代汉语却不被看作学术用语。大家认为中国的现代文学没有学术性。在那种背景下进入中国文学专业研究现代中国文学本身，就是对明治以来被扭曲的日本近代教育的一种斗争。竹内好那一代就是我们的先头兵。当然，我后来才知道，我们下一年入学的学生中，也有学习汉语却考到法学部经济系的人。短短一年工夫，变化也相当大呢。汉语班的都要考中国文学专业，所以我也随大流报了中国文学专业。除此以外，我也别无去处。

村田：这么说，您选择人民文学是被时代背景、周围的状况所感染。在这个专业中，应该也有学习中国古典文学的人吧？

沟口：我几乎没有上过汉语课。我感兴趣的是文学是什么，文学应该是什么。所以，自己组织了一个叫文学集团的同仁团体，还出了一本杂志。写写评论，或者讨论文学的性质问题。与其说是在中国文学专业学习，还不如说是在一个小团体里和同仁们讨论。文学性质问题是在当时无产阶级文学的创作理论背景下进行的。就在这样的讨论中，我大部分的时间都花在了创作上。

伊东：刚才您也说了，当时一般的文学青年，都是对法国文学或者西洋文学感兴趣。当然，像武田泰淳那样在中国文学的背景下写小说的人，是非常少的吧？

沟口：当时，野间宏已经离开了《新日本文学》，自己创办了《人民文学》杂志，还退出了新日本文学会。虽然不是出于一种履行义务的心理，但由于和文学性质问题相关，我开始对《人民文学》抱有同情心，并接触了赵树理。当时中国已经开始批判丁玲，结果在政治的要求下，大家得到了一个结论，就是赵树理文学是前所未有的。这并不是个幼稚的结论。

竹内好也曾高度评价赵树理文学。我一直在想，和他所提出的“个人文学”相对立的“集团文学”是否具有存在的可能性。这也是我自己的毕业论文的论题。

村田：在沟口先生的大学时期，竹内好正活跃于文坛。您也读了他的很多作品吧？选择赵树理做毕业论文是不是也受到他的影响呢？

沟口：赵树理是我自己选的论题，并不是受了竹内好的影响。对于竹内先生提出的“文学是从个体到整体的转换”这个观点，我并不是很赞同，问题不是那么简单，对这一点还需要更认真地思考。所以对竹内好的研究，我有很多不满，而且在毕业论文里也对其进行了批判。

村田：您对鲁迅产生过兴趣吗？

沟口：是的，也感兴趣。毕业后我还参加过鲁迅研究会，但是，和那个研究会的气氛不是很合拍。我是文学青年，而研究会却属于实证主义。仓石武四郎先生也属于实证主义者。仓石先生最后一次演讲是在研究室进行的，回顾了他年青时代在北京大学留学的经历。他去北京大学时正处于五四运动的最盛期，所以讲了很多那个时代的事情。但关于五四运动的话一点儿也没讲。比如说，那一年，他在北京大学上了什么课，哪个老师用哪里的方言，自己对于那些方言如何苦恼，但是还是如何坚持听课，讲的都是这类的话。而且到最后，他也没有讲关于五四运动的事情。由此我猜测，对于当时的学生来说，五四运动仅仅是一部分人的运动。就算是在北京大学，学生本人没有问题意识的话，也发觉不了五四运动，完全有这种可能。我非常希望仓石先生能给我们讲一讲回想起自己当时没有觉察到五四运动现在感想如何等。仓石先生当时还写了关于中国文学史的书，并在《人民文学》上发表过文章，他是个没有烦恼的人。后来，我看到竹内好对仓石先生的批判——“一点儿也感觉不到空虚的人”，我觉得这个评价很妙。这些都是我在鲁迅研究会上感觉到的。而当时我正处于一个对文学感觉特别敏锐的时期，所以就感到和这个研究会格格不入。

伊东：以前我也听说过，除了参加这样的文学活动，沟口教授在年青时代还曾经打算成为外交官或者从事贸易业，这是真的吗？

沟口：说到想成为外交官，我这里还有一个故事。中学的时候，我觉得在战争中失败后，日本已经变成一个像丹麦那样的没有武装的农牧小国，所以打算自己也经营一个牧场，我甚至还饲养了 60 多只小鸡。那些鸡不是普通的品种，是我专门从英国进口的在战争中濒临灭绝的世界各地的小鸡品种，并给同仁们提供种蛋。因为要饲养小鸡，我经常赶不上早上的课，但老师却为此原谅了我。在那样的农牧立国的背景下，松冈（洋右）外交是行不通的。日本必须在亚洲外交上多做努力，抱着这个想法，我考进了法学部预科班，打算成为外交官。但是外交官对于我来说，并不是一个持续性的目标。

伊东：我可以这么理解吗？这个目标和对中国的关心并没有关系，是吗？

沟口：我看重亚洲外交的意义，所以希望能成为外交官。但是，考上大学以后，因为要照管家业，所以不可能准备外交官考试。

村田：这么说，您根本就没有找工作吗？

沟口：工作也找过，但是因为要继承家业，所以到 32 岁之前，我经营了 10 年家业。

伊东：家业经营方面，和中国没有什么关系吗？

沟口：不是的。仅仅从事商业活动，无法满足我的精神需要，所以，我还担任了日中友好协会名古屋事务局的局长。其后，还和国际贸易促进协会、日中贸易促进会等多有交往。在名古屋期间，大部分时间都在参加这样的活动，我还准备在名古屋举行中国展览会。就在那个时候，突然有一天从中国来了一个代表团，把我叫到一个宾馆，问我“是否赞成毛泽东思想，是否反对武装斗争”，对于这样的思想调查，我拒绝回答，结果就从中国展览会筹备委员会中除名了。

村田：被中国代表团做了思想审查，当时算是很特殊的中国接触体验吧？

沟口：当时我的身份，从中国方面看，是日中友好协会名古屋分局的大干部。“文革”前还被邀请到中国去访问，去了友好商社，还进行了贸易交流。那个时候名古屋市追随“文革”的人，大部分是对中国贸易感兴趣的中小企业的人。看到那些为了生活出卖自己灵魂的人们，虚伪的苦恼、假笑等，我感到很不愉快。所以，我对“文革”既不支持也不反对，只是远远地在一边看着中国的发展。

村田：除了报纸杂志，了解真实中国的信息渠道是什么？或者有什么其他机会？

沟口：那时我已经上了研究生，一心努力学习。说得极端一点儿，对于中国社会发生的一切事情都不再关心。

研究生时代

村田：重返研究生院的原因，和家业方面有什么关系吗？还是因为想继续了解中国相关的问题的求知欲望已经无法被继续压抑了呢？

沟口：说得好听一些是那样。实际上，家业经营走上轨道以后，我就开始偷偷地每周去一两次研究生院。那时研究生院刚成立一年，学生的数量很少，只有两个人，不预习的话就跟不上。第一年，我敷衍了事地坚持下来了。但是，当时我的导师入矢义高教授对我说："如果你继续这样的话，我就不要你了。"这让我很受打击。因为，入矢教授的课很有趣，和我在东大（东京大学）上的课完全不一样。东大的课程基本上很缺乏主体性问题。而入矢教授则让大家尽量发挥主体自觉性。每个小时都是在这样的气氛下，自己选择作品，考虑为什么要选择这个人。老师是个明白我内心热情的人，从他身上我经常能找到共鸣。

村田：选的什么文本呢？

沟口：我对入矢教授说自己想研究李卓吾，所以读了明末的一些小品文。也因为有这个承诺，我开始一心一意地搞学问。但那时我已经过了 30 岁，朋友们有的已经成为副教授了。

我那么晚才开始，对就业也不抱什么幻想，打算干脆买个房子，开家私塾，能维持生计就行了。那时我已经有两个孩子了。就是在这样的思想准备下，我重新开始学习。

伊东：在大学时代，您研究的是赵树理和人民文学，到了名古屋大学研究生院以后，又开始研究李卓吾，请简单介绍一下其中的原因好吗？

沟口：说起来也很好笑。在研究生院口试的时候，入矢教授就问我，考上的话打算研究什么。我突然就说了以前想都没想过的李卓吾这个名字，那是因为在口试的前一天，我为了准备考试，看了仓石先生的中国文学史。其中他提到李卓吾写了一篇“童心说”，呼吁个性解放，所以就引起了我的兴趣。其实在考研究生院之前，我是想研究鲁迅的。但是考试前一天突然觉得李卓吾比鲁迅有趣，所以脱口而出“我想读一读李卓吾”的话来。入矢教授很认真地记住了，所以我也就开始研究李卓吾了。我根本不知道岛田虔次先生当时恰好出了一本关于李卓吾的书。我问入矢教授，应该先看什么作品，老师说“既然要研究李卓吾，当然要先读李卓吾的作品”。于是，我从神田买了《焚书》《藏书》等6本书。首先从《焚书》第一页开始读。读着读着，发现虽然难懂，但是字里行间有些曲折感，反而觉得更有趣了。读完《焚书》以后，我又读了岛田先生的《中国近代思维的挫折》这本书，我发现他没有完全理解李卓吾的内心世界，只是捡着对自己的近代观有利的观点写进了书里。那时我开始遭遇了“近代”这个概念。此外狄培理（William Theodore De Bary）也写过一篇关于中国的个性（individuality）的短文章，和岛田先生一样，他也把李卓吾看作自我意识的萌芽。我还留着当时译本的笔记，我把《焚书》这本书从头读到尾，并且全部翻译了。另一方面，岛田先生对李卓吾的评价，和 20 世纪 30 年代中国的研究学者嵇文甫他们对李卓吾的评价类似。以欧洲的标准来看待明末时期的人物，岛田先生正是这样一个观点。那么如何看待个体问题呢？从这个观点出发又和赵树理问题联系上了。所以，在我的研究内部，这两个人并不是毫无干系的。

伊东：作为研究生毕业论文的论题，从李卓吾出发引发了一个更大的问题，所以您开始研究中国式近代和日本式近代分别具有什么性质，是吗？

沟口：不仅仅是李卓吾，那时我遭遇的问题是，欧洲标准在日本研究中根深蒂固。在这个问题上，不仅仅是岛田先生个人的问题，那是日本时代风潮的问题。所以，只要和“近代”沾边的书，不管是丸山真男，还是竹内好，水田洋的翻译等，研究过近代问题的人的论文，我都读过了。而且，我还读了福泽谕吉全集。那是个巨大而宝贵的财产。福泽谕吉的思想中就存在日本近代的原型。从这个原型出发，派生了各种各样的形式，形成了日本的近代意识。对照着日本方面再来看中国，就能发现中日构造的不同点。

村田：用批判的眼光重新看待日本的近代以及欧洲的近代，或者对于个体问题的关心，您几乎都是通过自学使自己独特的观点、研究方法等浮出水面的吧？并不是在研究会或者研究小组，或者通过和老师朋友们的接触和谈话才得到的吧？

沟口：我一直是一个人在做。研究李卓吾，不读儒教方面的论文就读不懂李卓吾。所以，我去听中国哲学课。听到关于佛教的争论，我就再去上印度哲学课。不知不觉中，我被动地确立了这种跨越学科界限的方式。这也是后来我建立东大（东京大学）中国学会的一个动机，基于打破学科界限的这个意识。

村田：关于战后日本的中国研究，刚才您提到的几个人中，竹内好的年龄大一些，另外几个都和您是同一代人。和他们个人方面的接触多吗？

沟口：没有个人方面的接触。我对于竹内好先生的论文没有太好的印象，但是在北京日本学研究中心里，有竹内好主编的杂志《中国文学》的复印本，所以我也读了读。其中有一些竹内好先生严厉批判目加田诚、仓石先生的论文。《中国文学》里的文章，虽然也被收进竹内好的文集里了，但是同样的文章和仓石先生、目加田诚先生或者吉川幸次郎的文章并列读下来，你能够感到一种紧迫的临场感觉。我能充分理解竹内好对《中国文学》的失望，甚至写了废刊语的心情。除了通过文章来读竹内好，我和三四十年代的时代氛围中的竹内好也实际地接触过。现在，竹内好对我来说，是前辈、同志和好朋友。孙歌女士曾经出版了《审视竹内好》一书。现在可以说正在流行竹内好热，我认为是一件很好的事情。

村田：您是在 20 世纪 90 年代去的北京，接触到竹内好的作品以后，从某种意义上说，等于是对竹内好的重新发现吗？

沟口：也就是说，审视个人主体性。这也是竹内好先生经常提到的一个主题，对于这个体制性部分，我深有同感。我所考虑的问题并不是孤立的，我再次认识到这是尊重自己个性的表现。在此之前，我和东大的优秀人物们不断进行欧洲理论的消化研究时，经常感到很自卑。但是，从那以后，我开始认识到自己就是自己。木山英雄先生曾经评价我说，“沟口是起跑晚了一圈儿却最后取得第一名的人”，我现在仍觉得他比喻得很好。

影响了沟口的人物

伊东：我们继续刚才村田先生提出的话题。在 20 世纪 90 年代您重新审视了竹内好，从入矢教授那里得到很多启发。对您的研究产生影响的，或者您注意过的人物，包括刚才提到的岛田虔次先生，还有其他您批判过的，反面教师类型的，走在您之前研究中国的学者、思想史学者、社会科学学者等都有谁呢？

沟口：关于日本近代标准的问题，我感觉到问题很多，曾经很迷茫。但具体到个人，并没有说是哪个人给我的影响很大。

伊东：例如，领域虽然有些不一样，但是，丸山真男的思想是受到同时代人很大影响的，他的观点问题也很多吗？

沟口：丸山先生的日本政治思想史研究的基本轴心是欧洲近代化，所以也有一定的局限性。

村田：从 20 世纪 60 年代末到 70 年代期间，对欧洲中心主义批判的言论很多，甚至可以说成为主流。但是好像和您提到的问题意识存在一些分歧，这些分歧应该也很重要，对于这一点您怎么看呢？

沟口：我不知道我说的算不算一种回答。对于欧洲标准的批判，有很多种形式出现。但大多都停留在意识形态阶段。我刚刚写了《辛亥革命的历史个性》（《思想》989 号，岩波书店，2006 年 9 月）这篇论文。尽管对欧洲中心主义批判已经变成一种常识，但是对于“鸦片战争拉开了中国近代化的序幕”这个观点却没有任何变化。对我来说，这是一个很重大的问题，重新审视鸦片战争近代化地位已经成为当今的一个重大课题。我仍然觉得在目前的研究界里，依然是以欧洲标准为中心的。

伊东：我是 20 世纪 80 年代上的大学。那时超现代建筑、新学院派主义成为新潮流，其中也包括对欧洲中心主义的批判。但是对此我个人感到不理解的是，那并不是亚洲特别是日本的学者自发产生的观点，而是日本学者或者新闻界的人直接从欧美继承了一些观点而已。对此，沟口先生并没有迎合潮流，而是抱有自己的问题意识，对吗？

沟口：我把自己看成一个以研究为职业的人，并不是一个理论家。所以对于自己的工作没有套用很多理论，作为职业研究人员发现的东西才是最重要的。运庆在雕佛像时，认为佛像是从石头中自然地显现出来的。我的问题意识也不是可以人为制造的，而是自然而然发现的。陈光兴、孙歌等中国大陆和台湾的部分学者，应该能理解我说的这一点。

研究经历

伊东：再谈谈您的研究经历。您考上研究生时虽然年龄有些大，做了很多心理准备，但是从后来看还算是比较顺利的。您拿到了学位，并找到了研究职位。先是在东京大学文学部中国文学专业当助手，后来到了埼玉大学、一桥大学，最后又回到了东京大学文学部的中国哲学研究室。其间您和年轻的学生们接触很多，当时的专业研究以及时代状况，给您留下的深刻印象是什么？

沟口：到了东大以后，学生们的确给了我很大影响。在埼玉大学的时候我当的是语言老师，教学生们中文。我尽量让自己的课保持活泼的气氛，还帮助学生们办了一个“汉语之友”社团，每年都组织出去集训。现在这个社团还维持着呢。最初教过的学生，现在也 50 多岁了，偶尔还会和他们聚一聚。在这种状态下，感觉作为语言老师我是一个好老师，但是到了研究上，说起来我还是受到了学生们的影响。回到东大当了老师以后，有个叫古藤（友子）的学生，她的研究生毕业论文是关于张之洞的。在那篇论文中引用了张之洞的文章，从文章看张之洞无论如何也算是一个走在时代前面的人。可是这个当时《劝学篇》的作者，洋务派的重要发起人，却被大家评价成落后的“代言人”。这种评价束缚了这个学生的研究。好不容易快接近历史事实了，却又被引上了邪道。我为了寻找答案就读了《张之洞全集》。后来在此基础上我才写了《我们歪曲了中国近代像？》一文。东大里各种各样的学生都有。小岛毅君研究宋代思想，所以我就不得不读《朱子语类》。从这个意义上来说，待在东京大学，对自己的激励很大。

伊东：在指导学生上，有没有需要特别注意的事情？

沟口：都是很优秀的人，所以我没有考虑过这个问题。

村田：您是在1981年重返东大的。那时中国的改革开放刚刚开始，并且中日两国也开始有学术交流和交换留学生。我希望您给我们谈谈毛泽东以后的中国。在我的印象里，中国哲学专业的户川（芳郎）属于留学积极派，而沟口先生则属于消极派。但是过了一段时间后，好像有些变化。事实如何呢？

沟口：只是意见不同而已。到底是研究生阶段留学，还是写完毕业论文以后再去好，最初我倾向于后者。我曾经认为，自己都还没有学扎实的状态下，去国外也不会有什么收获。但是留学回来的人，个个说得一口流利的汉语。我觉得这个效果太了不起了，所以就变成留学积极派了。

沟口：从一桥大学回到东大的时候，我写了关于东林派的论文（《所谓东林派人士的思想——前近代时期中国思想的展开（上）》，载《东洋文化研究所纪要》第75册，1978年3月）。这篇论文在东洋史研究领域得到了很好的评价。在先行研究中，岛田先生基本上是按照阳明学派在明末时期被东林派的复古派、保守派所代替的思路写的。我对于岛田先生提出的“天理—人欲”图式——“天理”代表封建思想，“人欲”代表近代思想——并不赞同。从东林派的文献中，我不断发现自己感兴趣的问题点。我写了一篇关于东林派的论文，开始认真思考。明末清初是新时代的开始，而东林派决不属于保守派。

相对中央来说，东林派是主张地方公论的一个集团，属于黄宗羲思想的上游源泉。

这些思想以“地方的公事要由地方解决”的乡治主张为媒介，一直延续发展到提倡“乡里空间”充实形态的辛亥革命。我逐渐看清了整个过程。顺便提一句，“乡治”和“乡里空间”等概念，出自和小岛毅一起搞的学习会的议论，现在大家已经都开始用了。

伊东：我想确认一点，东林派的论文是1978年公开发表的吗？

沟口：对于我来说这篇论文是翻过一座大山的尝试，这篇论文只有上篇没有下篇。这次的《辛亥革命的历史性个性》应该相当于其下篇。但是经常有国外的老师们在图书馆找了半天，也找不到下篇，所以经常有人来问我到底是怎么回事。

伊东：沟口老师，您在1980年出版了《中国前近代思想的曲折和展开》（东京大学出版社），在这本书里就收录了《所谓东林派人士的思想——前近代时期中国思想的展开（上）》这篇论文。本书中收录的《明末清初思想的曲折和展开》（《思想》636号）写于1977年，《明夷待访录》（《一桥论丛》81卷3号）写于1979年，几乎是同一时期写的，从某种意义上说属于一个系列的论文。但是没有结集成单行本出版，请问您是出于什么考虑，或者有什么外在的理由吗？

沟口：明末和清初以后的分水岭用代表人物来说，就是黄宗羲和黄宗羲以后的时代。我脑海里考虑的问题就是黄宗羲的言论思想如何延续发展成为清末的革命思想，带着这个疑问，我寻找了 20 年。最近的《辛亥革命的历史性个性》这篇论文，是其大致的答案。以黄宗羲提出的“地方的公事应该由地方来管”的“乡治”主义为媒介，“乡里空间”的充实形态，一直延续到辛亥革命。这个过程逐渐很清晰了。

顺便说一句，“乡里空间”这个概念，指的是官、绅、民互补而形成的中国秩序空间。从这个命名也可以看到它和西欧的从“官”中自立起来的市民空间“公共领域”不一样。此外，请注意我们用的是“乡治”一词。没有用“自治”而是用“乡治”这个词，也是为了和西欧的自治相区别。官、绅、民混合的活动中，道德上的自觉性成为一个重要动机。

村田：从李卓吾的研究出发，重返东大以后，您的研究范围开始扩大到清末，甚至延续到宋代，再延伸至天理问题。对于您来说，这是个必然的主题展开吗？

沟口：认为用欧洲中心主义就能解读中国是无稽之谈，所以我要寻找至少能说服自己的东西。我在名古屋大学时，选了山下龙二老师的天理论、理气论两门课。当时中国哲学理论界是理气论为中心的，我也搞了很久的朱子学、阳明学等理气论。过了二十几年，我发现理气论并不是一个自明的原理，实际上也是历史的产物。所以我就想到，一开始就去讨论理气论应有的方向，也是对思想史的一种扭曲。这就是《天理观的成立》(《东方学》86 辑，东方学会，1993 年)、《中国理气论的成立》(《思考亚洲 7：世界像的形成》，东京大学出版社，1994 年）等论文的来历。

伊东：的确如此。一直以来大家都是研究理气论的话就从理气论入手，然后从某种程度上进行细致的分析。我总觉得理论未必就是外在化、相对化的。那么通过对中国的从古代到现代的细致的思维考察，关于您一直提到的中国的非欧洲性特质、中国的独特性和欧洲以及日本思想史大概比较一下，它有什么不同的特征吗？

沟口：这次我写《辛亥革命的历史性个性》这篇论文以后，我发现了一点。例如，“自治”这个概念，在欧洲出现的契机来源于权力斗争。在封建领主的统治下，因为没有迁徙自由和商业自由，所以商人阶层才开始追求自由，进行权力斗争，进而发展为“自治”精神。然而中国的情况不一样。根据夫马进先生对善堂、善会的研究（夫马进：《中国善会善堂史研究》，同朋舍出版，1997 年），例如清代盛行的一种慈善活动、公共活动等就相当于西洋的地方自治。它的源流可以追溯到明末的功过格和乡约运动，或者一种道德振兴运动。我在读东林党的文章时发现，乡村的乡绅们竞相做出善举，例如救助饥饿的人或者抚养被弃养的孩子，这就是他们的起源。后来逐渐发展到黄宗羲所主张的“地方的公务由地方自己掌握”这个观点。这就是中国自治概念的成长史。可以说自治是出于道德性动机。但是所谓的道德，也包含着通过善行让自己将来变得幸福这种因果报应的动机。不久，这种善举开始扩大到修路、架桥、修运河、设立书院和医院等公共工程或者公共事业上。以 18 世纪到 19 世纪的白莲教和太平天国运动为契机，县级水平的“乡里空间”开始扩大到省级水平。在省级水平的“乡里空间”里，为了自卫，各省还组织了保甲组织，并逐渐发展成军队组织。各省市在政治、经济、社会、文化等方面也蓄积了力量，甚至发表了独立宣言。辛亥革命就是来源于乡村自治主义。乡村的构成是官、绅、民共存的复合空间，皇帝也奖励这种慈善活动。这个说法和一直以来大家提出的“体制—反体制”二项对立模式有所不同，只能期待你们来继续研究了。我认为，中国“自治”的来源并不是出自权力斗争，而是出于道德仁爱的公共活动，在这种模式下逐渐发展成革命力量。

村田：和这个话题相关的一个问题，沟口先生 1989 年出版的《作为方法的中国》（东京大学出版会）这本书被学院派大量阅读。刚才沟口先生说自己是以研究为职业，并不是理论家。但是关于中国研究的粗略方法、先行研究批判、新的认识方向、研究者的主体性问题等，却提出了很大的理论问题。那本书很受欢迎，而且对于年轻研究人员，尤其是 20 世纪 90 年代以后的年轻人影响很大。先生的《作为方法的中国》，还有最近写的《中国的冲击》等一系列著作，从论述中国研究的方法论来看，应该如何定位呢？是作为职业研究人员的一个总结，还是先生一贯坚持的主体研究成果的体现？

沟口：这些和我自己的主体性问题研究息息相关。我不是理论家，理论方面很薄弱，研究主体上如何看待中国问题是我最大的特点。

村田：虽说算不上历史研究理论，但是存在着“长期近代化”以及“早期近代化”这样的说法。在中国从明末清初到现代的 500 年间（这个观点和先生的研究视角可能是一致的），正如木山先生所说“是最后出发的第一名”，从理气论来说，2000 年的历史连续中，先生一贯坚持了自己独特的中国性研究。其重点在于明末清初时期。那么可以说先生的核心部分几乎没有变化吗？

沟口：没有变。选择从李卓吾开始研究，是我的一个幸运。关于天理和人欲的构造，一直以来都被大家理解为单纯的二元对立。但是我的看法不同，我认为“理”观点的脉络从戴震一直延续到孙文。当时孙文如果说自己处于儒教传统之内的话，谁听了都会觉得可笑。其实我认为鲁迅也处于这个传统当中。但对于我的这些话，谁都不以为然。因为大家的脑海中都坚定地认为“理”和儒教属于封建意识。在《中国的冲击》这本书的最后一部分，我写了一些方法论。但是作为职业研究人员，我对年轻人的期待或者建议是，扔掉所有的成见，埋头苦读文献，这是我最想强调的一点。埋头于文献，最少也得以300年为单位看一遍，否则什么也发现不了。我把“二十四史”从头读到尾，深切体会到了这一点。现在还只读了一遍，再读三遍的话一定会有所收获。

村田：我们再回到和中国的关系这个话题。和沟口先生对欧洲标准的亚洲观和近代主义的批判一样，实际上在当今中国也开始强烈意识到这一点。但是对近代中国始于鸦片战争的看法，不仅是一种意识形态，还作为一种历史意识也是根深蒂固的。尽管沟口理论在中国大陆广受欢迎，但中国人在回顾自己的历史时，还是备受束缚。所以，年青一代要从这个束缚中解放出来，或者采用一个不同的捕捉历史的方法。您力图把这个观点传给年轻人，让他们强烈意识到这一点。您和年轻人交流时有什么感想？比如说，是否能被理解，或者是否能从对方那里得到启发？

沟口：我一贯认为自己是职业研究人员，所以并不指望自己被人们理解，或者不被理解。我只关心自己作品的好坏，而不在乎别人怎么看我。如果考虑那些的话，作品就会被扭曲。最近我觉得理解自己的人增加了，这只是一种机缘巧合。

关于现代中国和中日关系

村田：中国现阶段虽然有各种各样的社会矛盾存在，但是还是在持续发展——经济增长，中国人的自我意识也是处于“盛世”。您怎么看待中国现阶段？还保留有明末清初以来的社会发展形式吗？

沟口：在中日关系问题上，我认为问题出在日本这一方。有意思的是当前的状况，安倍首相如果想维持政权的话就不能去靖国神社，对慰安妇问题也不能贯彻自己的主张，国际上日本右翼刚一露出一点苗头就立刻被压制回去。这是我从来没有经历过的新状况。中国不表示强烈反对，也会出现这种情况。这是东亚的新力量关系的显现。

伊东：结果日本政府无法做出主体性选择，这里面存在很大的问题，请问您怎么看呢？

沟口：我和外务省的年轻人们（元大使佐藤和他所带领的亚洲课的年轻人），日中知性共同体的成员们一起吃过饭。但是那时安倍政权刚成立，中国派的年轻人非常有勇气地说“总算是构筑了战略性关系”，这些和安倍首相的思想没有什么关系，只是外交上的一个功能性组织。不管外务省的年轻人们对于安倍首相个人怎么看，日中关系还是会前进的。所以说能够得到这样的战略位置是战后第一次。中国派的人们都干劲十足。驻中国的宫本大使也这样认为。

村田：因为小泉政权时期外务省受到束缚无法展开顺利的外交，所以现在取得这样的成绩他们很高兴。令人担心的是，尽管产生了这种结构变化，日本社会尤其是年青的一代却无力招架这种思潮变化，这可能和民族主义有关系。

沟口：我写了《辛亥革命的历史性个性》后考虑，要想破坏王朝制度，当时的中国只有选择各省独立，但是需要很强大的力量，所以其产生的混乱持续了38年（1911—1949），经历了很大的动乱。所以日本趁机侵略了中国。在这个时期效忠日本天皇的民族性开始兴起。从长期性视点来看，这是东亚力量关系的短时期变化而产生的异常产物。当时日本把自己看成亚洲最优越的民族。从辛亥革命开始算起的100年，中国经济产业不断发展壮大，这当然也属于一种力量。今后50年内的中日关系里，中国会一直处于优势地位。日本的民族性也在这个基础上产生了微妙的变化。安倍首相提出的“美丽的国家，日本”，就暗示了这一点。对于今后中日关系、地位变化的再认识，是以审视历史认识问题为出发点的。但现在对于历史认识，大家提出的问题已经被细分化，题目也变得琐碎化。

伊东：那么可以说中国国内的民族性，和近代辛亥革命以及抗日战争阶段不同，已经进入了一个完全不同的阶段吗？

沟口：可以这么认为。但是必须把亚洲从欧洲框架中解放出来。具体来说，以鸦片战争为分界点来划分近代的方法该解体了。而且我们至少要重新审视近300年来的历史。

村田：从研究上来说也许是个有意思的事情。但是从日本方面来看，如同先生所说，我有点儿担心我们会跟不上中国的发展。刚才您说，在中国各省力量变成军阀混战时，日本趁机侵略了中国。结果虽然失败了，但是那时开始膨胀的日本民族性原形却一直在不断反复。但是，这种状况的变化和决定性的错位，就在于对历史的看法、历史认识上。在抗战期间经历了不断自我膨胀之后，更能体现现代日本的社会性软弱。

“知性共同体”运动

伊东：先生在研究的同时，还参与了“知性共同体”运动，在日本国内，您对中国社会文化学会的建立做出了很多贡献。我和村田对这些事比较了解，能谈一下如何定位您的工作和贡献吗？

沟口：“知性共同体”原先是以“东亚儒学会议”为目的而计划的。以前以儒学为主题的国际会议虽然很多，但几乎都是实证性的研究发表，没有讨论主体问题的先例。例如，有关王阳明研究的国际会议，就会发表关于王阳明的言行等研究。但是不管是韩国还是日本，没有人讨论研究王阳明的意义是什么，或者在现代这个历史空间里，东亚三国研究人员应该讨论的历史使命是什么，这种会议成立的根底是主体问题，可是却没有人讨论。所以我提出，让我们讨论研究的主体吧。这是我当初的意图。

然而准备阶段收集来的中国和韩国的报告论文，依然没有任何改变。全是一些小题目的实证性论文，所以我希望村田君等能做一些不一样的研究。因为是在国际交流基金的资金支持下做的，所以也不能随便改变会议的名称或者目的。于是，作为这个会议的附属会议，我们在“审视东亚的知性意义”这个名目下，聚集了十几个人，名称定为“知性共同体”。有黑住真、村田雄二郎、渡边浩、井上达夫等，最年轻的应该是小岛毅，都是一些搞儒学研究的人。我还拜托孙歌女士在中国也找一些做相同课题的人，于是形成了以汪晖为首的一个研究小团体。

我那时在北京担任日本学研究中心的主任，所以对中国的情况比较了解。首先呈现在中国方面的研究者面前的问题就是，用什么题目来召集大家。不久以后，关于“公共领域”的国际性题目被日方的准备委员会送了过来，对此中方到现在还抱有疑问，中日双方的研究人员在北京研究“公共领域”问题的意义是什么？日本人在日本讨论就行了，拿到北京和中方讨论的意图是什么？后来我虽然知道孙歌女士一个人很辛苦，但是总觉得自己不应该出现在“知性共同体”这个舞台上，所以就没有出手帮忙。

结果还是以失败告终。从这个失败中，我认识到“主体”问题的确能够超越国家界限，所以打算继续“知性共同体”的活动。在给国际交流基金会的报告书中，第一年“失败了，我们才走到门口”，但是还想再试一次，所以又提交了申请。结果国际交流基金会说，以“第一次失败了，所以请提供给我第二次的资金”为由来申请项目基金的我是头一个（笑）。第二次，我要做到“进门，然后再进入客厅”，所以连续3年得到了基金的资助。真的是非常感谢国际交流基金，基金的资助一直持续了6年，“这样的事例真是空前的”。

只要在国外待上3个月以上，我就会寻找那个国家的“良知（批判性的知识分子）”。在台湾“清华大学”，我结识了那些有“良知”的朋友们。我在北京当了一年的日本学研究中心主任后和他们再次见面。关心“知性共同体”的人，就是中国的“良知”，第一次会议结束后我就明白了这一点，第二次会议后正式切入主题。

在其后的第四次会议以后，伊东贵之参加了进来。他也很辛苦，因为没有事务局，没有固定成员，没有固定题目，一直是流动的，所以负责人非常辛苦，但是参加人员都很愉快。以知性为基础，审视主体方向，进而理解主体所属国家的文化，建立了一个国际知性交流的方向和模式。在台湾，以陈光兴为中心做这件事；在韩国，也有年轻人做这个，“知性共同体”的种子正在东亚各地生根发芽。

伊东：从这个运动的一个主题出发，围绕中国研究和主体的关系这个问题的自我展开，卷入了更多的人，从这个意义上说，您并不是一个人，对吗？

沟口：在北京召开第一次会议时，日方有点儿格格不入。之所以这么说，是因为“作为知识分子的使命感”等这样的话语，已经不符合当时的日本知识分子的思想风潮了，用“知识分子”这样的词汇，很受日方的反对。对于日本的年轻人来说，把自己称为知识分子，就感觉把自己置身于伟大的特权阶层一样。所以，日本人总是强调自己不是知识分子，只是平民百姓。而在中国的传统观念里，说自己不是知识分子，等于是说自己对于社会或者政治不负责任。这一点呈现出双方的不同文化传统。所以我使用“使命感”这个词，在日方显得有点儿格格不入，但却和中国人很合拍。在中国甚至有人说，既然是沟口先生，我可以和他交流交流。两年后，围绕主体问题展开讨论这个动机就逐渐扩大了。

关于中国社会文化学会的创设

伊东：还有一个问题，关于一种社会活动，还有学会活动。先生事实上可以说是中国社会文化学会之父，在学会形成上，对传统的学院派以及大学制度的批判和不满也一一出现，对于这一点，能为我们总结一下吗？

沟口：关于学会，我认为实现了很大的改革。明治时代曾经用过汉学会这个名称，后来还改称“支那”哲文学会、中哲文学会等，但性质依然是个专业的同窗学会。实际上当时东大文学系的各个学会都属于“同窗会”，中哲文学会也是其中的一个。会长由中国哲学专业、中国文学专业的主任教授轮流担任。把分散在全国各地的毕业生利用起来。中哲文学会的研究领域承担了经、史、子、集四部中的集部，史部把明治以来的历史分配给了东洋史学科，所以，中哲文学会的研究缺乏历史观点。

企图重组学会最大的障碍就是，能否实现和东洋史专业的联合。我在考虑如何改变状况时，认为必须先从外部改变。首先动员了东洋文化研究所以及驹场的中国研究相关的教师们，建立学问界的联合组织，所以就成立了“东大中国相关教授会议”这个组织。还从中国也请了客人，在大家联合起来做事更方便的名义下，我们说服了一个又一个的人。后来制作了名簿一看，东大的经济学部、法学部等 40 多名的研究人员报了名。于是就召开了全体会议。以此为母体，成立了东大中国学会和中哲文学会，但是中哲文学会内部出现了反对意见，所以召开了中哲文学会的总会，以两票之差，改称为东大中国学会，并制作了规章。这个过程花费了 4 年。

伊东：从东大中国学会到中国社会文化学会的转换很顺利吗？如何超越流派，当初也进行过计划吗？

沟口：是的。学会逐渐扩大后，研究东洋史的小岛晋治先生当选为初代会长，实现了脱离东大。小岛先生很积极地参与了我们的活动。现在日本共有四个全国性的中国研究方面的学会。最大的是东方学会，除此以外还有东洋史学会、日本中国学会，再有就是我们的中国社会文化学会。东方学会主要包括中哲文学、东洋史、印度哲文学、伊斯兰学等专业，日本中国学会主要包括中哲文学科，东洋史学会主要包括东洋史学科。以专业单位组织起来的学会，虽说是联合，但还保留专业间的界限。对此，中国社会文化学会最大的特点就是打破了学科间的障碍。不仅仅是打破了专业间的障碍，还加入了很多法学、经济学的研究人员。

村田：作为学会活动的中心，随着学会杂志《中国——社会和文化》的编辑和发行，不断地壮大成长，对此您有什么感想？

沟口：我觉得这个杂志非常好。但是，我觉得不必总是刊登学术论文，刊登一些评论、论说文等文章也不错。没有反映时代前沿的评论的话，总觉得有些美中不足。

村田：我觉得学会高举的理念，是得到您的支持的。您能介绍一下你们的打破传统的理念吗?

沟口:就是不能把各个领域的人综合起来,就无法把中国变成研究的对象。我们必须打破专业的障碍联合起来,本来这只是一个手段,但联合本身就很困难,所以就变成了目的。现在,联合的地基已经搭好了,今后以什么为题目呢,应该是和主体相关的题目。换句话说,这是符合当今时代要求的题目。

村田:如今(中国社会文化学会)大会的第一天,总是邀请不同领域的人参加国际研讨会,这在 20 世纪 80 年代是个特例。

沟口:1984 年的第一次大会,我和滨下武志做了报告。但是,中哲的教师和东洋史的教师在同一个场合报告,从汉学会的流程来说,这是明治以来第一次。其后,第二次是"中国走向何方"这个大会,经济学部出身的高桥满也做了报告。这不仅是打破专业还是打破院系障碍的最初的例子。个别的研究会可能曾经打破过专业的障碍,但是,文学部的专业单位的同窗会却晚了很多。在我当助手的时候也曾经参加过同窗学会的理事会,但是感觉参加人员的范围也很窄,研究题目也很细化,没有好朋友俱乐部的感觉。我自己认为学院派的做法可能已经走到尽头了。那是 20 世纪 70 年代后期的事,这种状态一直持续到 20 世纪 80 年代改革为止。

村田:《从亚洲开始》(东京大学出版会)7 卷本的系列书,也属于这种问题意识的延长线,可以这样理解吗?

沟口:是的。创造条件把多元化的视点、领域、方法组合起来。东大的中国哲学专业作为专业是封闭的,我赴任时,我们和其他专业的人（包括老师和学生）互不来往，也没有人来拜访，就是那么一个状况。于是我邀请渡边浩先生（法学部）以及外国的客人来做客，如今普林斯顿大学的艾尔曼也是其中一个。虽然逐渐打开了局面，但是却花了三四年时间。在这种气氛下，唐泽（靖彦）以及秦玲子等美国留学者开始辈出。现在来造访研究室的人络绎不绝，非常热闹。

伊东：马上进入总结部分了。在刚才话题的基础上，请您谈谈今后中国研究的方向性，对年轻人有什么期待等，还有什么特别想说的吗？

沟口：没有什么特别要说的。

村田：最后我们再回顾一下这一段研究历史。最高兴的事和最辛苦的事是什么？

沟口：我经历过几次刻骨铭心的事。第一次，是我发现了李卓吾后的研究者王夫之的最新理观，肯定人欲的天理观。其次是认识到中国的“公”和日本的“公”的不同，我无法准确说明的时候，我发现日本的“公”是指天皇或者国家是“公”的最高位置，而中国的“公”则是指皇帝处于最高的地位。最近，我在读夫马先生的书时，我突然觉得抓住了辛亥革命的本质，所以特别兴奋。

村田：有没有痛苦呢？

沟口：好像没有。我经营了 10 年的企业活动，那时胃的状况很不好，但是我集中精力学习以后，一个月就治好了。

村田：野村浩一等人说在20世纪70年代时无法去中国大陆看看实际情况，无法研究真正的中国，所以感到非常痛苦。

沟口：能够共享“知性共同体”的朋友，在中国要一直等到20世纪90年代才出现，不能和中国的朋友交流本身并不是那么痛苦。

伊东：差不多到时间了，内容也概括得差不多了，今天我们就到此结束吧。打扰您这么长时间，非常对不起。

村田：今天我们听到了内容丰富、很宝贵的意见，非常感谢。

采访者：伊东贵之（日本武藏大学）
村田雄二郎（日本东京大学）

日本汉学家田仲一成访谈录

访谈按语：田仲一成先生1932年出生在日本东京。1955年毕业于东京大学法学部，两年后进入东京大学大学院（相当于中国的研究生院）人文科学研究所攻读中国文学课程。1962年修完博士课程后退学，1983年获得文学博士学位。田仲先生先后在日本北海道大学文学部、熊本大学法文学部、东京大学东洋文化研究所担任讲师、副教授、教授等职，讲授与中国文学相关的课程。从20世纪60年代起，田仲先生一直从事中国古代戏剧和中国民间戏剧的研究，曾经数十次往返于中国的广东、安徽、湖南、贵州、江西、福建、云南、江苏、上海以及香港、台湾等地进行田野调查，取得了大量第一手民间戏剧资料，对傩戏、目连戏、关索戏等传统戏剧在当代中国的分布、流传状况和特点做了深入细致的调查研究，成果卓著，田仲先生因此而获得了“日本中国学会奖”“日本学士院奖”等重要荣誉，并于2000年当选日本学士院会员。现已从大学退休的田仲先生仍担任着东洋文库的图书部长。近年来田仲先生的一些主要研究成果如《中国戏剧史》《明清的戏剧》等，也已经在我国出版，受到了学术界的普遍关注和赞赏。为了使我国更多的古代戏剧、民间戏剧研究者和爱好者了解田仲先生，我们与田仲先生进行了一次访谈。以下是这次访谈的记录。

罗小东（下文简称“罗”）：田仲先生，作为日本当代研究中国戏剧的著名学者，能否请您谈谈您当初为什么会选择中国戏剧作为自己的研究方向？

田仲一成（下文简称“田仲”）：关于这个问题，我很难用一句话来回答，有时候我甚至也对自己感到有点不解，可能是深层意识使然吧。我上大学后，在1952年的大学预科课程开始学习汉语，那时中华人民共和国刚成立不久。作为教材，我们学习了赵树理的《小二黑结婚》《李有才板话》和李季的《王贵与李香香》等反映农民生活的文学作品。虽然语言很难懂，但对中国的乡村生活产生了一种亲近感，而且还慢慢产生了要更深入了解和研究的愿望。那时日本战败不久，我们学生开始对战争进行反思，认为是日本政治过分倾向中央集权，过分追随欧洲文化，最后失去平衡的结果。那么日本如何才能“复兴”？我们认为首先在政治上应当排除中央集权，推动地方分权；其次在文化上要更重视地方乡村文化，而不是以城市为中心的文化。如此，在日本的学术界，一时间出现了回归地方乡村的热潮。这个所谓的“地方乡村”，不是具有现代意义的乡村，而是那种更为质朴的近代以前的农村。

在这样的学术环境中，我的学术兴趣慢慢从西方转移到了东方，而且由于有了一定的中文基础，所以在日本、印度和中国之间，我选择了中国。那么，在中国宽广博大的历史和文化中，什么样的研究方向对我更为合适？我从自己已经积累的学习经验出发，选择了文学，尤其是地方性的民间文学，就是歌谣、说唱、小说、戏剧等这一系列通俗文学。另外，由于我生长在东京的小胡同里，从小喜欢民间曲艺。东京的小胡同虽然不是乡村，但住在这些地区的居民，其所具有的小民心理比较接近日本乡村社会的农民。再者，我在学生时代喜欢去剧场看日本古典戏剧，慢慢地成为了一个戏迷。我大学毕业进大学院选择专业时，自然而然地选择了中国戏剧，尤其是中国地方戏剧作为我的研究方向。但在 20 世纪的五六十年代，我们日本人无法访问中国，不能观摩中国的地方戏剧，所以有很长时间我仿佛是彷徨在黑暗之中，看不见自己专业的曙光。

罗：您研究中国戏剧取得了令人瞩目的成果。请问，您在研究中主要采用什么研究方法呢？

田仲：我在大学预科学习汉语后，先进法学院学习，后来又进大学院学习中国文学。这种学习经历影响到了我以后的研究。在学习中国文学时，当然受到精读各种文学作品包括宋词元曲的训练，但这之前在法学院读书时，接触过当时最为流行的“法社会学”。这门学科关注的是在一种制度的后面，是什么社会力量在起作用这类问题。我开始研究中国戏剧时，一方面涉猎王国维、钱南扬、王季思各位学者的著作，另一方面我也开始思考在某一地方戏剧的发展或衰落的后面，是否存在农村阶级力量彼此冲突或妥协之类的法社会学的问题。而且我发现，在地方戏剧的研究中，这些问题并没有受到以往的大学者的关注，在前辈的著作中很难找到借鉴的方向。那么每当遇到这类问题，我不得不努力寻求解决这些问题的新的办法。

首先碰到的是乡村戏剧起源的问题。王国维的《宋元戏曲考》是为了说明城市剧场戏剧的历史而写的，其起源说无法用来说明乡村戏剧的起源。我先阅读了简·艾伦·哈里森（Jane Ellen Harrison）的《古代仪式与艺术》（1922），从中了解到希腊戏剧是从原始乡村祭祀仪式中产生而来的这个重要事实；其后参阅了折口信夫有关日本戏剧起源于神灵降临仪式的学说（1930）；最后又阅读了西乡信纲的《镇魂论》（1957），从而慢慢认识到了乡村戏剧是在农村祭祀仪式的蜕变过程中产生出来的道理，而且我相信中国的乡村戏剧也不会例外。在这方面的研究，应该说我受民俗学和人类学的影响较大。

其次是中国乡村戏剧消长的问题。乡村戏剧与城市剧场戏剧不同，它的生存和发展有赖于乡村诸阶级的合作组织，如果这类组织衰落了，乡村戏剧就很容易衰退或消亡。所以，要掌握乡村戏剧消长的历史，就应该先掌握乡村戏剧的组织。但关于中国乡村戏剧组织，却从来没有人做过研究。在这方面，我受东京大学著名中国法制史学家仁井田升教授的启发很大。教授指出，在清代官僚所写的行政文书、司法文书中，有许多关于乡村组织的记录。以后我搜集到了许多这方面有效的资料。通过这个工作，我知道中国的江南农村大多数是由大宗族所组成，乡村戏剧的组织也由这类大宗族所掌握。当大宗族势力强大时，乡村戏剧就稳定；而一旦大宗族处在衰落或没落的时代，乡村的戏剧组织就会由农村诸阶级（比如下层农民、工匠、小贩等）掌握，其戏剧也会蜕变。我认为：宋元以来的中国乡村戏剧的兴盛和衰落彼此交替的历史，大约可以从大宗族势力的消长来做解释。因此可以说，在研究方法上，我更多的是借鉴和接受了法社会学和社会经济史学的研究方法。

罗：从您刚才所谈的问题，我感觉您非常重视研究中国乡村戏剧的产生、发展和衰落的历史。我们知道，乡村的戏剧，往往保留着戏剧某些比较原始的因素，即使是当代中国的乡村戏剧，它所表演的内容、它的服饰面具等，都还留有古代戏剧的某些影子。以您的研究看，您认为中国戏剧的原始形态是怎样的呢？它的产生及发展的途径都有哪些？

田仲：我以为，中国戏剧的原始形态就是傩戏。乡民迎接神灵时，神灵和巫觋之间一定有对舞、对唱的动作。神灵依凭于巫觋而降临，巫觋戴面具代表神灵出现。其表演含有歌、舞、作、说祝词等，是以歌舞为核心而各种因素未分化、融合在一起的原始乱舞，其中包含了以后构成戏剧的所有因素。随着人类智慧的发展，人类从所积累的经验可以得知自然的规律，不需要巫觋对神灵的巫术也可预见一年的收成，这时，巫觋的巫术就失去了它原有的效应，乡民逐渐把它当成了一种娱乐。这样，巫术开始演变为戏剧和歌舞，巫觋演变为戏人。但需要指出的是，神灵降临的巫术只能产生出拥有简单故事的喜剧，而悲剧，则要等到镇抚孤魂的巫术变为戏剧时才产生。而镇抚孤魂的道教仪式是在五代北宋时期才形成的，因此，镇抚孤魂的巫术演变成悲剧的时代也始自北宋以后。北宋目连戏的出现，是中国戏剧悲剧产生的标志。由此而看，傩戏是中国戏剧喜剧产生的主要途径，而目连戏则是中国戏剧悲剧产生的主要途径。

还有一句话要补充，就是我认为中国戏曲文学的文学体裁也是从乡村祭祀的结构中产生出来的。戏曲这一文学体裁与诗歌和小说不同。戏曲的主人公大凡在跌落底层、陷入悲惨和痛苦的境地之后，总能依靠自身的努力脱离苦海，取得最后的胜利，这一模式是戏曲的一大特点。跌落下去而后再度升起，这种仅有一次大落差的起伏，正是戏剧的本质和条件。所谓“戏剧性”一般就是指这种起伏而言。没有起伏、进展缓慢的故事不能成戏。叙事诗、抒情诗虽有起伏，但进展缓慢；小说则大多不止一次起伏。戏曲的这种仅有一次跌落和上升的结构从哪里来的呢？我认为还是来自送冬迎春季节里乡民每年举行的“死与复活”的祭祀活动的结构。

考虑过这种种问题之后，再来看王国维所说的戏剧起源论，就觉得太简单、太表面性了。他把戏剧定为“以歌舞演故事”，完全忽略了戏剧后面的祭祀因素。至于“故事”的内容，他没有做过任何规定。他认为，戏剧是非悲剧不可的，喜剧不算戏剧，这是对的，但他没有说明其理由。因为他忽略了祭祀因素，所以无法说明戏剧的故事离不开悲剧一起一伏的结构。

王国维还认为先有歌、舞、说、白、科、说故事等艺术，然后在城市的娱乐场所，这些先有的艺术被综合起来，最后形成了一个完整的有歌、有舞、有说白、有科段、有故事的独立的艺术，这就是戏剧。但是，这些先有的艺术，它们既然分别有自己的娱乐功能，为什么还需要跟其他艺术连在一起而被综合呢？而且这种综合为什么是以歌舞为核心呢？对于种种疑问，这种多元综合说都无法给予说明。但如果我们站在巫术一元的立场来说明的话，就很容易解释其产生过程。就是说：潜在巫术的原始乱舞含有戏剧的因素，这些因素以后逐渐显在化，最终发展成为以歌舞为核心的戏剧。

罗：田仲先生，您关于中国戏剧起源的这些研究结论确实是很具有说服力的。您的这些说明使我联想到了屈原的《九歌》。王逸在《九歌》的解题中曾有这样的说明：“昔楚国南郢之邑，沅、湘之间，其俗信鬼而好祠。其祠，必作歌乐鼓舞以乐诸神。”屈原的《九歌》正是在楚人的祭祀之礼、歌舞之乐的基础上创作而成的，从《九歌》的篇章，我们不难想象楚人在巫觋带领下“作歌乐鼓舞以乐诸神”的原始乱舞的情景，其中确实不乏戏剧的因素。但是，我发现，对于我们来说，要研究由宗教祭祀而起的原始歌舞与后世戏剧之间的关系，可能更多的是依靠古代流传下来的各种资料，而我在拜读了您的一些著作后发现，您的研究更多的是建立在田野考察的基础之上的，能否请您谈谈田野考察与戏剧研究之间的关系？

田仲：可以。我认为中国戏剧是从乡村祭祀仪式里产生出来的，但是中国的文献很少提及民间乡村祭祀，佛教、道教的文献中虽然有些记载，但也显得语焉不详。在祭祀复杂的结构里，其中一部分是怎么样演变成戏剧的呢？这个微妙的问题，大概不通过田野考察是难以真正掌握的。某些道教仪式，有说、有唱、有舞，很像戏剧，其间含有接近戏剧的表演，有时戏人参加其祭祀活动，从中我们可以找到原始戏剧的痕迹。

另外，看草台戏也是必要的。什么人来看草台戏呢？一个人来看还是和家人一起来看？买票还是免费？免费的话，什么人提供费用呢？祭祀戏剧本来由乡村负责，乡民跟家人一起来看，其座位根据家人的人数来安排。祭祀戏剧衰落时，卖票的方式被导入，因而越来越接近剧场的模式。表演的剧目也受到这类观众环境的影响。

由以上两点，我认为研究戏剧应该从田野考察开始。

罗：中国很大，不同的地区有不同的戏剧形式。目前您主要考察了中国哪些地区的戏剧？您在考察这些地方戏剧时，主要想了解或解决一些怎样的问题？

田仲：据美国人类学者施坚雅（William Skinner）教授的

研究，中国在地域文学、地理学上可以划分为 8 个地区。①北部中国：以黄土平原为中心。包括河北、山东、河南三省，以及江苏、安徽北部，山西东部。②西北中国：以渭水、汾水盆地为中心，甘肃、陕西和山西的西半部。③长江上流域：以红土盆地为核心。包括四川省的大部分。④长江中流域：以长江两岸的湖南、湖北为核心，以赣水、湘水、沅水为亚地区。⑤长江下流域：江苏、安徽两省的南半部和浙江北半部。⑥东南沿海：以福建省沿海低地为核心，包括浙江南部和广东省东北部，还包括台湾。⑦岭南：以珠江三角洲为核心。包括两广地区，也包括海南在内。⑧云贵：云南和贵州。这 8 个地区中，我主要考察的是④⑤⑥⑦这 4 个地区。对于每个地区的调查，目的并不完全相同。

第一是东南沿海地区。这些地区目前我到过莆田、泉州、台南等地，主要考察这些地区的目连戏，同时我还考察了新加坡、马来西亚等地。南洋居住着很多从东南沿海地区迁徙来的华侨，他们从家乡带来了乡村戏剧表演的习俗，从中可以看到祭祀戏剧的影子。通过对这些地区的调查，我们收获很大。比如，从莆田人表演迎神的节目，可以看到神灵降临于巫觋的凭依动作。从莆田人在办丧事时有请戏班子表演目连戏的习惯，可以体会到乡民有通过目连戏超度故去亲人亡魂的习俗。此外，通过调查，我还发现宋元以来的南戏，只在这些地区流传。

第二是岭南地区。作为学术的田野考察，我第一次进入的就是岭南地区，尤其是香港新界农村。香港新界农村多由大宗族组成，很方便于考察大宗族控制乡村戏剧的情形。而且香港农村的历史很多可以上溯到明代初期，有近 500 年的历史，加上通过科举获得进士或举人的人物也不少，从中可以窥见中国传统乡村士绅与县城官方的沟通关系。其祭祀结构也很完整，尤其是每 10 年举行一次的建醮仪式，即所谓的“太平清醮”的结构，非常细致。香港这样体系完备的乡村祭祀在中国内地大概已经消失了。

第三是长江下流域地区。这个地区文献丰富，比如徽州有《徽州千年契约文书》以及休宁《茗州吴氏家记》等，都是很有参考价值的。浙东萧山、绍兴地区，详述当地大宗族活动的族谱也很丰富。关于这一地区，我主要依靠文献记载，探讨当地乡村戏剧跟大宗族的关系，有时进行田野调查来补充文献之缺。比如在徽州祁门县看目连戏等。

第四是长江中流域地区。这个地区文献不多，但通过田野考察，观看了江西的傩戏、湖南的目连戏。因此关于戏剧起源的问题，在这个地区获得的资料非常丰富。

在施坚雅教授所划分的 8 个地区中，我只是考察了 4 个而已，而且都集中在南方，不涉及北方。我认为，中国太大，不可能逐一调查，所以不能不存在从一部分地区的资料进而推测到全国的问题。但是就如人体的细胞，由于其结构一样，所以采集一部分的细胞，就可据此而推测其他的部分或全体的结构，这也是学术研究所普遍采用的方法。

罗：田仲先生，从您前面的谈话中，我经常听您提到“傩戏”这个词，感觉您对中国的傩戏有很深的研究，而傩戏即使对于许多当代中国人也是非常陌生的。您能给我们谈谈什么是傩戏吗？根据您的调查，在当代中国，哪些地区还有傩戏的表演？其表演的内容和形式，和一般的地方戏剧有区别吗？

田仲：傩戏，简单地说，就是戴着面具演出的戏剧。傩戏的前身，应该是巫觋戴着面具，用舞蹈来表现神灵的降临以及表现对神灵的崇敬的原始宗教形态。由于这个原因，傩戏所表演的内容比普通的地方戏有较多的巫术色彩。比如安徽贵池的傩戏《打赤鸟》《回回舞》《出土地》《关公斩妖》《福禄寿》等，这些都是没有故事的巫术性剧目。但也有一部分是有故事的，如《刘文龙赶考》《孟姜女》等。早期傩戏的演出，多以赶鬼驱邪或安魂为目的，这与其说是娱乐，不如说是为了保持乡村秩序更为妥当。它可以算是真正的祭祀戏剧，是中国戏剧的真正起源。在中国大陆的乡村，曾经很长时间看不到傩戏的演出了，但我一直相信一定可以找到。果然在 20 世纪 80 年代后期，在安徽贵池县、祁门县、黟县和江西婺源县等，发现了戴面具演出的傩戏。我非常高兴。而且是农民自己演出，不借助戏人，是真正的祭祀戏剧。目前，除了上述地区，江西的萍乡县、万载县、南丰县等也保存有傩戏，据说修水县也有。大部分都集中在长江中流域地区。我们日本最为原始的戏剧是戴面具演出的田乐和能乐，我认为它们的起源一定是来自中国大陆。

罗：是吗？这真是很有意思的事情，如果有学者能就中国的戏和日本的田乐、能乐的关系做进一步的研究，这对两国文化交流史的研究应该是一个很好的补充。田仲先生，在您前面的谈话中您提出了这样一个观点，即认为中国的乡村戏剧是由乡村中的大宗族控制的，而在一般中国人的印象中，乡村戏剧就是一些流动性的乡村戏剧班子的表演，他们和地方宗族似乎没有什么直接的关系。您能给我们具体谈谈您的这个观点是如何得出来的吗？

田仲：我认为，祭祀戏剧是维持乡村农耕社会的一个重要基础，也可以视之为一个不可或缺的制度，农村的诸阶级如地主、自耕农、佃户等，都在不同程度地参与着。在江南同族的乡村，有力量的大宗族把组织祭祀戏剧的演出当成是维持自己权力的一种制度，所以他们或当值年会首，或出钱筹备。这种情况可以在徽州一些族谱的记载中得到印证。乡村社会里虽然有流动性戏班的活动，但它必须符合大宗族的要求，才能被接受，也才能得到在乡村演出的机会。大宗族雇用戏班，决定剧目，所以说他们实际掌控着乡村戏剧的发展和命脉。

罗：您认为，在中国的乡村社会，一般演出的戏剧，其剧本可以划分为三种，即乡村戏剧、市场戏剧、宗族戏剧。这种划分的标准是什么？它们所面对的观众一样吗？

田仲：我把在乡村演出的戏剧划分为三种类型，主要依据的是祭祀戏剧演出的不同组织形式。控制着中国地方社会的地缘、血缘集团，它们具有名义上的所谓公共性，它们同时支配着地方的戏剧演出，我将它们划分如下：

1. 地缘集团的戏剧演出

（1）中国地方戏最基本的是地缘集团所组织的戏剧演出。它的标准类型是市场性的乡村联合演出，它以市场为核心，通常在市场所在地的庙会举行，兼有祀神和招揽顾客的作用。这里又分两种类型：大市场所在地的庙市演出（其情况是一年两次，每次数日）；小市场的圩市演出（每十天一次，每次一天）。演出的主办者主要是掌握市场的地主联合体、牙商、客商公会等。其经费由地主、商人所捐的钱以及市场圈内各村落的农民阶层的看戏费和募集的钱来维持。

（2）农业性的乡村联合戏剧演出。它是以祈雨驱蝗等集体性的活动联结在一起的村落联合演出，这种演出的目的是祈神，一般在水神庙、八蜡庙举行。主办者是各村占支配地位的地主联合体。

（3）单独的乡村戏剧演出。它是在乡村的社庙或小庙里，因为农耕仪礼（如春祈秋报、祈雨驱蝗等）或者缔结乡规民约（如禁止乱伐山林、禁止污染水池、禁止放牧牛羊践踏禾苗等）而举行的祀神演出。主办者由乡村的土地所有者（地主、自耕农等）联合组成，费用按各户的土地面积相应负担。

2. 血缘集团的戏剧演出

在乡村里，在强盛的宗族集团内部，宗族长老可以根据不同需要组织各种戏剧演出，这种演出也可以大致区分为以下几类：

（1）宗族联合的戏剧演出。这是春秋、冬至、扫墓等祭祀祖先时或同族成员科举及第、任官时，由同一宗族的全体成员捐资在大宗祠举行的演出。主办者是宗族内各支派（房）长老的联合体，费用则由宗族公费（族田、族产等收入）来开支。

（2）宗族支派的戏剧演出。这是由宗族下属支派（房）因冠婚丧祭而举行的演出，其他如长老寿辰、儿子诞生、新居落成、疾病痊愈等，也进行演戏。主办者通常是本支派或家族的长老，费用大都由本支派负担。

（3）家长私宴的戏剧演出。家族的尊长为接待宾客，在家堂或别院举行的演出。这是零星的不定时举办的私宴演出。费用由家长私人支出。

明确了以上各种演出的情况后，就可知道无论是地缘集团的戏剧演出还是血缘集团的戏剧演出，其实都为当地有势力的集团所控制，而这种有势力的集团，通常又是盘根错节，你中有我我中有你的，因此两种演出存在彼此依存的关系。尤其是由大宗族组成的江南乡村，支配血缘集团演出的有势力的同族长老，同时也是支配地缘集团演出的主体。在这种情况下，地缘和血缘集团的戏剧演出就会经常发生重叠。一般的情况，宗族联合的戏剧演出和单独的乡村戏剧演出是为宗族支配最强的乡村戏剧，主要演出忠孝、节义、功名等保守的戏曲。地缘集团所组织的戏剧演出和农业性的乡村联合戏剧演出是宗族支配最弱的市场戏剧，主要演出风情、豪侠等倾向于性或暴力的戏曲。宗族支派的戏剧演出和家长私宴的戏剧演出是宗族支配较弱的宗族戏剧，带有文人风气，主要演出由唐代传奇改编的剧目，以仙佛类为多。

罗：田仲先生，在访谈开始的时候，您曾经提到您在学生时代很喜欢去剧场看日本的古典戏剧，并且成为了一个戏迷，这已经是几十年前的事了。如今在日本，看古典戏剧的年轻人还多吗？在中国，大多数年轻人都不愿意看古典戏剧，所以有人担心戏剧尤其是古典戏剧，有走向衰亡的那一天。您是如何看待这个问题的？日本的古典戏剧存在这样的问题吗？

田仲：年轻人不愿意看古典戏剧，这是难免的，日本也一样。但古典戏剧是国家宝贵的文化遗产，应该由国家保护起来。在日本，歌舞伎的观众比较多，还没有衰亡的危险。不过国家也通过建造国立剧场、创办科班培养接班人等各种途径，给他们创造维持繁荣的条件。文乐傀儡戏，曾有过几次灭亡的危机，目前也由国家全面保护起来了。能乐、狂言等剧种，国家也建起了剧场，帮助其运作。我想，年轻人进入中年以后，其中会有一部分人对古典戏剧怀有兴趣，并成为认真的观众的。我对古典戏剧的命运还是比较乐观的。

罗：田仲先生，今天非常高兴您能接受我的采访，谢谢您给我们做了这么详尽的回答。您作为一个外国学者，能对中国古典戏剧抱有如此的热情，并不辞辛苦，数十次深入中国乡村进行田野考察，为中国古典戏剧研究提供了许多宝贵的资料。您的许多富有创造性的研究，也为中国学术界提供了有益的借鉴，我们在此对您表示深深的敬意。谢谢您，再见。

田仲：不客气，再见。

采访者：罗小东（北京外国语大学中国语言文学学院）

日本中国学研究50年
——村山吉广先生访谈录

访谈按语：从海外汉学研究的视野来看，近代以来日本的汉学研究，或广义上的中国学研究有其独特的一面。其研究之盛、范围之广、考察之精、收获之丰、名家学者之多，都是有目共睹的事实。这与历史的、地理的，以及汉字文化圈等诸多因素相关。

要了解日本的中国学研究，首先需考察和把握其中主要学者的研究活动与生平业绩。就知名学者而言，活跃于“二战”以前，即日本所指的近代时期的中国学学者，其研究活动和生平业绩等概述性资料，可以说比较齐备。读者可以从《东洋学的谱系》（第一、二辑，江上波夫编）、《东方学回想》（九卷，同书编委会编）等文献中获取。早期的，如那珂通世、藤田丰八、桑原隲藏、内藤湖南、服部宇之吉、小柳司气太、白鸟库吉、常盘大定、市村瓒次郎、狩野直喜等，稍后的，甚至于“二战”后仍很活跃的，如羽田亨、津田左右吉、青木正儿、今关天彭、吉川幸次郎、诸桥辙次、桥川时雄、神田喜一郎等，在上述文献中均有收录。

但是，述及“二战”后开始活跃的中国学学者的同类文献或资料却十分欠缺。加之，上述文献的撰稿者或回顾者多为该学者的门生弟子，其中难免掺杂一些感情成分，尤其是在表述方面，多有赞誉有余而批评不足之虞。从评价的客观公正角度来讲，不能不说有欠妥之处。有鉴于此，通过访谈等形式，由在世学者本人进行研究回顾或生平业绩介绍，不失为一种更稳妥的方法。

“二战”后活跃于日本学界的中国学学者很多，如金谷治、丸山升、伊藤虎丸、伊藤漱平、冈村繁、村山吉广、户川芳郎、町田三郎等就是其中的一部分。他们的学术对我国相关学界也都有一定影响。遗憾的是，上述学者中有不少已经过世，未能赶在生前对其采访。

有鉴于此，笔者专门采访了年事已高的早稻田大学名誉教授村山吉广先生。村山先生从事中国学研究已半个多世纪，著作等身，功绩卓著。其研究面极广，领域遍及传统上的经、史、子、集，时代跨越古今，尤其在诗经解释学史和日本江户及明治汉学研究领域，堪称当今日本第一人。先生不仅勤奋好学、治学严谨，而且虚怀若谷、为人笃厚，深为学界敬仰。本人于2012年6月28日下午在早稻田大学楠亭采访了村山先生。从访谈中，我也切实感受到先生的谦虚态度。

张明杰（下文简称“张”）：从1958年发表《关于孙子的成立》这篇论文起，先生的汉学研究至今已有50多年，若从提交大学毕业论文《兵书的思想史考察》（1953）算起，至今已近60年。我手头有一本《村山吉广先生古稀纪念——中国古典学论集》，是10多年前出版（2000年刊）的，其中收录先生的著作目录就多达43页。若算上这十几年的成果，则数量愈加惊人。仅从这一点来看，先生著述之丰厚、研究成果之多彩，着实令人心悦诚服。我想借此机会，听听先生对自己的中国学研究人生的回顾。想必先生定有很多感想和回忆，首先请谈谈您的成长或学习环境，好吗？

村山吉广（下文简称“村山”）：我1929年12月出生于毗邻东京的玉县。其后，九一八事变、卢沟桥事变、太平洋战争相继爆发，整个幼少年时期都处在黑暗时代。当时生活物资也很不足，小学进行的又是国家主义教育。我最近发表的一篇短文里，记述了当时在小学（时称“国民学校”）里经历的一件事。

在称之为“纪元两千六百年”而世间骚然的昭和15年（1940），中学入学考试开始重视学生的体力情况，根据提交的成绩报告书、运动能力和面试成绩做最后的录取根据。当时在小学里，为准备升学的学生设有面试演习。我也准备升学，所以参加了这种面试。在面试室里，校长和班主任表情严肃地并列而坐。最初的提问是“将来希望做什么？”我当即回答“想当学校教师”。这其实也是我平时的一贯想法。

随之在我眼前发生了意想不到的事情。校长突然睁大眼睛，拍打着桌子质问：“你难道不知道日本现在是非常时期？”班主任也脸色突变，朝我吼道：“你刚才说什么？”随后甚至起身喊道：“你不是日本国民！”接着，校长绷着脸说：“没必要再面试下去了。”班主任冷冷地喝道：“退下！”面试就这样结束了。

这位校长是个追随潮流的“军国校长”，常在早会上大吼“神国日本”“八纮一宇”什么的，甚至被冠以“狮子”的绰号。而班主任又在极力奉承这位校长，这在我们学生眼里也是看得出来的。当然，他们所期待的回答是“希望成为军人为国捐躯”或“参加航空队战死于南国上空”等。

现在回想起来，在那种场合，我自己还表现得异常平静。因为心里在想：“他们也身为教师为何发这么大的火呢?”“想当教师有什么不好吗?”“如果整个日本大家都当军人，学校里一个老师都没有了，社会将成什么样子呢?”令校长们惊慌失措的是若在“真正面试”时发现了“非国民”，大概会影响到他们自身的升迁吧。当时的日本已进入了一个“疯狂时代”。

小学毕业后进入中学，每周都有几次“军事训练”课，各学校还都有军方派遣的“配属将校”。随着战局年年不利，农村劳动力出征，农业陷入人手不足的困境。于是，中学生就被动员去支援农家，这叫“农村动员”。学校的学习被迫中止。紧接着，工厂也出现员工不足，难以开工的现象，于是中学生又被动员到工厂劳动，这叫“工厂动员”。而且当时这种情况是全国性的。在工厂，我们从事制造潜水艇部件的工作。

战争前途愈来愈悲观，在太平洋战线各地，日本守备队相继灭亡，但政府却称此为“玉碎”而加以美化。后来塞班岛失守，美军以此为基地展开的对日本本土的轰炸也愈加频繁，处于“工厂动员”中的我也曾遭遇美军战机对工厂的机枪扫射，险些丧命。我家虽离东京十几里（日本 1 里约等于 4 公里），但在 1945 年 3 月 10 日美军 B29 轰炸机对东京进行大空袭之夜，也看到了烧灼夜空的火焰持续整晚的情景。美军飞机首先往住宅区的外侧呈圆状抛洒燃油，然后往其内侧投下无数燃烧弹，致使大量居民被封闭在火海里烧死。当晚有 27 万户房屋被烧毁，死者十万，伤者数万。战争于当年 8 月 15 日以日本的战败而告终。

国土到处是废墟，但学校很快开学，我们于 9 月返回学校。为弥补过去的空白，拼命学习，但因欠缺基础知识，也许有个人天资不足因素，数学、物理、化学科目内容怎么也听不懂。加上一直没能静坐下来学习，连书法写字也没学好，以至于今天写起字来，也只能写这么难看的字。就是这种只是线和线交叉而成的字，即俗称的“乱涂鸦”。我年过八十后，立志师从名家习书法，但几乎无长进。所谓“日暮途远”，概指此状吧。

张：先生从进大学到退休，一直供职于著名的私立早稻田大学，可以说先生是地道的“早稻田人”，能否结合大学特点，谈谈您是如何走上中国学研究这条道路的？

村山：我在 1949 年 4 月进入早稻田大学（简称“早大”）文学部史学科东洋史专业学习。早大早在清朝末期就开始接收中国留学生，因此，至今在中国各地仍有“日本早大”这一亲切称呼。

早大起源于大限重信 1882 年创立的东京专门学校。作为明治政府的要员，在经济与外交政策方面起到指导作用的大隈，为创建立足世界同时不受政府干涉的自由大学，设立了这所学校，其宗旨在于“使学问独立于政治”，“培养不受权力干涉的自由精神”。这与号称“帝国大学”的东京大学和京都大学等国立大学的学生以成为日本帝国政治官僚为第一目标，一生欲作为国家走狗而统治民众的学风有很大不同。

我选择史学科东洋史专业，并非有什么特殊理由，只是因为自己擅长解读汉文（古文），对中国历史感兴趣而已。当时的教授有清水泰次、栗原朋信、松田寿男三位先生。清水教授是日本的明代经济史研究领域的先驱者，著有《明代土地经济史研究》《中国近世社会经济史》等。我跟清水先生学习时，先生发表了关于明代富豪沈万三的论文。松田寿男先生是为学界熟知的西域研究领域的权威。他的课让我们记住了不少有关中亚和丝绸之路的地名。松田先生有《松田寿男著作集》问世。栗原先生是著有《东洋史统》（四册）的市村瓒次郎博士的高足，以《秦汉史研究》《古代日本对外关系研究》等详实的研究而著称。

在栗原教授的指导下，我撰写并提交了题为《兵书的思想史考察》的毕业论文。其实这是关于《孙子兵法》十三篇成立的考察研究。先行论文有东北大学武内义雄的《孙子十三篇之作者》，论证现行的《孙子兵法》并非吴之孙武所著，而是出于战国时齐国的孙膑之手。武内氏主要运用书志学、文献学方法加以论述，而我则是以论题上的“思想史考察”为主，或者说将此书置于春秋战国思想史的大框架下加以分析。

通过分析考察，结果探明了以下几个问题。即现行的《孙子兵法》中多用基于《老子》思想的字句和表现，而这些则被用来给兵家言说赋予权威，除此之外还强烈反映了法家的思想。

另外，分析《史记》中的《孙武列传》，可将构成其主体的“孙武勒兵”断定为法家故事之一，而将其作为春秋时代的人物故事是不适宜的。因此，我无法强力支持孙武的“实在说”。加之，翻检散见于先秦诸书中的“孙吴”之称，发现这些均为“孙膑和吴起”之并称，故孙武的实在性越发显得不足。我的论述是：（1）兵家在思想方面与法家有共通性；（2）现行的《孙子兵法》是以孙膑兵法为主旨的；（3）先于孙膑兵法，假托孙武的《孙子兵法》也许存在，但其要旨被现行的《孙子兵法》吸取而消失；（4）现行《孙子兵法》的成立时间似在老子思想深入人心的战国末期。

张：据说先生年轻时曾不幸患上肺结核，险些危及生命，后来是怎样克服疾病，继续求学深造的呢？

村山：在毕业后是就职还是上大学院继续深造这件事上，我曾一时踌躇。为慎重起见，一方面向就职部门提交了高中教师志愿书，另一方面又就大学院升学之事征求诸位先生的意见。但无论是选择哪条路，都需要健康诊断书，所以就接受了胸部透视等检查。不久，被医院叫去，告知左肺上部有空洞，患上了肺结核。当时这种病尚无治疗药物，等于“不治之症”。而且这种病传染率很高，故依照国家“结核预防法”，患者升学、就职等均被禁止。

因此，我只好放弃就职或升学的念头，专心养病。医生建议马上入院，接受所谓“胸廓成形”手术，即切除肋骨，压缩肺部的一种手术。当时甚至都办好了住院手续，但后来因为对手术效果存在怀疑，而放弃手术，决定在自家疗养。当时普遍的疗法是“安静疗法”，即依靠“空气、安静、营养”三者，通过静寝而尽可能延缓病情发展。但期望很小，当时就看到不少病情恶化接连死去的同类患者，前途十分悲观。幸运的是，不久美国开发出了一种新药——链霉素，而且证实它能有效地杀灭病菌。这种药在我疗养一年后也开始在日本应用，我也马上受其恩惠。真可谓天神保佑！这种药为注射用药，但也有派司和酰肼两种内服药，这三种药物并用效果更佳。接受治疗不到一年，我的病情就彻底好转，从而得以重返社会。

在疗养期间，犹如每天的功课，我通读了赵翼的《廿二史劄记》。因为我手头正好有这套书的“和刻本”（即日本刊本）。病好后我就决定进大学院深造，在选择专业问题上，当时也征求了栗原先生的意见。因我的兴趣已从一般历史转向思想史，所以栗原先生就建议我与其选东洋史不如进东洋哲学科。因为当时大学院的东洋史科以松田寿男先生为主，如果进去的话，论文可能就限定在西域史方面。加上东洋哲学科的栗田直躬教授也劝我选东洋哲学。

另外，在养病期间，还在栗原先生的鼓励下，对毕业论文加以修改补充，后以“关于孙子的成立”为题，发表在早大史学会会刊《史观》（第 52 号，1958 年 3 月）上。这成了我踏入学界的处女作。

张：先生在大学院期间读的是中国哲学科，而早大的这个学科也是很有传统的，能否谈谈您在求学期间的收获？

村山：早稻田大学大学院东洋哲学专修科继承了所谓津田史学。而建议我入东洋哲学专修科的栗田直躬先生又恰恰是津田史学最忠实的继承者。1963 年至 1966 年刊行的 28 卷本《津田左右吉全集》就是在栗田先生的努力下问世的。

津田左右吉曾师从在北亚及中亚史研究领域取得世界瞩目巨大成就的白鸟库吉，起初从事“满鲜历史地理研究”，以《好太王征服地考》《渤海考》等研究而知名，不久扩展到《古事记及日本书纪的新研究》《神代史的研究》等日本思想史领域，进而又撰写《左传的思想史研究》《道家的思想及其展开》《论语与孔子的思想》等，开拓了中国思想研究新领域。其广泛的研究领域和独特的研究方法为世人所重视，从而有“津田史学”“津田学”之称。

津田史学的特色在于视思想为现实生活的产物，思想是与其社会特征不能分离的。因此，日本思想是日本社会固有的产物，中国思想即中国社会固有的产物，中国思想理应从阐明中国的社会组织及中国人的现实生活入手。

坦率地讲，他认为缺乏这种社会学研究的旧有的“经学史研究”“训诂学研究”并无多大意义，成果也很有限。

栗田先生本是研究西洋哲学的，后来因与津田左右吉的学风产生共鸣，而立志继承津田学。因此，他与过去的经学研究家是对立的，对学界大势也从不在乎。一般来讲，津田学是独特的，其学风我虽然不能全面赞同，但还是认为能够触及津田学宏大体系之一二，也是有意义的。

栗田先生在大学院的演习课上教授《老子》，但他从不涉及文献学或训诂学方面，而是以《老子》中的一章或两三句为对象，分析其中主张的是什么，出于什么样的动机，其背后隐藏着什么样的心理，另外出于这种思考的言说又是基于什么样的社会情形等，对此进行详细的解析。这样，一年时间读完的也只不过是数十行字而已，这是一种很独特的教授方法。

有关对津田史学的评价与批判问题，台湾大学《东亚文明研究学刊》第三卷第一期刊发了我的《津田左右吉的中国学研究》一文，其中披露了我的见解。有兴趣的读者请参考此文。

张： 先生在大学院期间曾发表过几篇考察清代初期经学学者姚际恒有关《诗经》研究的论文，这些都成为该领域的先驱性成果，而且还被台湾学界译成中文刊出。

村山： 在通过毕业论文探讨《孙子兵法》的传承与真伪

问题时，我仔细阅读了姚际恒的《古今伪书考》。结果，其明快的论断引起了我的关注。同时，循其论断，使我对中国近代学术史的推移也产生了极大兴趣。

于是，我首先就《古今伪书考》的价值加以详细论证，后于《汉文学研究》杂志第七号（1959年3月）发表了《姚际恒的学问——关于〈古今伪书考〉》。因为专业也从东洋史学转为东洋哲学（中国哲学），另外，也希望从诸子百家研究扩展到更广的“中国学术史”研究方面。当时，姚际恒作为《古今伪书考》的作者虽为学人所熟悉，但其整体的学术情况却鲜为人知，故几乎没有先行论文。

姚氏的传记为人所知的也极有限，所以我就常到中国地方志收藏较全的东洋文库（东京驹込）去查阅。结果从《杭州府志》《武林道古录》《杭郡诗辑》等文献中，找到了相当确切的资料。另外，毛奇龄《西河诗话》、阎若璩《尚书古文疏证》中也有些值得关注的记述。

姚氏的主要著作是《九经通论》，而其中最广为通行的是《诗经通论》。

另外，北京图书馆虽藏有清抄本《春秋通论》，但当时却很难见到。还有《仪礼通论》，似有传本，但直到多年后中国社科院陈祖武先生点校刊出，这期间都鲜为人见。随笔札记式的《庸言录》《四库总目》中虽也有记录，姚氏也曾于《诗经通论》中屡屡提及，但并无传本。另有考证其家藏金石书画的《好古堂书画记》，为康熙末年刊本，日本于文政五年（1822）也出版了“和刻本”，我手里也有一部。

像这样，对于当初信息极为不足的姚际恒，也逐渐搞清楚了很多情况。于是我在此基础上，作为姚际恒研究的第二步，撰写了《姚际恒的学问——其生涯与学风》，发表在《汉文学研究》第八号（1960）。当时，正值大学院博士课程第一年。

接着，我对作为姚氏要著传本的《诗经通论》加以研究，并以《姚际恒的学问（下）——关于〈诗经通论〉》一文，发表于上述杂志第九号（1961）。

通过探讨《诗经通论》，得出的结论是姚际恒对朱子《诗集传》的强烈怀疑。因为本来姚际恒的立场是反朱子学的，他把朱子作为立学基础的《中庸》视为“伪中庸”而加以排斥，将朱子的学问大系视为“伪道学”而予以否定。

从诗篇的诗意解释这一角度来看，姚际恒针对一个个诗篇而进行的集传批判多是妥当的，且极富启发意义，同时又以其毛传批判、郑笺批判为主，他对其他历代诗解释也均详加批判，这些也都增强了我的学术兴趣。因此，这使我开始以姚际恒的《诗经通论》研究为出发点，进而扩展到“诗经解释学史”领域。

张：先生从姚际恒研究入手，进入到深广的诗经学研究领域，先后取得众多研究成果。而且还率先创立“诗经学会”，创办《诗经研究》杂志，为培养和扶持新秀，推动《诗经》的普及与研究做出了巨大贡献。能否详细谈谈这方面的情况？

村山：就在我从姚际恒研究进而转向诗经学乃至诗经解释学史研究之际，幸遇日本诗经学大家目加田诚先生来早稻田大学文学部任教。先生是从九州大学退休后被聘为早大教授的，担任早大新设不久的中国文学科主任。作为长年的研究成果之一，先生翻译的《诗经》全译注本于 1960 年收录于《中国古典文学全集》。在诗经学研究方面，先生学识渊博，在当时的日本可谓首屈一指。先生致力于将《诗经》从“经学”中解放出来，将其作为文学对象而大胆加以解释。

当时正着手于《诗经》解释的我，有幸时常聆听先生的见解以及对我个人观点的点评。先生对我的《诗经》解释学史研究方向大为赞赏，同时在我从非常勤讲师转为专任讲师一事上暗中尽了很大努力。1968 年，我在早大的专任教师身份确定下来。

1974 年，按 70 岁退休之规定，目加田诚先生离开早稻田大学。在先生临退休之前，蒙先生后援，创立了“诗经学会”。这不仅是日本最早的诗经研究专业学会，而且还早于 1993 年成立的“中国诗经学会”以及其后成立的“韩国诗经学会”。学会发行年刊杂志《诗经研究》，在国内外赢得不少读者，对推动《诗经》研究起到了一定作用。另外，1994 年，作为学会的一项事业，与江口尚纯君（现静冈大学教授）共同编写出版了《诗经研究文献目录》（汲古书院）。该目录分日文篇和中文篇，日文篇自 1868 年（明治元年）至 1990 年，中文篇自 1900 年至 1990 年。收录了其间诗经学方面的著作和论文，按总论、基本问题、诗篇、言语研究、文化史研究、素材论、解释学史研究以及比较诗学等条目加以分类罗列。其补篇依次刊载于其后的《诗经研究》杂志。

我的诗经解释学史研究，是以姚际恒的诗经学为基点的，因此，理所当然也扩展到姚际恒以前及其以后诗经解释学的研究成果两个方面。前者的研究成果有冠以明代诗经学之名的《钟伯敬〈诗经钟评〉之周边》（《诗经研究》第 6 号，1981）、《竟陵派之诗经学》（《东洋思想与宗教》第十号，1993）、《戴君恩〈读风臆评〉初探》（内山知也氏编《中国文人论集》所收，明治书院，1997）、《徐光启〈毛诗六帖〉序说》（《诗经研究》第22号，1998）、《明儒郝敬诗解》（《早稻田大学大学院文学研究科纪要》第44辑，1999）等。

后者有《方玉润的生涯与著述》（《中国古典研究》第31号，1986）、《方玉润的诗经学——关于〈诗经原始〉的特征》（《日本中国学会报》第41集，1989）、《崔述的生涯与业绩》（《早稻田大学文学研究科纪要》第36辑，1990）、《崔述〈读风偶识〉一侧面——与戴君恩〈读风臆评〉之关系》（《中国哲学》第21号，北海道大学中国哲学会刊，1992）、《戴君恩〈读风臆评〉与陈继揆〈读风臆补〉比较研究》（台湾"中央研究院"《明代经学国际研讨会论文集》所收，1995）等。我的研究主要是探求明清时代欣赏派诗经学，因过去鲜有这方面的研究，或很少将其作为研究对象，故起到了作为先驱性论文的作用。

张：先生还发表过不少考察英国的中国学研究方面的论著，我记得多年前曾拜读过其中关于王韬与理雅各的一篇大作。

村山：1975年，在我46岁（时任文学部副教授）时，作为在外研究员由大学派往伦敦大学东洋学院（School of Oriental and African Studies，通称SOAS，通译为亚非学院）。我和妻子及长女一起赴英国，全家住在伦敦郊外的汉普斯特德（Hampstead）。我把研究题目定为"英国的东洋学"，旨在追溯近代以来英国的中国研究历史。归国后发表的主要研究成果有《英国的东洋学》（1—5），（《中国古典研究》第21至第26号，1976，1862—1981）。考察过的研究史上的学者有莫理循（G. E. Morrison，1862—1920）、理雅各（James Legge，1815—1897）、威妥玛（Thomas F. Wade，1818—1895）、马士曼（Joshua Marshman，1768—1837）、麦都斯（Walter H. Medhurst，1796—1857）、斯当东（Thomas Staunton，1781—1859）等。在伦敦期间，交往的学者有 SOAS 的葛瑞汉（A. C. Graham）、刘殿爵（D. C. Lau）、P. G. 奥尼尔（P. G. O'nill）、C. J. 邓恩（C. J. Dunn）教授等。在诗经学研究方面，发表了《理雅各〈诗经〉翻译》（《诗经研究》第 4 号，1978）、《关于理雅各 The Chinese Classics》（《比较文学》第 32 号，1989）以及《理雅各与王韬——稿本〈毛诗集释〉周边》（《诗经研究》第 15 号，1991）等。

张：先生与中国学界也有很广泛的交流和联系，我所认识的中国学者在提到先生时也对先生的学问与人品称赞不已。

村山：1995 年，在我 66 岁（时任文学部教授）时，又被选为在外研究员，去中国进行学术研究。同年 4 月至 10 月末在北京大学，居住在勺园专家楼。共同研究的合作者为中文系的费振刚教授。其间主要以北大、北师大的图书馆为主，从事明清诗经学古籍调查。有幸与张猛、陈熙中、褚斌杰、张玉范（以上北大），刘家和（北师大），王中忱、钱逊（以上清华）等先生交往，并进行学术交流。另与到北大来访的夏传才（河北师大）、赵沛霖（天津社科院）、李芒（中国社科院）等诸先生也有交往。

在北京期间，还出席了在韩国首尔举办的第五届东洋国际学术会议，并在会上发表了《日本诗经学史》。同年 11 月由北大转赴上海复旦大学，入住南苑专家楼。合作教师为图书馆古籍部主任吴格先生。从 11 月至翌年 3 月回国为止，其间交往或进行过学术交流的人士有王水照、章培恒、陈广宏等教授。在上海期间，还应台湾林庆彰教授的邀请，出席了（台湾）“中央研究院”举办的明代经学国际研讨会。在同为一个研究领域的林庆彰教授主编的《姚际恒研究论集》（台湾“中央研究院”中国文哲研究所，1996）里，还收录了拙论《姚际恒的学问》（上、中、下）的中文翻译。

中国诗经学会成立后，2001 年发刊《诗经研究丛刊》（夏传才主编），有幸与王长华、向熹、赵沛霖、赵逵夫、董治安、顾易生、褚斌杰等诸先生一道担任编辑委员。除中国大陆之外，还有陈新雄（中国台湾）、林庆彰（中国台湾）、李家树（中国香港）等先生亦在委员之列。其后，通过参加隔年一度的研讨会，逐渐加深了交流，而且还与来自各地的年轻学者相识并交流。

另外，依 70 岁退休之规定从早大退职时，蒙学界知友赞同，出版了《村山吉广教授古稀纪念——中国学论集》（汲古书院，2000 年 3 月），中国诗经学会会长夏传才教授和斯文会理事长石川忠久教授赐序，惠赐论文者多达 58 位。其中海外包括复旦大学王水照、台湾“中央研究院”研究员林庆彰两位学者。此论集卷头附有我的《自编年谱》和《业绩目录》。作为此《业绩目录》的追加目录，在我 77 岁（喜寿）时，又编制了《古稀退休以后的七年》，现收录于《文献探索》（深井人诗编，金泽文圃阁，2008 年 3 月刊）。

上述纪念文集的部分论文由李寅生先生编译，以《日本学者论中国古典文学：村山吉广教授古稀纪念集》（巴蜀出版社，2005）之书名在中国出版。

张：刚才先生谈到早稻田大学史学科的一些传统，早大可以说是日本汉学研究的重镇之一，而先生又被尊称为坚守“早稻田汉学”的最后一人。

村山：早稻田大学本以同时尊重“和汉洋三学”为建学之本。所谓“三学”即指研究日本古典的“和学”，学习西洋学问的“洋学”，以及通过解读汉籍由中国古典启发的“汉学”。因此，大学创设以来，一直拥有一支实力雄厚的“汉学家”教授队伍，加上这些学者在社会上也很活跃，世间甚至有“早稻田汉学”的称呼。早稻田大学也被视为研究汉籍古典的重镇之一。主要学者有牧野藻洲、松平天行、桂湖村、菊池晚香等。他们均为汉诗、汉文方面的大家。但是，随着时代的推移，旧有的传统也逐渐失落，有“汉学家”之称的教授队伍也逐渐凋零。有鉴于此，文学部的大野实之助教授因本身曾直接师从过这些老先生们，于是希望这一传统能为年青一代所继承，亲自创设了“汉文学研究会”（后改称“中国古典研究会”），向有志学生传授汉籍解读和中国古典方面的基础知识。我在文学部就读期间受先生之劝导加入了该会。先生退休后我接任该会会长之职，继续发行杂志《汉文学研究》（后改名为《中国古典研究》）。正因为如此，我也被视为坚守“早稻田汉学”重镇的最后一人。

张：对于先生硕果累累的诸多研究领域，因为时间关系，在这里不能一一涉及，最后我想请您谈谈关于江户及明治时期日本汉学家的研究及其成果。

村山：我在早大任教期间，还一直致力于江户及明治汉学领域的研究，并取得了一些成果。其中主要有：为彰显活跃于江户后期（文化、文政时代）的文人学者亀田鹏斋之事迹，探访残留于日本各地的鹏斋撰文并书写的汉文石碑，加以解题和译注。为培养后进，译注工作主要让学生们来做，探访并完成译注的石碑约 80 基，出版了《亀田鹏斋碑文并序跋译注集成》（筑波大学日本美术研究室，2010）。同样的工作还见于明治时期活跃的汉学家方面。如明治时期于玉县久喜市经营私塾“幸魂教舍”长达 40 年，从事汉学教学，为地方教育事业做出重大贡献的中岛抚山。

同时，在江户及明治时期汉学研究方面，还出版了《汉学家的生涯——近代日本与汉学》（大修馆书店，1999）一书。其中考察了根本通明、中岛抚山、中野逍遥、中村敬宇、桂湖村、小柳司气太、宫岛大八、简野道明等著名汉学家。

另外，还出版了《安积艮斋》（《日本的思想家》第 31 辑所收，明德出版社，2010）、《忍藩儒芳川波山的生涯与诗业》（明德出版社，2009）、《藩校——育人传统与风土》（明治书院，2011）等著作。如今我仍在江户及明治汉学研究上倾注着很大热情。

再者，眼下仍在连载的有《早稻田的汉诗人》（《早稻田学报》双月刊）。这是以选取早大成立以来曾执过教鞭的教师以及毕业生中留下汉诗作品的人，对其作品加以鉴赏和介绍为目的的。

张：好，谢谢村山先生！

采访者：张明杰（日本女子大学）

理文兼修的东亚学

——日本学者川原秀城访谈录

访谈按语：川原秀城，现为东京大学人文社会系研究科名誉教授。研究领域包括中国思想史、中国科学史、朝鲜思想史等。主要著作有《中国的科学思想——两汉天学考》（创文社，1996）、《毒药苦口——中国文人与不老不死》（大修馆书店，2001）、《朝鲜数学史——朱子学的展开及其终焉》（东京大学出版会，2010）、《高桥亨朝鲜儒学论集》（共译，知泉书馆，2011）、《朝鲜朝后期的社会与思想》（编著，勉诚出版，2015）、《西学东渐与东亚》（编著，岩波书店，2015）等。2016 年 11 月，川原先生来北京参加“相遇与互鉴：利玛窦与中西文化交流”国际学术研讨会，欣然答应《国际汉学》杂志的采访请求。由于会议日程紧张，采访实际于 12 月在日本东京进行。访谈用日语进行，整理时由访问人译为中文。

王雯璐（下文简称“王”）：您的研究主要涉及东亚的思想史和科学史两个大的领域，请您谈谈您从事这两方面研究的契机。

川原秀城（下文简称“川原”）：我主要想从三方面来谈这个问题。第一是我个人的求学经历。我 1972 年毕业于京都大学理学部数学科，后进入文学部哲学科，开始中国哲学史领域的学习与研究。由于有这样的教育背景，虽然转入了哲学研究，但我对理科所抱有的强烈兴趣一直存在。在中国思想史研究方面，我主要受教于汤浅幸孙（1917—2003）先生。汤浅幸孙先生很喜欢马克斯·韦伯（Max Weber，1864—1920）的社会学，马克斯·韦伯的社会学理论中有一部分是音乐社会学，所谓音乐社会学，就是使用音乐来研究思想的变迁。同样的道理，我是用科学来研究思想。科学史方面，我师从薮内清（1906—2000）先生。薮内清先生的专业原为宇宙物理学，从事精密科学的分析，后成为中国科学史研究大家。薮内清先生的中国科学史研究是从科学史的角度来研究中国思想。跟从这些先生学习的经历，使我意识到可以用思想学科之外的方法和知识来从事思想史研究。

第二个方面是京都大学中国学的传统。因为我在京都大学文学部哲学科中国哲学史专业接受教育，这一传统对我的研究有影响。京都大学中国学有理科、文科兼修的传统，如曾在史学科中设置地理学讲座等。我认为最能代表这一传统的就是地理学学者小川琢治（1870—1941），他父亲是纪伊田边藩的儒学者浅井笃（生卒年不详）。众所周知，地理学主要分为自然地理和人文地理两大部分。小川琢治毕业于东京大学地质学科，在京都大学兼任理科（地质矿物学）和文科（地理学讲座）的老师，在两个领域都教授课程，著有《支那历史地理研究》《数理地理学》等。他对京都大学中国学研究影响很大。小川琢治的儿子中有三位著名学者，分别是次子贝塚茂树（1904—1987）、三子汤川秀树（1907—1981）、四子小川环树（1910—1993）。其中贝塚茂树是京都大学（简称“京大”）文学部东洋史学的著名学者，小川环树是京大文学部中国文学的重要学者，汤川秀树在京大理学部从事理论物理研究，是日本第一位获得诺贝尔奖的学者。可以说，在小川琢治身上可以看到京都大学中国学研究中自然科学和人文科学兼修的传统，而我正是受了这一传统的影响。

第三个方面，也是我经常说的，我认为科学是哲学的一部分，近代以前尤其明显。欧洲中世纪的科学是哲学的一部分，耶稣会传教士艾儒略（Giulio Aleni，1582—1649）在《西学凡》中称，理学即哲学，包括逻辑学、物理学、形而上学、数学、伦理学。科学上的变化、变迁可以说和思想上的变化、变迁是并行甚至是合一的，如此，科学研究的结论完全有可能运用于思想研究上，而且这种可能性非常大。另一方面，思想的变迁和发展是很难把握的，和思想相比较而言，科学的发展则非常清晰。如此一来，对于科学发展的分析能够为思想研究提供极好的思路，所以我是将研究思想史或者哲学史作为最终目的进行科学史的学习和研究，意在将科学史研究的成果应用在思想史研究中。换句话说，我认为科学史研究是思想史研究的前提。虽然在研究中没有直接谈及这一点，但是这可以说是统领我研究的最重要的方针。

因为上面所说的三个方面的影响，科学史研究和思想史研究在我的研究中一直是并行的状态。我对自己研究的定位是东亚哲学史，但是用思想史和科学史两个方面来表述更容易让人理解。

王：《中国的科学思想——两汉天学考》是您早期的代表作，您这一时期的研究从时代上来说是集中在两汉。近十几年来您关注到明清之际借由耶稣会士传入的西学在中国的接受和影响，在西学研究领域发表了众多成果，如您对戴震、梅文鼎等受西学影响的清代学者以及对《律历渊源》等传教士参与编纂的书籍的研究。请您谈谈您开始西学研究的契机。

川原： 我开始西学研究可以说有两方面的原因。前面提到的汤浅幸孙先生以前在授课时，就一直鼓励我们从事清学(清代的学问）的研究，课程中我们也研读了不少清代的文献，可以说我在学生时代对清代学术一直都非常关注。此外，求学期间我曾在中国科学院自然科学史研究所留学，当时关照我的学习和生活的是对梅文鼎很有研究的刘钝（曾任国际科技史学会［International Union of History and Philosophy of Science and Technology］主席)。我当时读了他的一些研究著作，也和他有很多直接交流，逐渐产生了兴趣，虽然我是用社会史的角度来看，和他的角度不太一样，但基本上是在他的影响下，我对清代的科学产生了兴趣。

上面可以说是一方面。第二，20 世纪末中国学术界对于欧洲传入的学术（西学、西教)，一改以往单一的宗教史的研究角度，出现了一大批从社会史、文化史角度进行研究的成果。这些研究从中国的视角出发，不同于以往关注基督教如何传入中国这样的宗教史视角，而是关注西欧学术的传入对中国究竟产生了何种影响。我也受到了这个时期中国学术界风潮的影响。与此同时，我在课程中对相关研究有所涉及，参加我的课程的年轻后辈中也有不少从事西学研究的，在和这些学术后辈们的讨论切磋中，我的思路也逐渐清晰起来。其中安大玉有关克拉维乌斯（Christopher Clavius，1538—1612）对利玛窦(Matteo Ricci，1552—1610）确立哲学传教路线的影响的研究可以说给了我极大的学术冲击。此外，新居洋子关注中学西传，石井刚的研究重心虽在清末民国，对这一时代的西学也多有涉足。还有我的朋友渡边纯成先生，他是数学学者，利用满语文献分析东西方学术的交流。他们都是现在日本西学研究领域的重要学者。

王：在刚刚提到的您的早期著作《中国的科学思想——两汉天学考》中，您谈到"科学"和"思想"的关系时称，"古今中西，哲学（广义）乃至思想和今天所谓的自然科学（广义）密不可分，哲学中都有科学哲学的传统"。这部著作的研究对象主要是中国思想史研究（以及中国科学史研究）中未受重视的科学思想，从科学与哲学或思想的结点及其互相影响的视角，分析董仲舒、司马迁、刘歆等汉代学者科学思想以及人文学中自然科学的要素。这里，您实际上提出了一种"科学思想史"的研究，可以请您阐述一下这里的"科学思想史"和思想史研究、科学史研究的关系吗？

川原：科学史研究主要有科学学科史、科学社会史、科学思想史这大三分支。中国科学史研究中最薄弱、研究最不足的可以说是科学思想史这一分支。我从很早开始就专注这一领域。实质上来说，"科学思想史"既是科学史研究也是思想史研究。前面也谈到过的，我认为科学史研究其实也是思想史研究，或者说，科学史研究是作为思想史研究的前提存在的。

从自然科学的角度来进行思想史研究能够得出什么样的成果呢？科学书自古就和哲学书、历史书、文学书并列其位，从古至今我们都不缺乏对自然科学的探索和追问。以汉代为例，思想界的硕学对天学、历算学也有专门研究，刘歆就是其中重要的一位。尽管他是从今文经学向古文经学转向过程中极其重要的人物，但我认为思想史学者对他的思想的研究非常薄弱，没能够准确说明刘歆的历史地位。理由很简单，刘歆传世的著作仅有《三统历》和保存于《汉书·艺文志》中的《七略》，而过去对《三统历》研究不足。我在《中国的科学思想——两汉天学考》中的“刘歆的三统哲学”一章中，专门探讨了《三统历》及其科学思想。比如，刘歆以《尚书·舜典》中“协时月正日，同律度量衡”为根据，主张律历结合的正当性，以儒学的方式说明了《三统历》用律的黄钟管 9 寸规定了历法计算的基本定数 81。刘歆的理论得到了当时儒学界的绝对支持，其结果就是该理论被奉为规范且成为后世定说。我认为从科学思想史的角度来分析，刘歆的重要性得到了更好的说明。

王：您近期主持编著有《西学东渐与东亚》一书，可以说代表着日本西学研究的最新成果，下面几个问题主要以这本著作的内容为中心。书中提出了“文明的对话”这一概念，用以指称明末清初东西思想交流频繁且广泛的这一历史时期，包括以耶稣会传教士为主体的天主教传教士进入中国传教、明清王朝对西方的外交行政、中国乃至东亚文人学者对汉译及满译西欧书的阅读与研究等。请您介绍一下这个概念的具体内涵以及作为研究框架如何应用在目前的西学研究中。

川原：“文明的对话”主要是指这一东西两大文明相对平等且和平的开展交流对话的时期。虽然并非完全没有冲突，时而也有传教案发生，但总体上来说中国对推行适应主义政策的耶稣会士是持包容态度的，这使得传教士与中国文人士大夫能够对包括宗教在内的西欧文明整体展开广泛的对话，双方出于对新知识的好奇心相互接触、交往并展开论争，孕育出大量学术成果。

如果仅仅从传统的宗教史角度来看这一时期的中西文化交流的话，容易受到基督教与非基督教的二元对立的影响，而陷入对峙的状态，同时相对轻视西学对中国社会文化的影响。我是从文化史研究角度进入这个领域的，如前面所提到的，这有中国学术界的影响，同时也有我对日本基督教传教流血的历史的思考。从文化史视角入手，很容易看到利玛窦等人以及中国传教史的不同之处。“对话”的框架使我们的研究视野不断扩大，从而产生新的问题意识和新的研究题目、新的研究成果。

对话意味着开放的交流，参与对话的双方在这一过程中有可能产生变化。耶稣会士的立场在不断变化，中国文人在和耶稣会士的交往过程中也不断吸收新的信息，他们的态度不断产生变化，在这样的过程中，双方都在逐渐变质。尽管利玛窦对中国传教贡献极大，但梵蒂冈教廷未将利玛窦册封为圣人，而同一时期来到东亚传教的沙勿略（Françisco de Xavier，1506—1552）位列圣人，我认为原因就是利玛窦的变化（变质），而变化的原因就是对话。当今我们不断强调对话的重要性，特别是与伊斯兰世界的对话，我认为利玛窦面对异文化时所采取的灵活的态度恰恰是当今世界所需要的。

我提出“文明的对话”这一概念就是想要强调耶稣会士和中国士大夫之间所进行的交流与对话以及双方因对话而发生的思想上的变化。这一时期之前，可以说欧洲和中国对对方的思想和文化在某种程度上是互不关心的。因为相互接触进而实现了对话，双方都意识到了本质上存在互相共通的东西。前面讲过，传统的宗教史研究容易走向对峙，把焦点放在“阴谋”“策略”上面。但如果从“文明的对话”的框架来看，我们可以发现其实在交流中双方都各自拿出了自身文化当中的精华，这本身就是值得称赞的。耶稣会士和中国士大夫互相尊重，虽然对不同意的部分也有所批判，但总的来说互相都是真挚的。在这样的对话中，二者的思想不断发生变化，进而促成了新兴文化——清代学术的产生。

王：您在著作中将明清之际传入中国的天主教称为“西教”，将传教士带到东亚的科学技术称为“西学”，并且认为虽然西学和西教作为一个整体传播到东亚，但是对于东亚(尤其是中国清代）的士大夫来说，西学与西教层次不同，二者之间，无疑西学占据更重要的位置。从该书的构成来看，西学东渐中“西学”包括了西方的天文学、数学、音乐等学术，但是也有如柴田笃先生的《明末天主教与死生观》这样论及《天主实义》《畸人十篇》等所包含的天主教思想与中国思想碰撞的文章。实际上，近年来中国学者对于明清之际包括利玛窦《天主实义》、艾儒略《西学凡》《职方外纪》等在内介绍西方科学技术和天主教思想的书籍，采用了“西学汉籍”或“汉文西学经典”等这样的总称，当然，日本的先行研究中也曾将这些书统称为“汉文西学书”“汉译西学书”等。您对于“西学”这一学术概念的范畴是如何定义的呢？明清天主教思想是否能纳入广义的“西学”内呢？

川原：我自身的理解基本上如这里所说，“西学”是指西方科学，“西教”是指基督教。把西学和西教一概而论可以说是欧洲中心主义的做法，从中国的角度来看，当时文人士大夫的理解是不同的。当时文人士大夫明显没有意识到哲学中也包括科学，从最开始就认为科学只是传教的手段，科学和宗教是分离开来的。如果从中国的视点出发，强调西学是理所当然的，混为一谈则绕回到了传教史的思路中去。我在研究中尽可能清楚地区分这两方面，用“西学”来指称西方科学，当然，这里的科学是广义上的科学，逻辑学、伦理学等都包括在内，“西教”指基督教。

我认为给概念下定义需要非常谨慎，我在研究中并没有采用如法国学术传统中的，先下精确定义再在严格规定的范畴之内进行论述的方式，我认为应该在特定的文脉中来使用定义。但同时，我也同意在研究中要明确所使用的概念的内涵，所以我对当时传到中国的西方思想文化做了“西学”和“西教”的区分，把这个作为研究的前提。至于“汉译西学书”等概念中把宗教的东西也包含在内，我个人是持开放态度的。严格意义上来讲，确实如你提问中所指出的，或许有些许模糊的处理。但我的基本原则是尊重当时中国文人士大夫的理解，从中国文化中“西学”如何被理解出发来进行研究。

王：本书的主题虽说是“西欧学术的东渐与中国、朝鲜、日本”，您在书中绪章中也谈及了西学传入东亚后，除了对中国清代学术产生了巨大的影响，也对朝鲜的实学、日本的兰学有影响。但纵观全书的内容，各位学者的研究重心还是在中国，对西学传入中国后再进入日本、韩国的“二次传播”谈及较少。您认为如何能够更加全面论述西学在东亚范围内的影响？同时请您谈谈汉译西学书在日本和韩国的传播和接受。

川原： 如果在更广的视野下来看“西学”与东亚的话，确实还有很多内容需要囊括进来。比如日本在“吉利支丹时代”（キリシタン時代）[1] 并非没有学问传入。一般认为耶稣会在日本的传教并不重视“知识传教”，更多是一种“大众传教”，因为传教路线的不同，学问的重要性和中国传教比起来相对较弱，但并非完全没有。近年来发现的16世纪末期在日本的耶稣会学院曾作为教材使用的《讲义要纲》（*Compendium*）中就包含有天文学方面的知识，存在拉丁文本及日文本，目前还能看到日本人小林谦贞（1601—1684）在17世纪后期基于该书第一部分“天球论”著成的《二仪略说》[2]。这一部分在考虑东亚对西学的接受时是需要考虑进来的。韩国的情况也同样如此，因为韩国现在信基督教者数量大，反映在研究上，可以说基本上是以宗教史为中心的。有关西学的研究，包括科学、哲学等相关的汉文著作的研究还有很大的空间。另外，还有大量满文文献有待研究，这也是研究西学在东亚的传播和影响时必不可少的一部分，日本学者渡边纯成有一些研究成果。同时越南、蒙古对于西学的接受也需要纳入考虑范围。

有关在中国出版的汉译西学书传入到日本、韩国及其所产生的影响，也即你这里所谓的西学知识的“二次传播”，确实是重要的研究课题。日本对西学的接受既有直接影响也有间接

---

〔1〕 指起于基督教传入日本，至因禁教令而起的大规模迫害为止的时代，大约可认为起自1549年沙勿略到达日本，截至1639年幕府颁布一系列禁教令后彻底禁止葡萄牙籍船舶来航。

〔2〕 该书目前已影印出版，见上智大学キリシタン文庫監修・編集：『イエズス会日本コレジヨの講義要綱（コンペンディウム）』，东京：大空社，1997年。

影响，区分清楚二者并恰当衡量、评价不同途径的影响及其程度，需要文献学的基础研究的积累，对书目的调查、整理、判定是首先要做的工作。这方面的研究期待将来的进展。

王：近年来，随着中外学者对梵蒂冈图书馆、法国国家图书馆、耶稣会档案馆、徐家汇图书馆等国内外藏书机构的文献、档案的整理及再公布，大批学者进入西学研究的领域。日本学者比较早就进入中国西学史研究领域，佐伯好郎（1871—1965）、后藤末雄（1886—1967）、薮内清、矢沢利彦（1914—2008）等前辈学者留下了丰富的研究成果。您认为和欧美、中国等相关领域的研究者相比，日本学者在进行西学研究上的视角有何独特性？

川原：我较早开始进行西学研究与我对日本“吉利支丹时代”的阅读和思考是有关系的，我首先是从日本的角度关注到耶稣会士带到东亚的宗教和学问。在日本及中国，基督教和西方学术都是借由耶稣会士传入，这一点两国是相似的。日本这方面的研究起步很早，甚至可以说是形成了“吉利支丹研究”这一门大学问，但相对的，中国对这方面的研究却开始得比较晚。为什么会出现这样的情况也是我最初的问题意识之一。

耶稣会士进入日本的时间比进入中国早，日本受西方学问影响的时期早于中国，而且日本人受的影响与中国稍有不同，日本人脑海中的“耶稣会士”形象不同于中国人，当然也不同于作为传播者的欧洲人。日本的传教史是充满敌意的、流血的历史，大批信徒殉教而死，这样的历史事实至今还以小说、踏绘等形式留存在日本人的记忆当中。我深切地感受到利玛窦作为和平主义者的身份以及意识到在中国发生的中西文明的“对话”，也可以说是与日本的历史对照而形成的认识。从我个人来说，我的老家是九州久留米市，范礼安（Alessandro Valignano，1539—1606）在日本活动期间就曾经在这里停留过，现在这里还留存着江户时代“潜伏吉利支丹”（隠れキリシタン）[1]墓地，可以说耶稣会士在日本的活动以及日本“吉利支丹时代”的历史对日本人来说是离自己生活很近、非常具体的感受和记忆。同时，日本学者在从事中国西学史研究的时候，并非只利用中国的文献，比如在思考耶稣会是一种具有何种性质的组织等问题时，也会对耶稣会士在日本活动的文献加以考察。这当然也促使日本学者具有了不同于中国学者的独特视角。虽然在研究中或许未直接论及，但日本学者实际上是把传教士在日本的活动置于研究背景的位置。明末耶稣会的中国传教是在日本管区长指挥下开展的，其发展必然和日本织田信长（1534—1582）、丰臣秀吉（1537—1598）时期的基督教史有关联并受到影响，在某种程度上，脱离了日本的情况来谈论传教士在中国的传教是不可能的。

王：您对朝鲜的思想也有诸多研究，您的著作《朝鲜数学史——朱子学的展开及其终焉》是其中比较有代表性的。可以请您谈谈这方面的研究吗？

川原：朝鲜思想一直都是我想要研究的内容。前面也谈到了，思想史其实研究起来有其难度，朝鲜思想史也是如此，尤

[1] 指江户时代严厉的禁教令下表面弃教实际上潜伏起来维持信仰活动的信徒及其组织。

其是朝鲜曾被日本侵占，是日本的殖民地，所以朝鲜研究对于日本来说最初是殖民地研究。战后，语言、历史的研究脱离了殖民色彩，为日本学术界所接受，但思想的研究一直没有被接受，其原因可以追溯到朝鲜学者高桥亨（1878—1967）。高桥亨曾经任日本在朝鲜的殖民机构朝鲜总督府的高官，他对朝鲜思想的研究和日本在朝鲜的殖民有着密不可分的关系，这使得后来只要从事朝鲜思想研究的人都不可避免地与他联系起来，让人联想起其带有殖民主义色彩的研究。但若是把这样一段历史放在一旁，只考虑朝鲜思想的话，我觉得是非常值得研究的领域。朝鲜作为我们的邻国，对其思想进行研究对我们是很重要的，这与我们有必要研究中国思想是一样的。今天我们必须研究朝鲜思想，而且必须批判、超越高桥亨的殖民主义背景。再回到前面说过的研究范式，我做思想史的研究是从科学史入手，首先搭建大的框架，再逐渐进入思想史的领域。《朝鲜数学史——朱子学的展开及其终焉》可以说是这个大计划的第一步，最终的目标是朝鲜思想史研究。

王：也就是说您对朝鲜思想史的研究的直接目的可以说是希望超越带有殖民主义色彩的高桥亨，对吗？

川原：这是我们必须做的事情。但是说起来容易做起来难。高桥亨的研究成果是非常扎实的，不易超越。但是我从科学史入手，这和高桥亨的视角是不一样的。多年来，我撰写了不少和朝鲜科学史、思想史相关的论文，对其整体情况也逐渐有了些许自己的认识，但是还在不断耕耘，可以说还处在研究的过程中吧。

王：您至2015年退休以前一直任教于东京大学中国思想文化学研究室，可以请您谈谈您曾经任教的东京大学中国思想文化学研究室在汉学（中国学）研究方面的重点和特征吗？

川原：东京大学中国思想文化学研究室（以下简称“研究室”）的前身是中国哲学研究室，最早可以追溯到东京大学创校初期设立的汉文学科，是和东京大学有着一样长的历史的研究学科。研究室的学术传统可以说是对“东亚学”的重视。东亚各国在历史过程中孕育出了具有各自特点的与中国相关的学问，如日本江户时代（1603—1868）的汉学、朝鲜李朝（1392—1910）的中国学，这些和中国本土的明清时代的学术或者此前的学术传统不完全一样。如何厘清这些和中国相关的学问在东亚历史文化中所处的位置，也是这里所说的东亚学的一个重心。研究室有专攻中国传统思想研究的学者，但是在更广阔的范围内产生的中国学问，如日本儒学、朝鲜朱子学等也是这个研究室的重要方向。

王：本次的“相遇与互鉴：利玛窦与中西文化交流”国际学术研讨会，包括您在内，共有来自国内外的60余名专家学者与会，各自从不同角度发表了最新研究成果。请您结合本次会议，谈一谈您对西学研究的展望。

川原：有关这个问题，在最前面也已经略微谈到过。在那个时代，来到东亚的耶稣会士代表了当时欧洲知识分子的最高水平，他们来自欧洲各个国家，使用各种各样的语言。对他们来说，希腊语、拉丁语是基本教养，葡萄牙语也是重要的共通语，再加之自己的母语，使用语言的情况非常复杂。来到东亚的耶稣会士同时还是语言能力过人的精英，他们中间出现了汉语专家、满语专家、日语专家。他们使用各种语言文字撰写的各种著作、报告、信件，今天保存在世界各地。由于这样丰富而复杂的文献情况，想要弄清有关这个时代、这个群体的学问的全体面貌，凭借一人之力是远远不能实现的，只能合作，开展共同研究。当然，开展协作时的磨合也需要智慧，不管是以这段历史的发生地中国为中心开展合作，还是以传教士出发的原点欧洲为中心开展合作，关键是必须认识到这是必须齐心协力来做的学问。

有着各自的学术传统、带有各种不同的问题意识的学者，通过共同研究齐聚一堂，展现出这个领域研究的多样性是最重要的，不管是仅从宗教史出发还是仅从文化史出发来研究这个领域，终究是不全面、不完善的，文献学的方法、科学史的方法也是不可欠缺的。我认为应该通过“对话”这一当时的传教士们的态度，来展开这一领域的研究合作。比如从宗教史入手来研究的学者需要了解到当时包括数学、天文学、伦理学等在内的“西学”对中国文人以及东亚各国的文人学者产生的影响是极其广泛的，不能忽略这方面的研究。从这个角度来看，他们需要积极与研究科学史的学者展开对话。

另一个重要方面就是共同发掘、整理、分享资料。文献资料是研究的基础。近十几年来中国大陆、中国台湾、欧洲等地的学者共同合作，整理出版了大量明清时期中西文化交流的文献，我觉得这是极其有益的，我自身也受益匪浅。比如在罗明坚（Michele Ruggieri，1543—1607）的《新编天主实录》重新面世之时，我们才真正明确把握到最初罗明坚以佛僧的角度传教的实态。总之，到目前为止学者之间的合作已经有不少积累，我非常期待将来大家也可以继续齐聚一堂展开讨论与对话，共同推进这个领域的研究。

采访者：王雯璐（日本东京大学人文社会系研究科）

构建东亚比较文学与东亚比较文化

——著名中国文学研究者金文京教授访谈录

访谈按语：东亚文明是世界文明中一颗璀璨的明珠，由于地理的、民族的和历史的诸方面原因，长期以来，以中国为中心包括现今中国、日本、朝鲜、韩国、越南在内的东亚文化圈逐渐形成。东亚各国对中国古代文化的基本要素——汉字、儒学、佛教及道教的共识和认同，是最终形成东亚文化圈的牢固基础。[1] 东亚文化圈作为世界五大文化圈[2]之一，不仅自身内部有牢固的文化联系和频繁的文化交流，而且对世界文化产生过重要影响。然而，随着汉字在越南、朝鲜和韩国等国的逐渐废弃，东亚文化圈的内部联系和结构已经发生了巨大的变化。东亚文化圈是否还存在，如何重新定义和理解东亚文化圈，如何在新形势下构建东亚区域文化，这些成为东亚学界和文化界的共同课题。

在众多论述东亚文化、文学的成果中，著名的中国文学研究者、前任日本京都大学人文科学研究所所长金文京教授（现任京都大学名誉教授、鹤见大学教授）先后发表了多篇以“东亚比较文学”为主题的论文，如《东亚汉字文化圈的训读

〔1〕 李梅花：《东亚文化圈形成浅析》，《延边大学学报》，2000 年第 3 期，第 3 页。

〔2〕 五大文化圈是东亚文化圈、西方基督教文化圈、东正教文化圈、伊斯兰文化圈、印度文化圈。

现象——日韩近世的加点资料》《东亚的太子受难传说与王权神话》等。2012 年 12 月 15 日，由北京外国语大学中国海外汉学研究中心主办的“中国古代文化经典在海外的传播及影响研究——以二十世纪为中心”国际学术研讨会在北京隆重召开。我作为与会人员，有幸采访到了金教授。金教授现任教于鹤见大学日本文学系，精通中、日、韩三门语言，在中、日、韩三国的文学研究方面都有著述，如《三国演义的世界》（东方书店，1993）、《至正条格（校注本）》（韩国学中央研究院，2007）、《汉文与东亚——训读文化圈》（岩波书店，2010）、《能剧与京剧——中日比较演剧论》（国际高等研究所，2011）与《水户黄门“漫游”考》（讲谈社学术文库，2012）等。

沈艺（下文简称“沈”）： 金教授，您在这次大会上做了题为“展望 21 世纪的东亚比较文学——简评和汉比较文学和域外汉籍研究”的主题发言，在发言中您提到“和汉比较文学”与“中日比较文学”的不同，您觉得就学界的研究现状而言，二者的发展状况如何？

金文京（下文简称“金”）： “和汉比较文学”，顾名思义，就是和（日本）与汉（中国）的比较文学，而且是古代文学的比较，不包括现当代文学。之所以称为“和汉”而不叫“日中”，是因为其研究的基本原则是所谓的“和魂汉才”，也就是说以日本的精神接受中国的文学。它是以日本为本位的研究，其研究框架是“日本—中国”，把中国作为日本的一个对立面来进行研究。其主要内容在于阐明古代日本文学接受中国的极大影响之后究竟怎样产生了具有日本特色的文学，最终目的在于研究日本文化的独特性。和汉比较文学在日本出现得很早，是一个比较传统的学科，现在也有很多人在做这方面的研究，成就不错，相信今后也会不断地发展，但我认为它还是有局限性的。和汉比较文学当然是无可厚非的，也是研究的一种方法，但我认为，客观来讲，文化的传播交流不是对立的，而是连续的。有些日本人认为这是自己独特的东西，其实并非如此，它只是反映了中国文化的一个方面而已。政治与文化终究不同，如果始终在这种国家的框架下来进行研究，就会产生很多误解，所以应该打破这一点。而中日比较文学从名称上看，就是很客观的，属于一般的比较文学、国家对国家的比较文学的范畴。但是就现在日本学界而言，和汉比较文学的思路更强一些，而且由于中日两国历史与国家两方面的观念都很强，因此中日比较文学也很难达到比较客观的程度。其实有很多因素影响中日文化传播交流，其中最重要的就是朝鲜半岛，很多中国的东西其实是通过朝鲜半岛传到日本的。然而很多人都没看到这一点，从而导致了误解的产生。

沈：我们都知道您有丰硕的学术成果，研究涉及的内容也非常广泛，有专门对中、日、韩三国某一人物或文学作品的研究，也有中日、日韩、中韩文学的比较研究，不过从所有的研究中都可以看出一种在东亚文化视野下的比较文学观念，请问您的这种意识是什么时候形成的？是如何形成的？

金：我本来不研究这个课题，我是研究中国古典文学的。当我还是一个学生的时候，我的古文老师就告诉我：不要看日本人写的汉文。为什么这样说呢？因为现在无论是中日文学，还是古代、现代的文学，都受到了西方文学概念的影响。近代以前，日本人研究中国文学，其实没有明确的近代国家的概念，他们研究的汉文是双属的，并没有说明它是属于中国文学，还是属于日本文学的。到明治以后，很多人都开始反省，认为研究中国文学应该跟研究英国文学、法国文学等外国文学一样，既然中国文学是一种外国文学，那么它就应该与日本传统的汉学割裂开来。但以前日本人就没有这个意识，他们认为二者是一致的，就如中国人写的旧体诗与日本人写的旧体诗是没有什么差别的。不过在西方的国家概念传入以后，人们开始把中国人写的诗看作中国文学，日本人写的诗看作日本文学，如果你要研究中国文学就绝不能看日本人写的汉诗，因为二者是不同的。这种说法有一定的道理，但又说得有些太过了。中日两国有1000多年的交流历史，研究中国文学毕竟与研究英国文学、法国文学不同，英法文学是我们19世纪以后才接触到的，二者不可比，应该有不同的研究方法。日本在近代以后开始建立自己的文学史，很多用汉字写的文章都被排除掉了，只有用日文假名写的那些文学作品，如《源氏物语》等，才被算入日本文学，而日本人写的汉诗等都不被算入日本文学。

沈：那岂不是有很多作品都被排除在外了？如《日本书纪》等不都是用汉文写的？

金：对，就是这样。这种想法有很大的问题，但是当时的主流思想就是这样的。其实日本人写的旧体诗数量很多，也是很重要的，很多文献也都是用汉文写成的，如果不研究汉文文学，就会有很大的缺陷。现在很多学者慢慢意识到这一点，承认汉文文学也是日本文学非常重要的一部分，而这部分又与中国有着非常密切的关系，是连续的，不可分割的。我们并不是要恢复到古代的状态，而是要用新的概念来评估古代文学的整体，不能只看假名文学。同样，韩国所说的“韩国文学”“国文学”也把汉文学的东西都排除在外，在大学的体系里，“韩语文学”是属于国学院的研究内容，而“汉文学”是由专门的汉文学系来研究。而韩国整个古代文学中汉文学占的比例比日本更高，韩文文献比较少，所以这种分法很勉强。并且，两国固有文字（韩文、日文）所写的文学作品多多少少都受到了汉文学的影响，而日本人、韩国人所写的汉文学又与中国文学有不同之处，因此，这些文学之间都是连续的，我们不能人为地把它们割裂开来，否则就太片面了。我们应当从包括中国、日本、韩国、越南等整个东亚文化圈的整体来看，当然其中最重要的还是中国，因为主要是中国的文化影响到周边国家。这也是为什么中国人对其他国家的文化不怎么感兴趣，因为他们认为这些都是自身文化的一种延伸。

虽然有点为难中国人，但是这种说法也是不全面的。我们都知道，中国文化有很多方面，譬如说，唐代的有些文化到了宋代以后慢慢衰落，甚至消亡了。为什么现在我们很重视敦煌的东西，就是因为如果没有敦煌文献，我们根本就不知道有“变文”这种东西，它已经在中国历史上消失了。与敦煌一样，韩国、日本也多多少少保留了一些在中国已经消失了的东西，不仅是典籍，还有某些文化的因素。所以对中国人来讲，域外的文化也是非常重要的。而这些文化又有自己的独特的发展，如果想要分清楚哪些是中国流传过来的，哪些是本土文化独有的东西，就必须对二者都有比较深刻的了解。当然，这种思路不是我一个人提出来的，而是一种时代的潮流，现在很多人都开始对过去的研究方法进行反思，而且这也是社会的一种潮流，就像30年前中、日、韩等国家之间的交流没有那么容易，但是中国开放以后，各国交流日益频繁。我本来不研究这些，但是20世纪90年代之后各种国际会议增多，慢慢也就接触到了这些课题。可以说，是这种潮流推动我，也推动更多人开始进行这样的研究。

沈：您以前有好几篇论文都提到东亚汉字圈，您觉得东亚文化比较的基础是汉字吗？中日韩文化的差异是否就是由对汉字不同的语言观所延伸出的不同的世界观呢？

金：首先要说明的是，现在这个“东亚汉字圈”已经不存在了，因为越南和朝鲜已经完全不用汉字了，韩国也分成了专用韩文派和混用汉字派，而现在是韩文派占了上风，大概是没有办法再恢复了。现在还使用汉字的就只有中国和日本了。但是在古代，日本、朝鲜、越南都使用汉字，不过我们缺乏一种“我们都使用汉字，我们是一个文化圈”的共识。这与欧洲不一样，欧洲共用罗马字，他们有一种“属于同一文化圈”的共识。这不是一个单纯关于文字的问题，而是文化的问题，是一种文化意识。现在很多人都在谈全球化，确实全球化是人类历史的必然趋势，然而全球化谈何容易？它需要经历一个长期过程，而现在这个时代所处的就是以全球化为前提的区域化时期，其中欧盟是区域化的一个典型。欧盟能够成立的背景就是对彼此文化的认同，最重要的就是基督教，所以他们可以说是“基督教文化圈”。其实历史上有很多重要的文化圈，基督教文化圈是一个，另外还有回教文化圈[1]，这两者对抗得很

〔1〕 即伊斯兰文化圈。

厉害。历史最悠久的文化圈其实是东亚文化圈，但我们如何称呼这个文化圈呢？有人说儒教文化圈，有人说佛教文化圈，这些都不太妥当，因为中国是儒、释、道三教合一，而日本是儒、佛、神道的合一，太复杂；不像基督教文化圈，虽然有新、旧之分，但是可以用基督教去统称；伊斯兰教也有很多宗派，但是统称为伊斯兰文化圈是没有什么异议的。那么东亚这一带的文化圈该怎么称呼呢？我们就寻找大家的相同点，那就是汉字。而这是一个不得已的、权且的称呼。第一，现在有些国家已经不用汉字了，以前我们也没有这个共识。第二，中国人认为，凡是汉字写的东西，大家应该都看得懂，其实并非如此。汉字是表意文字，并非表音文字，它有很多用法，即使是在中国国内，由于时代或社会阶层的不同，文体和文字的用法也有很大的不同。如佛教的文章同一般的古文有很大不同，书信、官方使用的行政文书等都有差异，到了白话文变化就更大了。所以汉文的文体非常复杂，而韩国、日本和越南的汉文除了比较规范的古文，还有很多受本国语言影响的用法，最明显的就是把汉字当成表音文字来使用。

沈：就像日本的万叶假名吧？

金：对，就算全部是汉字，中国人却一个都看不懂。韩国也有这样的情况。除了这种最极端的用法，还有一些是反映母语语序、助词的用法。中国人大概看得懂这样的文章，但是对于一些细节还是无法领会的。而这种文章很多，在韩国、日本最规范的古文一般用于文学和历史的叙述，书信与行政文书等实用文都是使用韩化或日化的汉文写成的，这与中国的汉文有很大的差别。如你刚才提到的《日本书纪》，有些部分是比较正规的古文，也有日语化的汉文，还有反映当时中国民间语言的部分，很复杂。有人把拉丁文与东亚的汉字相提并论，认为都是共通语，其实汉字在东亚与拉丁文在欧洲的情况是截然不同的，拉丁文虽然有时代和地域的差别，但是基本上是共通的，而汉字的情况却复杂得多。我们以前太关注古文（正规的汉文），而忽略了其他部分，譬如，研究中国文学的人很少提到书信体，但敦煌文书中有大量书信体和行政文书，研究历史的人不关注文体，而研究文学的人又很少看这些文献，导致这部分没有得到应有的研究，但小说、戏曲的语言在很大程度上都受到这些文体的影响。在韩国与日本，这部分文献的数量也是非常巨大的，但是至今尚未有人从事相关的研究。

沈：您主要研究中国的戏曲和小说，您觉得它们对您的最大吸引力是什么？中国戏曲、小说在整个东亚文化圈内的影响如何？

金：我讲一下个人经历吧。在我上大学的时候，对中国文学和文化有一定的了解，不过我所了解的主要是刚才我提到的古文部分，因为韩国与日本接受的主要是中国的主流文化。任何国家的文化都有不同层次，有高层与低层之分，而中国的高层文化与低层文化的差别很大，我所接触到的主要是“四书”、“五经”、先秦诸子、史书和唐诗宋词等高层文化。我 1970 年念大学时，一次偶然的机会在香港看到了中国戏曲，当时非常惊讶，这完全不像我所知道的中国。当然这个也是有背景的，中国文学中有汉赋、唐诗、宋词、元曲和小说，但 1000 多年来韩国和日本接受中国文学中最薄弱的一环就是戏曲。东亚的交流主要依靠书籍，这与欧洲很不一样。虽然中、日、韩自古以来都有密切交流，但是人员交流比较少，这其中有地理的因素，一水相隔，古代航海术不发达；但最主要的还是人为的封闭。譬如说，德国的歌德（J. W. von Goethe，1749—1832），他很喜欢意大利文学，他就可以去意大利旅行，去凭吊古罗马文化。韩国、日本有许多文人都仰慕李白、杜甫等中国文人，但他们不能自由地去四川看李白、杜甫的故居，这是因为彼此限制自由的交流。日韩两国对中国文学的了解都依靠书籍，所以基本上没有人看过中国戏曲表演，尤其是日本。虽然日本很多人都看过中国戏曲文本，但是欣赏戏曲不看表演，总是隔了一层纱。韩国和日本在戏曲这一环非常薄弱，我在看到中国戏曲时才发觉中国居然有这样的东西，从而产生了兴趣。

沈：2008 年您在台湾做过“东亚文化意象之形塑”的系列讲座，您这个系列讲座的出发点是什么呢？您如何理解东亚文化意象这一概念？

金：这个题目是台湾“中央研究院”历史语言研究所石守谦教授的一个计划，他所谓的“东亚文化意象之形塑”主要指的是美术上某一个意象、形象在东亚是怎么传播与变形的。因为我以前做过西湖的形象研究，所以石先生就请我去参与这个计划。虽然这个计划主要是针对美术的，但是我做的时候还是从文学出发。西湖在中国很有名，除了杭州的西湖，全国各地有很多仿造的西湖，如北京颐和园里的西湖，我就专门研究这种“仿”的西湖。日本、韩国都有西湖，这是一种风景的转移，也可以说是一种游戏。你眼前有这样的风景，你当然可以直接欣赏这个风景，但是对于一些有文化意识的人来讲，如果你把眼前的风景比拟成一个典型的风景，就会获得一种深层次的欣赏，从而实现双重的欣赏。比如，你欣赏的是眼前的风景，但你吟诗的时候，把西湖的意象引入诗中；或是作画时不采用写实的方法，而是把西湖的形象加入画中。这是东亚文化的一种特色，这也就是为什么东亚到处都有“西湖”“小西湖”和“瘦西湖”等说法了。现代有些人用西方的审美眼光来看待东亚的这种现象，觉得很不可思议，不能理解，甚至认为这是一种侮辱。但事实上，所谓的“小西湖”不一定就亚于真正的西湖，这没有价值上的高低之分，只是一种游戏。就拿人名来说，汤显祖被誉为“中国莎翁”，西方人就批判这种说法，认为中国人是自贬身价，汤显祖就是汤显祖，为什么要比成莎士比亚（William Shakespeare，1564—1616）呢？这其实就是东亚文化的特色，是一种思考方式。

沈：您对东亚比较文学有深入的研究，并且也从中挖掘出了东亚文化之间的共通与差异。您能不能为 21 世纪东亚比较文学和东亚比较文化的建构提出一些建议？您认为我们应该在哪些地方更加努力？

金：第一，就是语言的问题。我们可以拿欧洲来做个比较，欧洲的基督教文化圈与东亚文化圈是世界上最古老的文化圈，也是连续的、没有隔断的文化圈，很多欧洲人都会多种语言，如英语、法语、德语、意大利语等。虽然不见得他们之间有多么友好，但是他们互相之间非常了解，语言的沟通非常频繁。而东亚则恰恰相反，虽然自古以来交流密切，但是语言的沟通一直不行，现在也是如此。古代东亚各国人之间沟通最经常依靠的就是“笔谈”，而不是语言的沟通，这非常奇怪。古代韩国人、日本人非常仰慕中国人，为什么却没有人学习口语呢？这可能与语言系统有关系，欧洲各国语言基本都属于印欧语系，而汉语与日语、韩语却分属两个不同的系统，学习起来确实比较困难。现在，“笔谈”也行不通了，那么你必须学会三门语言，才能更好地进行沟通，更好地了解彼此的文化。虽然现在东亚的共通语已经变成了英语，但是我觉得今后还是可以朝这方面努力。

第二，欧洲各国虽然经常打仗，但他们彼此之间了解很深，还成立了欧盟，他们之间基本是平等关系；而在东亚，中国太大太强，文化优势显著，在文化上与周边国家很难有平等关系。韩国、日本当然不甘心，所以日本就想要尽量脱离中华文化圈，他们吸收自己需要的东西，而在政治上尽量不与中国打交道。和汉比较文学就是在这样的背景下建立的，“日本”这个国号也是针对“中国”提出来的。在全球化背景下，我们首先应该实现区域和平，但现在最大的问题是中、日、韩三国的政治矛盾。我们身处这个时代，就肩负着一个使命，即建立一种比较友好、互相了解与体谅的关系。我们研究文学也是一样的，如果研究比较文学时，只强调对立的侧面，既不客观，也不利于现在的情势；我们应该尽量摆脱国家这一不必要因素的干扰，做整体研究，这也是符合事实的。当然国家的差异也是诸多因素中的一个侧面，除此之外，还有时代、阶层的差别等。我们还往往发现，日本某个时代某个阶层的文化特色与中国某个时代另一个阶层的文化特色相似，最典型的就是中国敦煌的东西与日本的东西有很多相同之处，这又该如何解释呢？如果从国家的概念来讲，敦煌在中国，与日本距离遥远，毫无关系，但敦煌发现的文献与日本保留的文献有很多共同的地方，只能解释为：敦煌这个端点与日本这个端点的中央地带即中国，本来都有这些文献，但是它们随着时代的变迁消失了，只保留在了两个偏僻的端点地区。这个例子如果用国家的框架来思考的话，就很难解释了。当然这是最明显的例子，还有很多别的例子，如果我们能够慢慢积累这些案例，或许能够改变现在人们的看法。我们做学问最大的目的在于改变已有的思考方式，使我们能够拥有一个更宽阔、更接近事实真相的思考方式。也许我们在不断摸索与积累中，能够逐步打破现有国界的框架，建立一个更加和谐的东亚区域文化环境。

采访者：沈艺（社会科学文献出版社当代世界出版分社）

中国古代小说在韩国的传播、译介与研究

——韩国红楼梦研究会会长崔溶澈教授访谈录

访谈按语： 崔溶澈（최용철），韩国著名学者，中国古代小说研究专家，主要研究领域为中国古代小说、中韩比较文学。曾任高丽大学中国学研究所所长、韩国中国小说学会会长、中国语文研究会会长、东方文学研究会会长、东亚比较文化国际会议会长，现为韩国红楼梦研究会会长、高丽大学中文系教授。著有《〈红楼梦〉在韩国的传播与翻译》（『「홍루몽」의 전파와 번역』，2007）、《红色楼阁的梦：正看〈红楼梦〉》（『붉은 누각의 꿈:「홍루몽」바로보기』，2009）、《四大奇书与中国文化》（『사대기서와 중국문화』，2018）等学术著作，并将《红楼梦》《剪灯新话》《剪灯余话》等中国古代小说译介到韩国。

2017年11月，笔者借于高丽大学访学之机，有幸对崔溶澈教授进行了专访。此次访谈围绕中国古代小说在韩国的传播、译介与研究展开，就中国古代小说在古代朝鲜的传播与影响，中国古代小说在韩国译介、研究的历程与现状等话题进行了愉快的交流。

马君毅（下文简称“马”）： 崔教授您好！十分感谢您接受我的邀请，就“中国古代小说在韩国的传播、译介与研究”

这一话题做一次访谈。自古以来，朝鲜就是中国唇齿相依的友好邻邦，两国在政治、经济、文化等诸多领域都有紧密的联系与频繁的交流。中华文化与儒家思想更是在古代朝鲜广泛传播，并产生了深刻的影响。作为中华文化的重要组成部分，中国古代文学在古代的朝鲜半岛也得到了广泛的传播，对朝鲜古代文学产生了巨大的影响。这种影响突出地体现在，不仅朝鲜文人善用汉语创作诗文，甚至连一些闺中佳丽也颇工于此。[1]您能否谈一谈中国古代文学何以对朝鲜古代文学产生这般影响？另外，具体就小说来看，中国古代小说对朝鲜古代小说又产生了什么样的影响？

崔溶澈（下文简称“崔”）：当然，中国古代文学对朝鲜古代文学的影响是广泛而深远的，这主要体现在诗文方面。坦白地说，自三国时期[2]，朝鲜半岛就开始使用汉字。至统一新罗时期[3]，唐朝文化不断传入朝鲜半岛，产生了尤为显著的影响。在此之前，朝鲜半岛的文化构成中，原生文化的成分还比较多，无论是人名、地名，还是国家典章制度等方面，都保有不少原生文化的成分。比如，国王不称为“王”，而称为“麻立干”(마리간)。在接受唐朝文化之后，朝鲜半岛逐渐汉化。到了高丽时期，汉化程度已经比较深了。

至高丽末年，“朱子学”进入朝鲜半岛，继之而兴的朝鲜王朝以宋明理学治国，甚至固执地要保持儒家思想，汉化程度

---

〔1〕 参见张伯伟主编，俞士玲、左江参编：《朝鲜时代女性诗文集全编》，南京：凤凰出版社，2011年。

〔2〕 指朝鲜的三国时期（公元前57年至公元668年），即高句丽、新罗、百济分据朝鲜半岛的时代。

〔3〕 公元668年至公元901年为朝鲜历史上的统一新罗时期。公元668年，新罗联合唐朝，灭高句丽与百济，统一朝鲜半岛，史称统一新罗，相当于中国的唐朝时期。

非常高，所以朝鲜文人在进行文学创作活动的时候，都以中国文学为典范。在诗歌方面，楚辞、陶诗（陶渊明的诗）、杜诗（杜甫的诗）等都成为朝鲜文人竞相研习的对象。尤其是杜诗，对朝鲜文人的影响最为深远。一方面，杜甫是伟大的爱国诗人，朝鲜文人学习杜甫“一饭未尝忘君”的忠君之情；另一方面，杜诗格律严谨，讲究炼字炼句，是格律诗的典范，故他们将杜诗视作学诗的轨则。正祖国王就曾下诏精选杜甫诗五百首和陆游诗五百首，将其合编为《杜陆千选》。而编纂此书的目的，不仅是要让朝鲜文人学习作诗的技巧，更为关键的是从中学习杜、陆二人的爱国精神。在文章方面，唐宋八大家的古文在朝鲜半岛的影响很大。因为他们的文章不仅文笔优美、情感真挚，具有极高的文学价值，而且谋篇布局、行文用语凝练得当，所以被朝鲜文人士大夫视作学习汉文的“教科书”。比如，成均馆和各地乡校无不将《千字文》《明心宝鉴》《古文真宝》《通鉴节要》及唐宋八大家文、杜诗等作为学习的重要科目。可见，中国古典文学作品对朝鲜文人士大夫阶层的影响是很大的。

虽然在朝鲜王朝初期，世宗大王创制朝鲜谚文，从此朝鲜民族有了自己的语言文字，但谚文并未成为必学科目。因此，文人士大夫都不太使用谚文。谚文基本只有妇女和译官两个群体经常使用。前者出于日常生活的需要，用谚文写书信，也以其创作小说。后者则是由于工作内容的要求，用谚文翻译中文典籍，以供不懂汉语的人阅读。唐传奇、“四大奇书”[1]、

[1] 此处指的是明代“四大奇书”——《金瓶梅》《三国演义》《水浒传》《西游记》。——编者按

《红楼梦》等中国古代小说就是译官应宫中贵妃、宫嫔们的要求，译成谚文，从而成为她们排忧解闷的读物。这也就是说，因为朝鲜文人士大夫全都使用汉字写作，并深受中国古典诗文的影响，所以中国古代文学对朝鲜上层社会的影响是显著而深远的。

至于小说，其影响力稍逊于诗文，而且对于朝鲜文人而言，白话小说的影响又比文言小说要小。朝鲜文人尤为钟爱文言小说，其中《太平广记》与《剪灯新话》最受欢迎，影响颇大。《太平广记》内容丰富，包罗万象，但因卷帙浩繁，难以悉数通览，故在朝鲜王朝初年出现了五十卷的选本《太平广记详节》。《剪灯新话》对朝鲜古代小说的影响尤为显著，朝鲜古代小说中的经典《金鳌新话》就直接受其影响。或许是因为《剪灯新话》篇幅较短，全书仅有二十一篇，易于传播，所以朝鲜半岛几乎各大城市都曾出版过，其影响之大可见一斑。此外，比较流行的还有《三国演义》，其中的一些故事情节依靠说书者（传奇叟）的表演而广为流传，为人们所熟知。

但是，中国古代白话通俗小说的影响是比较有限的。因为朝鲜文人学习、使用的是文言，对白话非常陌生，只有译官和少部分文人能够准确无误地看懂白话文。因此，白话通俗小说需要改写成文言，才能供更多的朝鲜文人阅读。例如，有一部名为《啖蔗》的书，现藏于韩国国立中央图书馆，其中包含几十篇文言故事。细绎其内容，全都是“三言二拍”中的故事。有一位台湾学者初步研究后，便认为该书是“三言二拍”的原本，声称是先有了这些文言故事，之后才由文言改写成白话。但王国良教授和其他几位学者经过考证，认为事实正好相反。实际上，是懂白话的朝鲜人将“三言二拍”中的某些故事改写为文言，并编入此书的。这与中国的情况相反，像冯梦龙和凌濛初都是将原来的文言故事改为白话。

朝鲜著名的通俗小说《春香传》也是一例。它最早是民间故事，没有写定的文本。后于18世纪中期被人用汉文诗歌的方式记录下来，之后逐步分为两派：其一是以谚文书写的说唱文学“盘索里”（판소리）；其二是以汉文文言书写的文言小说。由此可见，朝鲜文人主要以汉文文言为阅读和书写的工具，这也就是白话通俗小说对朝鲜古代小说影响较小的原因之一。另外，在正祖时代，小说被列入禁止带入朝鲜的杂书之列，这对清代小说进入朝鲜半岛产生了巨大的障碍，像《儒林外史》《儿女英雄传》等清代小说都没能传入朝鲜。

总的来说，中国古代文学对朝鲜古代文学的影响更多的还是在诗文方面，小说的影响远没有诗文方面广泛和深入。

马：众所周知，在数量繁多的中国古代小说作品中，瞿佑的《剪灯新话》并不算是佼佼者，难以归入一流小说的行列，但如您所说，《剪灯新话》却在朝鲜半岛广为流传，直接催生了朝鲜古代小说名著《金鳌新话》，产生了十分深远的影响。可以说，在中、朝古代小说史上，《剪灯新话》的文学史地位是不对等的。是什么原因导致了这一现象呢？

崔：站在中国文学史或中国小说史的立场来看，《剪灯新话》是在唐传奇与《聊斋志异》之间起承接作用的小说。它产生于明朝初年，与唐、宋传奇最大的不同，就在于它的故事大多根据新近发生的事件创作而成，即元明之际江浙一带战乱中的故事，这是前所未有的。

如前所述，对于朝鲜人来说，学习汉文一般是看“四书”、“五经”、《千字文》、《古文真宝》和唐宋八大家的文章。然而，这些书籍的内容都比较深奥，而且都是些过去的事情。所以朝鲜人想了解同时代中国人的生活，就希望看明朝人创作的作品，并学习明朝人使用的语言。然而，明朝实行海禁政策，仅朝贡使节能够前往中国燕京（今北京），并必须在朝贡后按规定时间立即回国。朝鲜王朝曾多次向明王朝提出派遣留学生赴华学习的请求，但都被拒绝了。在此背景下，由明代文人创作的、描写明代社会生活及历史史事的文学作品就成为朝鲜人了解中国、学习中文的工具之一。而“四大奇书”（除《三国演义》之外）和“三言二拍”都是白话文，之前说过白话文对于朝鲜士大夫来说是很难读懂的，所以与其看“四大奇书”和“三言二拍”，还不如看《剪灯新话》。由此，《剪灯新话》就具有了两种功能：一是作为文学作品的审美功能；二是作为汉语教材的教育功能。而作为汉语学习的教材，《剪灯新话》有两方面的优势：一方面，《剪灯新话》是文言故事集，较“四书”“五经”等经典而言，更加生动有趣，更能够激发学习者的兴趣；另一方面，《剪灯新话》中的不少故事以元末明初的史事为背景，具有一定的认知价值，能让朝鲜人进一步了解中国。实际上，在一部名为《训世评话》的汉语学习教材中，就有几篇取自《剪灯新话》。

由此可见，《剪灯新话》之所以在朝鲜产生如此巨大的影响，很大程度上是因为它已经成为朝鲜人的汉语教科书。而随着《剪灯新话》的广泛传播，便有朝鲜文人对其进行模仿，进而影响了朝鲜古代小说的创作。

马：在两国的文化交流过程中，影响往往是双向的。就拿造纸术来说，它虽是中国古代四大发明之一，并从中国传入朝鲜，但朝鲜半岛出品的高丽纸却又成为贡纸，回传中国，并在清乾隆时期成为中国人仿制的对象。中国古代小说对朝鲜古代小说是有一定影响的，那么朝鲜古代小说是否存在传入中国并对中国古代小说创作产生影响的情况呢？

崔：这个情况不太多。不过值得注意的是“九云”系列小说，即《九云梦》《九云楼》和《九云记》。《九云梦》由朝鲜显宗、肃宗时期著名的闾巷文人金万重（1637—1692）所作，共十六回，讲述了杨少游与八位才貌双全的佳人之间的一段段缠绵悱恻的爱情故事。《九云楼》和《九云记》则是《九云梦》的两种改写本，三者间有着非常密切而又十分复杂的关系。仅从目前掌握的资料来看，学术界对于《九云楼》与《九云记》的关系及其国籍依然难以得出定论。

如今，韩国学者普遍认为《九云楼》是比《九云记》要早的本子。丁奎福教授曾发表过《〈九云梦〉与〈九云记〉之比较研究》一文，他在文中指出，朝鲜译官金进洙（1797—1865）《碧芦集》有首诗的注释以及评文里就提到了《九云楼》。[1] 按照金进洙的诗注来看，应该是他在清朝道光年间（1821—1850）出使中国时看到了《九云楼》，而且他看到的是在中国刊印的刻本，所以起码在19世纪中期之前，《九云

〔1〕 金进洙《碧芦前集》卷一中有以“燕京杂咏”为总题的一首七绝：“墨鸢裴虎迄无休，篇休丛残尽刻舟。岂但梅花空集句，九云梦幻九云楼。”诗后有一条关于“九云梦”的注释：“我东小说《九云梦》，增演己意，如杨少游系杨震，贾春云系贾充，他皆仿此，皆写像于卷首，如圣叹四大书，著为十册，改名曰《九云楼》。自序曰：余官西省也，于舟中得见《九云梦》，即朝鲜人所撰也。事有可采，而朝鲜不娴于稗官野史之书，故改撰云。”参见韩国奎章阁藏本《闾巷文学丛书》第5辑影印本《碧芦集》。

楼》在中国是有流传的。因此，金进洙看到的《九云楼》极有可能是由中国文人将《九云梦》改写后在中国刊行的本子。后来，在韩国岭南大学又找到一部手抄本《九云记》，共九册，三十五回，其内容与《九云梦》大同小异，只是在分回上由《九云梦》的十六回增多到三十五回。目前，学界对于《九云记》的国籍存在较大争论，一些学者认为《九云记》是朝鲜汉文小说，也有一部分学者认为它应当属于中国古代小说。

另外，在1884年，深受《剪灯新话》影响而创作的朝鲜汉文小说《金鳌新话》在日本出版，朝鲜人李树廷（1842—1886）在跋文中曾称《金鳌新话》和《九云梦》是两部非常出名的传奇小说，但是《九云梦》十册曾经在清朝出版过，而《金鳌新话》从来没人出版过，所以现在出版《金鳌新话》是很有意义的。[1] 可见，李树廷是见过刻于中国的十卷本《九云梦》的，但李树廷所说的《九云梦》十卷刻本直到今天，都没在中国找到。

总之，“九云”系列小说存在诸多的疑点，体现着中、朝两国书籍环流的现象，至今仍是一个难解的谜题，有待进一步解决。《九云梦》是一部文学成就颇高的大作，我认为可以将《红楼梦》《九云梦》和《源氏物语》三部东亚文化圈中的小

---

〔1〕 李树廷《金鳌新话跋》：“朝鲜固多小说，然皆有根据，盖野史之类。其传奇之作甚稀，仅有梅月堂《金鳌新话》、金春泽《九云梦》数种而已。……唯《金鳌新话》，只有誊本，以梅月堂有重名于世。……此书为日本大冢氏收藏，已二百二十余年，书之古可知矣。今上于梓，以寿其传，乃如大冢氏，重其人也，读此者，宜致思焉。大朝鲜开国四百九十三年，甲申之秋，汉阳李树廷识。”参见陈文新、［韩］闵宽东：《韩国所见中国古代小说史料》，武汉：武汉大学出版社，2011年，第132页。

说巨著进行比较研究，这个课题将会非常有意义。

马：如您所说，《剪灯新话》不仅曾经被朝鲜人当作汉语教科书，而且深深影响了朝鲜古代小说名著《金鳌新话》，它在中、朝文化交流过程中的重要性不言而喻。请您介绍一下《剪灯新话》在韩国传播与译介的情况。

崔：《剪灯新话》在韩国流传的历史非常悠久。明朝永乐年间，《剪灯新话》和《剪灯余话》的合刻本问世，此后不久，该书便传入朝鲜半岛。朝鲜世宗大王曾敕命编撰《龙飞御天歌》，在其注释中已引用了《剪灯余话》的部分内容。此后，特别喜欢稗说的朝鲜国王燕山君特地命令燕行使节到中国购买《剪灯新话》《剪灯余话》等书。到了朝鲜中期，林芑、尹春年为《剪灯新话》作注，编成《剪灯新话句解》，在朝廷下属的校书馆刊行。该书也是第一部由朝鲜人注释、刊印的中国小说注解本，在朝鲜王朝覆灭以前于朝鲜半岛广泛流行，甚至流传到了日本。

因为古代朝鲜文人的汉文功底普遍颇为深厚，能够直接阅读中国文言小说，所以在朝鲜王朝前期，并未出现《剪灯新话》的谚文翻译本。直到朝鲜王朝中后期，宫廷妃嫔及两班贵族妇女喜读中国古代小说，为方便她们阅读，《剪灯新话》才逐渐被翻译为谚文。根据有关记载，朝鲜时代既有选取某些篇章进行部分翻译的选译本，如择取《剪灯新话》中《绿衣人传》进行翻译的译本，也有对整部作品进行全面翻译的全译本，此类译本目前存有两种，即首尔大学藏本与檀国大学藏本，但二者均有残缺。此外，在文人阶层中流行的是一种较为特殊的译本——《悬吐剪灯新话》。所谓“悬吐”，是指在汉文原著的句读部分加以韩文助词，既便于朗诵阅读，又可帮助理解。这也是朝鲜一种独特的翻译方式。

韩国光复后，翻译家、学者们对《剪灯新话》的兴趣有增无减，《剪灯新话》的翻译文已经出版了好几种，如尹泰荣译本（1950）、李炳赫译本（1968）、李庆善译本（1971）、郑容秀句解译注本（2003）等。

我对《剪灯新话》也有着浓厚的兴趣，曾翻译过《剪灯新话》《剪灯余话》和《觅灯因话》，并将其合订为《剪灯三种》（上册《剪灯新话》《觅灯因话》，下册《剪灯余话》），于2005年由韩国召命出版社出版。我的这部译本不仅对《剪灯新话》《剪灯余话》《觅灯因话》进行了全面的翻译，而且对《剪灯新话句解》中的序跋和题记，如朝鲜林芑《句解跋》、朝鲜尹春年《题注解剪灯新话后》、日本林罗山《题记》等内容，也进行了翻译。

马：您前面提到在朝鲜时代就已经出现了《剪灯新话》的谚文翻译本，那么现当代韩国学者为什么要重译《剪灯新话》？您觉得这些重译本有何功用与影响，又有哪些不足？

崔：在朝鲜时代，所有的谚文翻译本都是传统的、古典的，这是由当时人们所使用的语言决定的。进入20世纪后，才出现了现代意义上的翻译本，而与朝鲜时代相比，此时期的韩语已经发生了较大的变化。因此，为满足读者的需要，自20世纪初至20世纪70年代，涌现出多部《剪灯新话》的谚文翻译本。然而，这些译本存在着明显的不足，比如有的并非全译本，内容不完整；有的在语言表述上不够准确；还有的文笔虽佳，学术严谨性却略逊一筹。20世纪80年代以来，韩国的“中国学”研究开始重视中国古代文学作品的版本问题，而恰在此时，一部在版本、校勘、注释等方面都颇为严谨、完备的《剪灯新话》全新校注本（周楞伽校注本）在中国出版，再加上这一时期的韩国学界热衷于研究东亚汉籍，《剪灯新话》作为一部在朝鲜半岛具有重大影响的汉籍，其研究热度可谓与日俱增。因此，韩国学界盼望有更加严谨、完备的《剪灯新话》新译本问世。可以说，我翻译的《剪灯三种》就是在此背景下应运而生的。

20 世纪末到 21 世纪初，东亚各国学界都开始注意到东亚汉籍的重要性，并提倡研究东亚汉籍，而东亚汉文小说研究又是其中的重要部分。东亚汉文小说，包括朝鲜、日本、越南的古典汉文小说，它们大部分是文言小说，深受《剪灯新话》和《剪灯余话》的影响。因此，研究《剪灯新话》有助于东亚汉文小说研究的深入。而对于韩国学者来说，《剪灯新话》的翻译本能够为其研究提供莫大的便利，所以质量更好、学术性更严谨的重译本有利于韩国学界对《剪灯新话》乃至东亚汉文小说的研究，同时也有助于中国古代小说在韩国社会的传播与普及。

下面，我再谈一下这些现当代重译本的不足。20 世纪 50 年代出版的尹泰荣译本并非全译本，只有上册，共 11 篇，这是因为朝鲜战争的爆发导致后册无法继续出版。李炳赫译本最初是在地方报刊《庆南每日新闻》上连载，直到 2002 年才结集重新出版，但该译本不够严谨，学术性不强。1971 年，李庆善译本由乙酉文化社出版，此本普及最广、影响最大。不过，由于当时尚未发现奎章阁所藏的《剪灯新话》早期版本，也没有输入中国出版的新校注本，所以该译本是根据《悬吐剪灯新话》翻译的。到了20世纪，学界才开始重视译本的版本问题，所以郑容秀以奎章阁所藏《剪灯新话句解》为底本，出版了新的译注本。

我在研究明清小说时，特别关注《剪灯新话》和《剪灯余话》。自朝鲜王朝初年，《剪灯余话》就常与《剪灯新话》一起流传，并影响到朝鲜文学，但是《剪灯余话》从未出现过谚文全译本。因此，我以周楞伽校注的《剪灯新话（外二种）》做底本，进行全面翻译，并加入较为详细的注释和解说，最终在2005年出版。这也是目前韩国唯一一部“剪灯三话”的完整翻译、注释本。当然，在翻译过程中，我吸收了谚文翻译、悬吐翻译以及前辈学者的几种译本的早期经验。

马：如今，韩国是东亚地区的发达国家之一，韩国民众在各方面无不深受西方文化的影响。在此背景下，中国古代小说在韩国传播与接受的状况是什么样的呢？

崔：现在的情况比较复杂，因为有些人喜欢西方小说，也有些人喜欢现代科幻小说，当然还是有一大批喜爱中国古典小说的读者。其中《三国演义》最受欢迎，它也是在韩国出版及印刷次数最多的中国古代小说。据说，首尔大学的入学考试试题中，曾经有题目涉及《三国演义》，所以想要考上韩国最好的学校首尔大学，就必须读《三国演义》，于是家长就买《三国演义》给子女阅读。虽然这个事情只是一时传闻，并不一定真实，但《三国演义》基本上每家都有。除《三国演义》之外，《水浒传》《西游记》和《金瓶梅》也是家喻户晓，拥有众多读者。因为它们与《三国演义》并称“四大奇书”，出版社在出版发行时，往往将“四大奇书”作为一套书，所以读者在购买《三国演义》时，就顺带把其他三部也买了。再有就是《红楼梦》，但《红楼梦》在韩国的知名度并不是很高，读者群体也比较有限。总的来说，最受韩国读者喜爱的中国古代小说无疑是《三国演义》。

马：您刚才提到《红楼梦》在韩国的知名度和受欢迎程度不及《三国演义》，但我们都知道，《红楼梦》无疑是中国古代小说的巅峰，代表了中国古代小说的最高水平，那么为何《红楼梦》在韩国遭受如此冷遇呢？

崔：关于这个问题，我也思考过很久。我认为，首要的原因是《红楼梦》传入朝鲜半岛的时间比较晚。《红楼梦》程刻本刊印出版时，正值朝鲜正祖时期。正祖认为小说、戏曲、小品文是坏人心术的杂书，于是明令禁止任何人从中国携带此类书籍进入朝鲜，这为《红楼梦》在朝鲜的传播造成了巨大的阻碍。直到 19 世纪末年，第一部《红楼梦》谚文译本即乐善斋本的出现才真正让朝鲜人读到了《红楼梦》。但读者群体仅限于宫廷之内，民间是无法读到的，所以影响不大。

其次，《红楼梦》的故事情节难以获得韩国人的认同。《红楼梦》以贾宝玉、林黛玉和薛宝钗之间的爱情故事为主线，而这几个人物之间都是有亲缘关系的。在韩国人的伦理观念中，近亲婚恋是不道德的。况且，宝玉、黛玉、宝钗三人在谈恋爱时都还未成年。换句话说，《红楼梦》描写的是具有亲缘关系的未成年人之间的爱情故事，这更是有违韩国人的道德观。因此，在这个意义上来说，《红楼梦》与韩国人的伦理观背道而驰，令韩国读者难以接受。

再次，《红楼梦》篇幅很长，而且故事缺乏传奇性、故事性，没有扣人心弦、跌宕起伏、引人入胜的情节。这使不少读者仅读了一部分，便觉得索然无味，就没有坚持读下去了。对这一情况，我深有体会。我与高旼喜教授共同翻译的《红楼梦》韩文全译本一共有六册，唯独第一册卖得最多，之后的几本都很难卖出去。因为韩国读者连第一册都看不完，又怎么会买第二册呢？有鉴于此，我想换种形式向韩国读者介绍《红楼梦》。我们都知道，中国有许多短小精悍的故事，这样的小故事便于传播，它们能够让读者一点一点地接受，并逐步激发他们的阅读兴趣。所以，我今后打算把《红楼梦》的故事拆分成一个一个的小故事，按人物编排，如贾宝玉的故事、袭人的故事、晴雯的故事等。然后，把这些故事编辑成册，分别出版出来，让韩国读者按人物来读，让他们一点点地接触《红楼梦》，由此逐渐进入《红楼梦》的世界。

马：感谢您耐心、细致的解答！下面，再请您介绍一下中国古代小说研究在韩国的发展历程及韩国学者的研究兴趣。

崔：在 1989 年，我们成立了中国小说研究会，后来改为中国小说学会。学会成立后，我们一方面关注保存在韩国的中、朝两国古代小说文献的问题，另一方面将中国大陆的相关研究动态和成果介绍给韩国的学者与学生。此后，我们学会还创办了《中国小说研究会报》，它刚刚发行了第 100 号。1990 年 3 月初创时的第 1 号还只是薄薄的一小册，而现在已经是厚厚的一大本了。我们的这个学会在成立之初曾在韩国的中国学研究界引起了轰动，因为此前从来没有这样一个专门的中国小说研究会，之前都是中文学会、中国学会，文、史、哲都是放在一起的，而我们中国小说研究会主要研究中国古典小说，后来逐渐延伸至中国现当代小说。总之，它是韩国第一个以中国小说为主要研究对象的专业性学会，还创办了专业性的学术期刊，这都是前所未有的。可以说，在中国小说学会成立后，韩国的中国古代小说研究日益兴盛。

韩国的中国古代小说研究者的研究兴趣主要集中在以下四个方面：其一，中、韩两国流传的小说文献的异同。比如说，韩国刊印流传的《剪灯新话》与中国的版本就不一样。该书在朝鲜印行时，由原来的四卷本变成两卷本，而且还加了注释、句解，主要是注明典故、人名、年号、地名，因此成为东方小说中最早的注释本。其二，研究中国已经亡佚而现存于韩国的小说文献。《型世言》就是一个典型的例子。《型世言》是明末陆人龙的白话短篇话本小说集，共收四十篇，于 19 世纪 80 年代末在韩国奎章阁被发现，引起了中、韩古代小说研究界的轰动。它的发现为中国古代小说研究提供了新的材料，许多学者从不同角度对此书进行讨论，成果丰硕，大大推动了中国古代小说研究的发展。其三，中、韩两国古代小说的比较研究。我就曾仔细研究过《剪灯新话》与《金鳌新话》二者间的关系，并在中、韩两国的学术刊物上都发表过相关论文。此外，中国古代小说对韩国古代小说的影响研究也是一个非常重要的热门话题，出现了许多高质量的研究成果。其四，翻译中国古代小说，进而研究翻译方法和理论。中、韩两国在语言和文化上都存在着巨大的差异，这使得中国古代小说的翻译困难重重。我与高旼喜教授曾将《红楼梦》一百二十回全部翻译成韩文，前八十回的翻译是由我承担的。在翻译的过程中，我对如何翻译中国古代小说形成了一些自己的看法，便将这些想法写成了论文。

马：韩国的中国古代小说研究者是该领域不可或缺的重要学术力量，他们的研究成果一直受到中国学者的重视。请您介绍下中国古代小说在韩国的研究现状。

崔：总的来说，现在研究者还是比较多的，关注的领域也比较广泛。但与以前相比，中国古典文学的研究者正逐渐减少。如今，韩国的各个大学基本都设有中文系。在各大高校的中文系中，研究语言学、现代汉语的学者人数最多，其次是研究中国现当代文学的学者，研究中国古典文学的学者人数最少，而且人数愈来愈少。在这些中国古典文学研究者中，研究中国古代小说的学者还算是比较多的，他们对中国古代小说的各个方面都有所关注。

首先，韩国学者非常重视中国古代小说的译介。将中国古代小说翻译成韩文是我们研究中一项十分重要的工作，近年来也取得了可喜的成绩，涌现出一大批成果。比如，延世大学的金长焕教授将《太平广记》全部译成韩文，接下来正着手准备翻译《太平御览》。又如，全南大学李腾渊教授对冯梦龙的《情史》进行了译介，书稿已经完成，即将出版发行。再如，“三言二拍”长久以来一直没能完整地翻译出来，先前的译本都只是选择其中的一部分来翻译，所以现在也有学者在从事“三言二拍”的翻译工作，他们要将其全部翻译成韩文。其实，《型世言》也是现在亟待翻译的一部中国古代小说，我已经翻译了一部分，但是还没翻译完。此外，还有一些学者正在翻译清代的小说以及小说研究的有关资料。除了小说作品的译介，韩国学者对中国古代小说史的翻译也十分关心。近年来，赵宽熙教授就将鲁迅的《中国小说史略》翻译过来，并参考了很多部中外学者编著的中国小说史著作，在书中加入了很多注释。但非常遗憾的是，韩国学者编写的中国小说史很少，可能就仅徐敬浩、全寅初两位先生写过。

其次，传教士小说的研究是近些年来较为前沿且热门的课题。在韩国学者中，以崇实大学的吴淳邦教授为代表。他自己就是一名基督徒，而且多年来一直从事传教士小说的发掘与整理工作，取得了十分丰硕的成果。目前，传教士小说是西方学者较为关注的话题，因为这是以往中国小说史中没有提到的，况且此类作品是西方人用汉文写的小说，我认为这个课题很有深入研究的空间和价值。巴黎第七大学的陈庆浩教授就打算在越南汉文小说和韩国汉文小说整理出版后，开始着手整理传教士小说。

在此，需要特别一提的是韩国汉文小说集成。这一项目大概是在 1987 年，由陈庆浩教授提议的。在当时，韩国的老师都觉得这是不可能完成的任务。因为数量太过庞大，没办法搜全，而且除《九云梦》《春香传》外的汉文小说很少刊刻出版，绝大多数都是抄本，这些抄本的版本是非常复杂的。因此，这项工作难度非常大，要克服很多困难。不过我和我校国文系的张孝铉教授齐心协力，积极推动韩国汉文小说集成的编纂工作。到目前为止，这个项目已经做了近 15 年。后来，转到上海师范大学，由孙逊、赵维国两位教授主管，成为高丽大学与上海师范大学共同执行的大型古籍整理项目。这一项庞大的工程现已接近尾声，即将由上海古籍出版社出版。韩国汉文小说集成的出版可为学界提供不少新材料，届时可以成为新的学术增长点。

再次，韩国学者最近对小说插图的研究颇为关注。虽然韩国所藏的小说插图较少，但今藏于国立中央图书馆的《中国小说绘模本》十分珍贵，它收了一百二十八幅小说插图，而且它们都来源于中国古代小说的版本。这为研究中国古代小说插图的流传和刊印提供了丰富的资料，是颇具研究价值的。

最后，我还想谈一谈韩国学界在中国古代小说翻译与研究方面存在的不足。最为突出的问题是，我们的翻译和研究总是集中在几部著名的小说上，重复的现象比较多，同一部作品有好几种不同的翻译本和研究著作。之所以如此，我认为或许有两方面的原因：其一，韩国的很多翻译者并非学者，而是作家，他们的中文水平十分有限。在此情况下，他们更乐意翻译较为知名的中国古代小说，因为翻译过程中可以参考日文的翻译本。其二，翻译中国古代小说的成果最终是由出版社出版的译本，而商业效益一直是出版社考虑的首要问题。因此，许多出版社只愿意出版如“四大奇书”、《红楼梦》这样的名著，其他知名度较低的中国古代小说就算被翻译出来，也很少有出版社愿意将其出版。对此，我认为或许可以借鉴日本的做法，让学术界和出版界联手。首先选拔一批具备很强学术实力的学者，要求他们每人承担一部分中国古代小说的翻译工作，并有计划地进行。待翻译工作接近尾声时，再由政府和出版社出资，将这些成果作为文化项目进行出版。如此，便可以扩大中国古代小说的翻译范围。

马：非常感谢您接受我的采访，在此向您表示最诚挚的感谢！

崔：谢谢！我很高兴接受你的采访。

采访者：马君毅（云南大学文学院）

中国文化在泰国的发展现状
——专访泰国朱拉隆功大学巴萍教授

访谈按语： 巴萍·马努迈威汶（Prapin Manomaivibool），女，泰国汉学家，现任泰国朱拉隆功大学亚洲研究中心主任，朱拉隆功大学文学院中文专业硕士、博士生导师，以及国际课程中文专业硕士生导师，王家学术院艺术部院士，国际中国文化研究学会理事。曾于1992年至1996年担任朱拉隆功大学文学院院长，曾于2003年至2008年被聘为泰国皇太后大学诗琳通中国语言文化中心客座教授，2006年至2008年任皇太后大学诗琳通中国语言文化中心主任，担任《汉学学报》年刊主编（中、英、泰文）。2010年，被成都市泰国语言文化研究中心暨成都大学外国语学院聘请为名誉教授。主要研究领域：汉语教学、汉语语言学、汉泰翻译、中泰关系史。主要著作：《汉泰同源词汇》《泰中、中泰词典》《商务汉语》《基础汉语Ⅰ》《基础汉语Ⅱ》《汉语语法》等。

2013年10月18日，71岁的泰国女汉学家巴萍·马努迈威汶来到北京外国语大学，参加“中国文化与亚洲的价值”国际学术研讨会，笔者借此机会对巴萍教授就其个人求学经历、泰国汉学发展现状、中泰两国交流和泰国华人华侨生活状况等问题进行了采访。

郭平（下文简称“郭”）： 您能简单介绍一下您的汉语求学之路吗？

巴萍·马努迈威汶（下文简称“巴萍”）： 我原来学泰语专业，1967 年我在泰国朱拉隆功大学获得泰语专业硕士学位。正好那一年原来毕业于清华大学的李方桂先生到朱拉隆功大学进行学术交流，中间提到想要找泰语专业的学生跟随他到美国做汉泰语言比较研究。我是第三代华侨，虽然我不会写汉字，也不会阅读，但还是有幸跟随李方桂先生赴西雅图华盛顿大学学习汉语语言文学。到美国之后，我是从零开始学习汉语的，比如音韵学、上古音和切音等专业课程。获得博士学位回国后，我开始从事汉语教学和汉泰语言比较研究，编写了《汉泰同源词汇》《泰中、中泰词典》和一些汉语教科书。

郭： 您现在是泰国朱拉隆功大学亚洲研究中心主任，您能简要介绍一下这个研究中心吗？现在有已经出版的书籍或刊物吗？

巴萍： 我担任朱拉隆功大学亚洲研究中心主任是受大学校长的委托，但是我们目前还没有出版自己的书籍，也没有刊物发行。这个研究所是 2003 年成立的，各个方向的研究均有涉猎，主要是支持青年学者做研究。青年学者可以向我们亚洲研究中心提出申请，我们筛选后给予资助，当然申请人也需要具备一定的条件：首先，必须拥有泰国国籍；其次，他们提出的申请必须经由我们的学术委员会进行评审筛选。亚洲研究中心的学术委员会主要由朱拉隆功大学的副校长和几位院长组成，他们分别是各个领域的专家。每年大概有 40 位青年学者向我们提出申请，领域可以不仅限于汉学，只要是关于亚洲的，任何研究领域我们都可以接受，包括工程类的学生也可以申请，但我们只有 10 个名额，所以竞争相对来说也比较激烈。

郭：您曾被成都大学外国语学院聘请为名誉教授，也经常到广西、云南和四川的大学做讲座，进行多方面的合作与交流，您能具体讲一下泰国和中国高校之间的合作吗？

巴萍：是的，我们和中国很多高校都有合作。我们泰国朱拉隆功大学和云南民族大学、广西民族大学、成都大学、北京大学和北京外国语大学都曾经开展过不同程度的学术交流。我们经常邀请中国高校中文系的老师到泰国讲中文课，我们也会派出泰语老师到中国高校进行泰语教学，我女儿现在就在中国讲授泰语。在这些高校中，朱拉隆功大学和北京大学中文系是最早展开学术交流的，早在 1983 年就展开了合作，我们学校经常邀请北京大学的老师到泰国讲课。总之，我们希望中泰以后可以有更多的学术交流与合作，进一步促进中文和泰文在两国的教学发展。

郭：现在中国和多国都展开了“汉语桥”活动，这个活动的比赛实况在中国国内电视媒体上也有播出，同时在全球范围内都引起了较大的反响。我作为一名专门研究海外汉学的学生，也非常关心海外汉语的教育情况，看到全球有那么多人汉语讲得那么好，也非常震惊，同时也十分骄傲。中国文化和世界各国文化的相互了解，需要相互间更多的合作和多方面的交流，相互学习彼此的语言是很重要的一步，那么在泰国有“汉语桥”或类似的活动吗？在电视上播出吗？影响如何？

巴萍：泰国有“汉语桥”，而且在泰国国内影响很大，但是不在电视媒体上播出。泰国“汉语桥”原来是中国驻泰国大使馆文化处主办的，后来是由汉办和孔子学院派出中方院长负责。“汉语桥”在泰国全国都有地区比赛，最后在泰国曼谷进行决赛，前两名可以到中国来。他们从第一次比赛就邀请我做评委主席，一直到现在。现在大学生“汉语桥”已经在泰国举办了 11 届，遗憾的是，只有大学里汉语专业的学生可以参加，社会上的人不可以参加。而且现在也有中学生“汉语桥”，已经举办了大概六七届，活动的主办方也来请我做他们的评委主席。

郭：您能简单介绍一下泰国的汉语教育吗？另外，泰国汉语教育和东南亚其他国家的汉语教育有什么区别吗？

巴萍：在东南亚地区，也许越南、新加坡、马来西亚这几个国家的中文教育比较好，因为这几个国家的中文教育没有中断过，当然这是国家政策的问题。在新加坡，汉语也是他们的一种官方语言，所以这具有十分大的优势。与此不同的是，泰国在 1992 年以前，只可以在小学一年级到四年级教授汉语，每周只能教两节到五节课，一节课 50 分钟。后来因为一些潮州商人去找泰国政府的机关协商，他们认为应该让泰国的高中也可以教授汉语，就像英语、法语、德语和日语一样。最后，泰国教育部在 1992 年宣布，泰国从小学到高中都可以教授汉语，课时也逐渐增多，从那时候开始，汉语便像别的外语的课时一样多了。朱拉隆功大学从 1983 年开始和北京大学中文系展开合作，邀请他们的老师到朱拉隆功大学讲授中文，他们的老师都十分专业。众所周知，中国人向外国人讲授中文并没有那么简单，首先发音要标准，并不是每一个中国人的中文发音都标准。另外，必须要懂对外汉语教学，在授课的过程中，经常有些泰国学生会问老师："这句话为什么要这样讲呢？"有些中文教师就会回答："我们中国人就这么说啊！"这样一句话就算回答问题，肯定是不行的，对外汉语教学必须要受过专业训练，并不是每个会讲中文的人都能向外国学生讲好汉语课的！现在在泰国学习汉语的人越来越多，孔子学院在泰国的开设对泰国汉语教学的发展很有帮助。他们也举办了一些很好的活动，尤其对提高泰国中小学教师汉语水平和教学水平作用显著。孔子学院不仅教授汉语语言，也传播中华文化，为泰国民众学习汉语创造了很好的条件。

郭：您在泰国现在还带学生吗？主要是研究什么？能不能详细介绍一下？

巴萍：我在泰国现在还带学生，他们有做中泰语言翻译的，也有做中国语言文字研究的，不过主要是从事中国古典文学方面的研究，从《诗经》到清朝末期文学都有涉及。另外，泰国的中国语言文学研究还在不断发展，随着中国经济的发展，泰国人对汉语的学习也越来越重视，比如《论语》和《道德经》以前是从英文译本转译成泰文的，但是现在懂汉语的人越来越多，已经有了直接从中文译成泰文的译本。

郭：泰国现在对中国现当代文学作品的研究多吗？比如王蒙、王安忆、余华，还有最近获得诺贝尔文学奖的莫言，在他未获奖之前，他的作品在泰国有知名度吗？他的作品有泰文译本吗？

巴萍：泰国华侨大学有一个现当代文学研究所。现当代的文学作品中最流行的是武侠小说，金庸的比较多，台湾的小说也有。另外，诗琳通公主翻译的现当代文学作品也比较多，比如王蒙的《蝴蝶》、方方的《行云流水》、武汉女作家池莉的《她的城》和王安忆的小说等。但是，今年获得诺贝尔文学奖的莫言之前在泰国没有什么知名度。据我所知，他的文学作品目前还没有泰文译本。

郭：您曾经在2011年到广西民族大学做讲座，当时您对泰国华人的历史、人口、经济、文化等方面做了详细的介绍，也提到过，早期在泰国的华人主要以经商为主，在泰国的富商中有很多华人，在一定程度上刺激了泰国的经济发展。在文化和教育方面，华人带来的儒家思想在泰国也有很深的影响。您认为商人是如何将儒家思想带到泰国的？当代的华侨还能继续传承儒家思想吗？

巴萍：儒家思想在泰国的传承主要靠华人的家庭教育。儒家文化中很重要的一个文化是“孝”，我已经是第三代华侨，我奶奶是泰国人，我爷爷是潮州人，但是我的父母在我小的时候还会经常对我们讲要孝敬长辈，言辞之间时常提及《孝经》、二十四孝小故事中的小孩子如何孝敬父母。另外，在生活中还经常会讲到《三字经》，比如“孟母三迁”的故事，还会提到如“三人行，必有我师”等《论语》中很经典的语句，这些都是儒家思想的一部分，对我来说都是极其珍贵的。我现在也会给我的女儿和儿子讲这些小故事，他们非常认同，觉得很好。而且我的孩子们现在真的很孝顺，我觉得很温暖。还有小时候在家里听到的知识我都会讲给他们听，希望他们也能将这些文化一直传承下去。

郭： 孔子在他所处的年代，曾经是丧葬专家，那中国的丧葬仪式在泰国华人华侨圈中还有保留吗？

巴萍： 现在一般都采用泰国的丧葬仪式，火葬比较多。现在很少有人采用原来在华的丧葬方式。首先，是因为大多数人都觉得采用这种方式太麻烦，还要看风水、买地等，而且买地太贵了。其次，很多华侨都已经不知道这个仪式是怎样操作的了，都忘记了，所以不多。但是也有一些特殊情况，比如有一些家庭是有要求的，如果父母生前曾经吩咐过要求采用在华方式丧葬，他的后人就可以去找在泰国各个地方的会馆，如潮州会馆、客家会馆或海南会馆等来帮助他们主持这些仪式，包括要穿什么样的衣服，还有仪式先后的顺序等，因为这些华人华侨也大部分都忘记了，也不知道具体流程该怎么做，所以就可以找这些地方会馆专门主持。

郭： 现在在泰国华人华侨的生活状况如何？可以和泰国当地人真正地融合在一起吗？

巴萍： 华人在东南亚的地位是最高的，大部分在泰国的华人华侨都是商人、银行家或富豪。首先，泰国人不会做生意，所以泰国五世皇十分欢迎中国人到泰国来经商。同时，政府允许凡是在泰国出生的华人都可以用泰国名字和泰国姓，像我就用泰国姓，我如果自己不和别人讲的话就没有人知道我是华侨。另外，从长相上来看中国人和泰国人没有太大的区别。而且，泰国政府的很多政策都很利于华人华侨轻松融入泰国的生活。最重要的是，泰国人所信仰的佛教，一些中国人也信仰，这一点非常重要。要想了解中泰关系史的话，你应该去北京外国语大学泰语专业找一本书，叫《从黄河到湄南河》。这本书讲述了从两千年前到现在的中泰的关系、在泰国的华人生活等问题，要想了解中泰文化交流的历史，这本书是必不可少的。这本书有三个语言版本，分别是中文、英文和泰文，北京外国语大学亚非学院邱苏伦老师、白淳老师曾帮助我们将这本书从泰文翻译成中文。

郭：这次来参加“中国文化与亚洲的价值”会议，做了关于泰国中国学研究概览的发言，您还有别的特别想表达的感想吗？

巴萍：我经常到北京来，也经常到北京外国语大学，以前张西平教授曾经邀请过我到这里做学术交流。我现在是国际中国文化研究学会的理事会员，也希望下一届会议可以在泰国举行。每一次到中国都能发现它的新变化，看着中国发展得越来越好，我作为第三代华侨依然感到十分骄傲。每一次看到中国无论在哪一个领域有新的突破，我总会感到很激动，比如神舟十号发射成功，我在家里看到电视节目，就会忍不住打电话到中国驻泰使馆文化处道贺，内心真的很自豪，很激动。总之，希望中国发展得越来越好，也希望北京外国语大学中国海外汉学研究中心成为全球汉学沟通的桥梁。

采访者：郭平（河南工业大学外语学院）

汉学与翻译学研究的互促与并进
——美国汉学家艾朗诺访谈录

访谈按语：艾朗诺（Ronald Egan），美国著名汉学家，斯坦福大学（Stanford University）东亚语言文化系汉学教授，曾任美国东方学会会长。长期致力于中国古典文学研究，主攻宋代诗学、宋代士大夫文化与宋代艺术史。著有《欧阳修的文学作品》（*The Literary Works of Ou-yang Hsiu*，1984）、《苏轼的言、象、行》（*Word*，*Image*，*and Deed in the Life of Su Shi*，1994）、《美的焦虑：北宋士大夫的审美思想与追求》（*The Problem of Beauty*：*Aesthetic Thought and Pursuits in Northern Song Dynasty China*，2006）（以下简称《美的焦虑》）、《才女之累：李清照及其接受史》（*The Burden of Female Talent*：*The Poet Li Qingzhao and Her History in China*，2013）（以下简称《才女之累》）。译有《李清照集》（*The Works of Li Qingzhao*，2019），选译过钱锺书的《管锥编》，即《有限的视野：钱锺书的思想与书信随笔》（*Limited Views*：*Essays on Ideas and Letters by Qian Zhongshu*，1998），参与撰写《剑桥中国文学史》（*The Cambridge History of Chinese Literature*，2010）等。

2019年2—7月，笔者就美国汉学研究与翻译研究方面的相关问题对艾朗诺教授进行了访谈，访谈内容主要包括美国汉学研究与中国汉语言文学研究及其与翻译学研究的异同，诗歌翻译中的可译性、策略方法、理想的翻译以及译者的风格，汉学研究与翻译学研究的契合路径及学者型翻译与作家型翻译的异同，中国语言文化如何更好地在英语世界传播及艾朗诺教授的未来翻译计划等。

卞建华（下文简称“卞”）： 艾朗诺教授，您好！很多西方汉学家同时又是翻译家，做着中外文化的解读、研究、阐释、沟通和传播工作。您本人就是如此。我认为汉学家所从事的工作是文化传播的最佳方式之一。在您看来，美国的汉学研究与中国的汉语言文学研究及翻译研究有何关联和异同？

艾朗诺： 我们这边的汉学研究和中国的汉语言文学研究不同。在中国，研究者拿起原文就可以开始讨论，而这边许多著作都是英文版，因此只能边翻译边研究，如果不翻译就没法去讨论。如果拿出原文直接讨论，尚未很好理解许多应面对的问题，那讨论就不会透彻；而如果先理解原文，再进行中英互译，然后再去讨论，则可以选择和决定应该澄清之处。虽不敢说100%正确，但至少研究者已充分思考过了，这样更有利于讨论。我的学生多半来自中国，以中文为母语。有时我让他们理解某句话，几个学生的回答是不一样的。相信学者亦如此，尤其是对经典文本，不同读者的解读是不一样的。因此，美国的汉学研究与中国的汉语言文学研究及翻译研究密不可分，只是各有其侧重点与特点。

卞： 拜读了您的专著《才女之累》，受益匪浅。书中有不少诗词曲赋的翻译。您是先把原文理解透彻了，再进行翻译，基于此再做一些阐释，进而上升到对相关文学理念的思考。我们知道，诗歌翻译界一直存在着散体（自由体）译诗和韵体（格律体）译诗的学术之争，即对于形（形式）与神（内容）矛盾的处理方式之争。国际译联（国际翻译家联盟）“北极光”杰出文学翻译奖获得者许渊冲先生基于长期的翻译实践，提出诗歌翻译的“音美、意美、形美”原则。请问您在翻译中国诗词曲赋，特别是您在翻译刚出版的《李清照集》的时候，主要遵循了什么原则？原因是什么？

艾朗诺：“译无定法”。我没有固定的套路，会在每首诗词中交替使用两三种不同的翻译方法，但我坚持“以诗译诗”，所遵循的最高标准是把原诗译成让英语读者感到很自然的英语，而不要把原文译成一种不符合英语母语作者表达习惯的文字，因为滥译往往指后者。最好的翻译是让读者在阅读时忘了自己是在读一篇译文，但这很不容易。

卞：的确如此。在原文里美好的诗歌，其译文应在目标语中依然还是一首美好的诗歌。钱锺书也说过：“译本对原作应该忠实得以至于读起来不像译本，因为作品在原文里绝不会读起来像经过翻译似的。”[1] 但是，毕竟有原文在那里，译者既要考虑原文，还要考虑目标语读者。因此，从这个意义上说，有时候翻译比创作还要难。

艾朗诺：对，有时是有这种感觉，但也许有人会说，你的译文如果完全英语化，那也不行。原文里的东西不是英语文化中固有的。中国文化的特色完全失掉、抹消，这也不行。所以

---

〔1〕 钱锺书：《林纾的翻译》，载罗新璋编：《翻译论集》，北京：商务印书馆，2009年，第774~775页。

说，翻译总是一个相互妥协、相互折中的过程，既要用地道的英文，同时原文的本性、非英语文化中的现象也应在译文中予以保留。这很难。正因为原文不是英文而是中文，它蕴含了很多中国传统文化价值与思想。

卞：的确，用地道的英文传递原文想表达的思想内容很不容易。但语言地道是前提，否则，目标受众不喜欢读，也就达不到传达原文思想文化的目的。原文与译文、作者与译者、原语文化与译入语文化之间就是一个不断相互妥协、相互折中的过程，要想达到和谐的境界，需要长期的学习、积累和磨合。

卞：谈到诗歌翻译，很多人都会说，翻译难，文学翻译难，诗歌翻译更是难上加难。罗伯特·佛罗斯特（Robert Frost，1874—1963）曾经说过："诗味是在翻译中失去的东西。"不管译者怎么努力，读者在阅读译文时的感受，跟原文读者阅读原诗时的感受肯定有所不同。因此，有不少学者撰文，用诗歌翻译中的一些案例论证诗歌是不可译的。但在中外文化交流的历史长河中，在漫长的翻译史中，人们一直在从事诗歌翻译工作，并通过诗歌翻译促进彼此文化的沟通、理解和进步。您对此怎么理解呢？

艾朗诺：你一定知道，19 世纪至 20 世纪早期，很多英译中国古代诗歌的作家都想把诗歌译成押韵的，但后来这种译法就慢慢不受欢迎了。现在很少有人要把原文的韵脚保留下来或把原文的韵律反映在英文里了。可以说，英译中国诗歌首先不再追求押韵，其次也不像原文韵律那么有规则（regularity）了。押韵不见了，原来的五言、七言句也不见了，不像原文那么规整了。原文的音乐性（musicality）本性已经失去，听不见了，那剩下什么呢？只剩下原文的含义，所以说，失掉了很多。但原来的含义、意义多半可以很好地反映在译文中。因此，诗歌翻译并不是说把原来的东西全部翻译出来，因为音乐性已无法保存，但我们希望原来的含义能够保留。当然，含义也会缺失一部分。例如，翻译典故时需要加注解，这与原作读者的体验又不一样了。英语读者读到诗句，还要再读下面的一两句注释，这就有别于受过文言文教育的中国读者的阅读体验。《论语》《左传》《世说新语》等也都是如此，但并不能因此就说原来的意思在英译文中变得不同。总之，音乐性完全走偏，原来的一些很难形容的意味，包括中国诗人最喜欢用的典故，也很难保存在英译文中，只好在注解中解释一下。这就跟原文差别很大。所以，我个人以及其他一些汉学家虽然做过不少古代诗词的翻译，但我们并不自我催眠，而都会承认我们的译文并不是好诗，基本不会说自己译出的诗歌相当于一流的英国或美国诗歌。我们已搁置了保留诗歌应有的意味及音乐性这个要求，多数情况下也不再把它当作翻译目的。

卞：在阅读您的英文版专著的过程中，我发现凡是诗词曲赋，您都采取了汉英对照的方式，而涉及其他有原文的文本，比如李清照的《词论》（*On Song Lyrics*），您在书中也专门强调这篇文章很重要，但并未采用汉英对照的方式，而只给出了英译文，请问您是出于什么考虑？

艾朗诺：这是美国出版界的习惯，诗词可以加上原文，散文则不需要。其实，我认为最好还是加上。英汉对照的方式便于读者做研究，做比较，但出版社为了节省篇幅和经费，不希望英汉对照。像这本《李清照集》所属的“中华经典文库”(Library of Chinese Humanities)，是近年来由德古意特出版社(Walter de Gruyter Inc.)出版的，都是英汉对照的诗词和散文。该系列是模仿“洛布古典丛书”(Loeb Classical Library)[1]推出的，共计六本。第一本是三四年前出版的，由宇文所安(Stephen Owen)翻译的杜甫的全部诗歌。我这本《李清照集》是第三本，希望以后会有更多译作出版，不仅在美国、欧洲的市场发售，将来也能在中国发售，并能在网上查到，下载到完全免费的版本。

卞：那对于学界同仁和读者来说真是好消息。我特别喜欢看这种英汉对照版本。您在专著中用中英双语对照的方式呈现诗词，探讨问题，阐释观点，的确方便了研究者更好地研读。您的《才女之累》和《美的焦虑》中有不少专业术语、专有名词及书名等，您一般采取音译加汉字，或直译加拼音和汉字，或意译加汉字的方式，如“*Yongle Dadian* 永乐大典(1407)，wanyue 婉约，*The Qianlong Emperor's Imperial Library* (*Siku Quanshu* 四库全书)，the high literature and culture (siwen 斯文)，the Imperial Music Bureau 大晟府，*Collected Records of the Past*《集古录》”，等等。请问这是出于什么考虑？

艾朗诺：因为有的书名比较容易译成英语，像欧阳修的《洛阳牡丹记》，我就采用了意译加音译加汉字的方法，译为 *Account of the Tree Peonies of Luoyang* 洛阳牡丹记。这样翻译，

[1] “洛布古典丛书”是哈佛大学出版社的系列丛书。从19世纪和20世纪开始，该系列丛书先后把所有原文是希腊语或拉丁语的希腊和罗马的哲学、戏剧、历史、诗歌以双语对照版本形式出版，每种都有几百本。

原来的意思可以传递，而且表达得很明白，但有的书名很麻烦，比如《永乐大典》，译出来几乎没人懂，遇到这种书名，我一般用音译加汉字的方法，译为 *Yongle Dadian* 永乐大典（1407）；《四库全书》也很麻烦，如果译成 *The Complete Collection of Four Treasuries/Stories*，就根本没意思了。如果只是译成 *The Qianlong Emperor's Imperial Library*，对于读中文的读者也不方便查找原书。因此，我采用了意译加音译加汉字的方法，译为 *The Qianlong Emperor's Imperial Library*（*Siku Quanshu* 四库全书）。其实地名的翻译，很难了解原来的意思是什么。有的学者把年号也译成英语，那就属于过度翻译，像“开元天宝”就不用翻译。

卞：有学者专门写文谈到中国地名、路名的翻译，建议用“拼音加意译”或直译。前些年，我负责崂山太清宫相关标识语和地名的翻译，也采用了这种方式，因为要考虑到如果没有拼音，读者按图索骥，还是找不到那个地名。在翻译学中，专门有音译或零翻译的方法。有些东西，在标语文化中确实不存在，硬要翻译过来，反倒让读者不知所云，还不如不译，直接借用过来。刚开始是需要解释、注释，时间久了，凡是对它感兴趣的人，都会主动去了解、理解。渐渐地，借用过来的词汇和术语，也就融入了目标语言文化，成为某一领域话语体系中的一部分了。这也是丰富目标语言文化的手段之一。您选译过钱锺书的《管锥编》，陆文虎写过书评《美国学术界读到了怎样的〈管锥编〉？——评艾朗诺的英文选译本》。同时您也翻译了苏轼和李清照的诗词曲赋，应当说翻译难度都很大。请问是什么原因促使您选译上述文本？您心目中的好翻译是什么样的？您觉得译者在翻译，特别是文学翻译过程中可否有自己的风格？

艾朗诺：我在哈佛大学（Harvard University）攻读硕士学位时，对我影响很大的一位老师叫方志浵（Achilles Fang，1910—1995，后来写作方志彤）。他是钱锺书20世纪二三十年代在清华大学时的同学。方先生一直劝我多注意钱锺书。《管锥编》是1979年出版的，当时我还在哈佛大学。刚好那年钱锺书跟一些学者访问美国很多大学，所以我有机会见到他。方老师觉得《管锥编》这本书很重要，就希望我能多读，多研究。当时我没做。后来到90年代，我做了几年《管锥编》的翻译，选了其中60多篇，加上注释，译本有500多页。全部翻译的话要好几本。我选了一些比较文学研究者比较感兴趣的部分，即从宏观角度探讨问题的部分。由此可见，译者在翻译时，其爱好、偏见都免不了要反映出来，会影响他对所译文本及翻译方法的选择，进而形成其特有的风格。

卞：译者毕竟不是生活在真空中的人，而是带有个人独特人生观、价值观、文化观、个人目的，有思想的社会人，因此在翻译中不可能仅做隐形人、传声筒、原作的仆人，而是不可避免地会形成自己的译文风格，“译者在翻译行为中总是起着积极的作用”[1]。当我读您这本《李清照集》中的英译文时，肯定也会体会到您的风格。中国文化外译过程中，以英语为母语或长期浸润于双语文化环境的汉学家或作家功不可没，如《红楼梦》译者霍克斯（David Hawkes，1923—2009），《三国

---

〔1〕 钱锁桥编：《小评论：林语堂双语文集》，北京：九州出版社，2012年，第32页。

演义》译者罗慕士（Moss Roberts），《西游记》译者余国藩（Anthony C. Yu，1938—2015），莫言作品的译者葛浩文（Howard Goldblatt），长期旅居国外的作家林语堂以及《三体》的译者刘宇昆（Ken Liu）等。您觉得汉学研究和翻译学研究的契合之处在哪里？写作和翻译的契合之处在哪里？

艾朗诺：这个问题很难回答。学界中有不同的风格，不敢说都一样。有研究目的和内容比较狭窄的，也有想写文章给学界以外的读者看的。面对不同的读者有各种层次，会有来自不同领域的翻译，比如葛浩文的翻译多半不是由大学出版社而是由商业出版社出版的。

卞：葛浩文的目标受众是普通读者。换句话说，汉学家的翻译大多是学术型的翻译，而葛浩文的翻译则属于给普通读者阅读的作家型翻译。二者有相通之处，但分属不同类型的翻译。

艾朗诺：对。葛浩文也做了一辈子教授，现在退休了。学界中有不同的翻译家，有不同的翻译目的、不同的认识。有的人母语是中文，如林语堂，他曾旅居国外，英语水平非常高，做翻译也很不错。

卞：林语堂从小在教会学校读书，更多接触的是西方语言文化；长大后发现，作为一个中国人，自己连孟姜女哭长城的典故都不清楚，颇感惭愧，于是在清华大学时就恶补中国语言文化，阅读经典书籍。后受赛珍珠（Pearl S. Buck，1892—1973）、沃尔什（Richard J. Walsh）夫妇邀请赴美写作，其间他重新审视中国语言文化。因此，他后来（其实之前也有分歧）与鲁迅先生为代表的中国现代知识分子在对待中国语言文化的态度上产生了分歧。鲁迅先生认为中国语言文化落后腐朽，很多东西须批判摒弃，就以借鉴外国表现手法的方式加以革新。林语堂早年与此相似，对清末民初（特别是 20 世纪二三十年代）不良社会习气进行了辛辣的批评和讽刺，赴美之后则不然。他发现工业革命和“一战”之后，美国生活和工作节奏明显加快，人们在重重发展压力之下需要心灵慰藉和生活导向，而中国文化在这方面颇有可取之处。故而，“两脚踏东西方文化，一心读宇宙文章”，站在两种语言文化的临界点上，既不盲目自大，也不妄自菲薄，促进两种语言文化相互取长补短。我认为这种文化态度是非常可取的。

艾朗诺：有些学过一点中文的非学者型的美国或英国作家，不是把自己当作学者，而是当作诗人和作家。他们偶然也有译作，但这种译作跟我们学者翻译的很不一样。

卞：对，我们常说的学者型翻译和作家型翻译，其翻译目的并不一样。学者型翻译更多着眼于研究，而作家型翻译则侧重于译文的可读性或读者的接受度。

艾朗诺：我们讨论这些问题时，要记住我们所翻译的原文不是现在大家说的中文，其实是要很有学问的人才能看得懂的中文。看得迷迷糊糊当然比较容易，但如果让人真的看懂，像明清考古学家那样的，这需要几十年的学习与实践。我们所探讨的是唐宋文本，且不说汉赋、“四书”、“五经”、《史记》、《汉书》。唐代距今已经 1000 多年了，那时的文言文，就连今天的中国人也不好懂，更别说非母语人士了。因此，即便是作家型翻译，他们也面临翻译的原文并非当下的中文的问题。如果是当下中文文本的翻译，那又不一样了，你几乎不用做太多的研究（学问）。你可以到中国住上三年五载或十年八年，等你的中文完全像中文母语者一样流利了，就可以翻译当下刚写好的一本小说或一首诗了。然而像我们汉学家，如果要翻译1000多年前的文章，则完全是两回事。

卞：原文的文本类型以及你心目中的预期读者，在很大程度上决定了你用什么样的方式来解读、阐释及表达原文。

艾朗诺：问题是作家型翻译在学术方面的研究背景够不够。正因如此，他们有时难免会因不了解、误解而出现翻译错误。

卞：学者型翻译更注重严谨性，也就是我们译界所谓的深度翻译（Thick Translation），即增加大量注释和按语的翻译。像您就更倾向于双语对照的翻译版本，而供普通读者阅读的文本，更注重可读性。

艾朗诺：作家型译者可以今年把《道德经》译成英文，明年把袁宏道的作品译成英文，后年又选取杜甫、李白、苏轼、袁枚等的诗歌译成英文。他以为反正都是汉译英，什么都可以译，因为原文反正都是汉字嘛。其实，从学者的角度来看，宋代诗词里的文言文，跟唐代已经有差别，更不用说汉代了。唐、宋、元、明、清都有很大不同，每一个朝代，每一种文体，都有其独特的词汇。

卞：文体类型、目标受众、翻译目的等诸多因素，决定了译者所采用的翻译方法。翻译，尤其是典籍英译，很大程度上在做明知不可为而为之的工作。因此，我们尽最大努力对原文进行解读，并用好的文字表达原文。至于在这个过程中丢失什么，丢失了多少，可能与时代的变迁、读者的水平、所译文本的难易程度都有关系。我本人在进行国家社科基金项目“林语堂作品的中国文化变译策略研究”的过程中，阅读了一些相关论著，了解了林语堂著译作品在美国的传播与接受情况。有学者指出，目前外译的中国文学作品只有少数汉学家在看，它们只占了图书馆、书店一隅，流通量还远远不够。进入21世纪后，国际形势已发生很大变化，根据您了解的情况，请谈谈目前中国文化或文学作品在美国的传播和接受情况。

艾朗诺：你说得对。直到现在，美国学界对中国文学、历史、哲学等领域的成就都了解太少。这个系列的译著几年前才刚开始，我们在汉学领域做了几十年的人，像我这么大年纪的学者，对此都有点后悔。我们一直忙于做自己的研究，虽然也做过翻译，但那都是在研究中的翻译，是为了例证而做的，从数量上说，还不多。完整、全面的翻译计划较少。三年前，宇文所安第一次把杜甫的全部诗歌译成英文出版，但现在李白的诗尚无全部翻译。还有中国哲学、史学，如《资治通鉴》《二十四史》等都没有英文全译本，《旧唐书》《汉书》的某一卷有英译本，总之零碎的翻译多，整体的少。我们很多汉学家都觉得，做了这么久，具有长久影响力的译著并不多见。比如我们之前谈到过，最近20年才有一个好的《红楼梦》（霍克斯）英译本，最近10年才有比较好的《金瓶梅》英译本，如芮效卫（David Tod Roy，1933—2016）译本。到目前为止，尚没有很好的《水浒传》英译本。中国典籍系统、全面、整体、高质量的翻译任重道远。

卞：之前也一直有译者在做，特别是母语为汉语的英语专家付出很大的努力，做了不少翻译，但这些译本在英语世界流通得不好。这就又涉及以下问题：到底该由谁来翻译？中英双语俱佳的汉学家，还是母语为汉语的英语专家，又或者中外合作翻译？

艾朗诺：我认为都可以，关键是全方位、多角度、多渠道地加强合作与交流。

卞：我在斯坦福大学期间有幸聆听了您和孙朝奋教授的课。你们对《前赤壁赋》《后赤壁赋》《史记》《后汉书》等中国典籍作品的英文阐释让我很受启发。从词源看，翻译（translate and interpret）就是用一种语言解释、说明、表达另一种语言要表达的意思。因此，我认为，两位老师一直从事中国文化对外传译和传播工作，就是广义上的文化翻译。众所周知，清朝末年由于闭关锁国政策导致国力衰落，于是迫切希望放眼看世界，拼命学习西方的先进理念、科技、思想等。由于我们抱着学习的心态，因此西方的东西在我国传播得很快。改革开放以来，大量西方的东西通过各个层面传进中国，收效甚好。中国的发展受惠于改革开放，受惠于加入世界贸易组织（World Trade Organization），因此现在要回馈世界，讲好中国故事，贡献中国智慧，传播中国文化——我们想让世界多了解中国。国家很重视中国文化“走出去”，民间也很重视，投入了大量人力、物力、财力，但效果依然不尽如人意。您可否结合多年的教研经验，谈谈对中国文化“走出去”的思考与建议？

艾朗诺：如前所述，美国人、美国知识分子、大学生对中国的了解不如中国相应人士对美国的了解。这需要专家、学者和民间人士继续共同努力。我相信这种情况会慢慢改变的，尽管这需要一个漫长的过程，因为中国与美国的语言文化属于完全不同的传统，不像美国与欧洲那么接近，所以这很不容易做。

卞：在翻译研究中会谈到影响翻译的诸多因素，如文化语境与社会因素、意识形态与政治因素、翻译动机与翻译观念、语言关系与翻译能力[1]等，语言关系的亲疏影响着翻译的策略、方法与接受。印欧语系中各种语言之间比它们与汉藏语系语言之间的转换要容易些。中国与英语国家在语言文化上的差别可谓水火两重天，这就给翻译造成了很大困难。

艾朗诺：还有一个社会因素的问题，例如欧洲国家的宗教。不论是在英国、法国、德国还是意大利，基督教和天主教等都有共同点：同属一个宗教传统。因此，向上天祷告时，不论你是用英语、法语、德语还是意大利语，你的文化背景与价值观是一致的。中国则不同，美国以前根本没有什么佛教，更没有道教，所以中西拥有完全不同的思维和信仰。虽然欧洲也有多种语言，但它们共同点相当多，相互间的影响非常大。

卞：所以语言文化交流需要更多的人参与，尽可能地寻找共同点、契合点，并产生共鸣，因为我们是人类命运共同体。

艾朗诺：我想以后会慢慢改变，但需要时间，关键在于方式方法，读者意识，多方参与。

---

〔1〕 许钧：《翻译论》，武汉：湖北教育出版社，2003 年，第 199~242 页。

卞： 您1971年进入哈佛大学，开始研究中国文学；1976年获哈佛大学东亚语言文化系博士学位；19岁师从当代著名作家白先勇学习汉语，同时也是知名汉学家卫德明（Hellmut Wilhelm，1905—1990）的学生。我记得上次咱们交流，您曾说过，做了这么多年的汉学研究，您本人感到应该再多翻译些中国文学作品。可否请您谈一谈下一步具体的研究和翻译计划？

艾朗诺： 我正在思考这个问题。李清照的翻译已经做完。以前我做过关于苏轼的研究（林语堂也写过《苏东坡传》），所以下一步想把他的作品系统地译成英文。目前正在看《苏轼全集校注》（2010），共20册，近9000页，注解得非常全面，非常好。而且我发现里面诗集、词集、文集是由不同专家做的校注，这种方法非常好，因为它需要专家来做解释。这是我的下一个计划。迄今像苏轼这么重要的大家，关于其作品的翻译依然零零散散，总共不过几百篇，而苏轼的全部作品有几千篇，包括诗词、题跋、文论之类。既然现在有这么好的参考书，我在想要不要英译出来。不过，这比翻译《李清照集》的工作量要多十倍。苏轼对中国绘画、音乐等艺术方面都很有影响，有很多重要的思想和文章。

卞： 您曾经担任《哈佛亚洲研究杂志》（*Harvard Journal of Asiatic Studies*）的执行主编，并曾两度获得美国国家人文学科基金和美国学术界委员会的研究员资格。可否简要介绍一下相关情况？

艾朗诺： 该杂志由哈佛燕京学社（Harvard-Yenching Institute）主办，是美国汉学乃至东亚（中、日、韩）研究之翘楚学刊，也是在古代亚洲人文即历史、哲学、语言等方面全美国最好的学术杂志，1936 年创刊，迄今快 100 年了。里面的文章全都是英文的。

卞：好的，非常感谢您接受我的采访，感谢您在传播中国文化上所做出的努力和贡献。关于中国文化如何更好地走进英语世界，作为汉学家，您的感悟和建议给我们提供了他者的视角，很值得我们参考。通过跟您交流与讨论，我进一步加深了对“君子比德于玉，仁者其言如春”的理解，也加深了对汉学研究及翻译学研究的思考。期待您的苏轼译作早日完成，期待您更多的研究成果，也欢迎您多来中国讲学。

采访者：卞建华（青岛大学外语学院）

研究省细微　精神入画图

——汉学家康达维访谈录

访谈按语： 2007年10月8日，在西雅图华盛顿大学秋色怡人的校园里，我如约见到了亚洲语言文学系资深教授，世界著名汉学家、翻译家，美国人文科学院院士康达维（David R. Knechtges）先生。康教授朴素的衣着、和缓的语速和儒雅的笑容，在一瞬间，使我甚至感觉邂逅了一位中国古代儒生，不同的只是高鼻、碧眼。

康达维教授1960年进入西雅图华盛顿大学远东学系，1964年毕业后到哈佛大学，受业于著名汉学家海陶玮（James Robert Hightower）门下，仅用一年时间就取得了硕士学位。同年返回华盛顿大学，师从著名德籍汉学家卫德明（Hellmut Wilhelm）教授，25岁时就获得了博士学位，其博士论文题目为《扬雄辞赋与汉代修辞研究》。之后他继续勤奋治学，将传统汉学的考据训诂与西方的科学分析精神相结合，再加上通晓德、法、日、拉丁文等多种语言，学术视野非常开阔，著文众多，成为当代西方汉赋和六朝文学研究的权威学者，曾担任过华盛顿大学亚洲语言文学系主任、美国东方学会主席等职务。

康教授从1970年开始还致力于附有详细注解的《昭明文选》（也称《文选》）英译本的翻译工作，这是西方汉学界第一次系统地用英文对《文选》进行翻译，预计共六册。从

1983年至今，已由普林斯顿大学出版了前三册。学术界对此项工作及康达维教授的汉赋研究都给予了非常高的评价，有学者称："最近，读到哥伦比亚大学华裔教授夏志清某文，谈道：从今往后，无论中国、日本以及海内外学人，假若要在研究《昭明文选》时搞出点名堂来，都非要细读西雅图华盛顿大学大卫·康达维教授关于《汉赋》的专著不可。因为他毕生数十年的研究功力，集中了古今中外对《昭明文选》的研究之大成，其成就早已超越了当代中、日有关专门学者。"[1]

蒋文燕（下文简称"蒋"）：康达维教授，我首先要谢谢您接受我的访问。我很想知道是一个什么样的机缘让您对中文发生兴趣，给我们讲一讲当年的故事，好吗？

康达维（下文简称"康"）：说起我的家庭背景实在跟汉学没有任何关系。我的父亲是蒙大拿州的工人，母亲是护士学校毕业的护士。我的父亲生性风趣幽默，是个说故事能手，说起故事来，总是令大家目瞪口呆、废寝忘食。可惜在我4岁时父亲就去世了，但直到今天，我仍能清晰地记得父亲的言谈举止。9岁时我随母亲徙居西雅图，我上小学的同时，也进了音乐学校练习手风琴，参加过无数次的比赛，不曾叫母亲失望过。直到高中我对音乐都有着浓厚的兴趣，想将来做个音乐家。但是我也喜欢钓鱼捉虾，我也想将来做个渔业专家。但是高四那年在上过哈里·雷（Harry Wray）先生的远东历史课后，特别是听过华盛顿大学施友忠教授、卫德明教授有关中国的演讲后，我的兴趣整个都改变了。我向往中国这个文化古

[1] 苏炜：《有感于美国的中国学研究》，《读书》，1987年第2期，第130页。

国，我也着实好奇这个泱泱大国的文化能延续数千年而不衰。所以高中毕业的时候，我就决定学习中文和政治学。

蒋：您是在进入华盛顿大学之后，开始正式学习中文的吗？

康：上了大学，我开始念远东历史，同时也选修政治学，但是政治学的教授上课时总是讨论政治学到底是不是一门科学，所以我对政治学再也不感兴趣了。这时候我开始意识到如果想真正学习中国历史，非先学习中国语言文字不可。但当时我对中文到底是怎样的语言并没有半点认识，我以为也跟法文、西班牙文一样容易。现在想想，当初是多么幼稚和肤浅啊。

蒋：您的第一位中文老师是谁？

康：是李方桂教授。大学二年级，我上李方桂教授的一年级中文速成班（intensive course），班上有三十多个人。李教授的课严肃又不失风趣，他毫不马虎，头一天指定的作业第二天必须交上。而且李教授坚持“重质不重量”的原则，每次考试总要“当”掉不少学生，一年下来，全班只剩下五六个学生，很侥幸地，我是其中之一。我记得那个时候，我一天要花上十几个小时念中文，除了念中文，真是百事俱废。

蒋：那您是从什么时候开始接触中国文学的呢？

康：大三的时候，我上严倚云教授的高级中文课，我们念《水浒传》《红楼梦》等。这是我第一次接触中国古典小说，借助严教授的精彩讲述，我对中国文学的兴趣也就在这个时候引发了。这时我也上卫德明教授的中国历史课。还有一点值得一提，就是卫教授的父亲卫礼贤（Richard Wilhelm）教授是德国汉学界的先驱，他是第一位将《易经》《吕氏春秋》《庄子》《列子》《大戴礼记》等书译成德文的德国汉学家。我清楚地记得卫德明教授对我说过："在西方想治汉学，德文也是必备的读书工具之一。"于是到了三年级的暑假，我一个人闭门念德文，我拿 Von Zach（注：奥地利汉学家赞克）的德文《昭明文选》翻译本和中文《文选》对照阅读，数月闭门造车的结果，我也粗略看得懂德文了，同时对这本了不起的中国文学选集发生了浓厚的兴趣。现在我从事《文选》的英文翻译，可以说是那个时候打下的基础。大学四年级，我选修卫教授的中国文学史。我的兴趣虽然主要在中国历史方面，但是我明白想精通中国历史必先研究中国文学，因为中国人过去的观念素来是"文史不分"的。

蒋：我们知道，您对中国文学的研究是从汉赋开始的。在美国这样的环境里，研究汉学已经是边缘学科，而您又选择了在很多中国人看来都相当艰深难读的汉赋，这是为什么呢？

康：这跟我在哈佛大学的学习经历有关。大四的时候，我是全校获得威尔逊总统奖学金（即 Woodrow Wilson National Fellowship，伍德罗·威尔逊国家奖学金）的两名学生之一。根据奖学金的规定，我必须离开母校到其他的学校念书，所以在 1964 的秋天我到哈佛大学研究所继续我的中文课程。在哈佛大学研究所，我跟着杨联陞教授念中国历史。我同时也上海陶玮教授的唐宋古文、唐宋传奇和汉学入门课。海陶玮教授对田园诗人陶潜和汉赋都有深入的研究。我跟着他念书，不论在治学的态度上，还是在学习的过程、经验上，都有显著的改变。我明白研究学问不是死读书，更不是向他人炫耀的工具；研究学问不是一朝一暮的工作，而是一生的事业。我发现念中文不只是语言上的学习，不仅是纯粹文法上、词汇上的探讨，更重要的是察觉西方与中国文化上的差异。我固然喜欢读中国历史，但是在西方，特别是在中国历史方面，把它当作一门社会科学的看法很普遍。社会科学家对于理论最感兴趣，他们往往忽略史书的训诂考证。因此在我漫游中国文学的领域后，我的兴趣稍作了改变。我佩服中国文人的文学情操和创作天才，特别是汉赋词藻的典雅、富丽和铺张更是深深地震慑了我的思想和情感。此后我研究汉赋，主要是希望能对中国文学的奥妙略知一二。

蒋：在您的文章中，您曾经把赋比作中国文学中的石楠花，这是出于什么考虑？

康：因为我很喜欢植物啊，实际上要想给赋下个定义，就像植物学家想分辨一种植物的名称一样。石楠花有好几种不同的品种：有中国原产的，有培植而成并且常见的新品种。但有些品种甚至不叫石楠花，而叫杜鹃花，表面上既不像石楠花，也不像培植的新品种。中国文学中的“赋”正像石楠花一样，也包括了几种不同的种类。原来的文体和早先的一些文体相配则产生了一种新文体，而这种新文体后来反而被认为是这种文体典型的形式，这是指西汉辞赋家创作出的新文体“赋”而言；后来，原来是石楠花形式的“赋”体终于也产生了杜鹃花，有些文学作品不再以“赋”为题，但是基本上却具有“赋”的体裁本质。

蒋： 您的博士论文做的是扬雄，为什么会选择扬雄？

康： 因为是最难的，当然我也受卫德明老师的影响，他是我的论文指导教授。卫教授待人谦虚，而且笑容可掬。他是典型的西方汉学家，对汉学的各个方面都有深入的研究，但是我在研究所的时候，他对中国文学最感兴趣。卫教授在 1963 年出版了他的德文演讲稿《天、地、人——扬雄〈太玄经〉与〈周易〉比较》，在这篇文章里他提到扬雄这个博学的天才。扬雄的成就不只限于哲学思想、训诂方面，他可以算是一个伟大的辞赋家。受了卫教授的鼓励，我开始念贾谊、枚乘、司马相如、王褒、刘向、刘歆等人的辞赋，以了解西汉辞赋的历史和发展。卫教授认为汉赋滥觞于修辞学的传统，所以他劝我念一点儿西方修辞学理论。我跟随罗伯特·欧·佩恩（Robert O. Payne）教授读中世纪文学和中世纪修辞学，主要的目的在于在汉赋研究中比较和应用中世纪修辞学的理论。

蒋： 在您的博士论文《扬雄辞赋与汉代修辞研究》中，您把“赋”译为 rhapsody。

康： 现在我不用 rhapsody 作“赋”的译名了，我只是用 Fu。因为我觉得应该让那些研究欧洲文学、美国文学的人知道 Fu 这个名词，所以我现在只是用 Fu。比如日本文学有一些文体，像 Haiku（注：俳句）、Noh Drama（注：能剧）不必翻译。而且，rhapsody 用于指西汉的赋比较合适，因为它们都在宫廷中被朗诵，但是西汉以后的赋我觉得不合适，所以我不用了。可是我不是第一个用 rhapsody 翻译“赋”的人，我哈佛大学的老师 Hightower（海陶玮）也用 rhapsody 翻译“赋”，还有翻译中国文学的英国人 Arthur Waley（阿瑟·威利），他很早就用 rhapsody 翻译“赋”。我不是第一个人。

蒋：您的解释可以帮助我们澄清一个问题，因为在我来之前读到过一篇文章《西方学者视野中的赋》[1]，这篇文章介绍到您用 rhapsody 翻译“赋”后，这个译法被欧美汉学界广泛接受，但实际上您现在直接用 Fu，这正好可以做一个进一步的说明。

康：好啊，现在我不赞成用 rhapsody。

蒋：听说您一直想撰写一部“赋史”，请问现在这项工作进展如何？

康：这其实是“文学史”的一部分。荷兰有一个 Brill 出版社（即 Brill Academic Publishers，布里尔学术出版社），很有名，要出版一套文学史。我们现在有三个人在写，一本是从先秦到西汉，是由普林斯顿大学的教授 Martin Kern（柯马丁）撰写。我写东汉到魏晋南北朝部分。第三本是唐代，是科罗拉多大学 Paul Kroll（柯睿）教授撰写，他很有名。他们也在找人写宋元明清部分，但是还没有找到。

蒋：这套书大概会在最近慢慢地出版吗？

康：很慢，我这本大概是最快的。

蒋：现在国内也有很多文学史的著作。

---

〔1〕孙晶：《西方学者视野中的赋——从欧美学者对“赋”的翻译谈起》，《东北师大学报（哲学社会科学版）》，2004 年第 2 期，第 87~93 页。

康： 哦，我知道，太多了，弄得太多了。

蒋： 对，非常多。那么您在写您的这部分时，您会用一种什么样的组织方式来写文学史？

康： 我可以给你看看，这是我发给学生的讲义。我也是以时间为序，在每一个专题、作家的最后，是这些年来相关的研究资料、图书版本。这本书出版后，还会有更详细的资料。

蒋： 您的写作方式与国内很不相同，您怎么会想到补充这么多相关的研究资料呢？

康： 我教文学史好几十年了，我想用学生比较容易懂的方法，如果他们知道这些资料的话，他们可以自己做研究。但你现在看到的还不是全部，因为这是给学生的讲义，有些资料我可以在课堂上讲。

蒋： 从您一开始写这本书到完成，一共用了多长时间？

康： 好几十年了，因为我教了好几十年了，每一年我都加入新的资料。

蒋： 我们知道，您从 1970 年开始就致力于附有详细注解的《文选》英译本的翻译工作，这是西方汉学界第一次系统地用英文对《文选》进行翻译，是不是？

康： 是。

蒋： 这套书 1982 年由普林斯顿大学出版了第一册，1987 年出版了第二册，1996 年出版了第三册。学术界对您的这项工作给予了非常高的评价。

康：哎呀，他们很客气。

蒋：您太谦虚了。请问目前这项工作的进展如何呢？

康：现在我在做诗的部分，这个比较慢，你知道为什么？现在我们有很多唐代的文献、敦煌文献，还有日本的《文选集注》。最近中国大陆有一些资料，以前没有，很难找，所以我现在要用这些资料。我发现《文选》的 textual history（文本史）比较复杂。因为传播的流动性比较大，所以有很多异文。赋的部分没有很多，可是诗和散文部分的异文比较多。

蒋：康教授，请问您的《文选》译本，潜在的读者会是什么样的人？

康：多半是学者。可是我听说现在有不少大学，像 Liberal Arts College（文艺学院）也用我的翻译。

蒋：这说明它很受欢迎。

康：我不知道，我不知道。最近我收到一封信。这个人在一个很好的大学给学生上早期中国城市及城市文化（Early Chinese cities and city culture）课程，学生不懂中文，只能看翻译。他用我的《两都赋》《二京赋》《三都赋》的翻译。我没想到他们会看这个，学术性太强，他说他们很喜欢看注解。谁要看《三都赋》？（笑）我也不要看《三都赋》，是不是？（笑）我不知道花了多少时间翻译《三都赋》。

蒋：真的？您记得吗？多少时间？

康：哦，大概一两年。所以翻译完了之后，我觉得很轻松，也不要再读《三都赋》。（笑）

蒋：按我们一般人的理解，用英语翻译中国古代文籍，一定是件非常困难的事。这个难度究竟有多大？

康：这的确非常困难。现在虽然我已经完成了《文选》其余部分的翻译初稿，但我的脚步仍然是缓慢而艰辛。这个原因主要有两个：一是由于《文选》本身的特性。二是因为我个人的翻译方法。《文选》的体裁众多，一个翻译家应该努力尝试把不同体裁的不同风格译出来。为了做到这一点，就必须研究各类体裁的历史，熟悉它们的体例和风格。除此之外，还要对大批作者的著作、生平和思想充分研究。《文选》囊括了130位作者，为了正确地了解别的篇章，不但要鉴别其写作的背景和环境，而且要判断这篇作品和作者整体的文学作品的关系。因此，我花了很多时间来阅读《文选》作家的全部作品，有时他们的文集很短，可是像曹植、陆机、潘岳、谢灵运、鲍照、谢朓、江淹、沈约等人，篇章很多，不容易驾驭，大部分这类诗人，他们被选在《文选》里的作品也不在少数。所以为了全盘了解一个作家的作品，我每次翻译《文选》中的某个作家，总是一次性翻译他全部的作品。另外，还要努力学习中国上古与中古的文字、音韵知识。像《文选》赋篇中到处都是植物、动物、鱼类、矿物，这使我必须钻研中国的植物学、动物学、鱼类学和地质学，以找出英文中和它们对等的名称。为了翻译描绘古代宫殿堂室建筑的篇章，我也得努力学习建筑学及其相关的专业术语。

蒋：在翻译过程中，如何在英语里找到最恰当的对等的词，同时又能够保留原文的韵味？在这方面您主要是怎么考虑的？您的翻译原则和翻译方法是什么？

康：虽然我可以说《文选》本身太难，来作为我翻译缓慢的借口，但实际上我个人的翻译方法，也同样使得这项工作变得如此缓慢。我的方法是毫无保留地字字斟酌。我同意纳博科夫（Vladimir Nabokov，当代俄国流亡美国小说家）的话："最笨拙的逐字翻译，比最漂亮的意译要有用一千倍。"《文选》所收的都是来自古代和中古的作品，所用的语言已经和现代汉语大相径庭，和现代英语更是有天壤之别。所以尽管可读性强是一个最理想的状态，但还是要保存原文的内容，尽量在英译中保持那些新奇的比喻和罕见的措辞。所以我在翻译《文选》时，不怕被指责做斤斤计较的翻译，同时我也选择为原文做大量的注解，我的翻译方法是"绝对的准确"加上"充分的注解"。当然理想是这样，我也知道"绝对的准确"是有限制的，所以大量的注解是很好的补充，而且这也是最基本的，要不然别人会看不懂。听说很多人用我的翻译做参考书。

蒋：所以我看到在您的译本中注解大大超过了原文。

康：对，这样的翻译原则和纳博科夫制定的翻译基本条件是相符的。他曾经说过："我希望翻译充满了详尽的注脚，每一页的注脚多如摩天大厦，高耸入云，而只在评注和每页顶端留下一行原文，我要求做这样的注脚以及绝对忠实的翻译，不准阉割原文，也不许添油加醋。"

蒋：这实际上是给翻译者提出了更高的要求。

康：是这样的。所以，翻译如果做得恰当，可以称得上是一门学问。

蒋：我们知道，有些赋篇使用了专门的词汇，对这些词汇，您是怎么处理的？

康：是的，赋本身就很难翻译，而赋中最难翻译的是联绵词。这些双音节的状语不是双声词就是叠韵词，虽然这些形容词在诗歌和楚辞中很常见，它们却是赋作的基本词汇。从司马相如、扬雄、班固、张衡，乃至左思和郭璞的铺陈大赋，都包括了一连串的双音节状语，其中许多很令人费解。我尝试的办法是根据上下文，赋予每个词一个英文意义。我发明一个方法可以表达联绵词的味道，也就是用头韵词（英文字第一个子音相同），或者偶尔用押韵字来表达原文优美的音乐效果。比如郭璞《江赋》中“潏湟淴泱，瀹潣瀾瀹，漩澴荥瀯，溭漏濆瀑”[1] 我的英译是：

Dashing and darting, scurrying and scuddying,

Switly streaking, rapidly rushing,

Whirling and swirling, twining and twisting,

Peaked and piled, spurting and spouting.

蒋：这样听起来，您的译文还是一样具有音乐的美感。

康：对于翻译来说，中文的美，最难表达的是它的声音。在这方面中国文学很特别，古代别的国家的文学，像希腊文、拉丁文、日文，它们不用韵，中国文学大概是唯一用韵的。

---

[1] 据《文选》胡克家本，中华书局，1977 年。

蒋：1981 年，您曾经说过，您“自己想把《文选》翻译成英文的念头是非常大胆的，或许简直就是胆大妄为”[1]。十年之后，您如果再把这句话说一遍的话，您一定会把“或许”这个词拿掉。究竟是什么样的困难会让您有这样的想法？这意味着在翻译过程中您感觉它更难。

康：对，一定是更难。因为我发现更多的问题，比方说现在我做《文选》版本研究，发现很多异文。现在更难，也更慢。我以为诗那个部分大概是最容易的，因为篇幅比较短小。但实际上不一定，有很多问题。我是“具体人”，我给你看一个比较具体的例子。谢灵运的《述祖德诗》其一，“达人遗自我”，别的版本是“达人贵自我”，这两句话的意思相反。但是这个读法“遗自我”也有道理，因为是讲他的祖先谢玄是这种人。如果是“贵自我”，是自私，以我为中心的意思。这是唐代敦煌的文献，在俄国保存。你去看唐代的文献，有很多异文。还有这个也很有意思，这下面有一个唐代的注解，不是李善注，也不是“五臣”注，我们不知道是谁，可是一定是唐代的，是无名的，这是最早的文献，离萧统的时间距离最近。所以现在我花很多时间在异文的考证上，每一篇我都写很长的论文。

蒋：我算了一下时间，距离您发表《文选英译浅论》又过去了 15 年，如果再把这句话说一遍的话，您会怎么说？

康：不知道，大概确实不必用“或许”。(笑)

---

[1] 康达维：《文选英译浅论》，赵福海主编：《文选学论集》，吉林：时代文艺出版社，1992 年，第 98 页。

蒋：康教授，在翻译的过程上，您的目标是什么？

康：《文选》是一部需要投入大量精力来研究的书，这样才能把其中所收的不同的体裁、风格与内涵真正地译出来。我曾经在第一届《昭明文选》国际讨论会[1]上发表文章说，我的目标是再完成一部能把中国文学的伟大介绍给西方读者的翻译。

蒋：谢谢您，康教授。我们还了解到，您正在与北京大学国学研究院合作，组织美国的学者翻译《中华文明史》，这项工作目前进展如何？

康：12 月份，我要带领美国、加拿大、新加坡、中国的译者去北京，参加由北京大学国学研究院举办的《中华文明史》（第一卷）英文译稿讨论会，和《中华文明史》中文版主编袁行霈教授以及第一卷的作者对英译稿进行逐章讨论。

蒋：康教授，除了您个人的研究工作，我注意到您的教学工作量也不小。我看到您的课表，从周一到周五，您每天都要给学生上中国文学史课，还有一周两次的汉学史（History of Sinology）课。请问在美国开设中国文学史课的大学多不多？

康：老实说，在美国只有两三个地方教中国文学史，除了我们，大概就是哈佛大学。课虽然多，可是我很喜欢教啊，我最喜欢的课就是中国文学史，每天都是不同的题目，可以学新

---

〔1〕 1988 年在长春师范学院召开了首届《昭明文选》国际学术研讨会，在本次会议上康达维教授发表了《欧美〈文选〉研究述略》（*Brief Account of Wenxuan Studies in Europe and the U. S.*）一文，刊于《昭明文选研究论文集》，吉林文史出版社，1988 年，第 295~304 页。

的东西。

蒋： 刚才您在指导学生时，指出一个学生的论文范围太大，请问您一般怎么指导学生写论文？

康： 学生有一个想法时，我叫他们写一个纲要，让我先看。我们常常改，这很重要。

蒋： 像吴捷（注：康达维教授的中国博士生）说您曾逐字逐句地给她修改长达 100 页的英文论文，连每一处标点错误都不放过。

康： 是。很有意思，中国来的学生，他们愿意给我看，我可以改他们的英文。可是美国学生不是很愿意，但实际上他们也需要我改。

蒋： 这样手把手地教一个学生，对学生来说一定会收益非常大。

康：（笑）今天那个学生的论文范围太广。他很聪明，非常聪明，西方哲学、文学什么的，他什么都知道。这个会议（注：指美国东方学会年会西部分会，American Oriental Society，Western Branch）他们限制他只能讲二十分钟，他的论题太多了，他应该讲清楚一点，还有简单一点，要不然大家都听不懂。是不是？

蒋： 是。在我有限的阅读中，我看到您有些论文题目的出发点也比较小，而国内 20 世纪中国文学研究更关注宏大叙事。所以我想请教您，在您做研究时，您是怎么处理“小问题”

和“大问题”的关系的?

康: 英文里有一句话，The devil is in the details，即最重要的内容在细节之中。所以解决比较小的问题，我觉得是最重要的。

蒋: 所以在您的《文选》翻译中，您也会用大量的注解去解决每一个小问题。

康: 对。Owen（宇文所安）是相反的。

蒋: 那您怎么评价那种研究模式呢?

康: 我个人不喜欢搞理论，我喜欢中国传统的汉学研究方法，慢读，read slowly。

蒋: 康教授，我们了解到您和中国大陆以及台湾地区的学者有着频繁的学术接触，您对他们的研究模式十分熟悉，而且我们也知道这些学者对您也有一种亲切的感情。您怎么评价中国大陆和台湾地区学者的中国文学研究?

康: 我觉得他们都很好，我常常用他们的资料。台湾地区一些比较年轻的学者喜欢搞理论，像郑毓瑜（注：中国台湾大学中文系教授）。他们有很多新的看法，我不会做，但是我会欣赏他们的方法。

蒋: 康教授，您这么多年学习、研究中国文学，中国文学对您个人性情、生活产生了什么影响?

康:（笑）不知道啊。

蒋：那最大的影响是您娶了一位中国夫人吗？

康：（笑）她给我很多帮助，她也是中文博士。（注：康达维教授的夫人张台萍教授是台湾东海大学比较文学硕士，华盛顿大学亚洲语言文学系文学博士，两人因此结缘）

蒋：康教授，我要再次感谢您接受我的访问，我们也期待着您的《文选》译稿和其他著作早日面世。

后记：对康达维教授的访问，是在他一天工作的间隙穿插进行。那天他的日程安排得很紧，上午、下午各有一门课，中间还有专门的办公室时间为学生答疑解惑。四点又召集博士生，模拟学术会议宣讲论文，并逐一指导。因为“这些学生一周后要参加美国东方学会年会西部分会，他们都是第一次参加学术会议”。尽管如此，康教授还抽空带我参观亚洲语言文学系的图书馆。他在书架上很快找到卫德明教授的赠书，看得出他对这些书都很熟悉，而牵动人心的应该还有当年那些求学问教的温暖记忆。

然而在交谈中，康达维教授却很少说自己，他总是怀着最大的敬意谈起师长们的传奇经历，那时我们能感受到他眼神中闪动的光芒。说起高兴事、有趣事，他爽朗的笑声能感染在场的每一个人，犹如孩子般纯真。谈到得意的学生，总是说“他们很好，很聪明”，奖掖提携之情溢于言表。至于自己的学术工作，在康教授看来，外界的褒扬是一种“客气”。可当我们翻开康教授的论文、专著和《文选》译本时，仅注释一项就可见其既遍览中国古籍，又涵盖德、法、日等国汉学研究成果的深厚功力。在这些尽最大可能还原历史“细节”的努力背后，令人感慨的不仅仅是一个学者的勤奋。与时下一些模糊细节、构建理论的研究路数相比，在大洋彼岸我们却看到了一条真实、扎实的同时也是最艰难的“细节”探寻之路。我相信康达维教授为学生逐字逐句修改论文其实是这种治学精神的延续。在整个采访过程中，这也是给我印象最深的事情。对于一个研究者、翻译者来说，对每一个细节都孜孜以求，这实际给自己增添了无数“麻烦”，从此没有任何一个可以偷懒的借口，而且也不易做到“著作等身”，可读者却会因此受益无穷。也许正因为秉持着这种信念，在近半个世纪的学术生涯中康达维教授淡定从容、执着地出入“六经”之中。借用康教授的夫人张台萍教授的话，“他是真正地钻研到底”。

采访者：蒋文燕（北京外国语大学中文学院）

文本、叙事与神学

——司马懿教授访谈录

访谈按语： 司马懿（Chloë Starr）是近年来活跃在汉学研究领域的一位西方青年汉学家。她出生在英国，父母都精通中文，父亲司马麟（Don Starr）是英国杜伦大学（Durham University）的汉学教授。司马懿从小受父亲影响，对中国文化抱有浓厚的兴趣和独特的理解。在其求学和研究道路上，她涉猎广泛，从中国文学到中国基督教神学，并将研究中国文化作为她的终生志业。笔者于2013年9月至2014年8月在耶鲁大学神学院访学，司马懿是笔者在耶鲁大学访学期间的联系教授。笔者有幸在访学期间旁听她的研讨课程，参与她组织的学术系列讲座，并与她近距离探讨学术和人生，获益匪浅。本文是对司马懿教授学术研究的一个介绍和回顾，访谈内容涉及她的成长背景、学术训练、目前从事的研究课题等方面。希望通过这个简短的学术访谈，让更多中国学人有机会了解司马懿和她所代表的西方学界目前正在进行的汉学研究的情况。

吴青（下文简称“吴”）： 据我所知，您与中国结缘是缘于您有一位汉学家父亲，可否谈谈您个人的成长经历？

司马懿（下文简称“司马”）： 我的父母亲都是20世纪60年代在英国伦敦亚非学院念的大学本科，学习的中文。如今在西方学习中文的人一般都有机会去中国进行为期一年的语言学习。但在 20 世纪 60 年代，他们没有办法去中国内地。我父亲一直以研究东亚，尤其以中国和日本的历史文化为他的终身志业。他曾在剑桥大学读博士，学习晚清中国哲学，并专门研究晚清儒学大师章炳麟。之后他到了杜伦大学做教授。1982 年至 1983 年是我父亲的学术休假年，这一年他到日本京都大学做研究。当时我刚好十岁，跟随他到了日本读小学，这是我第一次到亚洲。还记得在香港转机的时候，我们的飞机降落在香港，我在飞机上清楚地看到香港海面上星星点点的渔船。在日本的一年，每周我们都会去不同的寺庙，参观不一样的建筑，我很喜欢那里的建筑和文化。我感觉日本文化是另一种意义上的美学。我生命里的美学观念，究其根源，很多是来自日本。日本的建筑艺术以及静谧安宁的文化氛围，给我很深的感受。这就是我第一次在东亚的经历，尽管当时我还是个小学生。后来我回到英国继续读书。在英国，很多准备上大学的学生，高中毕业后都会有一个间隙年，学生一般会利用这一年时间去世界上不同的国家学习和实践。因为我很早就有了去剑桥大学读书的想法，并且立志要学中文，所以中学毕业后的这一年，我在父亲的帮助下来到中国。19 岁的我第一次来到北京，在人大附中当外教，开始了我人生中第一份全职工作。我每周教 8 节听力课，住在人大附中后面的宿舍。在担任外教的同时，我也请了一位中国朋友教我中文，因此这一年时间里，我的中文进步很快。尽管聘请中文老师的费用不菲，但我的工资是每月五百人民币，在当时的中国已经是非常高的收入了。我每月的工资不是从银行领取，而是校长直接将现金交到我手里，很有意思。在 20 世纪 90 年代初的中国，我经历了用粮票购买面粉的计划经济时代。在我印象中，北京是一个很美的城市，12 月的天气尤其舒服。我很享受北京的生活，早晨我经常去人大附小跟一群老人练习太极拳，也经常去人大的留学生楼，跟那里的中国老师学习中国书法和国画。现在我办公室墙上的这幅山水画就是我当年在人大的时候画的，当时画了很多幅，这幅画其实不算最好，但对于一个外国人来说，学习笔法确实很不容易。在北京的那一年，我花了很多时间学习中国的各种事物，经常骑自行车去各个地方。从人大到北京音乐厅骑车半个小时，从人大到天安门骑车四十分钟。如果到颐和园，也是骑车去，门票只要一毛钱。此外，我还经常骑自行车去城中心打国际长途，那时候自行车可以随便停在任何一个角落。在北京的时光是一段特别的日子，也是属于我的美好回忆。1989 年至 1990 年的那一年中国没有国际学生，故从 1990 年至 1991 年，开始有第一批留学生到中国，比如杜伦大学从 1990 年起每年有二十个留学生到人大学习。我父亲有个二年级的学生，叫董莎莎（Sarah Dauncey），现在是英国谢菲尔德大学的汉学教授。那个时候外国留学生比较自由，经常收到来自各国大使馆的邀请参加聚会，或能见到中国摇滚的领军人物崔健。我们在假期经常乘坐大巴或者火车出去旅行，一路上目睹大西北的荒漠，最终到达新疆喀什、乌鲁木齐和甘肃敦煌这些充满异域风情的西部城市。尤其记得 1991 年的 8 月，我、妹妹和妈妈三人坐火车从北京回英国的难忘旅程。我们乘坐的火车在西伯利亚铁路上前行，途经蒙古乌兰巴托和莫斯科。在进入蒙古之前，我们所坐的火车经历了换轨的过程，整个车厢都被举起来，旅客全部在车上，列车从宽轨换到窄轨。在进入莫斯科之前，我们得知苏联发生了政变，这就是著名的“八一九”

政变，当时我们一群外国人在车厢里守着一个小小的收音机听英国广播公司的新闻。尽管遇上政治风波，但后来我们还是顺利进入苏联，这趟旅程一共历时一周时间，最终我们回到了英国。在中国的那一年，我的中文水平得到大幅提高，尤其是口语。所以到了大学，我在一年级的时候没有选择中文系，而是选择入读剑桥大学的地理系，但同时也旁听文言文课程。到了第二年，我才从地理系转到中文系，开始系统学习历史、文学、文言文和哲学等课程。我的专业领域也确定为当代中国和现代文学。

吴：可否谈谈您一路以来所受的学术训练，这种训练对您现在从事的学术研究有何影响？

司马：一直以来，我对中国文学特别感兴趣，当时教我们当代文学的是杜博妮教授（Bonnie McDougall），她那时是英国爱丁堡大学的教授，非常有名。因为剑桥大学教这门课的教授吴茂生（Ng Mao-sang）英年早逝，所以杜博妮教授就每周从爱丁堡坐火车过来教课。当时教我们汉代文学的教授是陆威仪（Mark Edward Lewis），教我们唐代文学的教授是麦大卫（David McMullen），他是研究唐代文学和历史的大家，现在他在斯坦福大学任教。我大学毕业的论文是研究高行健的，具体的题目是研究他的话剧《夜人》《绝对信号》《车站》及它们与法国荒谬剧的对比。当时高行健还没有得诺贝尔奖，也没有很多人研究他，我选择高行健做我的本科论文研究对象，是受到我父亲的影响。可以说，我的本科毕业论文是最早研究高行健的成果之一。在英国，一般 16—18 岁的年轻人都会选择 3 个领域进行深入学习。我选择了法语、俄语和地理，所以我读了很多法国文学和俄国文学的作品。我本科毕业时获得了一级荣誉学位，并获得肯尼迪纪念奖学金（Kennedy Memorial Scholarship），到哈佛大学东亚学系学习一年。在哈佛大学学习的时候，我的老师有宇文所安（Stephen Owen）教授、韩南（Patrick Hanan，1927—2014）教授和李欧梵（Leo Ou-fan Lee）教授等，他们都是大名鼎鼎的汉学教授。其中韩南教授被誉为“研究中国明清小说第一人”，他的研究领域是晚清小说，我开始跟随他学习和研究《海上花列传》《风月梦》等晚清小说。尽管在哈佛大学的学习很有收获，我也已经得到了继续攻读博士的名额和奖学金，可以留在哈佛大学读博士，但考虑到美国和英国的博士训练过程不一样，最后我还是选择去牛津大学读博士。美国的博士训练一般是在开始博士论文写作之前需要有两年的课程学习和一年的系统阅读，然后才开始进入博士论文的写作，因此读博士可能需要七八年之久。而英国博士训练的时间长短主要取决于自身，你可以选择开始写作博士论文的时间，这样你读博士的时间就大大缩短了。尽管美国的学术训练更扎实，也可能更好，但我还是选择回英国攻读博士学位。我在牛津大学的博士生导师是杜德桥（Glen Dudbridge）教授，他也是著名的汉学家。我研究了六本中国晚清小说，分别是：《海上花列传》《风月梦》《品花宝鉴》《九尾龟》《花月痕》和《青楼梦》。我的博士论文题目是《晚清青楼小说研究》（*The Late Qing Courtesan Novel as Text and Fiction*）。在我读博士的 1996 年至 1999 年，那时候研究晚清小说的人还不是很多，也没有很好的数据库，唯一的办法就是去中国。因为这些小说在 19 世纪的中国都还是禁书，所以中国学者这方面的研究比较少，而且研究兴趣也不太一样，西方学者对性别问题和性意识关注较多。

吴：鲁迅曾将青楼小说称为“狭邪小说”，而您却执着于这类小说的研究。您的专著《晚清红灯小说研究》（*Red-Light Novels of the Late Qing*）[1] 是在您博士论文的基础上修订出版的。可否就您的这本专著谈谈您对晚清青楼小说的研究心得？

司马：长期以来，晚清小说在中国文学史上都处于一个配角的角色，不受学界重视。中国作家鲁迅曾对青楼小说和武侠小说这两类小说体裁进行评价，贬称其为“狭邪小说”。受鲁迅的影响，后来的很多中国学者也视其为粗陋的艺术，有伤风化，并未重视这类小说的价值。在中国大陆学术界，这类小说在文学批评中虽有其一席之地，但就其具体的单篇小说而言，却很少有学者持续的讨论。自从 20 世纪 90 年代后期，青楼小说开始受到西方学者的关注，如安克强（Christian Henriot）和贺萧（Gail Hershatter）的研究，他们几部重要的著作多是从青楼小说的视角研究晚清中国社会的。在文学领域，王德威一些散论中有所论及，将之称为“堕落小说”（novels of depravity）。而韩南、马克梦（Keith McMahon）、曾佩霖（Paola Zamperini）等学者对青楼小说都有不同程度的研究。

我认为青楼文学虽然是一种简陋与底层的文学，是有关男人和妓女的文学，但我感兴趣的并非青楼，而是写作。我认为写作是有关意义的写作，我阅读青楼小说中的历史，但历史只是背景。我真正关注的对象其实并非女性和性，而是写作和文

---

〔1〕 Chloë F. Starr, *Red-Light Novels of the Late Qing*. Leiden: Brill, 2007. 关于该书的书评有：Margaret B. Wan, *The Journal of Asian Studies*, 08/2009, Vol. 68, 3, pp. 960-961; Keith McMahon, *NAN Nü*, 06/2009, Vol. 11, 1, pp. 150-152.

本。我研究这种文学的叙述方法，文本如何去表述它本身。此外，写作的意义还不止于文本本身，如何去理解写作本身，也是值得我们去研究的问题。我的书集中关注文本和写作这两点，简而言之，就是研究不一样的形式，不一样的文学，如何表达自身。我非常喜欢近距离的阅读和文本研究，做非常具体的考察。

我的这本专著选取了1840年到1910年间的六部青楼小说并进行个案研究。与以往学者关注这些小说的青楼女子不同，我在突出青楼这个场所的同时，所关注的更多的是嫖客。我的目标是将文学批评与文本结构、历史相结合，以揭示这些小说虚构的自觉，证明各种版本在接受传播中的变化。因此，小说的虚构性和文本性是我研究的主题。虚构性是“语言的编码”(linguistic codes)，也就是故事情节、人物性格、语义文本和内容详略等。而文本性即“书目的编码”（bibliographic codes)，也就是出版印刷、不同版本中的文本布局等。我认为两者不可分割，书目的编码不仅是语言的编码一个必要的条件，而且在创作与接受两个方向上都形塑语言的编码。

访谈者说明：尽管上述研究成果对司马懿的研究有很大的帮助，但在英语世界里，真正从文学视角专门对晚清青楼小说进行系统研究的，司马懿可以说是第一位学者。她的专著《晚清红灯小说研究》分为序言和四章内容：

第一章为“文本和处境”。这一章也是后面三章的基础。主要梳理了三大领域的脉络：文学的分类，虚构的源流和晚清的文本性。第一部分，围绕“晚清”“妓女”和“青楼”等概念展开讨论，梳理介绍了相关研究。第二部分，则讨论明代短篇小说和明清之际才子佳人小说，以及18世纪后期著名小说《红楼梦》，这些是对晚清青楼小说影响极大的小说。最后，她从关注“虚构性”转向“文本性”，这里司马懿对清代文本刻印技术的发展、文本的流通，包括在文本创作和传播过程中，禁书、作者的权利、相关角色，以及出版商等，都做了全面而有力的考察述论。

第二章为“叙事者的构架”。主要集中在叙事者的建构，论证了“叙事者与文本、叙事者与意寓的作者间的复杂关系是这类作品中虚构的中心”（p. xxiv）。

第三章为“情景中的特征”，分析了三部小说，以得出结论：19世纪小说的个性化反映在不同的层面，如诗歌、个性群体等，虽然个性次于情节等，不是小说最重要的关注点，但这一特征在21世纪已变得更加重要。多数小说凸显了作为一个建构的角色的地位，因此给读者以“摹写与综合的双重意识”（p. 189）。

第四章“结构：文本的自我表征”并不代表一个“结构形式的综合调查”，而是一个核心观点进入几个相关领域的扩展。首先小说使用这样几个精心布局，如吟诗、酒戏和戏剧化的对话，组织它的文学结构，以建立人物性格的对立关系，密谋发展中标志阶段和共时性的文本结构，即语言的与形象的插叙和文本混合结构前景性质，这本身也表明了在19世纪虚构文本整体变迁状态，与当时技术的进步，出版业的发展，叙事结构和虚构性观念之间的关系，这些对20世纪青楼小说形成过程中的叙事结构产生了影响。司马懿将之与英格兰维多利亚时期进行比较，考察了定期出版的出版业兴起（对小说）所带来的影响，并以《花月痕》的个案研究得出结论。她这项研究成果的突破是，重新评估了鲁迅压倒性的对19世纪小说的评价及影响。该著作最后一节集中在文本的物质性，这导致了对中国大陆最后出版的青楼小说版本有趣的反思。尽管与鲁迅的分类有所不同，但青楼小说出版系列一直被标以某种类型或强调其类属。司马懿对文本和它的出版史用心考察，提供了编辑对小说意识付诸影响的洞见。在她看来体裁是一个编辑实践的产物，即使她论证了该类小说的源流和特色，但司马懿并不承认青楼小说作为一种体裁或流派的地位。这个论证有力地批评了后鲁迅时代青楼小说在中国被贴上类型或流派标签的做法。但是，如第一章所引述的，这些青楼小说缺少丰富的来源，它们明显地参考其他青楼小说，叙事者相似的角色也都表明了青楼小说作者单一的写作模式。

西方学者如戴沙迪（Alexander Des Forges）和韩南已经对青楼小说中的叙事者、作者和文本的关系做过犀利的分析。如其他青楼小说研究一样，司马懿的研究亦重视文本与叙事的关系，并有力挑战了鲁迅对这类小说的评价。她的贡献不仅是对贯穿所有这类小说最初动力的自觉虚构性有新的洞见，而且在回溯青楼小说发展一直到中国五四运动这一时间段中，将叙事和文本系结在一起，这帮助她跨越了传统与现代中国文学的裂口。在小说的叙事结构中，司马懿看重作者自我反省的重要性。她认为晚清青楼小说一直流行并多次再版的原因是这些小说远非一些失意文人的“下流”作品，而是在对待嫖客、妓女与文本关系本质上，它们扮演了一种挑衅者的角色，并对理解19世纪自我与文学价值的广泛变迁提供了洞识。总之，晚清青楼小说挑战了文学史的定论，激发了进一步研究这些小说艺术的未来前景。

吴：您为何从研究中国晚清文学转向中国基督教研究？

司马：关于转变，就是从晚清小说到现在的中国神学研究，我觉得是个转变，但是转变没那么大。我关注文学，并将研究文本和版本的这种方法运用到中国神学的研究中。我现在做的神学研究和正在写的书，都是有关中国基督徒知识分子的文本研究。比如我研究徐宗泽，研究他刊登在《圣教杂志》上的文章，称为“随思随笔”，也就是他的笔记。我研究他的文本，对这些文本进行深入思考，因此读得特别仔细，非常注重细节。我对徐宗泽等中国基督徒知识分子如何用文学方法诠释神学非常感兴趣。其实，我们研究神学不能脱离这些基督徒学者写作的文学方法，尽管他们用文学方法，但是表达还是要用神学的方法。如我研究赵紫宸的《耶稣传》，我认为这是一本非常精彩的小说。除此之外，我也阅读杨慧林、刘小枫等人的作品，他们这些学者都很看重文学与神学的关系。我认为不能用西方的分类法来研究中国神学。神学在中国可以有很丰富的内容，如带有文学色彩的笔记就是其中的一种形式，笔记是友谊，也是网络。另外，神学可以是有关任何主题的，而并非只是三一论或基督这样的议题。

再回到转变的话题，对我来说，这种转变主要是研究对象的转变，我运用这种方法从研究文学转到研究神学，我认为两者不能分开。这也是我现在所写的这本书的主题思想，我现在的这本书从文学角度研究中国神学。中国神学有非常丰厚的历史，因此中国神学不能仅用西方的形式来书写，也不能用西方的分类法来归类。因为中国神学就像徐宗泽的随笔，像赵紫宸的《耶稣传》（1935），是一种真正的本色化。中国神学必须用中国文学的形式，用中国知识分子的思维，来诠释神学的内容。因此人们必须学习这种形式，人们学习神学，书写神学。之前我研究文本，现在我更看重写作的形式，这也是我现在正在尝试做的。当我关注中国基督徒知识分子这群人，即关注书写的人，他们都是主流教会的人。与此同时，我也开始关注当代基督教的人物。此外，我现在正在翻译《汉语神学读本》，这本书是香港道风山杨熙楠先生和中国人民大学何光沪教授主编的，我负责翻译这本书，希望通过翻译，可以有更多的西方学者来认识和了解中国的基督教。因为这本书里有很多古文，翻译起来比较慢。我希望可以利用接下来的这个安息年假完成这个工作。而明年我准备开始研究中国当代的基督文学作品。

访谈者说明：司马懿的新书已于 2016 年 1 月在耶鲁大学出版社出版，从其对赵紫宸《耶稣传》、徐宗泽《随思随笔》的研究，可窥见其对中国近代基督徒知识分子神学创作的研究路径。对于赵紫宸，司马懿更多地关注《耶稣传》作为小说的虚构和想象，她深入探究了文本结构与神学表达之间的关系。该章节共分为三部分：第一部分为背景，司马懿在这一部分对赵紫宸个人生平经历和社会处境的矛盾性张力展开层层分析。文章一开始便提出一个尖锐的问题：学术的真理和神学真理如何成为真实，这也是赵紫宸在《耶稣传》的序言中需要细思冥想的问题。可以说，在虚构与真实之间，虚构性是司马懿首要关注的问题。第二部分为全文的核心，针对赵紫宸的代表作《耶稣传》的内容展开分析。该部分又分为三个小节：第一小节“叙事的形式”，从标题即可清楚地反映她将研究晚清小说的方法运用到中国基督徒知识分子的宗教或神学文本的研究中。在司马懿看来，赵紫宸在序言中所暗示的困境“是合适还是不合适”是一个深刻的矛盾。因为赵所思考的是，借着耶稣写自己的生平，他的出发点是写小说，而耶稣生平是以历史性方式建构的。正是存在着这样的深刻矛盾，所以整个文本叙事游动于评论和描述、第三人称和作者的声音之间，这种类型对于晚清小说的读者来说，显得非常熟悉。第二小节“弥赛亚”，则着重分析赵紫宸神学中的文学的想象。第三小节“阅读的土壤”，进一步分析晚清以降，小说对人们阅读方式和观念的影响，从而影响到神学的观念和表达。例如中国的游记小说，如徐霞客的作品如何影响赵紫宸对经典的阐释，这是她所关注的内容。最后一部分则是结论部分，司马懿认为，在 20 世纪 20—30 年代，赵紫宸与其他神学家一样，都面临着非基督教运动造成的负面影响，因此在这一时期，他的神学亦强调科学、理性和基督教社会建设等方面。这是将宗教建基于新文化运动所倡导的人文和民主精神上，这些都在赵紫宸的《耶稣传》中得以反映。对赵紫宸而言，非基督教运动是要求宗教有更深呈现的一个信号，宗教需要寻求满足中国人的精神生活。总之，赵紫宸的论文和随笔呈现了十分不同的思想和关切。除了热衷于青年人的教育、国家经济等问题，赵氏的文本中还存在一个深层的潜流——革命思想，这在早期“弥赛亚”中已流露出强烈的痕迹。在 1927 年的一篇论文中，赵氏则公开地对国民革命军结束军阀割据从而统一中国，尤其是毛泽东发起的土地革命给予了热情洋溢的评价：“她（中国）必须不惜一切代价地从坚固的过去转向憧憬的未来，……根据这样的信念，不仅政治体制需要一个激进的变革，伦理和社会体系也需要击碎再造，以适应现代国内国际的需要。自从 1910 年以来，整个国家在自觉与不自觉中已经出现了加速变革的过程，知识、社会、经济、政治甚至宗教正在经历着一系列临盆的阵痛。”[1] 在其他地方，他写道：“我们相信通过普遍唤醒大众，国家正打造一个真正统一，为国家而战斗的人民，不是为政党的私利，而构成红色的统一战线。”“我们相信，通过分享大众尤其是我们国土上的农民在民族斗争中的牺牲，人性的救赎，尤其是我们自己，即将来临。”[2]

在对徐宗泽的研究上，司马懿也同样从文本和文学的进路关注徐宗泽的思想世界，进而关注与徐氏同时代的基督徒知识分子的整体思想世界。如果说赵紫宸在《耶稣传》中是通过一种文学的虚构和想象来呈现其左翼甚至激进社会革新思想，那么徐宗泽则是通过一种更为轻松自由的笔记短札形式，即《随思随笔》来表达其对中国社会命运的关切。在对这一文体的关注与分析中，司马懿突出表达一个“文本处境神学”(textual context theology) 的思想或概念。她认为，通过对徐氏的笔记研究，我们可以看到，既有的文本，不可能无上下文处境或者非处境。处境神学不能仅仅是关于社会经济的处境，也可以是文本的处境。文本本身必须在自身的处境中被理解，而不仅仅是在作者的文化或社会政治处境中被理解。但在阅读和理解中国基督徒的写作过程中，文本的形式一直未能被重视。因为一旦排除文学的视阈，写作与特别文学形式间相互依赖或紧密的联系并不明显。当我们阅读中国神学，仅限于像阅读西方神学那样的系统文本时，实际上就陷入了中国基督徒如何表

---

〔1〕 Zhao Zichen, “Christianity and Confucianism,” *The Collected English Writings of Tsu Chen Chao*, Vol. 5, 1927, p. 248.

〔2〕 Zhao Zichen, “Christian Faith in Chin ’ s Struggle for Freedom,” *Ibid.*, p. 473、p. 472.

达和理解上帝的一个基本误区。将中国神学的讨论与交流，限定于传统的文本形式，实际上是限定了神学本身，也阻碍了与现代中国神学家的交流。

总之，司马懿从文本和文学的路径出发研究近代中国基督徒知识分子及其神学思想，她的研究与以往学者不同。可以说，她的方法超越了前贤，开辟了一个新的广阔的研究领域和空间。

吴：可否谈谈您对汉学研究的看法，以及您对汉语神学研究未来的展望？

司马：对于汉学，很多人认为外国人做的是汉学，中国人做的是国学，而我并不这样认为。就我个人的观点而言，我不愿意区分外国人做的汉学还是中国人做的国学。我认为归类是荒谬的，我不喜欢将东方和西方分割开来的做法，也不太喜欢汉学与国学之分。西方学者和中国学者的研究方法一定有区别，如胡小真主编的《世变与维新——晚明与晚清的文学艺术》这本书，所有的西方人写文本的转变，我没有研究这本书的社会与群体生态层面。当我看完这本书，我很关注版本的层面。比如，我读了很多版本的《花月痕》，从 1880 年至 1990 年之间的版本，我研究同一本书跨越 100 年间的不同版本。所以我的书里面研究文本的出版、文本的对比（compare text）和文本的变换。

我认为这是一个让人兴奋的时代。在过去的 30 年，在历史和哲学领域，中国基督教研究都受了很多限制，但现在那么多人做各种不同的研究。有很多非常优秀的青年学者做了很多有意思的研究，因此我对中国青年一代学人的发展非常乐观。

尽管如此，仍然存在着限制，有青年学者研究《圣经》，语言是最大的障碍，所以需要更好的训练。像丁光训主教那个时代的牧者，包括现在的牧师王艾明他们都接受了非常好的教育。对于中国教会而言，面临的问题是，现在的基督徒知识水平在不断提高，因此牧者也需要提升自己的素养。乡村里的牧师亟须提高他们的文化水平，不然文盲的牧者如何能牧养他们的信徒？城市里面的牧者更是如此，不仅需要有正直的人格、属灵的生命，同时还要有较高水平的学识。如果城市里普通信徒的教育水平比牧师还要高，那就会出现问题，因为牧师需要向信徒解释《圣经》。因此，中国的神学院需要培养高水平的学生，金陵神学院的责任尤其重大，正如金陵神学院一直在做的那样。中国近代的很多牧师都受过很好的教育。对于研究神学的学者而言，尤其需要具备国际视野，所做的研究也一定要和西方对话。我想刚才说的这些都是需要时间去解决的事情，教育是一个十年二十年甚至更长时间的事情，但是现在需要开始。回到 20 世纪 50 年代的中国，你会发现，那一代知识分子在那样的年代已经达到了现在看来是很高的水平，我觉得那是一段非常值得去重新思考的历史。最后，我想表达的是，我非常乐观，对汉语神学研究的未来充满了希望。

后记：司马懿办公室的书架上摆满了书，其中中文书更是占据了其中一整个书架，如《中国文学批评通史》《中国近代文学发展史》《世情小说史》等。访谈期间，她也向笔者介绍了一些西方其他的研究成果，如叶凯蒂（Catherine Yeh）的《上海之爱：1850—1910 年间的妓女、文人与娱乐文化》（*Shanghai Love*：*Courtesans*，*Intellectuals*，*&* *Entertainment Culture*，*1850—1910*）等研究中国晚清文学的作品。在结束访谈前，她还特别拿出一本《汉英四书》，称这本书对于她有特别的意义：

> 还记得1992年至1993年我在贵州大学花溪校区学习，当时在贵大有6到8个外国人，都是来学中文的。按照规定我们不能参加本科生的学习，但贵大有非常好的老师，他们到我们的宿舍来一对一地教我们。我现在还珍藏了一本理雅各的《汉英四书》，是贵州大学一位老师送给我的，在书的扉页上，他用遒劲的钢笔字专门写了一段话："努力！努力！努力往上跑！我头也不回，汗也不擦，拼命地爬上山去。半山了，努力！努力往上跑！录胡适博士《上山》诗中句赠司马懿同学。中国贵州大学徐明德1992年。"

司马懿是一位胸怀远见、充满睿智的青年汉学家。她为人处世真诚热情，对每个人都有细微之处的关怀。她热爱学术研究，并全情投入于她所钟爱的研究领域。她具有极高的语言天赋，精通中、法、俄三国语言，并能熟练阅读日文、拉丁文和希腊文书籍。可以说，她所受的学术训练和具备的语言能力，加上她敏捷独到的思维和跨越中西的国际视阈，已令她成为海外汉学研究中的佼佼者。希望她永远不要停下来，在学术的道路上，一直努力往前跑。

采访者：吴青（暨南大学中国文化史籍研究所）

以王道取代霸道：中国崛起在世界上的角色

——汪荣祖教授访谈录

访谈按语：汪荣祖，1940 年 3 月 7 日（阴历正月二十九）生于上海。中国近代史学家，台湾大学历史学学士、美国西雅图华盛顿大学历史学博士，师从萧公权先生，主修近代中国历史。历任美国弗吉尼亚州立大学教授，澳洲国立大学访问研究员，复旦大学以及台湾师范大学、台湾政治大学、台湾大学等校客座教授。已出版中英文学术专著 18 部，散文集 2 本，译著 1 本，发表论文 101 篇，书评 41 篇。包括传记《康章合论》《史家陈寅恪传》《章太炎研究》《走向世界的挫折：郭嵩焘与道咸同光时代》等，史学著作《史传通说》《史学九章》《诗情史意》等，中国近代思想史研究著作《晚清变法思想论丛》《从传统中求变——晚清思想史研究》等，英文著作有 *Search for Modern Nationalism：Zhang Binglin and Revolutionary China*（《追寻现代民族主义：章炳麟与革命中国》）、*Rejuvenating a Tradition：Reform and Revolution in Modern China*（《振兴传统：现代中国的改革与革命》）、*Beyond Confucian China：the Rival Discourses of Kang Youwei and Zhang Binglin*（《超越儒家中国：康有为和章炳麟的话语论争》）等书，以及两部散文集《书窗梦笔》和《学林漫步》。

2016 年 4 月 13 日，应中华炎黄文化研究学会和北京外国语大学国际中国文化研究院邀请，汪荣祖教授在北京外国语大学图书馆四层报告厅做了题为“王道与霸道——弘扬炎黄传统里的王道精神”的精彩演讲。汪荣祖教授认为，近代以来，西方崇尚霸道、霸权，中国宜以王道对抗霸道，这一观点引起与会者的热烈回应。随后，笔者数次拜访汪荣祖教授，对这个问题做了进一步探讨。访谈内容经汪荣祖先生亲自修订，现整理如下，以飨读者。

管永前（下文简称“管”）：汪先生您好！当代中国与世界的关系正经历着历史性的深刻变化：一方面，世界变革潮流更趋强劲，中国同外部世界的融合进一步加深，相互影响、相互作用更加紧密；另一方面，在改革开放30多年后的今天，伴随着综合国力、民族凝聚力、国际影响力的不断提升，中国的崛起已是不争的事实。尽管中国崛起与世界历史上任何大国的崛起都不相同，即中国不是通过损害他国利益谋求自己的强盛，更不是以实施对外扩张和掠夺来建立霸权，但长期以来，以美国为首的西方有一种根深蒂固的意识，往往视中国崛起为新霸权挑战旧霸权，甚至以“修昔底德陷阱”（Thucydides Trap）作为理论依据。您对这个问题怎么看待？

汪荣祖（下文简称“汪”）：中国之崛起既全面又快速，在一个世纪的时间内总产值从小于西班牙到成为全球第二大经济体，这是21世纪的重大事件之一，将会深刻改变世界原有的权力格局。

哈佛大学肯尼迪学院的阿利森（Graham Allison）教授有鉴于中国将要成为全球最大经济体，势必会挑战美国的“太平洋世纪”（Pax Pacifica），因任何快速兴起的强权必然会动摇现状，故作文警告不要掉入“修昔底德陷阱”，引起广泛讨论。连习近平主席 2015 年秋天到美国首都华盛顿做国事访问时，也曾针对此话题发言。

有学者发现，自 1500 年以来，新崛起的大国挑战现存大国的 15 件类似案例中有 11 件导致战争，其中最显著的是德国。德国统一后逐步超越英国，成为欧洲的最大经济体，于是在 1914 年和 1939 年由德国挑战，英国反制，爆发了两次世界大战。新兴的日本与美国爆发太平洋战争亦复如此。

管：当下的霸权是美国，中国之崛起又将如何？美国的霸权是如何形成的，有哪些特色？

汪：美国原是英国殖民地，18 世纪 70 年代建国。美国的殖民祖先大都是由于不满意欧洲旧体制而来到新大陆开创自由民主的新天地，他们认为广袤的疆域是上帝的恩赐，因而产生一种使命感，想要让他们信以为理想的理念与制度，不仅遍布北美，而且流传到全世界。到 19 世纪末，由于工业起飞，美国扩张到太平洋彼岸，成为横跨两洋的大国。到 20 世纪中叶，更成为全球首屈一指的超级强国，富甲天下，其崛起之快速与成就，也是人类历史上所罕见。

在崛起的过程中，因贸易需要，美国向海外扩张，夺取殖民地，以干预他国为“自卫”，以世界警察自居。事实上，美国也曾反对欧洲强权干预美洲事务，但却用同样的手段来干预别国，其本质无异于欧洲的老牌帝国主义国家。

管：美国实行霸权主义有其历史根源，并且其霸权行为一直延续至今。能否请您拨开历史的迷雾，分析美国霸权信念产生的历史根源？

汪：美国《独立宣言》与美国宪法都界定一种使命感，认为美国生来就要推行民主、扩张疆域，将民主政府原则向全世界示范。美国的“弥赛亚（救世主）意识”（messianic consciousness）极具活力，除了来自杰弗逊（Thomas Jefferson，1743—1826）所标榜的18世纪启蒙精神，温斯罗普（John Winthrop，1588—1649）所表达的“新英格兰清教主义”（New England Puritanism）同样有推波助澜之效。他们认为新大陆将是基督在地上的王国，将点亮独立、革命、民主的热情。这种以救世自居的宗教热情，认为尊崇上帝意志的选民只能是“白种盎格鲁-撒克逊族群的新教徒”（white Anglo-Saxon Protestants），显然具有“种族主义”（racism）的内容。此一根深蒂固的宗教信念加上自信为民主的典范成为强烈的美国性格。

美国在19世纪领土扩张时，有句响亮的口号叫作“明摆着的命运”（manifest destiny），带有强烈的国家使命感，无疑是扩张主义的动力。此口号最初出现于期刊编辑欧沙利文（John L. O'Sullivan，1813—1895）的一篇文章中，但其含义早在殖民地时代既已有之。从新英格兰到乔治亚，各州人士都深信自己是上帝的选民，命定拥有新大陆广大的土地，并将民主自由与基督福音在辽阔的荒原传播，最后遍布到全世界。

管：“明摆着的命运”是一种自以为是的使命感？

汪：是的，“manifest destiny”在19世纪40年代尚是自我优越感的民族情绪，到了19世纪90年代就成为扩张行动的精神后盾。面对美国在海外扩张的事实，1913年耶鲁大学教授阿当姆斯（Ephraim D. Adams，1865—1930）为“明摆着的命运”理念做道德的解释与辩护，说那是要与世界分享美国人所追求的生活方式：民主、自由与快乐。但另一位美国学者弗莱明（Denna F. Fleming，1893—1980）不以为然，断言“明摆着的命运”根本就是美国帝国主义的代名词。换言之，美国讲究的就是霸权。

美国因自觉有特殊的使命感，不认同老牌帝国主义，自认为是为了推广文明，讲求民主、自由与人权等价值，而非为剥削、压迫与侵略。事实上，美国的扩张主义往往产生战争，使命感很容易产生过度的道德自负，以至于自以为是，因错误的假设导致遗憾的结果，长期的冷战即基于错误的假设。共产主义在中国、朝鲜、越南等地的兴起主要都是国内因素，而美国干预中国内战，卷入朝鲜战争、越南战争，误作共产主义的扩张，造成伤人而又害己的无谓结果。

管：早在 1903 年，欧洲人施蒂（William Thomas Stead，1849—1912）就有“世界将美国化”（Americanization of the world）的预言。这种美国化是通过什么方式实现的？

汪：美国至今仍认为世界由其管控才感到安全，彻底美国化才是其使命的完成。美国化固然有异于古典式的帝国主义，并不是赤裸裸地靠武力征服与政治统治别国，而是在神圣使命感的激荡下，除政治、金融、军事手段外，借由思想、文学、音乐、电影、饮食、科技等文化渗透，以及间谍监听、操纵外国政府与干预别国内政，以便达到美国化的最终目的。

美国所进行的也可说是“隐性帝国主义”（covert imperialism），

自然要比老牌的“显性帝国主义”（overt imperialism）高明得多。当今许多国家与地区望风向慕美国，而不知美国因在道德上的自负产生的“政治褊狭”（political parochialism），以其强势炫耀武力，挥舞大棒，却自认为是为了执行普世价值的正义行为，如在中东以推翻独裁、推行自由民主为己任，却造成失控的混乱与人道灾难。

对于这种局面，美国的有识之士，如外交史家威廉斯（William Appleman Williams，1921—1990），早已洞悉美国一意孤行的外交，认为“二战”后美国五位总统持续的错误政策造成了无可避免的希腊式悲剧。所以美国的理想与现实并不完全是两码事，高尚的理想往往成为实践霸权的动力。

管：西方主导的现代国与国之间的关系并不平静，美国一意孤行的外交，造成在朝鲜、越南、中东等地损人不利己的严重后果。那么，究竟是什么原因使傲人的西方现代文明不能为世界带来和平？

汪：西方以尚武称霸为荣，19 世纪以来，社会达尔文主义（Social Darwinism）流行，物竞天择，适者生存，导致弱肉强食，使强者有欺凌弱者的依据，并声称宰制有色人种是白人的责任（the whiteman's burden）。

至 19 世纪，西方列强争霸激烈，向海外扩张，夺取弱小国家的资源、劳动力、市场，甚至占有他国领土，据为殖民地，划分势力范围，成为以强凌弱、以大欺小的世界。大清帝国虽人多地广，亦不免受到列强的欺凌，使中国受尽百年的羞辱。日本也东施效颦，步武帝国主义之路，中国受其害最深。然处此世界，弱小国家固然受人宰割，苦不堪言，而列强之间争夺霸权，互不相让，也不免走向战争。

20 世纪的两次世界大战，史无前例地残酷，生灵涂炭，财产损失无从估计。日本虽于“二战”中战败，然其军国主义思想犹未尽除，日本人不能吸取历史教训，既不知认错，难免重蹈覆辙。“二战”后的冷战，美苏争霸，双方拥有核武器，整个地球有毁灭之虞。苏联崩解后，美国一霸独存，原有意统合全球化的世界，号称“和平红利”（peace dividends）。然而红利既未得分享，世界也不太平。美国主导的世界，凭其经济实力、优势武力，依然强行其意志，结果在阿富汗、伊拉克、利比亚、叙利亚、乌克兰等地，烽火四起，民不聊生，美国的意志未遂而屡遭报复性的恐怖攻击。其结果，既害到别人亦使自家受创。

斯宾格勒（Oswald Spengler，1880—1936）因亲睹欧战之惨烈，感叹“西方之没落”（the decline of the West），亨廷顿（Samuel P. Huntington，1927—2008）则感叹文明冲突之不可避免，而重建世界秩序之不易，福山（Francis Fukuyama）则提出虚谬的“历史终结论”。可以说，正是由于近代以来西方崇尚霸道与霸权，无法为世界带来持久和平。

管：中国作为新兴大国长久以来坚持不称霸，并无意取代美国的霸权，立场是一贯的。问题是西方强权以己度人，视中国崛起为新霸权挑战旧霸权，故不惜围堵，美国亦不能理解中国政府所提出的平等互惠的“新型大国关系”。中美之间会不会重蹈“修昔底德陷阱”的覆辙？

汪：中美之间价值观与战略矛盾虽大，冲突状态虽然形似，但两国之间经济联系密切，有异于希腊城邦各自的贸易系统，中美之间有千丝万缕的大国关系，牵涉到太多的经济、社会、文化上的合作与互动，更何况还牵涉到许多其他国家。两国也都有诸多亟待处理的内部问题，又都拥有先进军备以及核武器，也没有冒核战风险的可能。当前中国虽触动美国霸权的敏感神经，但斗而不破之势显而易见。

中美之间之所以不会重蹈覆辙，因今昔情势大异，无论时空与政经都不可同日而语，更何况两国历史经验迥异。明代史家于慎行指出，历史经验非不可学，唯须得法，若谓“天下之事，有异情而同形者，当曹操伐吴之时，则降者亡而战者胜；及魏鼎既成之后，则战者败而守者全。何也？前之形未成而后之势已定也”。如只知其势而不知情，正好学错了历史经验，反之亦然，因“天下之事有同事而异功者”，相同的一件历史事件，由于情势的不同，会有完全不同的结果。如果学习历史先例而不知情势有异，很可能适得其反，做错误的类推是误读历史，甚至会造成难以挽回的灾难。

我认为，中华文化的精髓是王道精神，王道乃中华所遵奉的悠久传统，也是中国和平崛起的精神依据，正可补西方世界崇尚霸权之不足。中美之间的矛盾不是霸权挑战霸权，而是中国要以王道来对付霸道。就此而言，并无所谓的争霸问题，也就不会重蹈“修昔底德陷阱”。

管：如何从中华文化传统中理解王道精神？能否从历史经验中获得一些有益启示？

汪：中华文化传统中原有尊王黜霸的王道精神。古代中国有独特的睦邻政策，讲人道，兴灭国，求和平。圣贤之中几乎无人愿谈西方人所谓的“战争的权利”（the right of war），莫不知战争得不偿失，侵略战争尤不被允许。也许除了法家，无不崇尚天下太平，儒家与墨家最甚。即使是兵家，也以不战而屈人之兵为最高原则。墨子提出非攻的思想，其宗旨更加明确："杀一人谓之不义，必有一死罪矣。若以此说往，杀十人十重不义，必有十死罪矣；杀百人百重不义，必有百死罪矣。"按照梁启超的说法，墨子发明了非攻的真理："其所非的是攻，不是战。质言之，侵略主义，极端反对；自卫主义，却认为必要。"侵略别人的国家绝对是不义的，但为保家卫国而战绝对是正义的。我们可以说，中国古代政治思想家之中，普遍存在着和平主义思维。

儒家都是"和平主义者"，尤其爱好和平，讲究德治，动武乃不得已之事。在儒家政治哲学里，几无倡导战争的概念。孔子面对战争，谴责暴力。孟子所谓"春秋无义战"，认为好战者要服重刑。孟子又说"仁者无敌"，指仁者讨伐暴君，受暴君之害的民众必起而回应，迎接王师，故不劳征伐。《尚书》载有"苗讨而不服，感德之后，不讨而自动来归"的故事，充分说明儒家相信以至诚感化顽劣的道德力量，不允许未有"威让之词"，就"胁之以兵"。

孔孟思想中对世界秩序具有正面的理想，即孔子所提倡的王道精神。王道就是用说理而非动武的方式来解决问题，认为以武力要人就范，不足以服人心，唯以德才能服人，王道精神成为中国人的最高政治理想。已故著名政治哲学家萧公权曾说，中国在两千多年前虽已放弃了商鞅，然而欧洲仍敬重马基雅维利（Niccolò Machiavelli，1469—1527），视其为近代第一个最伟大的政治哲学家。中国的王道精神与西方的马基雅维利思想迥异，因中国深信和平为最佳处理人际与国际关系的方式，对和平与正义共处具有信念，希望所有的人都生活在和平与正义的世界秩序之中。固然在动乱的战国时代，也有如商鞅尚战功者，为秦始皇统一中国打下基础，但中国的主流传统既不好战，也不赞同严刑峻法，在汉初已认为强秦之速亡，归因于其好战与无道。

中国缺乏尚武精神，两千多年来的重文轻武使现代中国人深感在军事上过于保守。如美国汉学家费正清（John K. Fairbank，1907—1991）就觉得秦始皇修长城，明代又重修长城，虽在军事上无效，却“生动地呈现了中国被困在长城之内的心态”（vividly expressed China's siege mentality）。雷海宗也指出，中国长期积弱的原因或很复杂，“但最少从外表看来，东汉以下永未解决的兵的问题是主要的原因”。但是爱好和平并非消极无能，王道精神不是消极地沦为别人刀俎上的鱼肉，而是积极地不仅要能自卫，而且要有能力维系世界和平。中国虽被霸权欺凌百年，但自振兴以来，至今没有侵略战争，只有卫国战争，在国际上也绝无霸道行为。中国的卫国战争以及在非洲的经营已见王道与霸道之区别。

管：今日中国崛起，已成为全球第二大经济体，势必在世界上扮演愈来愈重要的角色。中国如何以王道精神来应对环球的变局？“一带一路”能否理解为王道精神的落实？

汪：王道、霸道是两种不同的价值观。崛起的中国推行以王道精神为基础的世界新秩序，必将令世人耳目一新。中国应对环球变局，唯有王道可行，而传统国学中藏有丰沛的王道意识有待发扬与阐释。王道的实质内容不外乎仁义道德。广博爱人、无私而彼此感通，谓之仁，但绝不容忍害群之马，姑息恶徒，即孔子所谓“勿求生而害仁”。办事客观公正而合宜谓之义，但绝不一意孤行。义与仁又不可分，在儒家学说中仁义并称。循路而行，谓之“道”。道乃达到目的之途径，乃以人类的福祉为目的之路。道分两途，恰似王、霸两道不相为谋，霸道只图私利，而王道能“存亡继绝”，维护秩序与安宁。王道长，霸道才能消，世界才有可能实现天下太平，成为人类共由之路。德者，得也，“内得于己”，就是人类有天赋的良知，能够自省，有所戒惧而不蹈覆辙；“外得于人”，就是自身之外得到外在的成败经验，二者相合不仅是做人之道，而且是处世之道，得到共同的是非之心。如在世界上国与国之间以仁义道德为最高准则，王道行矣！

当前中国实施的“一带一路”就是令人振奋的和平发展的宏伟计划，必将打破被分隔的区域经济，彻底改变点状、块状的发展格局，跨越华东、华中和华西，连接主要沿海港口城市，并且向中亚、东盟、南亚、欧洲、非洲，以及动乱的中东延伸，不仅将有利于加快中国经济转型升级，同时也会提升从东到西许多贫穷地区与国家的经济发展水平，改善各国广大人民的生活，实现互惠互利、真正的双赢。难怪包括英、法、德等大国在内的西方国家，闻风响应。

美国刻意阻拦而失败，反而显得尴尬与霸道；日本听命于美国，更显得彷徨无主。“一带一路”一旦实现既定的目标，真可为全世界增加乐利与和平，可说是王道精神的具体落实，与美国霸道所造成的动乱与损人不利己的后果，大异其趣，足可让全世界人知道王道之可行也。王道才真正是摆在世人面前的“明摆着的命运”（manifest destiny）。

管：谢谢汪先生接受访谈。祝您人笔两健，在京期间生活愉快！

采访者：管永前（北京外国语大学国际中国文化研究院中国文化走出去协同创新中心）

重审六朝文学的“经典”和“周边”

——美国汉学家田菱访谈录

访谈按语：田菱（Wendy Swartz），美国罗格斯大学（Rutgers University）中国文学教授、“中国研究项目”主持人，主要研究早期中古中国（魏晋南北朝）的诗歌与诗学。她的两部专著《阅读陶渊明：历史接受范式的变迁（427—1900）》［*Reading Tao Yuanming*: *Shifting Paradigms of Historical Reception*（*427-1900*），2008］和《阅读哲学与创作诗歌：早期中古中国的意义构建互文性模式》（*Reading Philosophy*, *Writing Poetry*: *Intertextual Modes of Making Meaning in Early Medieval China*, 2018）均由哈佛大学亚洲中心（Harvard University Asia Center）出版，前者由台湾联经出版公司和北京中华书局分别于2014年、2016年推出繁、简体中译本。她主编的《早期中古中国：文献导读》（*Early Medieval China*: *A Sourcebook*, 2014）和《中古中国的记忆：文本、礼仪和社群》（*Memory in Medieval China*: *Text*, *Ritual*, *and Community*, 2018）分别由哥伦比亚大学出版社（Columbia University Press）和荷兰莱顿出版社（Brill Press）出版。她和宇文所安（Stephen Owen）合译的《阮籍诗嵇康诗》（*The Poetry of Ruan Ji and Xi Kang*, 2017）由德国德古意特出版社（Walter de Gruyter）出版。另在《哈佛亚洲研究学报》（*Harvard Journal of Asiatic Studies*）、《美国东

方学会学报》(*Journal of the American Oriental Society*)、《中国文学：随笔、论文和评论》(*CLEAR* [*Chinese Literature*: *Essays*, *Articles*, *Reviews*])、《早期中古中国》(*Early Medieval China*)等汉学期刊发表论文及文集专章十余篇。田菱的研究融合了比较文学的跨文化、跨学科视野和指向言语“此在”和诗意“感悟”的文本细读，既另辟蹊径解读陶渊明、谢灵运等经典作家，也重新评估“玄言诗”这类中国文学史历来评价很低的作品，拓展了英语世界六朝文学研究的疆域。

在这篇专访里，田菱畅谈了自己独特的族裔背景和学术渊源，探索了以接受美学理论烛照陶渊明、谢灵运诗歌中的“自然性”，从文化史视角重审六朝文学普遍存在的互文性现象，展望了北美汉学界中国中古文学研究的新动向，并讨论了中国典籍对当代美国学生的他者性和普适性。访谈以英文进行，由采访人译注整理成篇。

一、游走于中英双语与文化之间

黄红宇（下文简称“黄”）：田教授，非常感谢您在纽约寓所接受我的专访。您有中美两种血统，能不能谈一谈您的族裔成长背景？

田菱（下文简称“田”）：我爸爸是美国企业家，去台湾做生意的时候认识了我妈妈。我妈妈当时是他的翻译，通中英双语。我妈妈是台湾人，她的父母来自大陆，我外祖父是浙江宁波人，外祖母是四川巴县人。外祖父很早就过世了，外祖母看着我长大的。我在台北出生长大，上的是为美国人开办的私立学校，直到13岁移居美国加州。中文其实是我的母语，我直到小学才开始学英语。我父母当初决定移居南加州(Southern California)，就是考虑到这里有着多元的文化。我在台湾时，虽然周围有很多台湾人，可是我的同学大部分却是西方人。父母希望我继续在一种双重或者多重文化的环境里长大。加州在我的成长过程中是一段非常顺利的转型期。我特别喜爱加州，一路上来都在加州念书，大学是在加州大学圣迭戈分校（University of California, San Diego）上的，硕士和博士是在加州大学洛杉矶分校（University of California, Los Angeles）上的。

黄：您从什么时候开始决定以中国文学为终身事业的？

田：大二时我一口气上了六门人文学科课程来了解西方的人文传统，从柏拉图（Plato，前427—前347）和亚里士多德(Aristotle，前384—前322）开始，一直读到19、20世纪的诗歌和小说。我读到法国的象征主义诗人波德莱尔（Charles Pierre Baudelaire，1821—1867）以后爱上了他，他让我觉得我这辈子想要做的就是读诗。当我选择文学专业的时候，想学的并不是中国文学，而是欧洲文学，具体来说是法国文学。以后的几年我都在学法语，申请研究生院也是要读法国文学和比较文学。一直到硕士二年级，我才决定把兴趣转移到中国文学上，因为这时我爱上了陶渊明。他可以说是我的第二个心上人(笑)。在陶诗质朴平淡的外表下蕴含着一种深度，包括焦虑和各种有趣的张力，让我着迷。

我跟余宝琳（Pauline Yu）和艾朗诺（Ronald Egan）两位老师学习中国中古诗歌、诗论和批评，是他们培育了我的研究兴趣。其实他们不是第一个鼓励我研究中国诗歌的人。叶维廉

(Wai-lim Yip) 老师在我读大学时教过我，他觉得，既然我有中文背景，为什么不以比较文学为专业，并把重点放在中国文学上？但是当时我对这种想法很抗拒：就因为我会说汉语，就必须得做中国文学吗？这个理由对我来说太取巧了。我偏要学法国文学。可是到最后，我还是决定转向中国诗歌，因为我意识到中国诗歌的一些特质在其他类型的诗歌里无法找到。以陶渊明或者整个中古诗歌为例，他们写作的主题具备人类的共性，比如对爱人的思慕、对衰老和死亡的恐惧、受挫的抱负，或者仅仅是试图捕捉一个场景或者一闪念的微妙情绪，这些都很容易让我们产生共鸣。

黄：读您的著作能够明显感受到您对研究对象的一种热情。有些西方汉学家批评中国学者研究中国的经典作品一味持欣赏心态，失去了从事研究所必需的客观和超脱立场。可是我觉得这种浸透在您著作里的热情对读者很有感染力。

田：(笑) 好极了，这正是我想要做到的。我很了解你说的这种现象。对中文背景的人来说，中国诗歌是他们的文化遗产，他们在中国诗歌的熏陶里长大，中国诗歌已经成为他们内在品性的一部分。当他们研究中国文学的时候，感到持欣赏态度几乎是件义不容辞的事情。可是对于西方学者来说，这样做却丧失了客观性批判的优势，因为你需要某种程度的超脱，研究一首诗不必一定要喜欢它。而对于中国学者来说，对于研究对象的喜好却相当重要。这两种研究方式当然各有优长，可是有些西方学者在分析文本的时候好像有点过于超脱，这么做有这么做的危险 (笑)。所以我试图寻找一种中间地带，既要满怀热情地入乎其内，又要不失客观地超乎其外。

黄：余宝琳和艾朗诺是享誉北美汉学界的研究中国古典文学的大家，余宝琳以研究盛唐诗著称，著有《王维诗：新译与评论》（*The Poetry of Wang Wei*：*New Translations and Commentary*，1980）和《中国诗歌传统中的意象解读》（*The Reading of Imagery in the Chinese Poetic Tradition*，1987），展开中西诗学对话；艾朗诺研究北宋诗歌、美学和文人文化，成就斐然，有专著论述欧阳修、苏轼、李清照和北宋美学思想，并选译钱锺书《管锥编》，撰写《剑桥中国文学史》北宋专章。[1] 能不能进一步谈谈你和这两位学术大家的师承关系？

田：众所周知，他们是中国研究领域的一流学者，在整个美国学界地位很高。余宝琳是美国学术团体联合会（American Council of Learned Societies）的主席，艾朗诺是斯坦福大学（Stanford University）东亚语言文化系主任和孔子学院汉学讲座教授。十几年前我在加州大学洛杉矶分校读书，非常有幸他们两位当时都在那里执教。余宝琳当时是人文学院的院长，百忙中还和我每两周见一次面，讨论各种文本、观点、问题和争论。艾朗诺当时住在圣巴巴拉（Santa Barbara），他要开一个半小时车来洛杉矶，他常邀请我星期六下午去他家，和我一起读书，一读就是好几个小时，不但读诗歌，也读批评史。我第

〔1〕 Ronald Egan, *The Burden of Female Talent*: *The Poet Li Qingzhao and Her History in China*, Harvard University Asia Center, 2014; “The Northern Song 1020-1126,” *Cambridge History of Chinese Literature*. Eds. Kang-i Sun Chang and Stephen Owen. Cambridge University Press, 2013, pp. 381-464; *The Problem of Beauty*: *Aesthetic Thought and Pursuits in Northern Song Dynasty*, Harvard University Asia Center, 2006; Trans. *Limited Views*: *Essays on Ideas and Letters by Qian Zhongshu*, Harvard University Asia Center, 1998; *Word*, *Image*, *and Deed in the Life of Su Shi*, Harvard University Asia Center, 1994; *The Literary Works of Ou-yang Hsiu (1007-1072)*, Cambridge University Press, 1984.

一本书的构思就是这么出来的。这两位老师不但为人无私，而且学识渊博。我到哥伦比亚大学（Columbia University）做助理教授以后，又有幸遇到了几位中国文学的良师，我把他们视为终生的灵感来源，有华盛顿大学（University of Washington）的康达维（David Knechtges）、耶鲁大学（Yale University）的孙康宜（Kang-i Sun Chang）和科罗拉多大学（University of Colorado）的柯睿（Paul Kroll）。

二、跨学科整合早期中古重要文献

黄：说到这些著名学者，我想起了由您作为第一主编的《早期中古中国：文献导读》（2014），这本书既网罗了康达维、宇文所安、柯睿等名宿，又吸收了田晓菲、罗秉恕（Robert Ashmore）、王平等新秀，而且跨越了文学、历史、哲学、宗教、艺术史等多个领域。您是怎么把他们组织到一起的？

田：我在说服别人方面很有一套（笑）。这是个历时很长的集体项目，包罗了25位学者。这本书是对中国中古早期重要文献的研究和翻译。编书的宗旨是以新的视角将这个时期重新概念化。我们不用文学、历史、宗教、艺术史等现代的学科分界来给中古早期的文本分类，尽管这是美国学术界的惯常做法。我们试图跨越学科分界，因为作家在写作时并没有把自己当成“哲学家、诗人或者艺术家”，当时他们并没有我们现在才有的这些概念。他们在写作时首先把自己视为文人（literati），他们有一个共同目标，把作品和他们所承继的宏大文化和政治传统联系起来。因此，我们认为按照主题范畴来组织这些文本会更有成果，使得学者能够超越学科分界的种种局限，以不同的视角来审视这些文本，还原其本初的丰富特质。

书的架构围绕六个主题。第一个主题“北方和南方”，讨论的是北方人如何看待和描述作为他者的南方人，反之又如何，这是对理解中古早期作家非常重要的主题。第二个主题“统治机制和社会现实”，讨论了机构和观念，涉及很多关于政治管理的文献，包括一些新近出土的资料。第三个主题“文化资本”（cultural capital），包括文学、音乐理论、图像、讨论书籍收藏和分类的各种文本。这一章很有意思，因为包括了跟“文”的形成或者情境有关的作品，也就是说关于“文”的概念在不断变化。因此，“文化资本”既包括了作为纯文学作品的“文”，也包括了选集和批评对“文”的组织，还有作为“文”的延伸，或者说和“文”相平行的“论”和“辩”。第四个主题“想象自我与他人”，包括自传和传记写作艺术。第五个主题“日常生活”，涵盖了帝国文化、礼仪、节日、历法等日常生活的方方面面。最后一个主题“和超验世界的关系”，收集了大量儒、释、道的宗教材料。这部书七百多页，属于哥伦比亚大学出版社“文献导读丛书”。我希望通过这个重大项目来开启新的研究途径，也吸引更多青年学人加入这个领域。

黄：您和其他三位编者是如何拟定这六个主题的？你们的选本在什么地方体现出创新性和经典性？

田：就学术原创性而言，首先，我们在选本中提供文化和历史情境，为未来的六朝研究项目奠定根基。其次，我们选用的文献很多是新近出土的，比如《早期中古中国的地方管理：

来自长沙的考古证据》一节探讨长沙出土的竹简，我们试图把考古学的最新成果整合进我们的项目。再次，我们采用当代广为传播且行之有效的文化理论来推进对于中古的认识。我们选择范畴或者主题，主要是看它们在探索文本或者特定现象方面是不是最有成效，同时也看这些主题在六朝时期是不是非常流行。比如第三章的“文化资本”，虽然是由法国学者皮埃尔·布尔迪厄（Pierre Bourdieu，1930—2002）提出的现代概念，可是以文化为资本、文化可以被转化为经济或者政治收益的观念却实实在在存在于六朝时期。第五章受法国学者米歇尔·德塞都（Michel de Certeau，1925—1986）的著作《日常生活实践》（*The Practice of Everyday Life*，1980）启发，重新整合和阐释六朝时期的物质文化和作为“行事艺术”（arts of doing）的日常经验。

黄： 汉学家翻译中国典籍往往表现出相当的主体性和个人风格。你们这个跨学科的集体项目在翻译时遵循什么原则和规范？

田： 我们选译的作品，要么很重要却被忽略，要么很重要但是旧译本已经有三四十年，所以非常需要新译本。我们没有硬性规定翻译规则，因为撰稿者都是优秀的学者，完全知道自己应该做什么。其实除了翻译，这些学者做出的更大贡献是为各章撰写导读。比如罗秉恕对嵇康《声无哀乐论》、田晓菲对手抄本时代的藏书和选集、宇文所安对钟嵘《诗品·序》、柯睿对孙绰和江淹的导读都非常精彩。这些都是重要的作家作品，可是很多学生（包括研究生）以前都没读过。

三、接受美学烛照下的六朝文学经典

黄：在西方汉学界，“陶学”经历百年风雨，日益成为显学。早期的英国汉学家亚瑟·韦利（Arthur Waley，1889—1966）在《170首中国古诗》（*A Hundred and Seventy Chinese Poems*，1918）中选译了陶渊明的12首诗作。哈佛大学海陶玮（James Robert Hightower，1915—2006）的《陶潜诗》（*The Poetry of T' ao Ch' ien*，1970）是陶渊明诗歌译注和研究的奠基之作，影响众多后学。耶鲁大学孙康宜的《六朝诗》（*Six Dynasties Poetry*，1986）有专章论陶渊明诗，另有论文《去除陶潜的面具和阐释的不确定性》（*The Unmasking of Tao Qian and the Indeterminacy of Interpretation*）。[1] 21世纪以来，包括您在内的好几位新生代汉学家不约而同以陶渊明为主题书写自己的学术专著处女作，而且都超越了静态文本解读，着眼于文学生产、传播和接受之间的互动相生。哈佛大学田晓菲的《尘几录：陶渊明与手抄本文化研究》（*Tao Yuanming and Manuscript Culture*：*The Records of A Dusty Table*，2005）提出在手抄本时代，抄写者可以主动参与文本的再创造和作者形象的构建。加州大学伯克利分校（University of California，Berkeley）罗秉恕的《阅读的陶醉/迁移：陶潜世界（365—427）的文本与理解》［*The Transport of Reading*：*Text and Understanding in the World of Tao Qian (365—427)*，2010］通过探讨陶诗对

---

〔1〕 *Chinese Aesthetics*：*The Ordering of Literature*，*the Arts*，*and the Universe in the Six Dynasties*. Ed. Zong-qi Cai. Hololulu：University of Hawaii Press，2004，pp. 169-190.

《论语》等经典的征引，提出用典不但在个体文本之间创造关系，也在特定的文本群和文人群当中创造互相响应的关系。[1]您的第一本专著《阅读陶渊明：历史接受范式的变迁》(2008）则首次从文学接受史的角度切入陶渊明研究。您是怎么得出这一理论视角的？您的西方文论和比较诗学背景对您的陶渊明研究有何帮助？

田： 前面说过，通过和艾朗诺长谈，我的研究主题逐渐明晰，剩下来要做的就是海量阅读，读文学批评和诗话、题跋等各种包含文学批评的资料，还有后世评价陶渊明的文学史，从六朝一直到清朝。作为第一本书，我觉得这是一个很好的题目，因为提供了一种扎实而又必要的视界，让我检阅了诗歌的发展，还有美学和文学趣味的变迁，批评的演进。通过追究阐释学问题的社会和思想史基础，我把这些问题历史化，而不是用亘古不变的公认标准来衡量陶诗。我希望勾画出使得一种特定阐释学方法在一个特定历史时刻（而不是更早期）成为可能的各种特定历史条件。我重点关注读者如何在阅读实践和文化需求发生变迁的更广阔背景下，对陶诗进行阐释，这样就能够解释在历时的维度上为什么陶渊明有着非常不同的形象，对他的作品有着非常歧异的解读，同时在共时的维度上阐明影响古代中国文化整体的一些核心议题。

黄： 我在美国教中国文学经典课，没有任何中文背景的美国大学生跟我说，陶渊明的诗文让他联想到梭罗（Henry David

〔1〕 William H. Nienhauser, Jr., "Review of *The Transport of Reading*," *Chinese Literature: Essays, Articles, Reviews* 33 (2011): 192-195；吴伏生：《英语世界的陶渊明研究》，北京：学苑出版社，2013 年。

Thoreau，1817—1862）的《瓦尔登湖》（*Walden*，1854）。我在想，梭罗这本塑造美国国民性格的奇书，关于幽居独处、大自然、个人价值、栖居在终极真理中等主题，与陶渊明的诗心时有契合，这是否也是陶渊明在英语世界广受欢迎的心理动因之一？还有作家的个人风格与可译度（translatability）的问题。同样写诗歌，陶渊明使用朴素平易的语汇，翻译成外语折损度小，容易被异国读者接受，换成谢灵运就不一样了，他的诗作以措辞艰涩、用典繁复和对偶工整著称，要用另外一种差异很大的语言表现是很困难的。所以陶渊明进入英语世界后成为堪称最受北美学界关注的中国古代诗人，同样可以用接受美学理论来加以烛照。您分析陶渊明和谢灵运的文章着重探讨了“自然”的概念，[1] 能不能详述一下？

田：我的第一本书从汉斯·罗伯特·姚斯（Hans Robert Jauss，1921—1997）和罗杰·夏蒂埃（Roger Chartier，1945—1994）的接受美学理论中受益良多。我的研究意图是把各种文学和美学主张历史化。比如你提到的“自然”概念，一直到宋朝，读者才开始宣称陶渊明的诗歌很自然。可是六百年以前，没有人把陶渊明当作一流诗人；实际上，经常和他形成美学对立面的谢灵运在六朝被视为代表了“自然”的最高境界。我注意到大部分现代学者处理这个问题的方式是把它解释为一种从错误到真理的进程：六朝时大家都误读了陶渊明；直到宋朝以后才读对了，才真正发现了他的价值。这些学者认为，六朝人说谢灵运的诗歌很自然，这是不对的，陶渊明的诗才是真

[1] Wendy Swartz, “Naturalness in Xie Lingyun’s Poetic Works,” *Harvard Journal of Asiatic Studies* 70. 2 (2010): 355 - 386.

正的自然，所以他们在和六朝的批评家争辩。另外一些学者试图把这个问题相对化，说要是六朝的批评家认为谢诗很自然，那也只是相对颜延之那种更加华丽雕琢的风格而言，所以他们试图为六朝的批评家辩护。我试图把“自然”的概念历史化，而不是把它视为理所当然。我们今天读陶渊明都觉得他很自然，可是这不是问题的要领。要领在于：为什么陶渊明身后六百年，宋朝人开始把陶诗是否自然作为一个问题进行探讨，而六百年以前，没有人问同样的问题。更广阔范围内的社会、美学和文学状况发生了什么样的变迁，使得这些新问题的提出成为必然？现代读者在阅读陶渊明诗时无不想到自然和平淡，可是这两个概念直到宋朝才成为陶渊明诗特质的一部分。这是不是意味着，宋朝以前的六百年里，无人真正懂得陶渊明？如果真是这样，让我们回到这些术语和概念，把它们历史化，看六朝和宋朝的批评家是否在同样的意义上理解“自然”。当我这样做了以后，我的结论是：六朝和宋朝的“自然”概念有重合也有分歧。所以，这并不只是一个从误读到发现真理的进程，也并不只是文学品位变迁的问题，文学品位变迁能部分解释这种现象，但还是过于简化。即使是像“自然”这样看似不证自明的概念也可以被历史化，可以去追踪它的进化过程。

黄：您的书出版以后，被《昭明文选》英译专家、中国中古文学研究权威康达维教授誉为研究视野开阔、跨度大，特别是有专章论述明清两代陶渊明后经典化时代的接受史，并且对诗歌文本展开敏锐的细读，契合尼采（Nietzsche，1844—1900）所谓语文学即“慢读艺术”（the art of reading slowly）

之治学精神。[1] 那么在中文世界本书的接受情况如何呢?

田: 我必须小心，不让别人觉得我把陶渊明历史化会损害他们文化英雄的形象，因为我本人其实也是陶渊明的仰慕者(笑)。我的研究有可能被误解为挑战一种现状，即陶渊明是动不得的，他就是自然，他就是平淡，这些观念是绝对的、放之四海而皆准的，是他天生就有的，是他诗歌固有的一部分。你怎么可以说这只是一种意见，而且是宋朝以后才有?

四、作为写作前提和阅读模式的互文性

田: 我的新书《阅读哲学与创作诗歌：早期中古中国的意义构建互文性模式》(2018) 关注的也是同样的问题。这本书讨论了互文性 (intertextuality)、用典 (allusion) 和引文(quotation)。让我感兴趣的仍然是为特定历史时段里扎根于一群文本中的作品提供历史情境。比如，当讨论陶渊明的时候，人们倾向于认为他是如此自然，以至于不需要模仿和引用任何人，他写作完全是根据“胸中之妙”，一切都自然而然地发生，没有任何刻意为之的东西。我写陶渊明的一章探讨他和《庄子》的深刻关联，发现他有近 70 处引用《庄子》。他也引用《论语》。可能我这种读法会受到一些抵制，因为人们担心我把陶诗放置在这么一个和其他文本发生关系的互文性网络中，就会剥夺陶诗的天然性。

---

[1] 康达维：《序》，载田菱著，张月译《阅读陶渊明》，北京：中华书局，2016 年，第 1~3 页。

黄： 互文性、用典和引文的确是古典诗歌中无处不在的现象。王国维《人间词话·五八》在比较白居易和吴伟业的长篇叙事诗时崇白贬吴，理由就是《长恨歌》很少用典，全凭白描，吴伟业的歌行却非常依赖用典。在王国维看来，稠密用典是才气不足、境界不足的一种表现，这是对钟嵘《诗品·序》"至乎吟咏情性，亦何贵于用事？""观古今胜语，多非补假，皆由直寻"的诗论回响。《人间词话》自成体系，融会中西，影响深远，但是具体到作家作品个案评论，尤其是对五代北宋以降的诗人，也不是没有偏见和粗疏的地方。王国维称"以《长恨歌》之壮采，而所隶之事，只'小玉''双成'四字"，是从单句用典的层面解读《长恨歌》。布朗大学（Brown University）大卫·拉特莫（David Lattimore）的论文《引喻与唐诗》（*Allusion and T' ang Poetry*）则从篇章用典的层面，指出《长恨歌》系统援用前朝汉武帝外戚故事代指本朝唐明皇杨贵妃情史，由此说明辨识诗人的典故链条对于理解唐诗旨趣殊为关键。[1] 在这个意义上，尽管白、吴歌行存在表面上的歧异，他们的共通之处还是要比王国维所认为的更多，吴伟业是白居易用典实践的传承者，而不是偏离者。《圆圆曲》《清凉山赞佛诗》等叙事诗都存在用典繁复支离的弊病，但是吴伟业将古典和今典交织在一起，既是致意经典的女祸主题，也是在异族统治下为讥刺时政披上保护色。所以对于诗歌用典的评价，不能脱离具体的历史语境和文化发展脉络。

田： 诗学判断能够随着时间的推移发生戏剧性变化，这种

---

〔1〕 原载 *Ariel: A Review of International English Literature* 2. 2 (1971)。中译《引喻与唐诗》，载倪豪士编选《美国学者论唐代文学》，上海：上海古籍出版社，1994 年，第 111~155 页。

现象非常有趣。杜甫可能是用典最广泛的诗人了，黄庭坚对此有著名的评论：“无一字无来处”[1]，即每一个字词都可以追溯到一个更早的文本。可是没有人因为这个贬低杜甫的大诗人身份。

黄：是啊，“读书破万卷，下笔如有神”，杜诗被视为诗歌的最高境界，恰恰是因为整合了学识和才情。黄庭坚进一步把“万卷”的概念融入诗歌，提出“点铁成金”“夺胎换骨”，从理论自觉的层面把阅读和写作一体化，再在这个整体上刻印个人化的感受和领悟。您关于《兰亭集》的论文将“兰亭诗”作为玄言诗的范例和山水诗的早期试验性作品来加以探讨，是不是新著的一部分？[2]

田：是的。我的新著检视了中古早期的诗歌对“三玄”（即三本哲学经典《老子》《庄子》和《周易》）的暗指和引用。这本书关注的是从早期作品中大量吸取资源的一些诗人和诗作，如何顺利加入一种文本的网络或者群体。把哲学话语融入诗歌引出了一个问题：在中古的不同历史时期，“文学”——或者更具体地说，“文学性”（进一步说就是“抒情性”）——到底意味着什么？

黄：您为什么对玄言诗感兴趣？传统上这些诗歌被判定为“理过其辞，淡乎寡味”[3]，文学价值并不高。

---

[1] 出自黄庭坚的《答洪驹父书》。

[2] Wendy Swartz: “Revisiting the Scene of the Party: A Study of the *Lanting Collection*,” *Journal of the American Oriental Society* 132. 2 (2012): 275 – 300.

[3] 出自钟嵘的《诗品·序》

田：我的新书有一章写孙绰。他引用《诗经》《周易》《庄子》和《老子》等不同文本以实现不同目的，在引用的过程中挪用（appropriate）了经典文本。他从一个常备文本库中汲取资源。这里我借用了人类学和社会学理论，把文化视为一个工具箱、一套常备的有用模式、一种有特定词汇的反应，使得我们能够阐释和重新阐释。这一章试图展示孙绰如何汲取不同文本，这些文本如何在同一篇作品里互相调和。我检视了他所有的长篇赠答诗，这是玄言诗作品里意蕴最深厚的。孙绰和同时代的许询，按照檀道鸾的说法，是“一时文宗”[1]。这两个人，尤其是孙绰被公认为是那个时代的代表诗人。我渴望探索孙绰在何种意义上代表了他的时代和那个时代的特定文风。

黄：知道孙绰的读者现在并不多。他既然是“一时名流”[2]，后来他的名声为何逐渐湮没？

田：不光是孙绰一个人，整个玄言诗派都是如此，这就是许询和许多其他玄言诗人的诗歌没有能够流传到今天的原因。当时的批评家檀道鸾、钟嵘和沈约等人，特别是钟嵘严厉斥责东晋的玄言派诗人，专门点了孙绰和许询的名字，批评他们扼杀了古典传统——那个上起《诗经》《楚辞》，下讫建安风骨，传承从未中断的规范的古典风格，另辟一条偏离正统的歧路。[3] 5、6世纪的批评家和文学史家从自己的立场出发，试

[1] 《世说新语・文学》第85则“简文称许掾云”下，刘孝标注引檀道鸾《续晋阳秋》记载。

[2] 《世说新语・品藻》第61则。

[3] 钟嵘《诗品・序》：“孙绰、许询、桓、庾诸公诗，皆平典似《道德论》，建安风力尽矣。”

图纠正这种偏向，他们的批评对玄言诗造成了毁灭性影响，这一派的作品逐渐没人阅读，最后也就流失了。我们今天还能读到孙绰的诗歌是非常幸运的一件事。19世纪末20世纪初在日本发现了《文馆词林》，其中一卷专门收录东晋玄言诗，这是一个值得庆幸的历史偶然事件，若非如此，我们能读到的玄言诗基本上就只有《世说新语》等中的零星记述。《晋书》谈到了孙绰的才华，他是当时的文豪，人人都要他写碑文。[1]

黄：除了我刚才提到的大卫·拉特莫的论文，还有高友工和梅祖麟运用结构主义理论研究唐诗与典故。[2] 此外好像很少读到其他专著对用典和引文的文学现象进行系统理论分析。

田：是啊，这方面的研究在英语世界非常缺乏。蔡涵墨（Charles Hartman）的博士论文研究韩愈《秋怀》诗的用典。海陶玮有一章论述陶渊明的用典。[3] 除此以外，即使在中文世界系统研究也非常少。

黄：中国传统的诗歌笺注倾向于辨别各种典故的出处，然后就把出处和文本之间建立关联和阐释意义的工作留给了读者。近二十年来汉籍电子化快速发展，文献库检索功能日趋强大，搜寻一个典故或引文的出处这类笺释工作在很大程度上可

---

〔1〕《晋书·孙绰传》：“绰少以文才垂称，于时文士，绰为其冠。温、王、郗、庾诸公之薨，必须绰为碑文，然后刊石焉。”

〔2〕Kao Yu-Kung and Mei Tsu-Lin, “Meaning, Metaphor, and Allusion in T’ang Poetry,” *Harvard Journal of Asiatic Studies* 38. 2 (1978): 281-356. 中译《唐诗的语意、隐喻和典故》，载高友工、梅祖麟《唐诗的魅力》，上海：上海古籍出版社，1989年，第119~193页。

〔3〕James R. Hightower, “Allusion in the Poetry of T’ao Ch’ien,” *Harvard Journal of Asiatic Studies* 31. 5 (1971): 5-27.

由计算机代替完成，方便研究者腾出精力深入作品内在的文脉，体察文本究竟是怎么构成的，典范选择和诗歌因革之间究竟是什么关系。

田：正是如此。用典和引文一般被视为文学手法。当它们被简化为文学手法以后，研究者就不必再费心深究。这样做的问题是没有从理论上考察这些概念，仅仅把它们当作写作实践的一部分。我想要追问的是，写文章用典和引文，在何种意义上展示了作者的原创性，又在何种意义上展示了作者和过去的联系，他们如何看待自己与前代作者的关系？由此引发了一连串有趣而重要的问题。我感兴趣的不只是识别和追踪特定诗作里的典故和引文，而是检视个体文本如何顺利进入一个文本关系网络，并作为这个网络的一部分。这对于理解个体文本和整体文学史都非常重要，因为互文性渗透并影响所有的文本，既可以被宽泛地理解为对文化惯例和描述体系致敬，也可以被具体地看作和以前的一个或者一套文本发生关联。

这本书还有一个宏观目标，就是通过把用典和引文理论化，阐明中国古代对写作和阅读的种种假定。在中国的诗歌传统里，写作被深深埋置在如何对外界做出反应的既定词汇里，对诗人的挑战不仅是学会这套特定词汇，还要在此基础上发展既定的东西。此外，互文性既是写作的一个前提，也是阅读的一种模式。在古代中国，优秀读者，正如优秀作者，必须展示出对文学传统和文化惯例的精深掌握。我希望展示一种特定文化对于符号学意义上的可重复性（iterability），特别是引用（citation）的处理方式如何影响阅读。

黄：您的研究路径让我想起了田晓菲对北美中国中古文学

研究现状的总结：“以某一作家为主要研究对象的论著也不再仅仅满足于缕述作家的生平、时代、作品，而是倾向于思考体现在个案之中的文学史和文化史现象，在文本分析和语境研究之间达到平衡。”[1] 作为中青年汉学家中的另一位佼佼者，请您评述一下：美国近年来的中国中古文学研究有哪些新动向？未来哪些领域可能会成为新的生长点？

田：过去十数年，美国学者的研究已经极大地丰富和扩展了中国古典文学的学术疆域，使之远远超越了语文学研究和文本细读，吸纳了各种理论问题、框架和跨学科研究，包括文本传承、编辑实践和文本流传等各种问题。我觉得现代美国学者的兴趣过于多样和求新，在识别显性的研究趋向方面变换太快。但我确实觉得跨学科研究的趋势会延续下去，包括环境研究、生态批评等新领域，在未来很多年里继续影响美国的中国研究。

至于哪些领域还可以进一步发展，我认为中国古代的阅读和写作史仍然是一片有待开垦的沃土。我的两部专著都阐明了我对古代中国阅读实践的持久兴趣。近几年来，西方产生了很多关于阅读史的研究，罗伯特·达恩顿（Robert Darnton）、罗杰·夏蒂埃和安东尼·格拉夫顿（Anthony Grafton）等西方学者介绍了思考阅读史的有效途径。

五、儒家伦理观对美国学生也有现实意义

黄：您在哥伦比亚大学和罗格斯大学教授中国古典文学、

[1] 田晓菲：《关于北美中国中古文学研究之现状的总结与反思》，载张海惠主编：《北美中国学：研究概述与文献资源》，北京：中华书局，2010 年，第 607 页。

文论与文明。从您的教学实践来说，哪些作家和文本最让美国学生感兴趣？

田：我发现学生最容易被三类作品吸引：一、能够让他们感同身受的；二、能够让他们进行理性思考的；三、能够娱乐他们的。第一类，《诗经》和梁代宫体诗的许多人性人情主题（思慕、欲望、爱情、单相思）能够让今天的年轻读者产生共鸣，对他们来说有普适性和现实性。可是如果让他们读政治上的怀才不遇，我想为君王效劳、君王却不能赏识我的才能云云，他们就不一定能够全盘消化。第二类，庄子和王维这类能够挑战和丰富读者理性思考能力的作品也在我的学生当中引发了高涨的热情。他们喜欢探索庄子的逻辑性或者非逻辑性。最后，能够娱乐学生的作品首推李白，他那种超凡的人格、纵酒的豪情、以才华为底气的狂傲不羁总是能够迷倒学生。让他们欣赏杜甫的忠君爱国就没那么容易了（笑）。

黄：美国学生是不是更容易认同庄子的哲学，对儒家正统思想则不那么感兴趣？

田：其实我去年在罗格斯大学教儒、释、道三家的经典和思想，有学得非常好的学生下了第一节课就来找我说：我特别喜欢儒家。我觉得道德伦理的概念，即做一个有用的和有道德观念的社会成员意味着什么，对于今天年轻的美国学生仍然非常重要。在美国的流行文化里，这些问题时常浮出水面。比如，在讨论社会媒体的时候，经常要提出道德界限在哪里的问题，哪些东西可以公布出来，哪些不可以，做到哪一步就会侵犯他人的感情、隐私、面子，这些都是道德伦理问题，每天都围绕着我们。学生们在《论语》中读到孔子一直在用对话的形式跟他的学生探讨伦理、学问、做社会结构的一分子并对之做出贡献，觉得这个很有用。可能他们不一定确切理解孔子的伦常观念，可是道德问题对于大学生之间如何互动仍然具有现实意义，这些学生有生以来第一次被当作成人对待，觉得应该对自己的言行负责。

黄：近十几年来在美国的大学课堂里，学习中国语言和文化的人逐年增加。这里面固然有一种对古老文明的向往，对华裔学生来说可能还存在文化寻根的心理动力，更多的却是出于实用考虑，为的是将来好找位于华语地区的或者跟中国相关的工作。对当代美国学生来说，中国古典文学是一种“时空错位”（displacement）。让您的学生花时间研究和欣赏这种在时空上都很遥远的他国文化，对您的教学是否是一种挑战？

田：古老的外国文化对学生来说是“彻底的他者”。美国学生阅读千百年前写就的中国文本，首先考虑的问题就是我如何进入这些文本。我教东亚古典文学课，第一堂课总是先从朱熹的《读书法》开始。朱熹在和他的学生讨论阅读和学习方法的时候，也在尽力解决今天的学生同样面临的问题，包括你提到的时空错位、相关性、应用性，还有阐释问题。我总是让学生思考朱熹提出的问题哪些和今天的我们还有相关性，哪些已经没有了。这样，他们就会思考是什么把我们和过去的读者联系在一起，哪些主题和线索可能是人类共通的。至于那些与我们已经不那么相关的方面，我会提醒他们，我们仍然需要钻研，这样才能了解相关问题的特定历史性，了解过去的不同兴趣和关注点。总的来说，学生还是倾向于寻找各种和文本发生感同身受的联系的途径，否则理解文本对他们来说有难度。另外，我要求学生在阅读的时候要有自我认知的能力，知道自己在读什么、为什么读、怎么读。这些都是朱熹反复提出的问题。学生对这些问题的答案可能和朱熹重合，也可能不完全重合，因为读书的目的很不一样，但是朱熹提出的问题和他得出的一些答案仍然和今天的学生相关。可能中国古典文学和哲学并不能有效地帮助学生解决任何一个现实问题，可是让他们学习这种异国的、他者的文化可以培养他们的自我认知能力，让他们更好地认识自身所处的文化。

黄：有的学者把自己的研究对象和生活方式分得很清楚，有的却把这两者融合在一起，比如康达维的弟子、斯沃斯莫尔学院（Swarthmore College）的柏士隐（Alan Berkowitz）教授，研究的是中古早期的隐士文化，[1] 他的个人生活也极力往中古文人靠拢，长年吃斋，嗜好古琴，中文名字索性就叫“士隐”。您呢？

田：(笑) 我并不特别如此。我选论题做研究，是因为它投合了我的知性和感性需要，而不是因为它直接反映了我的个性和品格。我的个人爱好是歌剧和电影，夏志清夫妇曾经是我的长期影伴。[2] 但我很高兴你提到柏士隐，他是我的好友，他跟我说：“只有你的专题研讨会才能让我从我的穴居生活中暂时溜出来一会儿。”(笑)

---

〔1〕 Alan Berkowitz, *Patterns of Disengagement*: *The Practice and Portrayal of Reclusion in Early Medieval China*, Stanford: Stanford University Press, 2000.

〔2〕 夏志清是哥伦比亚大学东亚语文系荣休教授，2013 年 12 月 29 日在纽约去世，享年 92 岁。

黄：说到这儿，能不能介绍一下您在罗格斯大学主持的“中国研究项目”？

田：我 2012 年在罗格斯大学创立了“中国研究项目”，包括中国演讲系列和中国人文学科专题研讨会。前者把名家和新秀带到罗格斯大学，介绍他们的最新研究，后者通过一系列前沿和重要专题的研讨，介绍中国研究的学术成果和话语体系。

采访者：黄红宇［哈尔滨工业大学（深圳）人文与社会科学学院］

美国汉学家白亚仁谈中国小说在英美的翻译与传播[1]

访谈按语：白亚仁（Allan H. Barr），1954 年 4 月出生于加拿大，1977 年获得剑桥大学东方研究学士学位，1983 年获得牛津大学中国文学专业博士学位。现任美国波摩纳学院（Pomona College）亚洲语言文学系教授。早期主要从事中国古典文学尤其是明清小说的研究；目前主要从事中国当代文学的译介，翻译了余华的《在细雨中呼喊》《十个词汇里的中国》《黄昏里的男孩》《第七天》等作品，并编译了韩寒的《这一代》。

2017 年 12 月 20 日，白亚仁教授应邀来浙江外国语学院进行学术讲座，其间笔者对他进行了访谈，就白教授与中国文化的因缘、对《聊斋志异》的研究、对余华作品的翻译，及中国文学的海外传播等话题进行了愉快的交流。

杨平（下文简称“杨”）：白教授您好！非常感谢您接受我的采访。您是著名的汉学家，也是中国文学研究和翻译的专家，尤其是在明清小说家蒲松龄及其《聊斋志异》的研究方面和中国当代文学的翻译方面卓有成就。首先我想问一下，您

---

〔1〕 本文内容经白亚仁教授和彭小华女士审阅，特表谢忱。同时，感谢浙江外国语学院英语语言文化学院翻译专业 14 级学生郑诗瑶、党艺嘉、吴小雁在访谈期间协助进行录音和文字整理工作。

当初为什么选择学习中文，研究、翻译中国文学？

白亚仁（下文简称“白”）：我想家庭背景有一定的影响。我父母都研究外语，他们都在爱丁堡大学（University of Edinburgh）学习古典文学、希腊语和拉丁语。我父亲研究希伯来语，是《圣经》语言研究专家，也研究其他一些中东语言；我母亲后来在中学教拉丁语和希腊语。我姐姐在大学学习法语，我自己在中学学习法语、拉丁语和希腊语。我不想重复我父母和我姐姐走过的路，所以就选择了一个比较遥远的文化。我喜欢现代法语之类的现代语言，也喜欢古代的拉丁语和希腊语，中文刚好古代语和现代语兼而有之，从古文到现代汉语发展没有中断。如果学习中文，那就有机会同时接触古代汉语和现代汉语。我也可以选择日语，但是日本历史、日本文化没有那么吸引我，我觉得中国有更丰富、更悠久的文化传统。

我于 20 世纪 70 年代开始学习中文，当时是想更多地了解中国。那时还是“毛泽东时代”，中国好像是一个很神秘的国家。到了“文化大革命”后期，中国开始恢复跟西方国家的交流，英国学生开始有机会到中国来留学或者进修，所以我觉得可能以后会有更好的学习环境。那时我没想到中国的变化会这么快、这么惊人，但就是预感中国会有变化。我高中就申请到剑桥大学去学中文，那时中国现当代文学没有很吸引我，引起我兴趣的是中国古代文学，尤其是明清小说，我们本科时阅读的冯梦龙“三言”的一些短篇，还有《红楼梦》和《儒林外史》的一些篇章都很有趣。我研究生时的研究方向也是明清文学，尤其是明清小说。

我对翻译的兴趣是最近 20 年才开始的。一方面，翻译作为学术活动、学术成果在美国大学并不那么受重视。刚参加工作时，我没想过要做翻译。晋升教授以后，我享有更多的自由，可以做一些自己想做的事情，这才开始从事翻译。另一方面，20 世纪 90 年代后期，中国当代文学出现了一些比较出色的作品，这也是我尝试翻译中国文学的原因。我之所以喜欢翻译，因为它跟研究不一样。研究古典文学比较辛苦，翻译当代文学就相对轻松，还可以直接与作者交流，研究蒲松龄就没有这种乐趣。翻译带给我快乐，使我得以更多了解当代中国文学的动向，丰富了我的学术生活和精神生活。

杨：是什么原因使您决定研究明清文言小说，如《聊斋志异》的？

白：我在大学四年级快毕业的时候开始阅读《聊斋志异》，觉得趣味十足。当时读的是中文原著，比较吃力，但依靠一些注释也基本可以读懂。剑桥大学中文系很重视传统文化和古典文学，我们的中文口语可能不那么流畅，但是读古文还是有相当水平的。我喜欢研究别人不太研究的作家和作品。现在《聊斋志异》比较热门，但在 20 世纪 70 年代末我做研究生时，从 1949 年到 1978 年，中国只出过两本有关《聊斋志异》的专著，重要的论文也只有十几篇。为什么文言小说在唐朝达到一个高峰，在蒲松龄生活的清朝又达到另一个高峰？这是我当时感兴趣的问题。同时，蒲松龄从 30 多岁开始写《聊斋志异》，一直写到快 70 岁，在这个漫长的过程中，他的写作发生了怎样的变化？这也是我想研究的问题。此外，《聊斋志异》中有些故事并不纯粹是虚构的，而是来源于现实生活，而我恰好也喜欢从历史的角度去研究文学。基于这些考虑，《聊斋志异》深深地吸引了我。后来《聊斋志异》逐渐成为很多人关注的作品，我的兴趣反而淡薄了，最近 20 年基本没有发表与《聊斋志异》相关的论文，转而研究一些没什么人研究的文言小说及作家。

杨：您是否关注过《聊斋志异》的英译本？

白：我阅读原著的同时也读了翟理斯（Herbert Giles，1845—1935）的译本 *Strange Tales from a Chinese Studio*[1]。翟理斯翻译了《聊斋志异》三分之一左右的故事，但他的本意是把译文分享给他的孩子，而《聊斋志异》本来是为成年人写的，并不是儿童读物。为了满足儿童的阅读需求，他做了相应的修改或删除。比如说，原著中一个书生和一个美女相遇，二人可能很快发生了性关系，但在翟理斯译本中他们就只是喝茶。在《红玉》等好几个故事里他都做了这样的改写。从其他方面来说他还是个优秀的译者，而且他使用了维多利亚时期的英语，跟我们现在使用的英语有所差别，很好地反映了《聊斋志异》使用的中文不是现代普通白话文的事实。

杨：您为什么从中国明清文学的研究转向中国当代文学的翻译？

白：研究古典文学很吃力，古文很难懂，资料也难找，而且在图书馆借阅图书也有各种麻烦，效率很低。相比之下，做翻译要轻松很多，一台电脑，几本词典，再加上一两个中国朋

---

〔1〕 Herbert Giles, trans., *Strange Tales from a Chinese Studio*. London: Thomas De la Rue & Co, 1880. 翟理斯翻译了《聊斋志异》中的 164 个故事，是英译本中最早的版本。此译本 1908 年再版，此后又多次再版，在西方很受欢迎。西方有些译本就是完全根据翟理斯的英译本转译的。

友就可以了。我自己投入翻译工作，一方面是想换换口味；另一方面，我在教学过程中接触到一些中国当代文学的译本，对别人的译文往往不太满意，总觉得自己能够译得更好。做翻译给了我放开的机会，可以暂时摆脱严谨的学术研究。翻译中国当代文学作品，好像去当下的中国街道上看风景、看人物；搞明清文学研究能去看什么呢？

杨：在现当代众多有名的作家中，您为何选择翻译余华的作品？

白：当初我看中了余华的《许三观卖血记》（*Chronicle of a Blood Merchant*），1996 年左右我读了原著，两天就读完了。这本书的可读性很强，一些细节让我很感动，有些情节让我想哭，有些情节又令我想笑，我觉得很精彩，好像中国当代小说很少能引起这么一种反应。而且书的篇幅不长，语言简单，翻译不那么费力，这正是我想要翻译的那种书。但是很快我发现已经有人在翻译这本书，[1] 自己再翻译就不是很好的选择，所以我就决定翻译余华的短篇小说集《黄昏里的男孩》（*Boy in the Twilight*）。[2] 这本书我也喜欢，篇幅比《许三观卖血记》还短，翻译更加容易。当时西方有很多反映“文化大革命”和“毛泽东时代”的著作及回忆录，我认为这些书很有价值，但如果外国人只读这样的书，就难以了解中国 1978 年以后的变化，还以为中国街上都是红卫兵呢。《黄昏里的男

---

〔1〕 Andrew F. Jones, trans., *Chronicle of a Blood Merchant*. New York: Anchor Books, 2004.

〔2〕 Allan H. Barr, trans., *Boy in the Twilight: Stories of the Hidden China*. New York: Pantheon Books, 2014.

孩》的故事都发生在改革开放初期，与中国政治保持了一定的距离，更多反映的是普通老百姓的家庭问题，比如说父母和孩子的代沟、婚姻中的危机等，我觉得这是西方人比较容易认同和理解的题材，有译介的价值。

记得第一次跟余华见面是 2001 年，我利用学术假去北京拜访他。他同意我翻译这本书，从此我们开始了长达十几年的合作。无论是我来中国还是他去美国，我们都会见面。翻译了这本书后两三年，我又翻译了他的第一部长篇小说《在细雨中呼喊》（*Cries in the Drizzle*）[1]，2007 年，这本书在美国上市。后来余华写了《兄弟》（*Brothers*）[2]，因为一些原因我没有承担这本书的翻译，但余华去美国为《兄弟》英文版做宣传时，到我的学校做了讲座。因为这场讲座，他开始写《十个词汇里的中国》（*China in Ten Words*）[3]，我也与他进行了第三次合作。《兄弟》之后，他写的《第七天》（*The Seventh Day*）[4] 也是我翻译的。目前美国已经出版了我翻译的四部余华作品，明年还有一个中短篇小说集出版，书名是《四月三日事件》（*The April Third Incident*）。

杨：您觉得余华小说有什么特点？您在翻译余华小说时遇到过哪些困难和挑战？

白：我喜欢余华的写作风格，简洁、朴实。余华的小说比较容易翻译，因为语言平实，没有方言，用的是标准普通话，

---

〔1〕 Allan H. Barr, trans., *Cries in the Drizzle*. New York: Anchor Books, 2007.

〔2〕 Eileen Cheng-yin Chow & Carlos Rojas, trans., *Brothers*. New York: Pantheon Books, 2009.

〔3〕 Allan H. Barr, trans., *China in Ten Words*. New York: Pantheon Books, 2011.

〔4〕 Allan H. Barr, trans., *The Seventh Day*. New York: Pantheon Books, 2015.

句子往往也比较简短，没有那么多中国特有的东西，很少有“这个外国文化没有，怎么翻译成英文”的困扰。但同时，简洁或简单也会造成翻译的困难，余华写得不一定很具体，如果不小心处理，平易近人有可能就会变成平淡无奇。比如说《活着》（*To Live*）[1] 中提到了“羊”，那是 sheep 还是 goat？如果是 sheep，会不会是 lamb？是一岁的羊还是三岁的羊？书里没有清楚地交代。《活着》的译者可能没搞清楚这个羊是 sheep、goat 还是 lamb，译本里会看到一些不那么一致的提法。再比如我最近翻译的《四月三日事件》中，男主人公很关注一个叫白雪的女子，有一天，他注意到白雪穿着红衣服。“红衣服”不是很具体的说法，是什么红衣服？是裤子、衬衣、大衣还是外套？如果翻译成 red clothes，那不能让读者想到她长什么样，英语读者不太习惯这个说法。遇到这种情况，我会发邮件给余华：在你心目中，那是什么样的红衣服？还有《在细雨中呼喊》中，故事发生在一个叫南门的乡村，从南门村到县城有一条小路。“小路”也是比较难翻译的，是 small road 还是 little road？是用泥土还是水泥铺的？他并没有说明，外国人难以想象那是什么样的小路。我问了余华，才知道是 path，而不是 road。

余华小说的很多句子没有清晰的语法结构，因为叙述者往往不是文学家，而是像《活着》中福贵那样的农民和《第七天》中杨飞那样的普通职员。他们用很通俗的语言讲故事，可能一句话就包含了三四件事情，几件事情只是简单地连接在一起。如果直接翻译成英文，英语读者就会觉得这个句子没有

---

[1] Michael Berry, trans., *To Live*. New York: Anchor Books, 2003.

什么逻辑，而是简单的拼凑。我阅读我的译文初稿时，每每觉得还要做一些工作才能让故事更容易为英语读者接受，为此，我会稍微增加一些逻辑词，比如说加上 and、although 等连接词，以符合英语读者的接受习惯。

所以翻译余华作品一方面似乎很简单，一个段落、一页、一章没有太多困难，但另一方面，读自己译文时就会觉得还得下大力气进行完善。

杨：就您所知，余华作品在英美的接受和影响情况如何？

白：影响情况难以判断。影响表现为被别的作家模仿，他们发现一个同行写的东西很好，然后使用同样的写法。目前我还没发现哪位中国作家在西方有着这样的影响。但接受肯定是有的，一些重要的报纸、杂志会刊发书评。现在，余华、莫言、苏童和阎连科等作家在国外会有媒体关注，也有一定的读者，但他们的作品到现在为止都没有成为畅销书。据说唯一畅销的是科幻小说《三体》，比较严肃、传统的文学作品可能都还没有取得突破。

余华的书在国外卖得不错，其中卖得最好的应该是《活着》。很多人喜欢这本小说，故事本身很有趣，同时呈现了中国几十年的历史，仿佛一本简明的历史教科书。而且还有电影，有些人会先看电影，然后再看原著。虽然《活着》的故事发生在中国，但故事本身比较具有普世性，外国读者即便不了解中国历史，也会被这个故事感动。福贵热爱生命，在苦难面前保持乐观，我想很多人会认同这种人生态度。

《十个词汇里的中国》也受到广泛的好评，很多人给朋友推荐这本书。这本书可读性也很强，有很多有意思的小故事，谈到“毛泽东时代”、改革开放时代，时间跨度大，却又不像严肃文学那么难懂。虽然是作者的主观视角，但故事真实、生动。读者一般都会很喜欢这本书。

杨：莫言小说在西方的反响和接受也不尽如人意吗？

白：莫言获得诺贝尔文学奖后，读者肯定是增加了，但我感觉他也没有一本书能够引起特别关注，或者让人特别兴奋。莫言获奖后在西方引起了某种程度的“莫言热”，但我不知道有多少人真心喜欢他的作品。女性读者恐怕尤其不太容易接受莫言小说所描写的暴力和丑陋。每次诺贝尔文学奖评出后，有些读者可能觉得有责任去读一读获奖者的书，起码要读一本，但这并不意味着他们会读他全部的作品。

杨：余华或其他中国作家有没有可能获得诺贝尔文学奖？译者的作用是否重要？

白：莫言获得诺贝尔文学奖说明中国作家和中国文学的国际影响力提高了，其他中国作家能否获得诺贝尔文学奖很难预测。译者、编辑、出版社都是重要的因素，另外宣传和营销也起着关键的作用。莫言的成功在一定程度上要归功于他的英文译者葛浩文（Howard Goldblatt）。葛浩文翻译了四十多本中国小说，在美国、英国等以英文为母语的国家，他的贡献很大，没有他，很多中国小说根本无法进入英语读者的视野。

杨：中国作家的写作与西方读者的接受存在差异，翻译时译者如何去平衡？

白：中国作家希望他们的作品能够获得不同读者的喜爱和

欣赏，尽量扩大作品的读者群，但凡是有兴趣阅读中国小说英译本的英语读者，一般都受过良好教育，文学品位较高，他们不一定需要作者把事情说得很直白，而更愿意自己去琢磨，希望有独立思考的余地。在西方编辑看来，作者不用那么直接地告诉读者，只需展示一下就行了，只要展示得比较传神，读者自然能够明白。译者还是要尊重原文，如果原著“告诉”比较多，“展示”比较少，也只能接受现实，而不能单方面改动原作。

杨：您对葛浩文译本中多处删改原文的翻译策略有何看法？

白：我曾把葛浩文的译文与原著进行对比，确实有一些不一样的地方，我不确定是不是因为他用的中文版本跟正式出版的版本有差异。

葛浩文可能有自己的理论考量，他认为中国缺乏编辑文化。西方国家的编辑一般是很有权威的，他们可以告诉哪怕是很著名的作家：这个地方写得不好，需要修改，或者我有建议希望你能考虑。这样修订稿跟交给编辑的初稿可能有相当大的改动。而中国的编辑没有这么高的权威，比较有名的作家完全可以告诉编辑：一点也不能更改！鉴于这种情况，葛浩文会觉得译本还是需要一定的编辑工作，既然中国编辑不承担这个责任，那么这个责任就要由译者承担。比如，莫言一本书的中文版长达五百多页，翻译成英文可能有六百多页，那么出版社可能会告诉葛浩文，我们不会出版这么长的书，你要想办法把它缩短一点，那他就会删除几章或者删除部分内容。

杨：您自己的翻译中有没有遇到这方面的问题？

白：我对《十个词汇里的中国》的个别地方进行了改动，其他译本基本上没有。《十个词汇里的中国》的编辑通过我把她的想法传达给余华，请他做出相应的修改，但是不多。我自己不太做大幅度的修改，可能是没有那么自信，不觉得自己能够判断什么是成功或不成功的写作，所以一般还是尊重原文。

杨：请您谈谈对《红楼梦》几个译本的看法。

白：我最熟悉的就是霍克斯（David Hawkes，1923—2009）和闵福德（John Minford）的版本[1]。我还知道乔利（Henry B. Joly，1857—1898）的版本[2]及杨宪益的版本[3]，但没怎么读。霍克斯版本在 1973 年出版第一册，当时我非常喜欢，现在也喜欢。我在英国长大，霍克斯是英国汉学家，当时感觉他的译文很通顺，很容易接受。后来搬到美国，再翻阅他的译本，用来教学生，结果美国学生认为英国味道很浓，好像故事不是发生在 18 世纪的中国，而是发生在 18 世纪的英国。这是霍克斯译本的一个问题。当然这其实是英语本身的问题，要么是美国的口语，要么是英国的口语。美国的口语美国人很适应，英国人就不适应，反之亦然。另外《红楼梦》有同性恋的内容，霍克斯的翻译一般比较可靠地反映了故事的文化背景，但他翻译中国传统文化中同性恋的替代概念“龙阳

---

〔1〕 David Hawkes & John Minford, trans., *The Story of the Stone*. Middlesex: Penguin Books, 1973.

〔2〕 Henry B. Joly, trans., *Hung Lou Meng, or The Dream of the Red Chamber: A Chinese Novel*. Hong Kong: Kelly & Walsh, 1892—1893.

〔3〕 Yang Hsien-yi and Gladys Yang, trans., *A Dream of Red Mansions*. Beijing: Foreign Languages Press, 1978.

之兴"[1] 时，没有忠实于中国文化传统。"龙阳之兴"在中文里没有贬义，"兴"就是 tendency 或者 interest，可是霍克斯把它翻译成 vice，就有明显的贬义。英国传统文化不接受同性恋，非常排斥，他采取了英国比较流行的态度翻译这个词，我想他对待同性恋的这种态度不适合《红楼梦》，因为清代还是比较接受同性恋的。这是他翻译中的一个美中不足之处吧。但是霍克斯的诗词翻译得非常好，这些诗文翻译成英文后仍然是非常好的诗词。总体而言，霍克斯对《红楼梦》翻译的贡献是很大的。

杨：您在课堂上使用《红楼梦》哪个译本？学生们对它评价如何？

白：我给学生讲课时用的是霍克斯译本，因为容易买到。我的学生总的来说不太喜欢《红楼梦》，他们记不住人名。霍克斯将人名对应为英文里的单词，读者可以较少面对那些外国名字，会觉得亲切一点，比如 Patience（平儿）、Aroma（袭人）等。另外，《红楼梦》很长，一般不能在一学期内讲完，最多只能学习第一册，还不到全书的四分之一，学生会为此感到沮丧：花了好几个星期读了那么多内容，结果还只是全书的一小部分。

杨：近五十年中国文学在英美的翻译与传播情况如何？

---

[1] "龙阳之兴"是一个汉语成语，来自《红楼梦》第九回："原来薛蟠自来王夫人处住后，便知有一家学，学中广有青年子弟，不免偶动了龙阳之兴……"兴：嗜好，雅兴。战国时龙阳君以男色事魏王而得宠，后来"龙阳之兴"指喜好男色或者男子同性恋。

白： 西方20世纪60年代以前比较流行一种看法，就是认为中国古代小说没有西方小说那么好。外国人不太容易欣赏中国的这些作品，因为西方翻译家认为中国小说有缺陷，没有必要把全部内容都翻译成英文，他们有理由、有权力删掉一些多余的诗词，或者删掉故事太长、情节无聊的内容。20世纪40年代韦利（Arthur Waley，1889—1966）把《西游记》的三分之一翻译成英文，书名是“Monkey”，[1] 他认为《西游记》有很多重复的内容，没有必要翻译全文。这在20世纪前半叶是一个比较普遍的态度。《红楼梦》也有一个缩写本，只有300页。

一个转折点可能是霍克斯在1973年出版的《红楼梦》译本。霍克斯认为他有责任把《红楼梦》的所有内容翻译成英文，他的“企鹅古典系列”（Penguin Classics）版本是最流行的《红楼梦》英译本。自此，别的翻译家也大多采取了相同的态度，很认真地把中国古代小说完整地翻译成英文。芝加哥大学教授余国藩（Anthony C. Yu，1938—2015）在1977年出版了《西游记》新译本的第一册，全书一共有四册，1983年出齐。[2]《三国演义》的完整译本[3]于1994年出版，译者罗慕士（Moss Roberts）是纽约大学的教授。另外一个获得好评的译本是《金瓶梅》，译者芮效卫（David Tod Roy，1933—2016）也是芝加哥大学教授，他用了二十年来翻译这本书，

---

〔1〕 Arthur Waley, trans., *Monkey*. London: George Allen & Unwin Ltd., 1942.

〔2〕 Anthony C. Yu, trans., *The Journey to the West*. Chicago: University of Chicago Press, 2012.

〔3〕 Moss Roberts, trans., *Three Kingdoms*. Beijing: Foreign Languages Press, 1994.

第一册于1993年[1]出版，一册有二十回，最后一册在2013年出版。《金瓶梅》译本的特点是芮效卫做了很多注释，《金瓶梅》英译本全五册的总页数是2500多页，注释多达4400多条。

最近50年来，把全部的原著呈现给读者好像是一个比较流行的现象，好像只有文言小说没有这么做，可能因为文言小说没有一个很整体的统一（unity）。现在的情况是，一方面，有些很完整且翻译得非常认真的译本，读者不一定很多，因为他们读完这些作品要花很长的时间；另外一方面，有一些新的选集针对普通的学生或普通的读者。总的来讲，无论是全译本还是节译本，这些翻译家都是用比较同情的态度去翻译的，不像一百年以前的译者，总是对中国古典小说进行批评和指责。

现在有更多的人从事翻译工作。20世纪八九十年代只有葛浩文一人，现在有好几个人，比如英国的蓝诗玲（Julia Lovell）、韩斌（Nicky Harman），美国的译者更多。80年代生活在中国的几位译者做的一些翻译，外文出版社推出的“熊猫丛书”在国外发行有问题，没做什么宣传，很难买到。现在一般是外国人把中文作品翻译成自己的母语，在国外的出版社出版，并且会做一定的宣传，因此提高了作品的知名度。

杨：现在翻译中国文学作品的译者有汉学家、外籍普通学者、外籍华人、中国本土学者等，您认为最为理想的译者是谁？

---

[1] David Tod Roy, trans., *The Plum in the Golden Vase, or Chin P'ing Mei*. Volume One: The Gathering. New Jersey: Princeton University Press, 1993.

白：汉学家一般是大学教授，但教授不一定是好译者。有些人不是教授，但中文英文都很好，也可以把中国作品翻译成英文。是不是汉学家是次要的，甚至有人认为教授不是最合适的翻译人选，因为他们可能读了太多的学术著作，比较严谨迂腐。较为口语化或生活化的书，博士们可能无助于准确翻译。译者最好在中国生活过多年，有较好的语言、文化感觉，知道中国人讲的话是什么意思。我想外国译者把中文作品翻译成自己的母语时比较有优势，因为他们对自己的语言有丰富的感觉和直觉，对于什么是好的翻译、怎样翻译比较成功，心里比较有数。

杨：目前在中国文化对外传播中强调中国声音和中国话语，提倡保留原汁原味。您对“中国作品走出去倾向于异化”的翻译策略和方法有什么看法？

白：我自己的翻译理论很薄弱，只是一个翻译实践者。我没有什么深厚的理念功底，更多靠自己的直觉和感觉，针对具体问题选择归化或者异化，不会一概而论。

我注意到有些译者遇到“山寨”等中国特色词语时，认为无法用外语表达，最好用拼音。我自己觉得这个办法不好。虽然“copycat”还不能完全代表“山寨”，但比较简洁，比用拼音好，至少传达了原文的一部分味道。比如中国人打招呼说“吃饭了吗”“你回来了”，这些直接翻译成英文就不妥当，我们不这么讲话。虽然它们反映了中国文化，中国人这么说不奇怪，但看译文会觉得奇怪，所以我觉得这种情况直译不一定是个很好的策略。

杨：您为什么翻译中国“80后”作家韩寒的作品？

白：西蒙与舒斯特公司（Simon & Schuster）是美国的一家大型出版社，他们想出版韩寒的两本书，并找到了我。我本来没有很关注中国“80后”作家的作品，但认为通过翻译可以更多地了解他们。出版社首先想出版韩寒的一些博客文章，我读了后觉得他的写作风格比较有趣，与传统的文学作品不同，值得翻译。出版社给我提供了韩寒杂文的台湾版，书名叫《青春》，但我只选了书中的一部分作品，更多的文章直接选自他的博客。我们选的文集书名是《这一代》（*This Generation*）[1]。他的很多文章写得犀利风趣，但考虑到美国读者的兴趣，有些文章不适合选择进来。例如他谈中国当代诗歌的文章，虽然文章本身很好，但因为美国人不了解中国当代诗歌，所以就放弃了。美国人更有兴趣的是他那些关于政治、社会、文化的杂文。出版社也希望我翻译韩寒的长篇小说《1988：我想和这个世界谈谈》，但我并不太看好这部在中国炒得很热的小说，所以就没有翻译。

杨：您如何评价韩寒及其作品？

白：他是一位特别的作家，是一代中国青年的代表。他善于独立思考，不会在意主流媒体怎么说、一般百姓怎么想，不肯人云亦云。韩寒的存在也让美国人看到，中国不仅仅有官方的声音，还有个体自己的声音。

他文笔有趣，有讽刺，有比喻，很巧妙。他的幽默也很有特色，很多时候利用谐音调侃一些社会现象，翻译起来比较困

---

〔1〕 Allan H. Barr, ed. & trans., *This Generation*. New York: Simon & Schuster, 2012.

难。我有时候想，如果找不到合适的对应的句子，我宁可舍弃，因为我不想在后边加个注解：这种做法在中文里是很好笑的。

杨：近年来您的翻译取向发生了改变，从小说转向随笔和杂文等非虚构作品，这是为什么？

白：这反映了美国相当一部分读者的兴趣。外国人阅读中国文学作品有一个重要动机，希望借此多了解中国，让他们通过小说接触一个虚拟的中国，还不如让他们接触一个离现实更近、非虚构的中国。曾经有人在《华盛顿邮报》上说：读完一部中国长篇小说之后，感觉与其用小说的形式去反映中国的一些不合理现象，不如干脆写非虚构作品。既然中国的某些现实已经让人眼花缭乱，何必要费尽心思去创造另一个虚拟世界呢？

杨：中国文学“走出去”需要克服哪些困难？中国当代文学在西方的前景如何？

白：中国文学的翻译、出版和海外接受都不够理想，需要克服的困难很多，主要问题有：翻译质量、创作倾向、文化差异、版权代理、推广力度、营销手段等等。

由于中国经济实力的强大，外国人普遍认为应该加强对中国的了解，西方媒体非常关注中国的动向，海外出版社比过去更积极地推销与中国有关的书籍。读几本当代作家的小说好像是一个比较便利的办法，所以我对中国当代文学在西方的前景还是持乐观态度的。

杨：您最近在做什么翻译或研究工作？近期有什么打算吗？

白：翻译只是我的一部分工作，作品暂时不多，翻译量不大，一般两三年才翻译一本书，我对自己的翻译量没有太高的期待。我现在正在翻译一个回忆录，是艾青儿子艾未未写的一部非虚构作品，讲述他父亲和他自己的故事。他是一位重要的艺术家，我对他的回忆录饶有兴味。

我还会继续研究明清文学，也许会写一两篇跟《聊斋志异》有关的论文，谈谈书里涉及的谣言和传闻的故事，这些在明清社会还是很流行的。

杨：谢谢白教授耐心细致的解答！

白：谢谢！我很高兴接受采访！

采访者：杨平（浙江外国语学院英语语言文化学院）

国外汉学的危机

——与澳大利亚汉学家寇志明的对话

访谈按语：寇志明（Jon Eugene von Kowallis），现为澳大利亚新南威尔士大学中文系主任、鲁迅研究专家。他的研究范围包括鲁迅研究、晚清诗歌及电影研究等。已出版的专著有《微妙的革命：清末民初的旧派诗人》（*The Subtle Revolution：Poets of the "Old Schools" during Late Qing and Early Republican China*，Berkeley：University of California，Institute of East Asian Studies，2006）及《作为诗人的鲁迅》（*The Lyrical Lu Xun：a Study of His Classical-Style Verse*. Honolulu：University of Hawaii Press，1996）。他目前从事关于鲁迅早期思想的研究项目，曾在海外学报以及中国的《鲁迅研究月刊》上发表大量学术论文，并为多部专书撰写章节。此外，他还翻译过中国文学作品，如鲁迅旧体诗全英译注、鲁迅早期文言论文、王闿运《圆明园词》、樊增祥《前彩云曲》《后彩云曲》及易顺鼎、陈衍、陈三立、郑孝胥等人的诗选。在2012年11月3—5日国家汉办和中国人民大学共同主办的主题为“汉学与当今世界”的第三届世界汉学大会期间，我们有幸就澳大利亚汉学的发展及寇志明教授本人的研究兴趣对他进行了采访，以下是采访内容。访谈原文为英文，由北京外国语大学国际中国文化研究院的潘铮铮译为中文。

姚斌（下文简称“姚”）：您的第一部专著《作为诗人的鲁迅》[1] 研究了鲁迅的旧体诗。您为什么会对他的旧体诗感兴趣呢？

寇志明（下文简称“寇”）：鲁迅（1881—1936）通常被看作是中国现代文学之父。他的短篇小说因其在特定历史背景下的情节和感人的主旨而引人入胜，同时也是语言运用的典范。他仔细斟酌了措辞，直到找到最好的表达方式。我一直着迷于鲁迅白话文著作中使用的文言短语。鲁迅的风格极具创新性，但他的语言常会出现文言文，因为他的一些反讽语言依赖的就是新旧之间的相互纠缠。在某种意义上，正如五四范式那样，“现在”成为判断“过去”的标准，然而“过去”同样也是衡量“现在”的标准。

这就引起了我对鲁迅“纯”古文作品，包括他的早期文言论文的研究兴趣。在研究鲁迅旧体诗篇时，我也试图通过他那些引经据典的旧体诗来理解他内心的想法。鲁迅的旧体诗既有文化内涵，具有诗意的美，饱含情感的升华，也非常个性化。作为中国文学和文化研究者，我希望通过鲁迅旧体诗中大量的典故探究我所景仰的重要现代思想家鲁迅的思想轨迹。而且，作为学者，我一直反对学术界将中国古典文学与现代文学截然两分的研究取向。鲁迅旧体诗的另一面恰好揭示了中国近代历史中某些几乎被遗忘的部分，以及他对为革命和人权事业而牺牲者的颂扬。

因此，可以说我最初写《作为诗人的鲁迅》的动机来自

[1] Jon Eugene von Kowallis, *The Lyrical Lu Xun: a Study of His Classical-Style Verse*, Honolulu: University of Hawaii Press, 1996.

一种对于探究鲁迅“复杂意识”（林毓生后来的说法）的渴望。我认为鲁迅大量引经据典的旧体诗能够使博识的读者看到他的内在精神和个人情感。这是我花费很多时间翻译和注解他的诗歌的理由。有些诗我译了多遍，不少注释我也花了几年时间斟酌。我对比了很多中日学者就某些具体诗句所写的全部评论。我现在经常想起的是鲁迅写的旧体诗很多是为纪念在旧体制下牺牲的作家和知识分子。我也相信我的确在鲁迅的诗中发现了其他近代作家白话散文作品所缺失的深度和文化共鸣。后来，我读到李欧梵对鲁迅旧体诗体现现代性的称颂，并欣喜地发现他引用了我的译文。

姚：您提到鲁迅的“复杂意识”，那么您如何理解鲁迅思想的复杂性？

寇：鲁迅首先是以一位富有创新性的作家闻名，其次是学者、社会评论家、女权拥护者、左联旗手、青年作家和艺术家的良师益友等。他热爱中国，希望用自己的文字改善国人生活。为此，中国人不仅需要推翻压迫者，而且要摆脱旧思想的桎梏，做“真人”，就如《狂人日记》里的“狂人”所劝的那样。

当中国处在艰难岁月中，为促使民众对社会和自身行为进行反省，鲁迅使用了至今仍有人觉得有冒犯性的反讽和讽刺。我对那些敏感的人们并没多少同情心，中国有句俗话“做贼心虚”。一些学者将鲁迅描述成反传统斗士，但是，当鲁迅攻击中国传统时，他批判的是那些想利用传统维持自己权力和特权的伪君子。比如，当鲁迅嘲弄袁世凯或他在北洋政府的继承人、蒋介石或讥讽日本侵略者及伪政府用儒家思想来为其阴谋辩护时，他的攻击对象是儒家思想，还是企图利用儒家思想的人？显然他是针对“利用者”的。将鲁迅视为一个不折不扣的反儒者或反传统者的观点是模糊的。我不能接受持这种观点的批判者，就像他们也接受不了中国近代历史的复杂性一样。

另外，在鲁迅的许多作品中，他都对我们讲真心话。他同时还是一名国际主义者。他真正关心世界上那些不幸的人以及受压迫民族的民众。他反对暴政，倡导世界和平。

姚：在您另一部专著《微妙的革命：清末民初的旧派诗人》[1] 中，您将视野从鲁迅扩展到 19 世纪末 20 世纪初的“旧派”诗人，您能简单解释一下什么是所谓的“微妙的革命”吗？

寇：在《微妙的革命：清末民初的旧派诗人》一书中，我试图基于自己对清末诗人的研究去驳斥或至少挑战宇文所安（Stephen Owen）和其他学者的观点，即“在大清帝国晚期，即 19、20 世纪之交”，中国旧体诗已然“承载了过多的历史，没有继续发展的活力与动力”。[2] 我的研究首先是追问清末诗人，尤其是那些不主张形式方面的改革，又非“诗界革命”鼓吹者的诗人，如何回应现代的形势，以及这些形势对整个中国和传统的世界秩序意味着什么。

我研究了英美诗中对现代性的定义，并将这些定义应用于清末民初的“旧派诗人”的研究。我发现他们是现代性或现

---

〔1〕 Jon Eugene von Kowallis, *The Subtle Revolution*: *Poets of the "Old Schools" during Late Qing and Early Republican China*, Berkeley: University of California, Institute of East Asian Studies, 2006.

〔2〕 宇文所安：《什么是世界诗：全球影响的焦虑》（The Anxiety of Global Influence: What is World Poetry?），载《新共和国》，1990 年 11 月 9 日，第 29 页。

代意识进入中国文学的真正渠道。我相信我证明了中国文学现代性未必首先源自外国“影响”，即模仿西方的小说或戏剧。现代性的来临起初是微妙的，因为它首先采取的是旧形式，这使得它不像用白话文写作的现代“实验”短篇小说那样明显，但是这些古典诗反映了认识到世界无情改变的新意识——旧的信仰体系和世界秩序将不再有效。这类似于英美学者研究艾略特（T. S. Eliot，1888—1965）或是埃兹拉·庞德（Ezra Pound，1885—1972）时所理解的现代性。

姚：您会如何描述“东亚现代化”或“中国现代化”呢？您认为西方在这一进程中扮演了什么样的角色呢？

寇：工业革命引发一连串事件，包括帝国主义向东亚扩张，先贸易，后军事。而日本的明治维新和中国的洋务运动都是工业革命的结果。洋务运动是19世纪后期一场鼓吹学习西方技术，而非制度、宗教和政治的运动。最终辛亥革命发生了，新文化运动八年后开始了。

日本思想家竹内好（1908—1977）曾将自己对鲁迅的思考集于1944年出版的《鲁迅》一书。该书出版后不久他就应征入伍。日本的现代化进程有着明显的负面特征，尤其是日本文学和思想界无力抗拒军国主义的滋生。对竹内好而言，与日本知识分子有污点的文化传承相比，鲁迅象征着东亚作家和思想家该有的明澈和敏锐。这就是为什么“二战”后鲁迅在日本影响巨大的原因之一：他体现了半殖民社会中知识分子保持不妥协的可能性。

日本作家大江健三郎在1994年荣获诺贝尔文学奖后接受香港《明报月刊》采访时指出：“鲁迅是20世纪亚洲最伟大

的作家。”这是我之前提到的鲁迅的另外一个重要方面，即鲁迅是同情弱小民族的国际主义者，他翻译了这些民族的文学作品。鲁迅不接受大国沙文主义或大汉族沙文主义，同时他也毫不犹豫地谴责日本帝国主义及其辩护者。如果说他同情日本，那也是同情日本当时的进步知识分子和受压迫的贫苦大众。

姚：您在《微妙的革命：清末民初的旧派诗人》一书中提到的“现代性寓于古典形式中”（modernity expressed in the classical forms）。这是个很有意思的概念。您是想仅用它来描述19世纪末至20世纪初的特殊诗人群体，还是也可以用它描画后来的诗人呢?

寇：更具体地说，我研究了清末诗人的三个流派，即以王闿运（1833—1916）和邓辅纶（1828—1893）为代表的拟古派，以樊增祥（1846—1931）和易顺鼎（1858—1920）为代表的中晚唐诗派，以及以陈衍（1856—1937）、陈三立（1853—1937）和郑孝胥（1860—1938）为代表的同光体（或称宋诗派）。以上是清末主要的诗派。

我特别关注这些人物，而非那些着意于改革旧体诗风的诗人，如鼓吹“旧瓶装新酒”和“诗界革命”的黄遵宪（1848—1905）与梁启超（1873—1929）等人。施吉瑞（Jerry Schmidt）、林理彰（Richard John Lynn）和其他一些学者已经研究过黄遵宪。而柳无忌和杨治宜则研究过稍晚出现并与辛亥革命相关的南社。

姚：那么，您觉得中国古体诗和现代诗之间有什么联系呢?

寇：汉语的文言和白话当然是不同的，而且白话韵律规则、韵类以及是否要求押韵等发生了变化。我们现在只能从它们创造意境的方式中寻找其相似性。实际上，意境的内涵不仅限于字面，而是指向诗本身所创造出的空间或世界。因此也有学者认为在同光体和俞平伯（1900—1990）、胡适（1891—1962）、朱湘（1904—1933）和闻一多（1899—1946）等人所创的“新诗”之间有前后的继承关系。

姚：请您简单谈谈澳大利亚汉学（或中国研究）的历史、发展和现状，好吗？

寇：人们一般认为第一代欧洲汉学家是耶稣会士，这样算来汉学就起源于 17 世纪初。在欧美国家的一些著名大学里，汉学在 19 世纪下半叶成为一门学科。但在澳大利亚直到“二战”后汉学才真正发展起来。悉尼大学的戴维斯（A. R. Davis）教授是研究唐诗的专家，他还是著名翻译家陈顺妍（Mabel Lee）副教授的老师。澳大利亚国立大学早期汉学家包括古典文学和道家文献专家柳存仁（Liu Ts'un-yan）、汉代史专家张磊夫（Rafe de Crespigny）、以笔名西蒙·莱斯（Simon Leys）描述中国政治而享有盛誉的比利时艺术史家李克曼（Pierre Ryckmans）。

墨尔本大学中文系是由语言学家哈里·西蒙（Harry Simon）创建的，他曾竭力推动维多利亚州中学汉语教学。如今澳大利亚的汉学是向着当代中国研究的方向发展，包括商业、政治、经济及大众媒体。我系也启动了中英文笔译与口译硕士项目，该项目迅速扩展，现在与我成功开设的中国电影课程一样，已由其他人负责。事实上，我认为上述情况将会导致汉学即将面临的危机（不仅在澳大利亚，而且会遍及整个西方学术界）。因为随着对中国的兴趣升温，同一大学内部的不同系部之间将会就由谁来开设何种课程展开竞争。

最终，汉学研究可能会成为这场争夺战的牺牲品，因为它对外语的要求更高：在美国，对汉学家的要求是至少能阅读中文和日文的一手资料和学术论文。而其他学科的要求就没有如此严苛。在有些学科，比如历史学，学生简单地通过分析统计数据、联合国报告或其他英语文献就可以撰写博士论文。而且由于传统上以欧洲为中心的西方学术界强调方法论和范式，上述学科中培养出来的人才很可能会成为未来中国研究的权威。如果是那样的话，那么基于语言基础上的跨文化理解与互动，很大一部分都可能会在学术界遗失。

姚：您翻译了大量中国诗，请问您在翻译过程中遵循的指导原则是什么？

寇：我遵循的首要原则是将原诗中的意境和味道（tone and mood）移译到译诗中。如果丢弃了意境和味道，诗将不诗。其次是诗句的含义，包括字面和隐含意义。如果直译不能传递诗意，那通常至少可以是部分地意译。最后还有诗歌的“音乐”美：如果可能的话，译者应该试图传递原诗中的节奏感与韵律。黑格尔认为，诗人表达的是诗化的思想，因此诗可译。实际上英文里一些影响巨大的诗歌都是译作（如《圣经·旧约全书》中的《诗篇》）。正因如此，我不赞同认为诗不可译的观点。

我时常告诉学生：即使我们都认同“诗不可译”的观点，别人仍将继续译诗，而其译本也将继续畅销，为人们所购买和阅读，不是想喊停就能停的。译诗是人类精神活动的一部分，它是一种更多源于好奇而非愚蠢的一种跨文化理解的尝试。因此应该受到鼓励，而非嘲讽。

姚： 您认为在将中国文学介绍给世界读者时，翻译扮演着什么样的角色？

寇： 翻译绝对是至关重要的。如果我没有先读过北京外文出版社出版的杨宪益和戴乃迭（Gladys Yang，1919—1999）的鲁迅著作英译本，我就不会对鲁迅产生兴趣。那时我还在读高中，鲁迅作品与学校的课程毫无关系。因为我生长在美国一个偏远小镇，当地图书馆没有鲁迅的作品，所以我自己买了他的书。当时，也没有人鼓励我阅读。但是至少它们已经翻译成英语，而且我能够通过旧金山的一家书店（中国书籍与杂志公司）邮购它们。埃德加·斯诺（Edgar Snow）在一本介绍他20世纪60年代初中国之行的著作《大河彼岸》（*The Other Side of the River*）中的参考书目里提供了这些书的书名和书店的地址。

姚： 谈到中国文学作品的外译，莫言在获得诺贝尔文学奖后一石激起千层浪。有些学者认为葛浩文（Howard Goldblatt）翻译莫言著作对莫言获奖起到了重要作用。您怎么看待这种说法？

寇： 是的。多年来葛浩文提供了不少中国文学作品的优秀译本，并且将其出版，这在我看来起初并非易事。有些专家认为葛浩文“改良”了原作。从我自己的阅读经历来看（我至少对一部作品的中英文版本进行了对照），我并不赞同这种观点。葛浩文译本的基础一定是莫言的作品，作品本身很好。我在中国现代文学课、硕士阶段翻译课和中国电影课上都讲授过《红高粱》。这部小说是中国当代文学“寻根文学”的典范。小说以高粱地和酿酒厂为主要场景，以寓言的方式、从华北偏远地区贫困人民的视角重述了中国近代史（南京十年时期和日本侵华战争）。它也生动展现了普通群众怎样饱受侵略之苦，也没有什么政府、军队或游击队帮助他们。这才是抗战未曾讲过的历史。

莫言作品的伟大之处即在于此——他让普通人讲述自己的历史。我是 2005 年遇见莫言的，我们当时还开玩笑说自己都来自偏远地区。如果他成长在大都市，莫言笔下的中国一定会与现在不同。某种程度上，他的境遇和另一位诺贝尔文学奖得主——赛珍珠（Pearl S. Buck）颇为相似。事实上，20 世纪 80 年代末，我曾在加州大学洛杉矶分校告诉过我的学生，几百年，或许更短的时间之后，当帝国主义和半殖民地带来的创伤都消退时，赛珍珠有一天也许会被视为一名用英文写作的中国少数民族作家。

姚：您的研究领域也包括电影研究，那您怎么看待当代中国电影呢？

寇：我认为中国人之所以能够拍出优秀电影作品，是因为中国有“写意”的传统。这种传统对于在有限时间（2—3 小时）内为放映而改编文学作品或写作剧本来说十分重要。张艺谋早期的电影成就了他的伟大，而且这种伟大贯穿于他的现实主义阶段。但是我为他转向巨片创作而遗憾。我也反对使用魔幻现实主义。电影创作的空间很大，并不需要魔幻现实主义的孱入。魔幻现实主义出现在拉美受到严格控制的政治环境中，它在那样的环境里是合适的，但我们不应该随意地借用。

我觉得张艺谋是太过于为“成功”所困。与他形成鲜明对比的是李安（Ang Lee），他没有改动《色戒》以取悦美国的发行商，他为忠实于艺术而减少了收入。他那部关于美国内战（发生于1861—1865年间南北战争）的电影《与魔鬼共骑》（*Ride with the Devil*）也是这样。该电影展示了美国观众不曾见过的南北战争的另一面。美国的发行商对此大为恼火，从而导致电影的发行面受限。我很幸运能在悉尼的唐人街看到这部电影。最近我看了斯皮尔伯格（Steven Allan Spielberg）拍摄的《林肯传》（*Lincoln*），觉得它远不及李安作品。斯皮尔伯格只是再次加强观众的传统印象，没有打破旧框框，而李安则比他走得深远多了，值得追问的是，我们究竟对美国内战了解多少？

在中国大陆的导演中，我仍然对年轻一代的导演充满希望。王小帅的《扁担·姑娘》和贾樟柯的《三峡好人》都很不错，但它们还未达到张艺谋《幸福时光》的深度或是《活着》的宏大历史视角。我记得李欧梵曾批评当代中国作家（我想也适用于电影导演）太把自己当回事。他们应该保持一定的幽默与反省。

姚：您谈到了鲁迅，谈到了清末的旧派诗人，谈到了莫言，也谈到了中国的电影导演，那么能不能谈一下您现在研究的新方向呢？

寇：我正在研究鲁迅在日求学期间（1902—1909）思想的形成，特别是1906—1908年间，他从医学院辍学，回到东京开始创作他的早期文言论文《文化偏执论》《摩罗诗力说》《破恶声论》《科学史教篇》和《人之历史》。中国资深的鲁迅研究者王得后先生认为这些论文应该作为一部整体作品（一本书）来看待，因为它们体现了鲁迅在进化论、历史、科学、哲学、文化、政治、文学和宗教等领域思想的形成过程。[1] 我认为它们实际上构成了鲁迅毕生事业的最初蓝本。

东京当年是一个复杂而引人入胜的知识潮流中心。鲁迅懂日语，他常去逛日本书店，如丸善书店，并与日本和中国的知识分子、革命者交流。我想尝试重建当时的知识氛围，以便理解是什么影响了早期的鲁迅，以及他接受或拒绝什么样的标准，我将关注这些影响在他后来事业中的作用。我以他的早期论文为起点进行的既是知识史，也是文学和语义学的研究。另外，我还在编写鲁迅的传记与研究鲁迅专著的书目提要，希望它们能对英语世界的研究生有参考价值。

采访者：姚　斌（北京外国语大学高级翻译学院）
潘铮铮（北京外国语大学国际中国文化研究院）

〔1〕 王得后：《鲁迅教我》，福州：福建教育出版社，2006 年，第 234~238 页。